The Suffixes
of Logic

讓一世界重拾平衡的智慧之書

青森
文化

邏輯後綴學

非是 著

目錄

上卷
——迷宮中越來越精細的通道

前言

《聖經》上說：亞當和夏娃因為吃了智慧樹（知善惡樹）上的果子而有了原罪，結果被上帝趕出了伊甸園。

筆者以為，這個故事，或許有不同的版本：智慧樹是一種雌雄同體的樹，結出的果子也有雌雄之分，但外表都一模一樣。亞當夏娃吃的是雄果，雄果也叫「智果」。吃了智果的人就成了「智人」。這就是我們這個世界的人類。

雌果也叫「慧果」。假如亞當夏娃當初同時吃下「智果」與「慧果」，或者吃的是「慧果」，會發生什麼？

無善無噁心之體，
有善有惡意之動。
知善知惡是良知，
為善去惡是格物。

—— 王陽明

益州牛吃草，
（導致）青州馬腹脹。

—— 禪宗

上士聞道，勤而行之；中士聞道，若存若忘；下士聞道，大笑之。不笑，不足以為道。

—— 《道德經》

哲學，就我對這個詞的理解來說，乃是某種介於神學和科學之間的東西。它和神學一樣，包含著人類對於那些迄今仍為確切知識所不

能肯定的事物思考；但它又像科學一樣是訴之於人類的理性而不是訴之於權威的，不管是傳統的權威還是啟示的權威。一切確切的知識——我是這樣主張的——都屬科學；一切涉及超乎確切知識以外的教條都屬神學。但是介於神學與科學之間還有一片受到雙方攻擊的無人地域，這片無人地域就是哲學。

——羅素：《西方哲學史》

積微言細，自就鴻文。

理會，或者，意會這個世界，你會看到，不一樣的世界。人類文明發展的趨勢，是越來越側重於理會。

以價值觀為主導的人類社會正在以加速度進入比真實還真實的超真實世界。

筆者不識時務，不自量力，不可為而為，企圖對此增加一點「摩擦力」。

《邏輯後綴學》創作背景：

2014 年的某天，我在街市上遇到兩位說粵語的大媽在爭吵，當時旁邊有位女士在勸架：有乜好爭啊？咁多是是非非，邊個講得清啊？慳番啖氣啦（省口氣吧）！

忽然間，我有種醍醐灌頂的覺悟：對呀！是是非非，誰說得清？

且慢——為什麼說不清？再且慢——既然說不清，為什麼我們還是千方百計要說清楚？都說真理是越辯越明——真的嗎？現在網絡如此發達，古今中外幾千年來人間林林總總的智慧成果，都可以在網上輕易獲得（一種說法：每個人都能夠把世界上全部的文化遺產裝進自己的口袋裡）。只要願意，人人都能夠成為某方面甚至是多方面侃侃而談的專家。按道理來說，爭執應該會越來越少。

而事實上，爭執卻是越來越多，人世間的「鬥爭」亦是越來越「尖銳複雜」。

為什麼？

自此，我陷入了真正的沉思，逐漸對在網絡上大放厥詞越來越興趣缺缺。

當時我覺得，我「運氣夠好」，發現了一個沒什麼人想到過的，更沒多少人願意去作進一步思考的，但非常需要開拓也有待開拓的領域。

對於這部《邏輯後綴學》，我認為我從一開始「一下子」就抓到了主要的 point，當時只覺得豁然開朗，心中已是有數，知道自己要寫什麼，綱舉自然就目張嘛，感覺就是路子一對，一切也就水到渠成，所謂「一理通百理明」是也。

但要化為具體的、系統的、邏輯嚴密「自洽」的、全面的，還要讓人「心服口服」的理論，難度還是相當大的。特別是：筆者並非什麼才思敏捷，智力超群的「聰明」之輩。

但幸虧，筆者有著現代人大多缺乏的一種優點：耐性。

筆者把自己的人生角色定位為：「受訓者」。

這部《邏輯後綴學》，就是筆者受訓過程中「心路歷程的忠實記錄」——圍繞著兩個中文字：「是」、「非」，寫成一部超過三十多萬字的著作。

筆者亦因此而為自己起了一個筆名：非是。

有人說：哲學是世界觀的學問；有人說：哲學是鑽牛角尖的學問。總而言之就是：哲學是擺在神壇上，一般人可望而不可及甚至是連「望」的資格都沒有的東西。

人類傳承至今的思想性學問，筆者將其分成圍繞著事物的「存有」或「虛無」而產生的兩大類認知。

對兩大類認知各自的認可，產生不同的後續思想：

認可「存有」：西方哲學、宗教，無論什麼流派，不過是對存有的不同解讀。在認可存有的前提下，如何認識存有？就成了「科學」

的話題。以「人是目的論」為出發點的西方思想中的「方法論」，就是進行不斷的科學上的「分辨」。分辨的結果就是：西方思想成了一種「分化」的思想，也叫做「離散性（發散性）」思想。

認可「虛無」：以中華文化為主軸的東方思想，是對虛無的不同解讀。虛無不是沒有，但何謂虛無則是見仁見智。但無論如何解讀，最終都會產生「和合」的效果。故東方思想具有「凝聚性」。

存有，還是虛無？

自有人類歷史以來，人類就在兩種思想裡相顧茫然。

《邏輯後綴學》則嘗試從一個全新的角度切入：為什麼會有「存有」或「虛無」？

或者換一種較直觀的說法：

筆者認為——古今中外的人類思維，其「範式」皆是在面對某種現象出現時的「應對式」思維，因此皆可叫做「兵來將擋，水來土掩」的思維。所謂「對錯」，所謂哲學家思想家的莫測高深，還是下里巴人的直白膚淺，都不過是應對時採取（選擇）、執行了什麼「策略」，這些策略是否「高明」而已。

問題是：即使是「成功地」擋住了兵，用土掩蓋了水，後續的「兵」或「水」還是源源不絕地出現，無時無刻、無日無之。

也就是說：任何沒有經過「範式轉換」的心理活動所產生的人類行為，終究是徒勞的行為。

故「高僧大德」們，乾脆就勸告世人：不要去擋什麼兵，掩什麼土啦，沒用的啦，「躺平吧」！（注：這裡的「躺平」意思是對世間事的「不爭」）

而筆者的「興趣」，不是思考如何去阻擋、掩蓋不勝其煩的「兵」、「水」。筆者也沒有能力去勸說世人不要做徒勞無功之事。

而是「逆流而上」地思考：

事因之因——為什麼會源源不絕地有兵？有水？

找出事因之因，然後告訴世人，是這部《邏輯後綴學》上卷的「中心思想」。

至於知道了事因之因之後，是繼續「兵來將擋水來土掩」，還是乾脆「躺平」，或者還有其他的方法？則是《邏輯後綴學》下卷的內容。

這部《邏輯後綴學》，以研判「邏輯思維」為主軸，以平常心一步步把哲學「拉下神壇」，同時以相對客觀及通俗的文字表達，對其進行「解剖」，以還原其本來的面目。

哲學是世界觀的學問——但是，筆者認為，在進行哲學思考（觀）之前，先要思考的是：如何思考（觀）？

——《邏輯後綴學》，是關於思維的學問。

——或者說：是深度剖析東西方思維的學問。

——又或者說：是「搞清楚『是』是什麼」的學問——搞不清楚『是』是什麼，就想去搞清楚世界是什麼，這叫做「本末倒置」。

《邏輯後綴學》使用「以其人之道，還治其人之身」的方法，以嚴謹嚴密的邏輯「以子之矛攻子之盾」地反邏輯，以西方理論「反西方理論」，甚至以科學「反科學」。但是，只要是全面深入地閱讀過整部《邏輯後綴學》的讀者就會發現：筆者的「反」，實為「有理有據」的「反證」，最終反而能夠「發揚光大」西方理論及種種科學理念——也可以理解為：重新解讀西方理論及科學。

因為是「以嚴謹嚴密的邏輯反邏輯」，大量我們日常使用的詞彙、概念在本文中就有了不同的涵義，在閱讀過程中如果不夠仔細的話，就很容易出現「誤讀」及「誤解」（筆者在創作過程中，也會常常寫著寫著，就不知不覺陷進「範式」的思維或語意陷阱裡）。為了不至於誤讀誤解，接下來的整部《邏輯後綴學》，會因此而利用大量的括號及雙引號，以突出對習以為常的詞彙的不同解讀。在本文下卷，括號及雙引號的重要性尤為突出。

筆者寫的這部《邏輯後綴學》，儘量做到「深入淺出」：不深奧，但也不淺薄；不晦澀，但也不過於直白，企圖既「照顧」到有專業造

詣的讀者，也能「照顧」到大眾讀者，因此其中用以旁徵博引而論述的，各種專業性的內容，皆是「點到即止」，以期達到：大眾讀者「不太明白也能理解及接受」，專業讀者「想較真亦有據可查」的效果。

本文上卷的內容，通過指出：因邏輯學在結構及方法論上的不完備，造成認識論上諸多無解的死結。繼而以此對人類所認為的文明進行「無情」的批判（注：批判，但並非否定）。

下卷則通過思維上的「範式轉換」，嘗試創造性、建設性、超前性的，但又是「逆潮流」的探討。

因此在上下卷中，許多平常傳統的理念，例如何謂「是」、何謂「非」，何謂「因果關係」，何謂「唯心、唯物」，何謂鬥爭性、同一性，何謂「價值觀」、「普世價值」、「自由、平等」，何謂「生命」以及生命的屬性，何謂無序有序，何謂脆弱，何謂可持續，何謂進步及進化，何謂「大同世界」，以及何謂「文明」，東西方文明的本質、中華民族真正的「底蘊」，甚至是人工智能的實現，時間空間的意義等都有顛覆性的、或「別出心裁」的甚至是「石破天驚」的新的界定。

特別是當中有關「因果關係」的新界定，筆者認為：或許能為我們思考、解釋世間萬事萬物之時，提供新的「指南」。實際上，這篇文章後面的大部分內容，正是圍繞著新界定的「因果關係」而展開。除此以外，其他的新界定理念基本上是「點到即止」。筆者認為：思維上範式轉換之後，文章中出現的各種新界定的理念，皆值得進一步的深化探討，但那就超出本文的範圍了。

筆者認為：範式轉換之後的邏輯學，才達到自洽，才是「完備」的一門科學。

儘管本义作者在創作過程中，企圖保持「中立」，但字裡行間毫不掩飾對中華思想的偏愛。這種「偏愛」，也即是錢穆先生在《國史大綱》開篇中所說的：一種溫情與敬意。

但在「溫情與敬意」裡，亦隱含著筆者對流行在現今中華大地上種種思潮的「不以為然」。

但既然承認是「偏愛」，也就意味著筆者心裡清楚明白：整部《邏輯後綴學》所表達的，只是筆者自己的個人見解——「不一定是對的」——這亦是筆者在整個人生思考過程中的「學術態度」。

本文所提倡傳揚的各種思想內容，在包括了上至儒釋道在內的中華傳統哲學，中至漢字的遣詞造句成語，下至中國民間街坊的市井俗俚之語中，其實早已有大量「現成的」、相關的文字信息。也就是說，筆者這部《邏輯後綴學》在表面上不過是「老生常談」。這些信息，皆可稱為「東方思想」。只是這些東方思想的信息在語言文字的表達上都過於「感性、樸素」，並且還「零零碎碎」，根本難以與西方種種邏輯嚴密因而顯得「煞有介事地高大上」的理論體系相抗衡。

筆者的「功勞」，只是把種種「別人已寫過的」，亦包括了筆者前期作品裡的思想內容，「另闢蹊徑地串了起來」，盡可能連成一條完整連貫的思路。

既然是「另闢蹊徑」，走一條「似乎」沒有前人走過的路，並且是超過三十萬字的，算得上是「漫長之路」，當中的涉及面非常之「恢宏」。然而，筆者自知能力有限，故難免會出現種種差錯。因此筆者真誠地期望：發現文章當中錯漏及不足的讀者，能毫不客氣地給予批評指點糾正。筆者亦期望著：有認同本文的「志同道合者」，與筆者一起，繼續去探索這條「逆行之路」。

本文的創作思路，是「以夷制夷」地「置換」（也可以說是「融合」）西方哲學裡各種筆者認為有代表性的重要理念，以現代科學數理知識為佐證，用現代人容易理解接受的文字（在經年的寫作中，除了歷史事件的例舉，更為了「接地氣」而適時加入一些時事新聞作為文章觀點的佐證），再以東方思想中的理念進行梳理及發展。

由於許多東西方「現成的」的概念、理念、理論在本文中都有新的解讀，因此這部《邏輯後綴學》，可以真正地叫做——「舊瓶裝新酒」。

但由於《邏輯後綴學》本身所具有的特殊的系統性，當中有關哲學、政治哲學及人生哲學（所謂的「心靈雞湯」）及至一些科學上的

新解讀，並非以一種獨立的主題討論形式作連貫論述，而是「忠實於受訓的心路歷程」，分散在《邏輯後綴學》的各個章節裡，部分甚至直到文章的結尾才有清晰的結論。當中一些筆者所創造的新名詞概念或得出的結論，如果單獨抽出來說，可能會給人不明所以不知所云的感覺，但如果順著《邏輯後綴學》的邏輯思路耐心去細讀、理解，往往就會咀嚼出「金句」的韻味。

何為真正的獨立思考？何為真正的批判性思維？貫穿整部《邏輯後綴學》的上下卷，都隱含著這兩個問題的答案。

筆者寫這部《邏輯後綴學》的「野心」，是通過運用大量的發散思維及逆向思維（習慣了「一根筋」思維的讀者閱讀及理解本文時會有一定的困難），在試圖為中華傳統哲學賦予現代科學內涵的同時，以達到批判性地運用西方哲學及其邏輯思維方法，通過範式轉換，建立現代中華特色的方法論認識論哲學體系的目的（既然是「範式」，意味著文章裡種種的引經據典，基本上是「眾所周知」的，亦往往被「理當如此」地認同的觀點或理論。故為了行文簡潔，亦是對西式規範的一種「逆反」，《邏輯後綴學》基本上不會遵從論文寫作中，對各種引用必須寫明出處的「規定」。筆者認為，這種規定，除了對喜歡鑽牛角尖的人「有用」之外，通常會「嚇跑」大部分普通的讀者）。並希望借此能提供一條：可供參考的，能揭示事物產生和發展規律真正本質的，後實證大統一「基礎理念」的新思路——為實現大同世界提供全新的、「和合」的「理念依據」。

一，邏輯學簡介

邏輯原來指的就是人的思維規律。

一般認為：如果一個思維過程（注：這部《邏輯後綴學》上卷出現的「過程」一詞，是為了「迎合」讀者一般性的思維及表述習慣。《邏輯後綴學》下卷第五節會為「過程」一詞賦予不同的，全新的內涵），能夠起到得出結論的作用，那麼這個思維過程就是一個邏輯過程。實際上，潛意識及條件反射的過程同樣遵循著邏輯，不過是「隱性」而

已（有關隱性的邏輯思維與表面的邏輯思維有什麼不同，正是整部《邏輯後綴學》的討論所圍繞的問題）。因此，通常我們認為我們日常所有的思想及由此而產生的行為都遵循著或反映出某種邏輯。

但德國數學家、邏輯學家及哲學家弗雷格認為：邏輯學規律應該是為了達到真理而提出的關於思維的指導原則，一開始人們普遍地認可這一點，而它只是太容易被忘記了。這裡「規律」一詞的歧義性是至關重要的：在一種意義上它陳述事物如何；在另一種意義上，它規定事物應該如何。僅僅在後一種意義上，才能把邏輯規律稱為「思維規律」：因為它們規定了人們應該如何思維。任何陳述事物如何的規律，能夠被設想為規定了人們應該遵循它去思維，所以，在這種意義上，它是思維的規律。

因此，邏輯學是通過對各種論證正確性的研究從而探討人思維規律的學問，試圖通過研究人的思維規律，總結出一套合理的思維規則，使人能夠準確地判斷某思維對象的屬性乃至正確地認識這個客觀世界。

邏輯學發展到今天已經相當完善。不論是日常的處事，文字語言運用，還是現代種種科學發展研究上，邏輯學的應用都非常廣泛，而且不可或缺。甚至可以這樣認為：我們只需要按邏輯學教給我們的方式方法去思維行事，就可以減少甚至避免差錯。如果某事的處理上出了問題，那一定是我們沒有遵循邏輯，或者是發生了邏輯演繹錯誤，又或者是某事所涉及的邏輯內在聯繫還未被我們所認識。

無論邏輯思維結果是對還是錯，後續的思想及行為都是依據之前種種思維邏輯判斷之後實行的，然後根據實行之後產生的結論或結果再進行新的邏輯思維，這個過程不斷地循環往復，我們把這個循環往復的思維及實現過程稱之為「總結經驗、吸取教訓」的方法論的過程。每個人的成長過程，人類文明的進程，就是不斷地「總結經驗、吸取教訓」的過程。

通過無數人無數次的「總結經驗，吸取教訓」，邏輯學從傳統的樸素邏輯、形式邏輯（工具邏輯），發展到對立統一的辯證邏輯，最後我們認為：對立統一的辯證邏輯及其兩個展開形式（量變到質變、

否定之否定）在哲學的普遍性上已經達到了方法論的極限。對立統一規律更與客觀存在的本質運動相一致，即對立統一規律全面揭示出自然界、人類社會和人類思維的特點，因此是具有極限真理意義的客觀規律（當然了，這只是認同辯證法之人的觀點）。

二，邏輯後綴學的研究對象、範圍及目的

　　以上部分算是為邏輯及邏輯學作了一個小結。如果同意以上的結論，接下來，關於邏輯的討論就似乎沒有什麼必要再浪費筆墨了。不是嗎？既然連極限真理意義的客觀規律都已經為我們所認識，我們正在做的和今後所能做的，不都應該是在邏輯學權威的指導下，以邏輯為基本工具，遵循著客觀規律，繼續對我們這個世界進行探索嗎？

　　答案應該是肯定的，這個肯定應該沒有人會提出非議。但是，借用科學上的一個術語，邏輯學發展到現代仍然是「不完備」的。

　　辯證邏輯的核心觀點認為，事物統一體內部存在著對立統一的矛盾關係，這個矛盾關係具有鬥爭性和同一性兩個基本屬性。但辯證邏輯並沒有進一步繼續解釋，為什麼事物內部都是矛盾的統一體？矛盾關係為什麼具有鬥爭性和同一性？鬥爭性和同一性的本質又是什麼（凡涉獵過辯證法的人，對所謂的「鬥爭性同一性」皆會朗朗上口。但筆者認為：這不過都是照本宣科，對何為鬥爭性同一性，其實大家都是「雲裡霧裡」的）？更進一步的「追問」：為什麼事物都是運動、變化、發展的？可以說，在整個邏輯學範疇的理論裡，都找不到對這些問題令人信服的解釋（辯證法企圖通過「內因、外因」所作的解釋依然是表面化的解釋，並沒有觸及問題的本質。隨著本文的展開，會對此深入分析）。

　　因此，邏輯學發展到今天，儘管認識到事物統一體內部矛盾關係的發展規律，但只是在對事物表像認識後深入了一個層次。通過這個層次的認識而發展至今的人類文明，僅僅是大幅度提高了對客觀事物及其規律的「模仿」能力（法國當代哲學家尚·布希亞對這方面有深

刻的論述，本文專門有一節以《邏輯後綴學》的視角進行介紹），實際上仍未觸及事物的本質，因此這個層次的認識依然是「不完備」的。

認識上的不完備是因為認識工具即邏輯學並不完備。邏輯學是西方人發明的，西方人特別崇尚形式的對稱之美，塑造對稱之美的工具就是邏輯。然而，不完備的邏輯學工具塑造出來的人類文明，註定了是先天不足，危機重重。

邏輯學「不完備」是因為，現有的邏輯學還缺失最重要的一環：

任何思維，都一定由一個內在的「我」所發生（存在總是存在者之存在），這個內在的「我」，稱為「思維發生者」（德國哲學家、存在主義創始人馬丁‧海德格爾稱之為存在者、「在者」——人作為「在者」在究竟成什麼樣子還不明確時他的「在」已經明確了自身所是的「此在」——dasein：筆者在本文下卷將對這個「內在的我」進行更深層次的討論）。

無論我們的思維過程是否合乎我們研究總結後所掌握及所規限的邏輯原理，以及因此而產生的語言文字表達或行為是否準確合理，首先思維這個過程本身與思維發生者的關係都必然是確定的。而思維過程及思維對象對思維發生者的影響，則取決於思維過程中某種早已存在著的先天上的屬性。

邏輯學的研究，僅僅集中在思維過程的合理性與否，而忽視了思維過程中的屬性在思維發生者與思維對象之間的關鍵作用。

思維發生者——思維過程本身的屬性——思維對象。

三者之間關係的研究，是邏輯學不可或缺的一環，是我們還未曾「主題化」，未曾深入認識，更未曾進行系統研究的一個環節：脫離了存在者，存在根本無從索解。

思維過程本身的屬性，筆者稱為「邏輯屬性」。

世界是我們所看見的世界。因此，邏輯屬性，既存在於我們的思維中，也就存在於我們所認識的事物中。本文將以人的思維作為切入點，繼而深入研討邏輯屬性如何影響我們對事物的認知。

如同英語構詞法中的後綴會影響詞性一樣，邏輯屬性始終伴隨著主觀邏輯演繹及客觀規律演變的過程，從而影響思維發生者的推理論證過程及事物變化的走向，並能夠決定推理結論及變化結果與主客體之間的關聯性質，因此邏輯屬性是矛盾關係裡鬥爭性及同一性兩個基本屬性能夠成立的「原始屬性」，邏輯屬性才是事物發展變化的真正「內因」。即，邏輯屬性才能反映出對事物認識的本質。

未曾考慮邏輯屬性及其與思維者和思維對象關係而進行的邏輯論證，是不完備的邏輯論證（哲學及一切實證科學皆是「屏蔽」了存在者然後把存在者對象化之後討論的存在）。

對邏輯屬性的研究，是邏輯學系統中還未被開發的一個新領域。由於這個新領域所探討的邏輯屬性能夠影響事物的發展變化走向，這類似於英語構詞法中因「後綴」的不同屬性能夠對單詞詞性產生不同的影響，因此筆者把這個領域的理論命名為「邏輯後綴學」。

邏輯屬性就是《邏輯後綴學》的研究對象。

「添加」了邏輯屬性的邏輯學，才是建造完美對稱的人類文明大廈的「完備」的工具。

人的思維過程，是一個持續不斷的判斷過程，因此思維過程的邏輯屬性，也就是指判斷過程的邏輯屬性。思維發生者也就是判斷者。思維對象即判斷對象。

在判斷過程中所作的每一次判斷，無論所需要的條件（前提）是否充分，演繹過程是否合理，最終結論是肯定還是否定，真假或對錯，判斷者都一定是在以下其中一種心理模式裡完成對判斷對象的判斷：

一種是確認的心理模式，一種是非確認的心理模式。

《邏輯後綴學》把確認模式的判斷稱為「是」判斷，非確認模式的判斷稱為「非」判斷。

簡而言之：「是」判斷，就是下結論；「非」判斷，就是不輕易下結論。

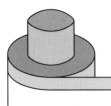

「是」判斷

- 找出事因之因
- 因非而是
- 二重分裂（產生自他分別與他他分別），建立「非」場是「是」判斷
- 邏輯屬性的兩個內涵

「非」判斷

- 探討面對方法
- 因是而是
- 「非」判斷邏輯屬性的內涵是：非
- 分別，有「是」域

簡單地說，例如「我是否好人」這個命題裡，「我是好人」或「我不是好人」兩個答案中的任意一個只要在心理上得到確認，都屬「是」判斷。而在心理上對「我是否好人」採取「不置可否」的態度則屬非確認模式的「非」判斷（故「非」判斷並非糊裡糊塗不知該如何判斷之意。具體論述見本文下卷）。

《邏輯後綴學》認為：「是」判斷和「非」判斷會分別表現出不同的邏輯屬性。無論主觀的邏輯推理過程及其結論是否合理，客觀事物依據邏輯所發生的發展變化規律是什麼，只要屬「是」判斷，就必然具有「是」判斷的邏輯屬性，如果屬「非」判斷，則必然具有「非」判斷的邏輯屬性。

《邏輯後綴學》的研究範圍，就是「是」判斷和「非」判斷的邏輯屬性各自的內涵和外延，以及由此而造成的對判斷對象及判斷者的影響。

日常生活中，我們幾乎分分秒秒都在進行著確認模式的判斷，否則我們似乎就動彈不了。因此「是」判斷是人的一種普遍的思維定式，追求正確「是」判斷則是人類的共性（海德格爾因此而發出對存在的「追問」）。它源自於人的自我認同及自他認同需求，因此本質上反映了人類的功利性思維：作出「是」判斷的思維才是有意義的思維（隨著文章的展開，人類功利性思維的「是」判斷，會改稱為「自定義是」判斷）。因為，「是（確認）」才對我們「有用」。

長此以往，「是」判斷是人類思維中最大的「範式」（「範式」的意思是一個共同體成員所共享的信仰、價值、技術等的集合。「範式」的概念由美國科學哲學家托馬斯‧庫恩所提出）。從日常「雞毛蒜皮」的「膚淺」的瑣碎小事，到國家國際大事，到人類、宇宙的過去、現在、未來的「深刻思考」，無論各自的觀點如何，贊同還是反對，其實都「走不出」「是」判斷這個範式。最終，終極的「是」判斷——完善或者完美的形式，就自然而然成了人類追求的終極目標。

《邏輯後綴學》上卷，將對「是」判斷這個「範式」做深入的剖析；下卷，則試圖「走出」這個「範式」，看看能「判斷到什麼」。

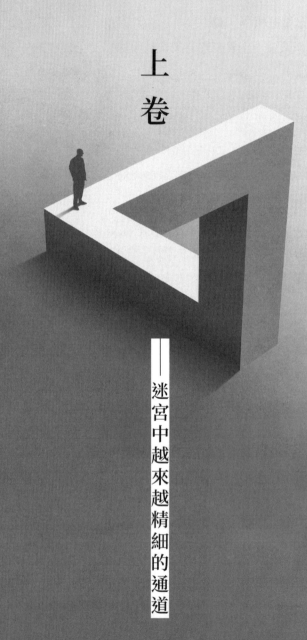

上卷

──迷宮中越來越精細的通道

第一章

「是」判斷邏輯屬性的內涵

物理學家告訴我們：色彩並不是自然界的固有屬性。當一種叫做「光子」的東西，以各種波長被物體吸收、發射或散射時，「恰好」與我們的眼睛相交會，我們的大腦感受到這些「外來者」之後會產生內在的體驗。為了弄清真相，大腦會隨之作出思索並把這種體驗加工為一種信息，然後把這種信息命名為「色彩」。這裡的「感受、體驗、思索、加工、選擇、命名」的過程，就是一種確認模式的「是」判斷的過程。

即使我們認識到色彩不是電磁波本身的屬性，即使我們意識到我們不過是「在魚缸裡面」或者說我們不過是「夏蟲」，我們依然是走不出「是」判斷這個思維模式。

（注：「是」判斷包括了「為什麼」和「是什麼」。因為這裡的「為什麼」必然是一個先有確定的「是什麼」為前提，才可以發出的「追問」，因此依然屬確認模式的「是」判斷。故此，為了論述的簡化及方便，《邏輯後綴學》把兩者統稱為「是什麼」。）

這裡有三個問題需要先釐清。

第一，為什麼不乾脆稱為「確認性判斷」，而起個帶點「土氣」的、彆扭的名稱「『是』判斷」？

因為，「確認性判斷」這個名稱含有相當濃厚的理性意味。而確認模式的「是」判斷，則除了包括理性之判斷外，還包括了僅憑經驗，或感性（注：本文筆者把知性納入感性範疇。海德格爾認為：正是在情緒和感覺的不確定性中，此在感受著世界的真正發生。本文筆者認為：感性在「是」判斷範疇與「非」判斷範疇意義不同。在「是」判斷範疇裡，感性具有道德價值上的意義；在「非」判斷範疇裡，感性

意味著「全包容」），又或三者共同作用後產生的判斷。因此，在「是」判斷框架下有關邏輯屬性的討論，才是全面而不失偏頗的討論。

不過，隨著文章的展開，為了在語意上強調，許多場合還是會用「確認性判斷」這種說法。

第二，確認模式的判斷如果是肯定含義的確認判斷，例如「這是我的」、「那是你的」，稱之為「是」判斷應該容易理解，但為什麼把否定含義的確認判斷都納入「是」判斷呢？

在確認模式裡，推理過程中的否定判斷例如「所有人都不是狗，我是人，所以我不是狗」實際上是一種「反指」的肯定判斷——我是人。「這不是我做的」的反指是「是某人做的」，只不過這裡的反指沒有明確說出來。又例如「我們不能違反客觀規律」的反指含義是「我們必須遵循客觀規律」，當中的肯定判斷與否定判斷兩者都是等價的確認模式。

把否定含義的確認判斷都納入「是」判斷，是因為當我們對研究判斷對象作出確認的否定判斷時，不過是在為「肯定」判斷「清除障礙」，最終都會形成「不是……而是……」的「下反對關係」模式而作出肯定的確認。因此以肯定含義的「是」來作為包括否定含義的確認模式的判斷，更能夠突出思維中「有用」的功利性特徵。

肯定含義的「是」才對我們「有用」這種價值理念，在西方思維裡表現得尤為突出。為了強調肯定的「是」，以至於像 not 這個否定詞，在英語語法裡很不幸地總是跟在「am、are、is」這些「是」的屁股後頭構成「am not、are not、is not」，讓初學英語的中國人覺得格外的彆扭。

同理，傳統的批判性思維也屬「是」判斷的範疇。首先，批判性思維必須建立在清晰、明確、嚴格的邏輯推理上，而邏輯推理本身就是一種典型的「是」判斷；其次，批判性思維所產生的質疑如果不成立，結果就是維持原來的「是」判斷，質疑如果成立，則形成新的「是」判斷。因此，近、現代西方人崇尚的「批判性思維」，批判的背後依然是對「肯定」、「確認」的盲從，並非是徹底的、真正意義上的批判。

隨著文章的展開，筆者將會對西方式的批判性思維進行「徹底的、真正意義上的批判」。

第三，從歐幾里得的《幾何原本》伊始，西方人對「是」判斷就有著鍥而不捨的追求——一切西方的科學理論，皆是企圖弄清楚「那個質點在哪裡及為什麼在那裡」的「質點」學問。可以說，一個不「是」的、「無序」的宇宙，對西方人來說是不可接受的，因此弄清楚宇宙的秩序或者說宇宙必須有秩序有理性是西方人追尋的終極「是」判斷。由此而產生的一系列思想實驗例如：電車難題（The Trolley Problem）、空地上的奶牛（The Cow in the field）、定時炸彈（The Ticking Time Bomb）、愛因斯坦的光線（Einstein's Light Beam）、特修斯之船（The Ship of Theseus）、伽利略的重力實驗（Galieo's Gravity E）、猴子和打字機（Monkeys and Typewriters）即無限猴子定理、中文房間（The Chinese Room）、薛丁格的貓（Schrodinger's Cat）、缸中的大腦（Brain in a Vat）等等，無非就是「是」判斷上如何選擇的思考問題。

以基督教為代表的西方宗教，同樣是典型的以「是」判斷為思維主軸的宗教。這類宗教的說教就是說「理」，其教義首先事無巨細地羅列出萬事萬物之間的關聯性以求解存在的意義，並由此而得出終極確認的「是」判斷——上帝的必然性。這種「是」判斷的思維主軸已經深入到西方文化的骨髓之中，並且隨著西方的擴張而在全世界散播，自然也對中國人產生極大的影響。自西風東漸以來，在日常所接觸的人群中，我們不難發現：凡是受西方思想或基督教精神影響的中國人，無論對西方思想是否有真正的認識，無論是如何去理解西方文化或基督教的教義，都有一個共同的特點，那就是事事都喜歡把個「理」字（「是」判斷）掛在嘴邊。

西方哲學，概括而言就是「是」判斷（「為什麼」和「是什麼」）的「經典」哲學（從亞里士多德就已經開始為尋求同一性的「是其所是」的思考）。西方哲學的成就，就是為人類建立了一個龐大而複雜的，事無巨細的「是」判斷系統的理論大廈。而當中的「人是」的判斷即「人是目的論」（也稱為「人擇原理」）則是整個西方哲學的立足點，即確認了人在整個「是」判斷理論系統中的關鍵性（例如，海德格爾

就斷言：此在以能夠把握某物為前提的生存方式所具有的超越性、意向性而能夠通達存在本身，都基於一種先天的、統一的「在 - 世界 - 之中 - 存在」的結構，然而在人以外的其他存在者身上我們無法發現這樣的結構。即海德格爾把「此在」的內涵限定為人的此在）。

而邏輯學則為「是」判斷理論系統的法理性扮演著背書的角色。被譽為數理邏輯及分析哲學的奠基人弗雷格更宣稱「邏輯學是一門（存在著一個由不依賴於心靈的實體組成的客觀領域，它能夠為我們所通達的、獨立於心理學之外的）最普遍的關於真理規律的科學」。

因此，邏輯學與「是」判斷的正向關係可以用一句話概括之：

正確的「是」判斷是充分的相關條件加上正確的邏輯演繹的必然結果。

也可以作簡單的逆向概括：

錯誤的「是」判斷是不充分或不相關條件或錯誤的邏輯演繹的必然結果。

《邏輯後綴學》的研究內容則並不探討如何才能得出正確的「是」判斷結果，而是研究「是」判斷這種確認性質的心理模式必然產生的結果。

對於《邏輯後綴學》來說，「是」判斷的結論無論對錯都類似於黑格爾的「存在即合理」。這裡「存在」的意思只表示已產生的結果，或者說已造成的事實上確認的「是」，而不考慮其對錯。「合理」也不是合乎道理或理性之意，而僅是作動詞用，有集合和演繹之意，至於集合的條件是否足夠，演繹過程對錯與否同樣不加以考慮。

對此，《邏輯後綴學》認為：無論對錯，「是」判斷的心理模式作為一種正向思維，一種對已知條件下邏輯演繹的結果的認同（確認、同意）判斷行為必然會產生某些結果。

即《邏輯後綴學》所研究的論域不同於邏輯學。

釐清了上述三個問題，接下來討論的「是」判斷邏輯屬性的內涵才具有普遍性意義（普適性）。以下文章中闡述的確認模式（包含了「是」與「不是」）就不再加以解釋，以求行文上的簡潔。

　　在我們的日常生活裡，當我們作出某種確認的判斷，例如「這是我的」、「那是一片雲」等等時，有沒有真正明白，「什麼是什麼」的深刻含義？

　　語法上，第一個「什麼」是主語，第二個「什麼」是賓語，中間的「是」是謂語。

　　邏輯學認為，「什麼是什麼」屬命題邏輯及其擴展後的一階邏輯，因此必須遵循同一律，前後兩個「什麼」必須保證是相同內涵和外延的概念，即必須是 A=A 的「重言公式」。也即是說：前後兩個「什麼」指的必須是同一個目標——A=A=1——世界是我們看見了的世界。看世界，世界永遠是這樣而不能「不是這樣」。否則就叫做違反邏輯思維的基本規律而產生邏輯混亂。這些基本規律作為理性思維最基本的前提和預設，能夠保證思維過程的確定性、一致性、明確性及論證性而使思維過程具備邏輯上的有效性。

　　《邏輯後綴學》則把這些基本規律即所謂的同一律、不矛盾律、排中律、充足理由律統稱為「確認律」，因為這些基本規律都是為了保證能得到正確的「是」判斷。而當中的同一律是另外三個確認律能夠成立的先決條件。

　　對於「什麼」的進一步理解，被稱為現代語言學之父的瑞士語言學家索緒爾，從語言符號構成的角度，以二元對立的結構主義模式用「能指」和「所指」兩個不同範疇進行解構：能指屬帶有個體性心理印跡的感覺，所指則屬社會性的具有概念性質的觀念。因此，任何「什麼」（語言符號單位）都是一體兩面不可分割的能指和所指（Signifier、Signified）：任何「什麼」語言符號單位都由原始、基本的「什麼是什麼」所組合，前一個「什麼」是能指，後一個「什麼」是所指。

法國心理學家拉康則批判性地繼承索緒爾的理論。拉康認為：「能指」具有原始性，它是客觀對象在我們的潛意識（無意識）裡的一種隱藏方式。我們無意識中的任何「能指」（因），都能夠指向另一個「能指」（果），接著這另一個「能指」又可以指向下一個「能指」。這個過程形成滑動、漂移、循環、無窮無盡的「能指鏈」（因果鏈），鏈中每一個「能指」的意義僅僅在於它不是別的「能指」。「能指」永遠不能指向終極目標，也永遠沒有中心或者說永遠不能達到中心（筆者則認為：能指不能指向終極目標是因為能指本質上具有全體性。本文下卷會就此進行深入的討論）。然後人的理性（拉康理論中的象徵界）「終止」了這種混沌無序的狀態，把「能指」人為「編譯」，變成了社會性的「所指」。「所指」目標被一個個符號代替，這些符號就是文（數）字和語言，然後我們又錯誤地把這些「所指」目標視為（確認）中心或終極所在。

對於綜合了能指和所指內涵的「什麼」這個目標，還應該結合數學中有關數集及系統論的知識來深化理解。

數理及集合論方面的知識，是人們通過對數的研究推理後歸納出來的結果。邏輯後綴學研究的是對這類結果作出不同邏輯屬性的判斷時，會具有什麼表現及由此而產生的對判斷者的影響。這類表現及影響既存在於對數理及集合論的判斷裡面，也存在於人類社會各方各面的判斷中，同時也存在於所有事物內部。因為人類社會（包括具體結構及抽象觀念）及現實世界所有事物，都可以看作同樣也是由數之不盡的大大小小的各種集合體靜態的整合而成。這些集合體也可以根據其動態的模式命其名為「系統」。可以說，人類為了反映、表述（映射）現實世界在我們每個個體裡的心理印跡所發明創造出來的所有名詞，都相當於一個個的相同元素組合而成的（靜態）集合或相關要素構成的（動態）系統，這些集合或系統都是為了表述目標的「所指」。故此，在《邏輯後綴學》中，事物、目標、形式、系統及集合是等價的概念，只是在不同的認知上人為設定的不同稱謂而已。《邏輯後綴學》將陸續以「是」判斷及「非」判斷這種獨特的視覺對這些概念分別進行深入探討。

（先從靜態的數集理論切入，之後再根據需要加入一些系統論方面的知識作為補充。但這裡不是為了專業性研究數集或系統，因此後面各章節中陸續出現的有關數集及系統的知識，僅以通俗易懂的方式深入淺出地介紹。並且，根據《邏輯後綴學》的原理，一些概念與正統的概念比較會有所差別）。

當判斷「什麼是什麼」時，前後兩個「什麼」必定指的是同一個目標。

這個目標可以是一個節點（元素），可以是一個子集，可以是一個交集、並集、空集甚至可以是某指定對象的全集（宇集）。

例如 1 本身可以看作是一個節點（最小單位），也可以是個位正整數中的一個子集（意思是個位數的其中一個集合），也可以是不同正整數的交集（所有正整數都可以看作是 1 的累加，因此都包含 1 這個元素或者說集合）。而個位正整數又是正整數的子集。「數」可以看作是包括實數和虛數在內的一個全集。等等。

從集合論的概念中我們知道：當我們判斷了「什麼是什麼」時，這個目標並非指某個集合的「全體」（全集不等價於全體，全集作為概念用於對目標身份的確認表述，全體是對某事物涵括範圍的形容所知。「所知的全體」在本文下卷以「意境」度之），而是指有所屬的。它必定是某集合內的某個節點（元素）或集合的子集、交集、並集等等，即必定歸屬於某集合所擁有，而某集合又歸屬於另外的集合或更「高級」的集合所擁有，沒有「什麼」可以游離於集合之外。（例如，「玫瑰花」是一個集合，這個集合又是隸屬於「花」這個集合的「子」集合。至於「全集」的所屬，後面會有討論）。

「什麼」都逃不脫所屬的集合，也就是：

目標必定是一個所有格，嚴格意義上都應該叫「什麼的」。

即目標只能是部分或個別「什麼的」而永遠不是全體「什麼」。

能指自身具有全體性；所指自身具有集合性。但在「是」判斷的架構下（確認性行為下），能指與所指所構成的目標就具有了「有所屬」的共同屬性。

這個所有格有時以顯性而為我們所知，但以隱性（名詞）出現時就往往被我們所忽略。例如「這是我的」中的「我的」，其所有格不言而喻。但「一片雲」的精確含義應該是「雲的一片」，「我是好人」的精確含義是「我是好的人的其中一個」就似乎沒有多少人去深究了。又例如「我們是人類」的精確含義是「我們是人類這個全集裡的一部分（子集）」而不是「全體人類」。

但由於以隱性所有格的名詞作為判斷某目標的表達方式已經被人們所習慣，更成為語法上的公認標準。所以，為了「入鄉隨俗」，也為了行文方便，接下來的文章中基本上還是會用「什麼」來表達「什麼的」，這實屬無奈之舉。

通過集合論的知識還可以再進一步解構這個所有格的「什麼的」。

除了純數理的分析外（把相同屬性的事物簡化為同一元素並以符號代替進行運算分析時，當中每一個元素可以看作是歸屬於單一集合所有），現實中的「什麼的」元素實際上都是由不同的集合相交或相聯而成的。也就是說，所有格的「什麼的」實際上同時被不同的集合所屬（在集合論中用「且屬」或者「或屬」表達）。以至於我們日常對任何具體或抽象事物的「是」判斷，其目標相應的所有格都含有「多重身份」。

例如「我是好人」即「我是既屬好的且屬人的其中一個」，當中這如何才是「好」的標準（元素）足可以洋洋灑灑列出千百條，而每一種「好」的元素本身其實又是一個集合（例如「性格好」「相貌好」不是我專有的），如何才是「人」則涉及更多眼花繚亂的集合及系統。「我要自由」其實是「我要自由的度」，這「度」的性質有物質性、精神性及社會性，「度」的標準不但五花八門，而且眾口難調。

目標實際上是從相關的眾集合中「獨立」出來而成的，具有相同性質新元素的一個新集合（例如「好人」就是從「人」中「獨立」出來的一個新集合）。詭異的是，「獨立」之後的集合「拒不接受」（共時性邏輯中的不可替換原理）相關眾集合中其他元素加入這個新領域（壞人不是好人，兩朵玫瑰花絕不是一朵玫瑰花，杜鵑花絕不是玫瑰花），但又永遠擺脫不了眾「母體」的影子（都是人，都是自然數，都是花），新集合真正的所有權（屬性）依然是，永遠是屬眾母體（顯性或隱性的所有格），當中頗有「孫悟空逃不出如來佛手掌心」的味道。

所以，上述的「獨立」加上了雙引號，嚴格來說應該稱為——分裂。

「一朵玫瑰花」這個目標之外的所有「及其他的自然數」和所有「其他的花」，在集合論裡都分別屬「一朵玫瑰花」的「補集」。相關補集和目標有著血緣關係，兩者本質上有著同一性。但作為目標的「什麼」的判斷（確認）卻必須建立在兩者分裂的前提下。分裂造成補集被目標所排斥並形成緊密圍繞在目標之外的，但又與目標水火不相容的「非」場。

把補集冠名為「場」是因為「非場」的範圍，往往遠大於「是」判斷目標的範圍（普遍性大於特殊性）。目標涉及的集合越多，「非」場範圍與「是」判斷目標範圍的差異反而越大甚至可以趨向於無限大（這裡對範圍的理解不僅僅是一般意義上的度量空間，更應該從拓撲空間的意義上去理解）。

綜合上述內容的分析深入解構了「什麼是什麼」後，《邏輯後綴學》就可以為「是」判斷作出嚴格的定義項：

「是」是（確認）行為，前後兩個「什麼」是指同一個（有所屬的）目標。

「是」判斷一定包含行為和目標兩個要素（因此所謂的思維與存在的關係問題從古希臘哲學家巴門尼德以降就成了哲學的基本問題。黑格爾認為西方哲學從認識到思維與存在之間的差異發展到兩者的對立。因此黑格爾把消除這一對立，尋求思維與存在的「和解」作為核心任務）。這是「是」判斷能夠成立的第一個必要條件。

而只要作出了「是」的判斷,「指」這個(確認)行為就成為事實(漢語裡「是」起著系詞的作用。西方語系裡「是」包含有「動作」故亦稱為「系動詞」)。而「指」這個(確認)行為成為事實就必然產生以下的局面:指者(判斷者)立刻就被排斥在被指者(目標──判斷對象)之外(如同弦與離弦之箭的脫離)。這是「是」判斷能夠成立的第二個必要條件──即只要「是」判斷成立,指者與被指者必然是主客體的二元關係。

目標成立,是因為實現了(確認)行為。

即(確認)行為與目標之間具因(行為)果(目標)關係。並且兩者的因果關係的「逆」不成立,因為兩者沒有邏輯等價。因為產生確認行為的能指具有全體性,而所指(確認行為自身)具有集合性(射出去的箭最終必然會射中個「什麼」目標,但目標與是否射(中)箭則沒有必然關聯。此外再強調:《邏輯後綴學》僅研究邏輯屬性,因此對「射中」的是什麼目標及這個目標是否正確的目標「不感興趣」)。

因此更嚴格的邏輯句式陳述:目標成立,當且僅當確認行為實現。

這是「是」判斷能夠成立的第三個必要條件。

指者「指」的「同時」必須建立一個開放性的、具有排斥力性質的但又具有明確母體意義的相關的「非」場(即必須有背景做「襯托」。例如是 1 是因為「非」是 2、3、4……。是「雲」是因為「非」是飛機、汽車、樹木……等事物),「是」判斷才有「存在的意義」。這是「是」判斷能夠成立的第四個必要條件。

綜上所述:二重分裂(產生自他分別與他他分別)、建立「非」場是「是」判斷邏輯屬性的兩個內涵。

「是」判斷邏輯屬性內涵所具有的意義可從其外延對判斷者及判斷對象之間關係的影響進行深入分析。

第二章

「是」判斷邏輯屬性的外延及討論

「是」判斷邏輯屬性歸納起來共有十六個重要外延，它們分別是：

第一外延：因自他分別的內涵，我們永遠都不可能自我指涉（自涉）。

第二外延：「是」判斷一定是共時性主觀判斷。

第三外延：任何的「是」判斷，都會出現悖論。

第四外延：用「是」判斷判斷「是」判斷，即形成一個無休止震盪與重複的，「糾纏共生」的真類。

第四外延補充：通過「是」判斷尋求「本來」（為什麼），會產生一種與「真類」震盪方向相反的「逆震盪」（無窮倒退）。

第五外延：震盪與重複意味著真類中的目標具有以「目標鏡像」的方式進行自我指涉與自我複製的能力。

第六外延：「是」判斷所具有的悖論性質，通過對目標的辯證性映射，反映在現象學層面上就是對立統一這種局面的矛盾關係。

第七外延（自相等原則）：只要前因果關係被建立，目標產生，「非」場就同時出現，指者為了「維護目標的純正性、唯一性」就必須以「有限過程對付無窮」的模式永不能終止地進行著排斥、清除「障礙」的主動行為——這個行為的依據是後因果關係——他他分別——我們永遠只能夠通過事物自身以外的東西來推斷出事物的真實性。他他分別的過程，就表現為一個「線性」的運動過程。

第八外延（自相似原則）：任何「是」判斷，都必然表現為指者根據前、後因果關係建立及維護、發展形式（目標）這種模式。這種

模式裡所具有的關聯性、邏輯性、必然性、排斥性及不確定性五大內在的根本屬性之間存在著的辯證關係，令事物都表現出「非線性」的運動變化發展的性質。

第九外延：「是」判斷目標即任何確定的形式都是以脆弱的保守孤立姿態在互相依賴又互不相容的衝突、制約、平衡的辯證關係中走向不可持續。

第十外延：確認目標，實質上就是確認目標的所有權。即任何目標被確認之後都必然因為「有所屬」而不再具備自由的意義，而僅具有邏輯推定意義上的自由度。

第十一外延：當指者作出確認性質的「是」判斷時，指者的思維具有自由度，即只有相對自由而沒有絕對自由。指者思維上的自由度與目標的自由度等價，兩者之間屬同構（相互映射）關係，兩者在「是」判斷的架構下存在著自反性。

第十二外延：目標具有的確定性、收斂性、不兼容性實際上就是指者的思維被約束、封閉、局限、保守的反映。

第十三外延：以交集的模式追求自由時，追求越多，追求者的自由度反而越小。

第十四外延：「是」判斷是一種熵增行為。

第十五外延：「是」判斷目標一定表現為開集。

第十六外延：任何的「是」判斷目標，無論如何精確，表面上都相當於歐幾里得幾何法則確定下的一個點，但本質上都是拓撲空間（連續性）裡一個充滿了種種不確定性（自由度）的離散性的開集。

下面對「是」判斷邏輯屬性的十六個外延逐層展開討論。

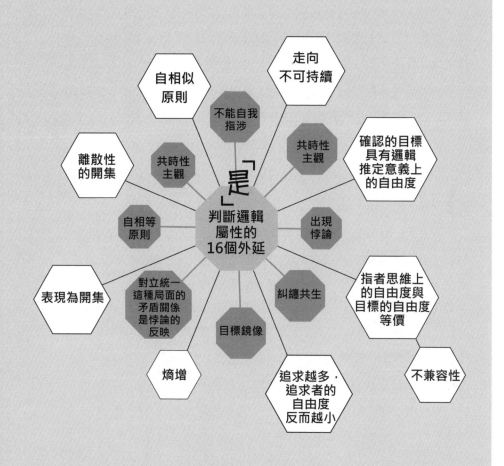

走向
不可持續

自相似
原則

不能自我
指涉

共時性
主觀

確認的目標
具有邏輯
推定意義上
的自由度

離散性
的開集

共時性
主觀

「是」
判斷邏輯
屬性的
16個外延

出現
悖論

自相等
原則

指者思維上
的自由度與
目標的自由度
等價

表現為開集

對立統一
這種局面的
矛盾關係
是悖論的
反映

糾纏共生

目標鏡像

不兼容性

熵增

追求越多，
追求者的
自由度
反而越小

第一節：我是誰

「我是誰」（自身所是）？這是一個貫穿了整個人類歷史的簡單卻又無解的論題。除了那說不清也道不明，因此實際上並不那麼可靠的所謂信念在勉強支撐著我們對自身的肯定之外，人類歷史上，從未有人能夠成功地、準確地、令人信服地實現對自身的「是」判斷（某些宗教上對自身的「是」判斷已被證明是千瘡百孔，不堪一駁）。

這正是因為：任何「是」的判斷，都必然產生自他分別，使判斷者（指者）被排斥在判斷對象（被指者）所包含的範圍以外。

為什麼「任何的『是』判斷，都必將產生自他分別」？

「是」判斷一定包含行為和目標。「是（確認）」是行為，「什麼（的）」是目標。目標成立，當且僅當確認行為實現。

行為一定有行為發生者（海德格爾的「在者」），指者就是行為的發生者，因此行為與指者是不可分割的全體（笛卡爾「我在」的立論中，其「我在」本質上是與思想「遙遙相對」的目標屬性。本文下卷將重新詮釋「我在」的屬性）。我們在研究邏輯基本規律時，僅僅討論思維過程（行為）而不把思維者這個因素考慮進去（非主題化），結果就造成一系列問題。

而目標是一個集合，嚴格地說是一個多重身份的集合，這個集合的所有權可以屬任何事物（母體群），當然也可以屬「我」（例如「這是我的」），但卻一定是獨立於指者之外的分裂體（我非指者）。

即確認行為與目標是各有所屬的界限分明。

因為：

如果目標即是指者，即如果目標與指者是同一的全體，目標就不能產生，行為就不會發生，「是」判斷就不能成立（行為發生者不能以行為發生者自身為對象；弦上之箭不能以弦自身為目標）。

所以：

只要「是」判斷成立，則指者不能是目標，或者說指者一定在目標之外。

這就用「反證法」證明了：

任何的「是」判斷，都必將產生自他分別。

這裡傳遞的信息是：「是」判斷的對象一定是除了判斷者自身以外的對象，即一定是「他者」。即，在「是」判斷中，目標與指者永遠不等價（嚴格而言叫「非全同關係」）。因此「是」判斷永遠都是「他涉」。進一步的解讀是：我們永遠不能對我們自身（康德所認為的「物自體」）作出「是」判斷。

故，並非「物自體獨立於認識之外（康德語）」，而是「認識」只能認識（確認）「自他分別」的他者。物自體並非「不可知」而是不可「識（確認）」。通過「確認」（是其所是），我們永遠不可能完成從「是之為是」到「我是（自身所是）」的轉化（海德格爾企圖以嵌入時間性「境域」完成這種「自身所是」的轉化，但最終並沒有成功）。

即，因自他分別的內涵，我們永遠都不可能自我指涉（自涉）。這是「是」判斷邏輯屬性的第一個重要外延。

笛卡爾的二元論就是這種自他分別的典型：當我不能懷疑「我的懷疑」時，確認性「是」判斷的自他分別就已經產生：確認「懷疑」的不可懷疑的真實性的同時，「懷疑」必然已經「變成」與指者分離的目標，「我在」始終是「我的在」。因此，和其他西方哲學家一樣，笛卡爾自始至終都是為了企圖確認「是什麼」，卻從未質疑過「確認」本身會帶來什麼問題：確認不能確認「確認」自身——行為不能從行為發生者獨立開來。

因此，與其說笛卡爾是「近代哲學之父」及「近代科學始祖」，更確切地說他是人類在「智學」上致力於登峰造極的重要推手之一。但這種登峰造極是福是禍，接下來的文章會深入分析。

（為了強調「自他分別」，這裡的「自我指涉」專指判斷者本人，而自我指涉的本來意思是：用概念整體來定義或者概括該概念本身。「不可能自我指涉」形象通俗的理解就如同我們不可能揪著自己的頭

髮把自己提離地面。根據邏輯基本規律中的同一律同樣能推導出「不能自我指涉」的結論，因為「我」是一個全體，與「是」後面任何「什麼」的集合都不等價，不能構成 A=A 的重言式。但同一律推導的「不能自我指涉」沒有反映出「自他分別」這個重要屬性。）

假設強行設定目標與指者等價（同一），那麼，諸如「我是人」、「我是好人」，「我思故我在」甚至「我是自有永有的神」這類「自涉」的確認行為就不能發生，「是」判斷就不能成立。

所以，「我是誰」是一個真值為假的「假命題」。

因為，我們對於「我是誰」這個論題永遠都「說不清道不明」。

「判斷者被排斥在判斷對象所包含的範圍之外」這句話，如果從「他涉」的角度去理解，讀者或者能夠接受。例如「那是一片雲」這個「是」判斷裡，「雲」這個目標當然不是判斷者，判斷者可能也沒有什麼興趣成為「一片雲」。但從自涉（自我指涉）的角度，「我是誰」不能成立因為這個「誰」不可能是判斷者自身就不是那麼容易讓大眾理解。

大眾不容易理解的根本原因是：人類都有自我認同及自他認同的需求，並且錯誤地認為這些需求能夠得到滿足，是因為自在與自為具有同一性。

自在與自為之間沒有同一性。

自在是形而上的全體，圓滿具足，沒有任何分離或缺失，因此稱其為非形式——「我」未曾發出「是」這個行為之前具有「無所屬」的全體性。自在「什麼也不是」，即「什麼」都不能代表、形容、象徵、證明、判斷、確認「是」自在。

自為必然意味著「什麼是什麼」，即自為都是「是」判斷的目標。任何「是」判斷的目標，都是形而下的個別形式，都代表了分離或缺失，也就是不圓滿不具足的。

所以，我們可以說「這影子是我的影子」，而不能說「我是影子」。同理，可以說「人是我的表體特徵」而不能說「我是人」（這段話應

該有人會反駁：我與「影子」的內涵與外延都不同，當然不能說「我是影子」。但我與「人」的內涵與外延一致，為什麼不能說「我是人」？筆者的回答是：在嚴格的內涵和外延概念上，我與人並不一致。不過，從一般的邏輯意義上，「我是人」這個「所指」在表述上「當然是」沒有問題，但這裡的「沒有問題」其實是被後續的無數問題所掩蓋著。因為，「此我非我」）。

因為，「什麼」都不過是非形式「我」的表現形式「我的」。

為什麼我們總是會錯誤地認為自在與自為具有同一性？拉康的心理學理論可以給我們一定程度的啟發。

拉康認為：嬰兒時期的心理初始狀態本來是圓滿具足的同一，即沒有主客體的區別意識，但隨著與遭周環境的不斷接觸，從中受到的刺激作用下所得到的經驗中就有了「他者」的概念（海德格爾稱這個過程為「此在被拋入世界」——存在是強加性的。但因自他分別的屬性，實際上是「此在自以為進入世界」），即首先產生了他涉的「是」判斷。拉康進一步分析後認為：他者的產生讓嬰兒感覺到某些東西包括母親在內並不是他的一部分，因而產生了分離（出離）和缺失（被閹割）的焦慮感，這種焦慮感是嬰兒不願意承受的，於是他因為希望「他者」消失從而能夠回到初始的統一而發出了內心的「請求」（弗洛伊德的前俄狄浦斯情結）。終於在「某一天」，嬰兒從鏡子中看到自己的鏡像，在外界（通常是母親）的「旁證」下，嬰兒就把鏡像中賓格的「我的」錯認為是主格的「我」而把鏡像與幻想的自我進行連接。這個鏡像以「理想自我」的形象滿足了嬰兒的「請求」，補償了缺失部分帶給嬰兒的焦慮感。自在與自為之間的混淆從此時開始產生（自涉的「是」判斷產生）。也就是說，嬰兒以為「本我」能夠從外界得以證明，「我是」思維模式開始建立，這個過程拉康稱之為「想像界」。隨著嬰兒成長為成人，逐漸掌握了語言與符號識別能力後，「想像界」會逐漸與「象徵界」「重疊」（實際上不是重疊而是「手性」——我們的雙手是一對「對映異構體」，左右相反不能重合。在下卷將繼續這方面的討論）。「我是什麼」的思維模式通過「象徵界」的語言符號形式化後再反饋到思維中而形成思維定式。

拉康的「鏡像」理論其實已觸及到萬事萬物的本質（《邏輯後綴學》的下卷將繼續這方面的討論）。可惜的是，拉康僅僅是從「人學」的角度分析人的精神狀態，並沒有真正從「是」判斷必然產生自他分別這個內涵上深化思考事物的本質，及如何從根本上解決人類自我缺失的問題。拉康反而認為這種缺失是進入文化，成為一個文明化的成年人的必經之路而給予肯定。因而他的理論就成了不徹底的及最終走上歧途的理論。

同樣地，儘管海德格爾深受東方文化的影響，對「有」與「無」的理解有別於其他的西方學者（因此筆者在本文中多處引用其理念），故而海德格爾指出：西方哲學從柏拉圖開始就因誤解了存在的意思而去研究個別存在的問題而不是研究存在本身的問題。繼而進一步認識到：一般（西方）生命哲學的根本缺陷，就是在「生命」本身作為一種存在方式，在存在論裡未曾得到明察之前，就已經是不言自明的存在而被作為討論的前提（預設性，例如笛卡爾的「我思故我在」，由於把人對象化而造成主客體的對立）。但海德格爾並未意識到，他之後所發出的一系列對存在的「追問」，實際上還是「放不下」對「是」特別是「人是」的執著（例如對時間本源性的探討最後依然淪落為與傳統大同小異的「準則」）。個別存在與存在本身的區別不過是「是」判斷模式裡他他分別與自他分別二重分裂內涵的表現，因此並沒有脫離西方傳統哲學的視界，依然不過是「是」判斷模式的「是什麼」或「為什麼」。因此海德格爾著名的代表作《存在與時間》，同樣也是成了「虎頭蛇尾」的作品，到最後究竟存在「是什麼」的問題，仍舊是不了了之。反而在追問過程中，海德格爾把存在作為此在的「顯示」（也就是他他分別屬性的「是什麼」及「為什麼」）的論述，成為日後所有存在主義理論中以自我為中心的本位論（向來我屬）奠定了基礎，為個人主義思潮在當今世界大行其道打開了方便之門。

自為（形式）都是「是」判斷的目標，「是」判斷必然會產生自他分別，因此自為只能夠相互他證（他涉）而不能自證，即自為只能夠通過相互間的關聯性、邏輯性、必然性才能「被證明」而永遠沒有自主性（海德格爾稱為「沉淪」）。

但無時無刻無孔不入的反覆他（它）證令我們對這個被證明的「是」是「我」（其實是「我的」）信以為真，以至於我們每個人在思考自身的意義及存在價值時，都認為必須有個「什麼」（實質也好代表也好象徵也好）是「我」才有意義，最終「成功」地令我們把「我」和「是什麼」緊密地聯結在一起而構成了「我是什麼」。

　　由於「我是什麼」混淆了自在與自為兩者的關係，本來沒有矛盾衝突因為不具備同一性的自在與自為就變成了伴隨著我們一生的矛盾體：

　　在人的思維中，「是」判斷的產生、形成過程是充滿了矛盾的（隨著文章的展開會不斷深入分析「是」判斷的矛盾性）。首先，因「是」判斷而產生的「他者」概念造成了自我感到缺失的心理——只有當你想要的客體不在場時你才需要言詞（拉康言）。意思是言詞意味著缺失。這句話相當之精彩，因為言詞的功能本質上就是信息，我們不妨延伸其意為：信息反而意味著缺失——越確認越缺失。換言之：現代資訊的發達，互聯網的高速發展，人類對「客觀」世界的認識越深入反而意味著現代人越來越缺失。

　　其次，「鏡像」既是自我與他者混淆為同一的始作俑者，亦起著鞏固自我與他者二分錯覺的作用：一方面，「我」自始至終必須不斷地理所當然地通過他者才能被證明「是什麼」——即永遠擺脫不了眾「母體」的影子（所有人都是人，我和他們是一樣的「元素」，所以我也是人）。「我是」的證據（鏡像）不斷地令我們「信以為真」，我們終於對「我是什麼」確信無疑。

　　而另一方面，「我是什麼」的不斷鞏固，卻又致使「我」與他者之間的壁壘越來越分明甚至是牢不可破——「獨立」之後的集合「拒不接受」相關眾集合中其他元素加入這個新領域（他他分別：我是人，但我絕不是他人）。

　　他人的存在造成了以我為中心的世界分裂，這樣「意識的多樣性」就造成了衝突和紛亂。而他人和我發生關係則是通過「注視（外視）」：我在他人的「注視」下，會感到自身的異化，我變成了為他人而存在，

但我卻永遠不能化歸於他人，反之亦然。

現代人追崇的「個性」就是這種矛盾體的具體表現之一：所謂個性，就是在與眾不同，標新立異，不與他者「同流合污」的同時，又必須在他者的「注視」下才能存在的一種「異化」，個性實際上是「為他者而存在的存在」，即只能夠「被證明『是』」而根本沒有自主性。這種個性的「與眾不同」意味著：不能被他者「同化」，但又祈求他者的證明對自己個性的「支持」之間，就只能是矛盾衝突的關係。

城市化之後的人際關係則是這種矛盾的群體性表現：一方面人們對大城市趨之若鶩，認為只有在大城市才能有真正的存在感；另一方面城市人口越密集，人與人之間的關係卻越疏離，「每個個體的內心，都形成一個個的孤島」。

生活在這個矛盾體中的我們是如此的無奈。只要我們還是認為「我是什麼」，我們就沒有任何力量，沒有任何對策與這個矛盾體相抗衡，我們就必須「與時俱進」，不斷地「刷朋友圈」，否則就會被「Out」了，意思是我已經在他者的視線範圍之外，沒有人注視我了，我的存在就沒有了意義（現代社會裡還多了一種現象：我已無力與時俱進，我的存在確實沒有意義，那麼我就乾脆「躺平」了）。

我們以為世界屬我們，以為我們可以自由奔放，狂傲不羈。現實是，我們始終屬世界。無論是飛黃騰達還是貧困潦倒，無論是出人頭地還是寂寂無聞，我們始終是不由自主。我們以為可以改造世界，其實是世界通過無情歲月的侵蝕，不斷在我們的心靈刻畫著烙印。

我們所作的任何努力，包括對自我價值的追求，對真理的追求，所有這些「偉大的抱負」，都不過是妄圖尋求或建立「更加理想完美之自我」的一種行為表現。然而，「理想完美之自我」永遠不可能以自為（形式）的面目出現，被證明的任何「是」都絕不是「我」，即絕不是自在而只能是自為（我的）。「是」越多，「我的」就越多，自我反而更加分崩離析。並且，由於行為與指者是不可分割的全體，自我的分崩離析不是因為受到任何外力的作用（不是此在被拋入世界），而根本是由指者本身的行為所造成的「語境」（此在自以為進

入世界）──不是判斷目標排斥指者，而是指者的行為把目標獨立（分裂）於自身之外──自我的「內爆」。

我們種種努力充其量能夠得到的不過是「理想完美之自我之鏡像」。因此筆者把人類自以為掌握了的真理稱之為「映理」。「是」判斷過程中自他分別的二元性永遠不能消彌，人類的分離和缺失的錯覺及由此而產生的焦慮感從未真正消失過。恰恰相反，我們對價值觀、對真理的渴求越強烈，不過是暴露出我們內心因分離缺失錯覺而產生的焦慮感越是強烈。當弗洛伊德把「我」的意識進一步分為「本我」「自我」與「超我」，更是人為地為「我」刻上了道德的烙印，無端地令「我」成為我自己的「道德包袱」。但強烈的焦慮感卻又令我們頑固地認為這些被證明的「是」、這些真理都與「理想完美之自我」必然有關。這種「必然有關」的頑固信念更已經成為我們生命中不可或缺的「精神支柱」。賴以為依傍的精神支柱使我們即使可能知道「我是誰與我無關」，我還是心甘情願固執地自我誘導「當然與我有關」；即使我們意識到「我是誰」是一切煩惱的根源，我們還是固執地千方百計地終其一生去確定「我是誰」；即使我們都明白「生不帶來死不帶走」，在我有生之年我還是「能拿多少是多少」；即使證明了「我是什麼」不能成立，我們還是一如既往約定俗成以「但求方便」作為理由故意模糊語義令「我是什麼」成為「自以為是」的想當然並努力詮釋這種想當然。

米蘭・昆德拉把這種想當然的徒勞努力形容為「人類一思考，上帝就發笑」。

但筆者認為：不是因為人類的思考讓上帝發笑，而是因為人類不懂得如何思考，令上帝「哭笑不得」。

結果就是：我們的思考，我們所作的任何努力，不過是這麼一個怪圈：我是──我不是──我越是──我越不是──我越想是。就如同希臘神話中美少年納喀索斯被眾女神詛咒的顧影自戀：愛上一個人，卻永遠得不到這個人的愛！

第二節：我知道

注：這裡的「知道」實際上是「識」，與下卷討論的「知」不等價。

由於「我是什麼」本質上並不能成立，因此我們內心總是充滿了焦慮感，但出於對「精神支柱」的需要，我們對「我是」卻依然是，也必須是確信無疑（因此有蘇格拉底之名言：認識自己）。這種自以為是的確信無疑更成為我們把視線從「注視」自我轉向「注視」他（它）者時的信心保證（背書），成為我們探索世界，尋求真理時一切的「自以為是」（是其所是）的信仰的基礎。

既然「我是」是一切信仰的基礎，這個「我是」後面就必須有個「什麼」（我不能只是「思」或只是「懷疑」，「思」或者「懷疑」之後一定有個「什麼的」作為對象：射出去的箭最終必然射中個「什麼」目標，無論這個目標是否正確的目標）。那麼，我們對這個「什麼」自然就必須有具體的清楚明確的認知，即必須「我知道什麼是什麼」，我的自身及存在價值才有意義。這就是我們注視他者（他涉），即探索世界，尋求真理的原始動機。

問題是，我們真的能夠知道「什麼是什麼」嗎？

任何的「是」判斷，必然會產生自他分別，即目標不可能是指者（判斷者）自身，因此指者與目標之間建立的（確認）關係一定是單向、線性的邏輯指向（單箭頭指向：海德格爾認為，到目前為止的所有哲學藍圖，都是對世界的單向度理解。單向度理解的理論一定是「還原論」，因為單向度理解必然產生一個線性的存在秩序，有線性的存在秩序就必定有一個「源頭」，那就是最高的存有者，即上帝）。意思就是：指者對目標發生的「是」行為永遠是處於「一拍兩散」的同時卻又必須是「一往情深」的狀態，結果造成目標不能屬指者卻又對指者「若即若離」這麼一個局面。即「是」判斷其實是這麼一個判斷：

指者發生指向（確認）行為一定是有目標，但行為成為事實的必要條件卻是指者不能成為目標。

這是「是」判斷首先因自他分別繼而再形成的一種詭異的邏輯。

這個判斷也可以寫成以下相同語義的相異判斷：

目標，即「看得見」的標的物，既然看得見，即標的物的距離一定是「有限」的甚至可以是「近在咫尺」的。但有限距離的標的物形成的必要條件是指者對標的物的指向過程為「無限」。

只要發生確認行為，指者就與標的物產生分別，也就有了距離。這裡的「距離」可以是空間上的距離，但更深含義是指認識上的距離。距離可以無限接近，但只要主客體之間有距離，指者對標的物的指向（認識）過程（行為）就必然無限（不可識）。

當我向「心上人」聲嘶力竭地喊到：不要離開我！這裡真正的「潛台詞」應該是：你不是我，你與我之間「有距離」，你我「真正在一起」的等待是「無限期」。「同理」，「我愛你」的意思是：我是主，你是客。主客之間永遠是「晚霞朝露」的「非同一」關係。

對於「認識」，我們一般分為「主觀認識」和「客觀認識」。

這裡有兩組非常重要的概念要搞清楚：

第一組：什麼是主觀？什麼是客觀？

這是二而一的問題：誰在觀（看）？

當我在「看」著目標的時候（主觀），我不能同時作為目標「察覺」到「被我看」（客觀——等價於上帝視角）。德國哲學家尼采的視角主義認為：生命作為本能和衝動的有機體，處在對世界作出解釋的中心位置，因此並不存在真正的客觀性。我們所認為的客觀，永遠受限於特定的歷史和社會環境的影響。不存在什麼「客觀事物」，任何事物，皆是「解釋學循環下的主觀事物」。

因此，從「是」判斷的角度，我們認識的世界永遠是「主觀」的世界，「客觀」的世界永遠不能出現，因為我們不可能抽離出來「觀」自己這個主人。

並且，這個外延亦意味著：「是」判斷一定是「唯心」的。

故筆者對「唯心主義」的界定是：凡「是」判斷，皆屬唯心主義。

第二組：什麼時候在觀（看）？

觀，一定是「當下」的行為。「觀」的目標，一定是「當下」的目標。

「當下」，有兩個「解」。一個是「非」判斷意境的當下（這部分將在下卷分析）。這裡的「當下」，是「是」判斷語境的「當下」，有個專業的術語，叫做「共時性」（海德格爾意識到種種關於存在的哲學的共時性現象並給予批評，但他沒有意識到他所企圖「嵌入」的「時間性」本身就是「是」判斷「需求」的共時性產物。隨著本文的展開會繼續這方面的討論）。

共時性，指時間橫軸上的節點所具有的垂直縱向性：縱向（橫截面）上的事件一定是「同時」發生。

我們可以憑記憶「記得」我昨天曾經的「觀」；甚至也可以憑想像「推測」我明天的「觀」。但作出「記得」或「推測」的「行為」一定是共時性當下。我們不可能真正「觀昨天」的目標或「觀明天」的目標。當我們以為可以「觀昨天」的目標或「觀明天」的目標的時候，我們沒有意識到：「觀昨天」或「觀明天」這些「已經發生過」的（歷時性）或「將發生」的行為自身已經變成了我們當下的「觀」的新目標（哲學史上因歷時性與共時性之間不可調和的矛盾引起的有關思維對象的「真假存在」問題一直爭拗不已）。我們把新目標錯認為昨天或明天所觀的目標——這叫做「張冠李戴」。

「是」判斷一定是共時性主觀判斷。這是「是」判斷邏輯屬性的第二個重要外延。

這個外延為接下來的整部《邏輯後綴學》定下了基調：「是」判斷一定是共時性主觀判斷。意味著一切「是」判斷，皆不是絕對的，皆不可能「普世」的，即皆具有相對性，故都可以「討價還價」的。

這個共時性主觀判斷，筆者統稱為「識」的判斷。

我們常說要「認識我自己」，其實認識的那個「我自己」絕不是「我」而是和我「有距離的共時性的他者」，或者說「我的共時性鏡像」，兩者的關係永遠是「貌合神離」——鏡像永遠是鏡像而不能成

為我。

因此，「我是什麼」與「什麼是什麼」是等價的、本質上為他涉的「是」判斷。

只要主客體之間有距離，指者對標的物的指向（認識）過程（行為）就必然無限。

即「是」判斷就是：以有限衡量無限、以無限追求有限。也等價於：以為有限，其實無限。

這類似於人與自身影子的關係：影子是有限的，但我們永遠走不出自身的影子。

這就是人類有關「無限還是有限」的迷思。

人類的第一次數學危機，就是從有限進入了無限的迷思。第二次數學危機，則是有限與無限之間的矛盾的集中表現。之後在集合論中又發現一系列類似的迷思，它們都是前兩次數學危機的發展和深化，並形成了第三次的數學危機。

哲學上對這些迷思有一個統一的專門術語，叫做「悖論」。

筆者在《自由思想批判》開篇中的論點「進步的目的是為了得到自由，但進步的必要條件是得不到自由」就是悖論之一，筆者稱之為「騾子悖論」。

《自由思想批判》洋洋灑灑一大篇文章，圍繞的一個中心就是：我們不可能有真正的自由。有的，只是自由的「度」。

不可能有真正的自由，是因為悖論的存在。

只要存在悖論，就沒有真正的自由。

所謂悖論，其實就是因「是」判斷的自他分別繼而必然形成的詭異邏輯。

甚至可以認為：邏輯學，就是研究自相矛盾的悖論之學。

因為任何「是」判斷，都必將產生自他分別。

因此，任何的「是」判斷，都會出現悖論。這是「是」判斷邏輯屬性的第三個重要外延。

這個外延可以相異表述為：悖論，是「是」判斷的基因，沒有悖論，不能形成「是」判斷。

也可以表述為：「是」判斷本身就是「是」之因，我們把因當作果，再去尋求果之因，就會產生悖論。

在哲學、邏輯學、數學這些「嚴謹」的領域裡，「任何的『是』判斷，都會出現悖論」這個論點其實已經有大量的學術專著「無意中」得以證明。為什麼是「無意中」？因為這些證明者的推論裡都缺少了一個重要的環節，這個環節就是證明者（指者）與被證明對象（他者）之間「產生自他分別」（不是沒有發現這個環節，而是「隱蔽」、沒有正視、沒有明確這個環節在悖論產生中的關鍵性）。

悖論的第一表現，就是時空。

自他之間要有「分別」，就要有時間、空間的「需求」。因為，有時間，有空間，自他分別才成為「可能」。或者說：對時空的存在感，是自他分別的「鐵證」。

時空的悖論性表現在：

時空是有限的，因為只有有限的時空，才能成為「目標」，令我們的「是」判斷能夠成立。

時空是無限的，因為對時空的「是」判斷一旦成立，我們就令自己（指者）與時空「分離」，時空就成了「他者」，我們對時空的指向（認識）行為就必然為無限。

因此說：悖論的第一表現就是時空。

「無限」不是判斷對象本身的大小，不是時間的長短，也不是與判斷對象在度量空間上的距離遠近，「無限」的是「是」判斷的指向（認識）行為。但認識行為卻必然發生在「因需求而產生的」有限的時間性的度量空間。

以上就是加入了對「產生自他分別」這個環節的認知後對德國哲學家康德所提出的著名的「二律背反」之一的明確解答。

　　「是」判斷就是一切二律背反的源頭；「是」判斷是第一二律背反。

　　少了「產生自他分別」這個環節的認識，悖論就無解，證明者就不能從根本上反省「是」判斷本身的問題，就造成所有對「是」判斷的探討，總是在肯定了「是」判斷的前提下，再承認「是」判斷的局限性。例如：眼前擺著一個杯子。我們總是先充分肯定眼前「有杯子這麼個東西」，再去研究這杯子的質料成分，來龍去脈。但這樣一來，證明者就被自己證明的東西（永遠的前提）束縛了思維，失去了進一步探討的可能，對事物的認識最終就走錯了方向：一般人對杯子的認識往往只停留在一個「膚淺」的層面；鍥而不捨的科學家則最終會「不得不承認」我們對杯子不可能「充分認識」。對世界的認識也是如是：我們皆是首先充分地肯定有物質世界、精神世界這些個「東西」，然後再追問物質是什麼、精神是什麼。然而，文明發展到今天，物質、精神到底是什麼，我們仍然是不清不楚。

　　老實說，「是」判斷是一個頗為土氣的叫法，被證明者所肯定的「是」判斷，已經被「加持」，有了一個十分之高大上的稱謂，叫做「理性」。理性被認為是文明的內涵之一（本文下卷對中華文明會有不同的「解讀」）。人類對自身文明的自豪感，其中之一就是認為我們有「理性」。出於對理性的自豪感，我們更產生了強大信念，繼而一度喊出「我們必須知道，我們將會知道」的豪言（德國數學家大衛・希爾伯特在 1930 年的演說詞）。最近的豪言則是美國前總統奧巴馬的「Yes, We can」！（下一個小節會深入分析「我能夠」的問題）。

　　但本質上，理性不過是被人類裝飾、美化、規限了的「是」判斷，不過如同其他那些根深蒂固的觀念一樣，是某種長久以來宰製著我們思想的信仰體系。所有證明者都在認知上被人類文明的表面現象所蒙蔽，故而總是先入為主地預設了理性即改頭換面後的「是」判斷的必要性、必然性，再在此基礎上對理性進行各自的詮釋。

　　例如著名的以理性批判為主題的德國哲學家康德就認為：理性的

基礎及所謂合理性並非如人們想像的穩固。由於不同系統的概念是彼此相互依賴的，而理性根本不能從實質上窮盡所有概念或者單一地把握個別系統中的概念，任何系統的真理性永遠都被鄰近系統所羈絆或被更大系統所涵括，而理性的本性卻又總是企圖超越自身，因此總是追問究竟自身所無法承載的問題，其結果就是在此過程中反而遭受自身的局限與矛盾，陷入「二律背反」的困局中。

但是，康德在「批判」了理性的先天不足後，依然充分肯定經驗轉化為知識的理性，是人與生俱來的、是我們認識世界的必要條件的「天賦」。這反映出西方人對「是」判斷確實有著鍥而不捨的，但其實相當迷信的追求。既然是「天賦」，當然就存在一個「賦予者」的角色，這個角色，就是上帝（一種理性的最高存在）。康德認為，由於理性的先天不足，我們無法通過理性證明也不應該企圖證明上帝的存在，但為了使道德完善即先天不足的理性不會做錯事，所以我們又必須假設上帝的存在，對這個假設的上帝我們必須堅定不移信心十足地相信，這種相信就叫做信仰，這樣的信仰就能成為理性的標準，這樣的標準叫做「實踐的設準」即行為的道德準則，又叫做無上命令或叫做定言命令（定言令式）。

其實，這種以信仰作為理性標準的方式，一直以來都是我們思維判斷的準則：面對事物都具有的正反兩面性，我們其實是無可奈何，我們從來都找不到真正解決的方法。因為我們認為主觀性「是」判斷是我們認識世界的唯一途徑，因此我們只能相信自己想要相信的，我們所能夠做的，正是憑著一個「信」字（執念）去選擇正或者反，對「不信」的東西我們會自行「洗腦」抹去其可能性。政治上「出色」的政客，也正是利用「信」的這種特性，通過反覆的灌輸後成功地使人們認為是自己的選擇。

康德對理性批判的理論總結起來就是：我們不能把「無限」作為認識對象，即目標必須是有限的。但康德在批判了人們把理念（無限）當作認識對象（即目標）是一種謬誤之後，為了迎合大眾對道德的需求，卻又刻意地把信仰與理性的理念區分開來，認為信仰不是認識，要求人們在信仰源自於上帝的道德準則的前提下去行事時，不應該試

圖去認識上帝。說白了，康德這種對行為道德準則的「建設性」建議就是：「別問真假，只管照著去執行」。這樣的理論就很值得商榷了。

因為，不論是理性的證明或是「非理性」的信仰，本質都一定是，且必須要：確認，即「是」判斷（「必須要確認」與「不應該試圖去認識上帝」之間的不可調和，正是西方宗教之爭不能消弭的根源）。而「是」判斷則必須包含目標，是目標就一定是「有限」的。即無論上帝是否假設，一旦去「信仰」，就必然成為有限的目標。因此，康德的解決方法不過是把無限的理念人為「設定」為有限的目標以「方便」大眾去「確認」。

康德的錯誤在於把理性的局限性看成了因。而事實上，理性之所以被局限（理性根本不能從實質上窮盡所有概念或者單一地把握個別系統中的概念，任何系統的真理性永遠都被鄰近系統所羈絆或被更大系統所涵括）是由「是」判斷所產生的自他分別所造成的結果：並非認識對象無限，而是認識過程（行為）必然是無限。這個「無限」意味著主客體之間永遠不可能同一、融合，我們與上帝之間永遠是主客體的二元關係，我們這些判斷者根本不可能與上帝或其道德準則合而為一，即永遠有距離。換言之，就是我們根本不可能達到康德所認為的上帝設立的道德標準。結果就是，康德在指出了理性的先天不足會造成二律背反之後，卻又人為地製造了一組新的二律背反：為了道德完善必須信仰上帝；信仰上帝意味著道德不完善。（注：這裡的「上帝」具有哲學意義上的抽象性，並非具體的宗教意味的「神」）

也即是：信仰是為了超越自身的局限性，但信仰同時意味著不可能超越自身的局限性。

在此信仰下，依據定言令式的道德感「做該做的事」，往往就會把相對性的道德絕對化，而變成了做可怕的事。例如二戰時期的德國法西斯，就認為自己所做的事是以理性為準則的該做的事而肆意殺戮猶太人（本文下卷會重新詮釋何為「做該做的事」）。

所謂「二律背反」，也就是悖論。

學術界已經認識到：把判斷者自己納入被判斷的對象中（自涉），

就會產生稱之為「理髮師悖論」或「羅素悖論」的困惑。如果嘗試用電腦對於這些悖論進行解惑，會出現諸如「真、假、真、假、真、假……」的震盪式結果或「為假）為假）為假）……」的重複式結果，這類似於貓狗團團轉追逐自己尾巴，或實驗中的小白鼠在轉輪上奔跑的情形。通俗地形容，如果我們企圖自我指涉，就會出現「指來指去」永遠也指不中自己的情形。

在涉及到他涉的「是」判斷時，德國數學家哥德爾的「哥德爾不完全性定理」（也譯作「不完備性定理」──任何一個足夠強的一致公設系統，必定是不完備的；任何一個足夠強的一致公設系統，必無法證明本身的一致性。這意味著無矛盾和完備不能同時得到滿足。）指出：命題有真值為真和含義為真的區別，意思是真和可證是兩個概念。因為，完備與無矛盾如果要同時滿足，系統需要證明自身為真，這意味著指者與目標一定是一個全體，但全體不能對全體自身發生確認行為。不能發生確認行為，則無法證明系統為真。要證明系統為真，必須有確認行為，則系統必須從自身「分離」成為目標，但如此一來，又形成了「系統不是系統（A 不是 A）」的結論而違反了同一律。

最後我們只能承認：任何一個系統的真理性都依賴於其他系統的真理性而不存在獨立的真理。因此，如果我們要證明某數學理論的相容性或完備性（這兩者被視為數學真理性的要求），就必須依靠該數學理論以外的論據，也就是說需要更大的或者是更多的系統來說明該理論本身是真的，但在此之前，我們必須先證明那些更大更多的系統是真的，這就需要一個更更大或更更多的系統……

最後只能得出「可證的一定是真，但真卻不一定可證」（筆者的解讀是：真值必須他證，但他證只能證明「值」而不能證明「真」）的結論，揭示了數學自身存在內在的缺陷。這些缺陷被數學自身所證明，從而宣告了形式技術上徹底解決悖論問題的不可能，無情打破了人類認為通過理性就能夠「我們必須知道，我們將會知道」真理的迷信，老老實實承認了「沒有萬能的公理能證明真值為真的問題」，即任何全集都是相對的、不完備的。

這個結論不僅是數學上的結論，也是對人類所有語言形式的結論，更是對所有確認性思維的結論：任何「是」判斷，一定是「以偏概全」。這意味著我們永遠不可能完備一個大一統的宇宙模式，最終就意味著不存在絕對真理。又或者換一種說法：絕對真理就是最大的悖論。

因此，人類文明中我們憑著為之而自豪的理性所知道的，一直是處於「內在方面不（可）能判斷（認識）自己；外在方面不（可）能判斷（認識）宇宙」這麼個不清不楚糊裡糊塗的尷尬局面下。我們的「知道」，不過是永遠被悖論所籠罩的層層迷霧，迷霧當中究竟是什麼，我們永遠「不知道」。

造成這種尷尬局面的原因，是學者們在絞盡腦汁證明之際，總是與證明者自身「擦肩而過」，似乎都忘了自己這個證明者在證明過程中所扮演的角色，或者說證明者這個角色從未被主題化，甚至根本就沒有意識到：當對某對象進行證明時，證明者本人就已經和證明對象之間產生了距離，這距離令到證明者永遠都不可能真正認識其證明的對象。因此，只要我們對自己、對宇宙做出「是」判斷，我們就「立即被『排斥』在自己或宇宙之外」——不是海德格爾所認為的「被拋進並沉淪於世界」（儘管海德格爾在《存在與時間》一書中證明者被「主題化」為「存在者」，但「被拋進並沉淪」已經默認了主客體「在先」，即「邏輯在先」），不是因為物自體被「加工」而永遠不能被認識，也不是什麼「他者」的自己或宇宙排斥我們，而是我們自己把自己排斥在自己或宇宙之外（黑格爾認為的「讓精神出離自身」）。對排斥的理解不是存在層面而是意識層面的理解：我們與自己或宇宙之間因「認識」而永遠「有距離」。

「是」判斷者，是永遠的「外來者」——當我們為自身具有探索世界的精神而倍感自豪時，「探索」這個意念已把我們自己定位為這個宇宙、這個世界的「外來者」（西方的「人是觀」，表面上認為人是世界的主人，但這個「是」字註定了終究性質的「外來性」）。

外來者與「來到之處」的關係永遠是二元關係。

第三節：我能夠

內在「太玄」，宇宙「太大太虛」，不能認識（知道）對一般人來說也沒有什麼大不了，我們還是關心一下眼前能夠切切實實感受的現實世界吧。讀者或許會認為：上一小節「我知道」的結論太偏激了。如果我們「不知道」，那如何解釋整個人類歷史從原始社會到現代社會的進步？如何解釋現代社會中我們正在切切實實地享受著的科技成果？理性在人類認識自然、改造世界的過程中，在我們具體的生活和社會環境中應該還是發揮著毋庸置疑的決定性的作用吧？

這其實也是諸如拉康及康德等西方學者最終還是肯定文明理性的原因。

1942 年二次大戰期間，一句在印著工廠女工照片的宣傳海報上的廣告語「Yes，We can do it ！」成了美國精神上最重要的信條，在日後的種種媒體和場合中不斷出現。2008 年奧巴馬競選美國總統獲勝後的演講中也六次強調了這一信條，只是為了加重語氣而把原話修改成：「Yes，We can」！——是的，我們能夠！

我們真的能夠嗎？

翻開一頁頁的人類歷史，無可辯駁的事實應該都在證明，我們真的能夠。而且，無可辯駁的事實也在證明，我們的能力，是一日比一日強。而這一切，都歸功於我們的理性。種種因理性而成就的事實令我們充滿了自信：對理性的自信，對自己的自信，對人類未來的自信。正因如此，「是的，我們能夠」！這句鏗鏘有力的短語致令奧巴馬的演說辭及其個人魅力風靡世界，一時無兩。

然而，這種自信不但反映出美國式的自大，反映出整個西方世界的自大，亦反映出全人類的自大。

因為，事實與真相並不等價。

下面我們來看看，我們的理性到底「能夠」做什麼，或正在、已經做了些什麼。

因為自他分別的必然性，我們所認識的永遠是「他者」而不是「我」。這就如同我與某明星相似度即使是百分之百，我也永遠不是該明星一樣。通過理性這個層次的認識而發展至今的人類文明，僅僅是大幅度提高了對客觀事物及其規律的「模仿」能力而已。

根據這一結論，對上一節中的一段話加點補充：我們所締造的人類文明其實是處在這樣的一個局面：對內（內在）不能認識自己，對外（外在）不能終究宇宙。而對眼前所認知的客觀世界，我們的「能夠」不過是「模仿」性質。即我們掌握的不過是「映（射之）理」。

科學的進步，就是以人的視覺通過對萬事萬物越來越仔細的觀察後，再對觀察到的種種現象作出越來越詳細的解釋。技術的進步，則是人為地模仿那些「解釋得通」的，對人「有用」的現象的能力在不斷提高。

這是理性的作用之一：具有模仿能力。

在模仿過程中，我們被種種悖論問題困擾著。表面上，我們模仿的能力越來越高，我們謂之曰「進步」。事實上，我們受悖論的困擾卻越來越深：因為，我們發現無論我們如何模仿，都依然「不像」（不是）「明星」。

對於悖論的出現，學者們實際上是束手無策，除了最終不得不承認「我們不一定能知道」外，所能夠做的，或者是如康德那般把「不知道的東西」推給上帝。但這似乎顯得人類自身相當無能，那就乾脆自己做上帝，不斷地對為之自豪的理性進行「修修補補」，即設立種種的「公理」去嚴格規限理性。

即學術界所做的，就是想辦法「規避」不讓悖論出現。

例如「我們要遵循客觀規律」貌似是個不容置疑的真理。問題是，我們有違反客觀規律的可能嗎？實際上我們無時無刻都在客觀規律之中，因為任何「不合理」的行為本質上都符合客觀規律。所以，違反客觀規律也就是遵循客觀規律：這又產生了一個悖論。對邏輯學有一定認識的人可能會反駁：這裡前後兩個客觀規律是「不等價」的，因

此這個悖論不成立。但這種反駁恰恰是反映了人類的功利性思維：「違反」還是「遵循」是我們自己定義的，定義的根據是對我們「有害的」還是「有利的」或者說「無用的」還是「有用的」。言下之意就是：對我們「有用」的就是有道理、合理的。原來我們要遵循的僅僅是「有所保留」的客觀規律，學者們設立的「公理」，就是這類「有所保留」的客觀規律。我們不過是一直生活在自己編織的道德、法規的籠子裡。

發現「羅素悖論」的英國哲學家、數學家、邏輯學家羅素本人，就規定包含自身元素的存在稱為「真類」而不能稱為集合。「真類」是不可以成為其他類的元素，而集合可以成為其他類的元素。「真類」的特設是為了保證一個整體中，不會含有那種只能借助這個整體本身才能定義的元素。

即：不存在包含自身的集合。

2002 年 8 月 17 日，著名宇宙學家霍金在中國北京舉行的國際弦理論會議上，基於哥德爾不完全性定理所作的《哥德爾與 M 理論》，也認為建立一個單一的描述宇宙的大統一理論不大可能。由於所有集合的總體不是集合，因為「所有」即包含了「所有」自身，因此是一個「真類」。那意味著：宇宙包含了所有，當然也包含了宇宙自身，所以宇宙是一個極限的「真類」，因此我們永遠不能對宇宙作出終極「是」判斷。

所謂自身也可以指判斷者。「不存在包含自身的集合」即意味著：行為發生者不能以行為發生者自身為目標，即不能對自己作「是」判斷。也即是：不能自我指涉。

從表面上看，真類的特設與《邏輯後綴學》得出的結論一樣：不能自我指涉。但兩者的根由和含義完全不同：真類的特設僅僅是為了「規避」悖論故而「制定」了不能自我指涉的規則；《邏輯後綴學》則明確指出任何的「是」判斷必然產生自他分別，因此不（可）能自我指涉的事實。

「不能自我指涉」與「不可能自我指涉」，兩者僅一字之差，產生的後果就完全不同。「不可能自我指涉」，將徹底消除人們的幻象，

杜絕一切功利性思維的產生，我們對自我的真相、事物的本質、世界的本源才會有真正的覺悟。

而「不能自我指涉」，則具有人為性和特設性。人為性和特設性意味著：

第一，要時時記住把自己排除在集合（目標）之外作為一個「另類」而存在（這種排除在數學上也有個說法，叫做「歸謬法」）。我們可以說「你是人」卻不可以說「我是人」，即儘管我可能是某集合的一份子但我永遠只能是此集合的「代言人」。這個信息本身就相當之令人沮喪，這意味著悖論的地雷會隨時出現在我們的「是」判斷裡，因為我們所作的所有「是」判斷，都一定是由內在的「我」作出。這裡其實也為上一小節的「不能自我指涉「作出了旁證：如果內在的我不是「具體」的我，「（具體的）我是什麼」還是能夠成立的。但想到如此一來，所有的「是」判斷，都是由那個「不能判斷的自己」所作的判斷，我們對這個世界，對每日發生在眼前的一切，還會有信心嗎？故此，拉康直截了當地指出：這樣的「所指」不過是人類掩耳盜鈴式的幻想意象，本質依然是「能指」。

第二，「不能自我指涉」等於是粗暴地把「是」判斷所產生的自他分別中的自身徹底地排除在判斷之外，並把這種排除正常化、合理化。就如同一隻「聰明」的貓在追逐自己尾巴之際，「貓為」地設定自己所追逐的對象不包含自己（「不可能自我指涉」則意味著不會有追逐自己尾巴的舉止）。但如此一來，「我」的本體就與「我的」徹底割裂。康德的「定言命令」儘管會產生新的二律背反，但畢竟能令人對那個不能接近的上帝或那些不能達到的道德準則保持著敬畏之心。而「真類」的設定則使形而上的「我」被人為架空，結果就是當我們說「我是」時，我們所感興趣的、真正想表達的、也真正能夠表達的，其實只是形而下的那個所有格「什麼的」（這個「什麼的」無論是好是壞「關我屁事」）。這是現代人越來越物質化、形式化、表面化的深層次根由。同理，我們探索現實世界時，「他者」即任何研究對象的本體與「我」的本體都是同一性的形而上的自在。嚴格而言，「真類」自始至終隱含在對「他者」的任何判斷之中，對這一點沒有認知，

我們所認識的就只能是事物的形而下的表像。因此才有前面的「模仿能力是理性作用之一」的結論。

第三，「不能自我指涉」既然是人為的設定，也就有被破壞甚至被推翻的可能。即是當有所需要時，我們其實可以「不能也能」。就如同交通規則的設立，儘管「誰都知道」不能超速，不能闖紅燈，但當「有需要、有好處」時，超一超、闖一闖又如何？由於功利性在人的思維中具有普遍性，「有好處」是我們衡量事物對錯的共同基準，因此我們發表意見時總是樂於「忘記」自己作為代言人的身份，令「不能也能」的「違章事件」充斥著我們的思想，充斥著我們日常生活的方方面面，充斥在這個自以為是的人類世界。「不能自我指涉」不過只是理論上的口號，人類世界裡依然是充滿了自涉所造成的悖論：例如「誠信」，這個相當之高大上的詞是反映人在品格方面的一個集合。品格所定義的對象涵括了所有人，自然也包含了「我」。但當我要表述這個詞時，我卻必須把自己剔除在這個集合之外才能以代言人的身份準確公正地解讀這個詞。但有這種可能麼？由於誠信與每個人息息相關，因此它帶來的後果也與每個人息息相關，例如「誠信會吃虧」、「誠信有好報」等等，這些後果致使我們要表述誠信時，都一定會帶著個人功利性的色彩。可以認為，不帶功利性的誠信是沒有意義的：如果我要求自己把誠信如康德所設想的定言命令那般「照著去做」，我將陷進種種自相矛盾的漩渦當中，因為這就與「我就是誠信」等價，從而形成自涉的悖論；如果我以代言人的身份要求他人把誠信作為定言命令那般「照著去做」，不過是自相矛盾的漩渦裡多了一個受害者，因為這裡的代言人與「我是上帝」等價（站在道德高地的裁判者），而他人在「我是上帝」的架構下（把代言人的要求等同定言命令）同樣形成自涉的悖論。也即是我們所表述的誠信，總是在「真類」的架構之下而產生悖論。類似的例子很多，諸如「壞人也可以善終」、「好心不得好報」等等，這些有關道德規範價值觀等倫理方面的概念，由於都與具體的「我」關係特別密切，因此造成的悖論問題尤為嚴重，世界也因此而紛爭不斷。

再例如，民主、自由、平等、人權等理念，宣揚者必須標榜自己

是這些理念的典範時才能服眾，但如此一來就陷入自涉的悖論，形成「政治正確──悖論──反噬」這麼個永遠走不出的邏輯怪圈。在這個邏輯怪圈中，民主既是為政治正確護航的尚方寶劍，更是懸在自己頭上的達摩克利斯之劍。專制中的敵人是目標明確的他者；民主中的敵人卻是無從下手的自身：保護自己必須攻擊自己，攻擊自己又與保護自己的宗旨相悖──西方不遺餘力地向世界推銷的「普世價值」，最終就成了撕裂、刺向自身社會的工具：2021年美國總統大選到最後的政權交接，竟出現在總統暗示煽動下，示威者衝擊總統府；作為民主最理想的言論自由發聲平台的互聯網，卻封殺了總統發聲的黑色幽默大戲劇情；「明明是」病毒在攻擊人類，人類卻在為該不該戴口罩、該不該打疫苗、該不該封城而「激烈地相互鬥爭著」；更有中東外交官作了這麼一個「段子」：如果美國看到美國正在對美國做的事情，美國一定會入侵美國，並從美國暴政下解放美國。──這正是一齣齣皆屬經典級別的，民主理念下「自己攻擊自己」的教科書教材。

而如果僅僅以代言人角色先撇清與理念的關係後再要求他人接受（除了「我」之外其他人是好人、除了「我」以外其他人必須民主、批判性思維不能批判「批判」自身），首先他人是否接受已是一個問題，而接受之後，他人同樣會陷入自涉的悖論中（悖論與矛盾性和鬥爭性的內在關係將在第六節專門討論）。

為了規避悖論所以不能自我指涉，那麼，「他涉」所產生的悖論又該如何解決呢？

由於學術界在樸素集合論中發現了更多的悖論，為了避免「數學危機」的一發不可收拾，只好達成了兩項共識：一是集合應該「合法」使用；二是限制集合定義的範圍，即不是什麼都可稱為集合，也不存在「所有集合的集合」。由此而出現了「公理化的集合論」。其中有兩個主要代表，一個叫 ZF 公理系統（或加上選擇公理的 ZFC 系統），一個叫 NBG 公理系統。

這裡不打算也沒有必要對這些公理系統的具體內容進行介紹，而只是想讓讀者明白，必須設立公理系統的「共識」背後的意義：限制

他涉以達到規避悖論的目的——我不是某明星但可以「約定、默認」（共識）我就是某明星。

這種「共識」，其實一直以來都跟隨著整個人類歷史的進程：不論種族、不論國界、不論什麼時代，人類社會所建立起來的種種道德規範，包括各種個人認同（「我是誰」作為「角色」的共識）、約定俗成、律法、制度，一詞以蔽之就是理性——即對我們「有好處」的「是」判斷，都是為了達到規避悖論以避免種種爭拗出現的目的。

可以這樣認為：種種道德規範，都是公理系統的「外延」。

因此，理性的作用之二：規避悖論。

為了規避悖論不能自我指涉；為了規避悖論必須「限制」他涉。

然而，各種公理體系、種種道德規範始終是人為設定的「所指」，與「真類」的特設一樣具有人為性和特設性，並沒有從根本上解決自他分別所造成的悖論的困擾。

因為，規避與解決並不等價。規避之時悖論依然存在（我依然不是某明星）。我們只是繞過了悖論。繞過的意思就是沒有真正解決。

進一步的問題是，規避又意味著什麼？規避是等價於肯定含義的否定含義的確認判斷。即規避本身亦是一種「是」判斷。根據「是」判斷邏輯屬性第三個外延的相異表述：悖論，是「是」判斷的基因，沒有悖論，不能形成「是」判斷。因此，當人類的始祖對這個世界的認知設定為確認模式後，整個人類發展史就帶著悖論的基因（亞當夏娃的故事有其深刻的哲理：人類的「原罪」，就是確認模式的「是」判斷帶來的「缺陷」。因為我們可以不為惡，可以不肆樂，卻不能不作「是」判斷），我們妄圖用「是」判斷去解決悖論就如同我們妄圖消除自己的人類基因那樣不可能。因為任何的「是」判斷，都會出現悖論。所以規避就是：以新的悖論，去繞過舊的悖論。

舉一個例子：汽車的重要功能之一，是讓我們行動更迅速。但汽車的發明（這屬理性的第四個作用，後面會有解釋），真的讓我們的行動迅速了嗎？真相是：行動迅速的是汽車，脫離汽車（也包括任何

助行工具）的我們，行動依然緩慢。而汽車的出現，卻產生一系列新的悖論：速度越快的汽車發生車禍事故的概率及嚴重性就越大，即速度與事故的相關性是一個新的悖論；為了減少事故或降低事故嚴重性而反過來限制車速的措施，與行動更迅速的初衷又形成一個新的悖論。推而廣之，林林總總的交通條例皆與速度形成悖論。而這些悖論產生後，事故並沒有杜絕，即速度與事故的悖論依然陰魂不散地存在。類似的例子比比皆是，這反映了在現象學範疇裡，悖論的生成具有互存性和普遍性——即使是互聯網這個「虛擬」世界也會有一個虛擬的「黑客世界」陰魂不散地與其「共存」。因此我們可以綜合這些例子通過歸納法全面論證規避是「以新的悖論，去繞過舊的悖論」這個論題。

接著我們又發現，許多悖論是繞不過的。

對於繞不過的悖論，我們採取的應付方法是：平衡。

平衡，是根據悖論的性質而採取的，以其人之道還治其人之身的對付方法。中國人通過對自然界現象的觀察研究後得出一個結論：相生相剋。「剋」的意思是克制，克制不是徹底消滅，而是會「春風吹又生」（這與西方人得出的「物競天擇適者生存」的結論大異其趣）。「相剋」則有這麼一層意思，就是相互制約以達至「相互平衡」，即根據悖論具有的相對性，既可以天然地，亦可以人為地也即是理性地令悖論雙方取得平衡。平衡，就能夠相剋。相剋，就可以取得平衡。這方面中國人領悟得特別深刻，更知道當中「物極必反」的道理，並因此而發展出頗具中國特色的關乎平衡學問的「中庸之道」，例如中國傳統醫學就是以「平衡」的理念作為其理論基礎（本文第六節會就「平衡」在生命中的意義作進一步討論）。中國歷史上懂得中庸之道的皇帝，都善於令觀點不同的治理國家的大臣之間保持著「分庭抗禮」，絕不讓某一方「坐大」。但沒有一方可以「坐大」，不意味著朝廷會變成當今西方理念中的「小（弱）政府」，而是為了皇權的進一步鞏固。當今中國政府於國內講求和諧，於國際上尋求雙贏的表現都是中華傳統裡中庸之道的延續。事實上，儒家的種種禮教都是深化平衡學問之後的指南，反映出中國古代人受自然所啟悟後的大智慧。例如三綱五常、上尊下卑等，如果深究其本意，並不是要遵循什麼言論或制度的

束縛禁錮人民的封建禮教，而是要「經天地、理人倫、明王道」，遵循的是道義，即嵇康的「越名教而任自然」的思想。所謂「綱」，是模範或者示範之意，綱舉目張，事半功倍。「家和萬事興，家衰口不停」——比對西方強調言論自由的理念，儒學強調的是在整體性、主導性和有效性前提之下的和諧，是對複雜的人類社會中種種「繞不過」的悖論的簡單實用的處理方法：當今中國政府以舉國之力實現全國性的高鐵網絡、對新冠疫情的防控等等宏觀措施，皆是儒學理念的高度體現（《邏輯後綴學》下卷，在不同的「維度」，對儒家的「仁義禮智信」會給予高度的評價）。

這是理性的作用之三：平衡悖論。

西方的平等觀，亦是屬平衡悖論範疇的理念。然而，平衡總是暫時性的，事物的關聯性令悖論雙方的平衡極易被打破，由理性而來的平衡則更是脆弱。因此西方的平等觀是一種「虛偽的道德承諾」（參考筆者的《自由思想批判》）。

在遠古時代，人的能力有限，悖論中的平衡相對簡單，故容易操作取得。隨著人類文明的進步，從理性中挖掘出來的能力甚至能與神佛「媲美」，但悖論的問題反而越加尖銳複雜，悖論雙方的平衡如同走在萬丈深淵上的鋼絲繩上，隨時有失足粉身碎骨的可能。例如武器的定義，攻擊還是防守形成一個悖論，應用在敵我雙方時當武器勢均力敵之際，才有所謂的和平——也即平衡。但這種平衡極易被打破，直到雙方重新勢均力敵時又達至新的平衡。平衡的難度越來越大，發展到現代，竟然是依靠著核武器才能取得平衡。對於這種平衡，現代的軍事家們還沾沾自喜地稱其為「恐怖平衡」，更由此而得出人類的進步，武器性能的競賽功不可沒這樣的結論。這種進步確實令人恐怖。人類，自己把自己置於達摩克利斯之劍之下竟然還沾沾自喜，這到底是愚蠢還是聰明？這就是我們為之而自豪的「Yes，We can」嗎？

為什麼理性取得的平衡具有脆弱性？為什麼理性平衡的難度會越來越大？這依然是人的功利性思維所造成：自然界的平衡（相生相剋）具有一定的穩定性（參考本文作者之前文章論述的「我需要」與「我

想要」），而人為性質的理性在平衡悖論雙方時一定夾雜了功利心（如前面所舉的「誠信」）。在功利心的誘惑下，即使明知道物極必反，但如果「某一極的反」有好處，「反」又如何？此「反」說得難聽的叫做「得理不饒人」，不過我們通常往好處說而美其名為「突破」、「創新」，甚至我們已不屑於平衡（中國晚清時期就是因為過於執著守舊性的平衡而被西方人「突破」），我們更熱衷於追求突破與創新。

突破與創新，是我們從理性中挖掘出來的一種能力的具體表現，這種理性中挖掘出來的能力，我們賦予了一個響噹噹的名詞：「創造力」。

人類對自身文明的自豪感，創造力是第二個因素。因此創造力是文明的第二個內涵。在我們的認知裡，創造力甚至顯得比理性本身更重要，更顯得作為萬物之靈的人類的與別不同。

但是，強項更有可能是最大的死穴。在未曾對悖論有真正的認知之前，在未能徹底解決悖論的隱患之前（解決隱患與解決悖論不同，前者可以做到，這方面將在下卷的章節討論），我們的創造力始終帶著盲目性，最後就有可能反噬我們自己。

創造力所帶來的突破與創新，同樣不能解決悖論的問題，能夠做到的只是掩蓋悖論（掩蓋，在數學上有個專門的名詞，叫做「分階」。羅素為了解決邏輯悖論及集合論悖論的問題，提出類型論，認為只要把邏輯語言或集合論語言規定出類型，就可以消除悖論）。

根據「哥德爾不完全性定理」我們知道：如果我們要證明某數學理論的相容性或完備性，就必須依靠該數學理論以外的論據，也就是說需要更大更多的系統來說明該理論本身是真的，但在此之前，我們必須先證明那些更大或更多的系統是真的，這就需要一個更更大或更更多的系統……。這段話的相同語義就是：對付悖論，可以用大的或其他的悖論去「掩蓋」小的悖論，再用更大更多的悖論，去「掩蓋」之前的悖論……。

創造力，即是以不斷的「系統擴張」（突破）或「增加概念」（創新）的方法去掩蓋悖論的能力。（注：這裡的「創造力」這個概念是以建

立在理性基礎上的，所表現出的包括了突破與創新的兩種外延來定義。而突破與創新，並非創造力的內涵。對於創造力的內涵，同樣將在下卷中繼續討論）。

古時候的人只能徒步而覺得苦，這「苦」是悖論的一種表現。為了掩蓋步行之苦，人發揮了創造力，我們因此懂得了騎馬（系統擴張），學會了造（馬）車（增加概念）。騎馬掩蓋了步行的苦，但其實是步行的悖論被買馬餵馬養馬護馬等方面的悖論所替代。坐（馬）車看上去舒服了，但不過是伐木加工木料製造車輛維修保養車輛方面的悖論掩蓋了步行的悖論。現代的汽車比騎馬坐馬車更舒服了，但汽車的製造涉及的採礦、冶煉、鑄造、成型工藝、運輸的過程等等等等相關行業，以及為汽車行駛而建造的道路，這道路又涉及到的鋼筋水泥瀝青的生產，以及汽車需要的石油的爭奪和生產，再以及有了汽車以後每年因車禍而死而殘的人，還有為了讓車能在路上行走的各個行業的勞動大軍的勞動，種種都是步行之苦（原始悖論）的新體現、新化身，亦都是我們為了掩蓋步行的悖論而付出的巨大代價（參考本文第六節有關封閉與依賴相關性的討論）——悖論永不能消除，但能夠以碎片化的形式越來越精細地存在。（這種精細化最後會造成悖論意義的「內爆」，即上一節討論的「自我的內爆」，下一小節會繼續討論）。

用悖論掩蓋悖論的能力，就是創造力的真相。

這是理性的作用之四：掩蓋悖論。

模仿客觀事物及其規律的同時，繞過、平衡、掩蓋悖論，就是我們的理性所能夠做及正在、已經做的一切。

借用羅素（也有說是休謨提出的）所舉的一個例子：飼養場裡有一隻「聰明」的火雞，長年累月日復一日地記錄場主的餵食時間，發現無論一年四季颱風下雨的餵食時間都是一樣的，於是得出了某確定時間與餵食之間的因果關係，但在某個聖誕節前夕，場主在餵食時間把火雞給殺了。羅素舉這個例子時是為了責備迷信歸納法的人（也可以參考被稱為行為主義之父的美國心理學家斯金納著名的有關「鴿子的迷信」的實驗），是為了說明歸納法不能窮盡。當然，大部分科學

定律都不是停留在統計歸納規律之上。正如奧地利哲學家卡爾‧波普爾所說：科學並不關心 99% 的可靠性，而關心為什麼，也就是關心歸納統計規律背後的原因。比如牛頓萬有引力定律並不是歸納統計規律，而是對歸納統計規律（開普勒三定律）的理性解釋。這種解釋的可靠性並不是以歸納統計來增加（比如從 99% 可信增加到 99.9999% 可信），而是有一系列科學判據，例如可以從簡單原理出發解釋所有已知現象，可以正確地預言未知現象（比如計算出海王星），可以將不相關的現象統一到同一的背後原因（比如萬有引力與重力實際上是同一原因）等等。所有這些理性思考，都遠遠超越了羅素所質疑的歸納統計規律。

但我們還是不得不承認，即使是最嚴謹的科學理論，也有其局限性，需要我們不斷去修正，甚至某一天被推翻。這當中具有兩重含義：一是反映出因果關係的不確定性，即客觀規律的不確定性，也即是邏輯具有時效性和區域性。二是假使我們終有一天把握了世界的終極規律，我們還是面對著這個問題：我們是否就獲得了真正的自由？即不再有悖論？

理性，是確認模式的，起著模仿、繞過、平衡、掩蓋悖論作用的邏輯思維，嚴密的邏輯確實具有某種特定的確定性。

但確認不等價於確定。

確認僅僅等價於特定性確定。

確認：人的思維根據掌握的信息所作出的帶有共時性主觀性的「確實如此」的認知。

特定性確定：獨立於人的意識之外的客觀實在，在一定條件下所具有的相對的穩定性能夠被人所掌握。

邏輯的特定性確定附帶的條件是時效性及區域性。時效性及區域性反映出理性就如同迷宮之中一段段的通道，眼前（共時性）每一小段的通道確實是清晰、有效、可確認的。並且：任意一個已經確認了的「是」判斷，一定可以得出新的確認性「是」判斷。由此又產生了一門新的學問——遞歸論。

遞歸其實就是一種推理，遞歸對於對象的定義是按照「先前定義」的同類對象來定義（迷宮式確認：在迷宮中我們一定是通過前一段通道來確定當下的通道，並以「不容懷疑我正處身於當下通道」作為先決條件才能進一步推算下一段通道）。狹義的遞歸函數的定義域及值域都是自然數集，而各種公理體系、種種道德規範其實就是廣義的遞歸函數。在數理邏輯上，處處有定義的函數叫做全函數，哥德爾稱其為「一般遞歸函數」，一般遞歸函數的值都是可計算的。在廣義而言，迷宮中每一段理性的通道都是可確定、可計算的、「科學的」「一般遞歸函數」或者叫「遞歸全函數」。

　　我們的自信心就來自於這每一小段確定性所產生的錯覺——世界是我們看見了的世界。看世界，世界永遠是這樣而不能「不是這樣」。我們的安全感也只不過是寄託在這每一小段的確定性上，甚至於我們每個個體已成了每一小段越來越精細的通道上的一個可確定的「Bit」。

　　我們都認為真實的人生不同於文學作品裡「虛構」的「小說家言」。但實際上，每個人的一生，早已經被背景、經歷等「社會大熔爐」中無所不包的「先前定義（前提）」所設定。因此在本質上，每個人的人生都是「虛構」的。

　　而未必處處有定義的函數叫做半函數或部分函數，這裡的「半」、「部分」並非限制遞歸而是限制函數的（因我們認為的時間的無限性及連續性，遞歸是永不能自然終止的）。當函數沒有定義時，就沒有值或者是因為非限制遞歸而永遠不停地計算下去。

　　由於理性於內在方面並不能認識自己，外在方面亦不能終究宇宙，即理性是處在既沒有（找不到）入口，也沒有（找不到）出口的迷宮中，理性的全體終歸不過是沒有起始、沒有終結的不能定義的「半吊子」的「遞歸半函數」或者叫「遞歸部分函數」，從而永不能計算出確定的終值。

　　德國數學家、物理學家、哲學家霍爾曼‧外爾（Hermann Weyl）1949 年在《數學和自然科學的哲學》一書中有一段文字：「現實世界簡單地存在著，它不是發生的。只是在我感知的注視下，伴隨著身體

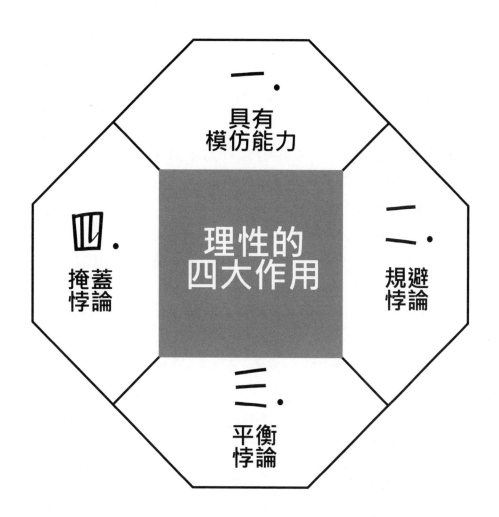

理性的
四大作用

一.
具有
模仿能力

二.
規避
悖論

三.
平衡
悖論

四.
掩蓋
悖論

沿生命軌跡向前的爬行，世界的一個截面才獲得了活力，變成空間裡隨時間不斷飛逝的畫面」。這段文字透露了一股深深的無奈感：只要一觀察（確認的「是」判斷），就必定陷入「螞蟻視覺」，我們永遠實現不了從全體來理解現實的「上帝視角」。

換句話說：本來並不存在迷宮。（「本來」一詞源自於佛教，這個已被我們濫用的詞組所蘊含的深意還有多少人能夠透徹理解）？迷宮，是因「是」判斷而產生。這也就是說：眼見並不為實——世界「未必」是這樣。

我們永遠不知道每一段可確定的理性通道最終從何而來，最終通向何方。我們的作為終歸如莊子《秋水篇》云：以其至小，求窮其至大之域，必迷亂而不能自得。

這就是終極悖論，理性的局限：用有限過程（行為）對付（衡量）無窮。其根源正是「是」判斷所產生的自他分別：只要是認識，就有分別，就產生距離。

我們的「能夠」，總結起來就是：「指者」成功建立了一段段越來越精細的、特定的確定性的通道（用專業的話來表達就是：因自相等或自相似而遞歸出完全相同或統計學意義上相似的分形。下卷在第五節有關「系統」的討論中會進一步分析）。

這個總結背後的含義是：並非否定整個人類歷史上為文明所作的種種努力及成果。然而，這些通道（文明）的全體卻構築了一個沒有起始，沒有終結的，不確定性的迷宮（數學上稱為「混沌」；解釋學上稱為「循環」）。通道越精細越複雜，迷宮的不確定性反而越大。這個迷宮的建設者，正是以「Bit」的個體形式出現的全人類。

這就是文明的本質，進步的真相。這種真相也可以表達為：一個在無中生有中不斷螺旋式升級（進步）的悖論循環過程。

這是因為：「是」判斷本身就構成一個集合。但由於指者始終包含在這個集合中，因此，「一次過」的「是」判斷是不存在的。無論我們如何通過理性和創造力企圖模仿、繞過、平衡、掩蓋悖論，其行

為始終是以「是」判斷判斷「是」判斷，本身必然產生新的悖論，從而形成拉康所形容的「能指鏈」。即任何理性或創造力，都等於用「是」判斷的自身元素去判斷、定義「是」判斷這個集合，也就符合了「真類」產生的條件，就叫做自我指涉，就會出現「真、假、真、假、真、假……」的震盪式結果或「為假）為假）為假）……」的重複式結果。

即迷宮中通道（理性）的本質，不過是無休止的震盪與重複。

但震盪與重複，又意味著可以「邏輯等價」（也就是遞歸）。

在本文第一章中論述到，「是」判斷能夠成立的第三個必要條件是：目標成立，當且僅當確認行為實現。即（確認）行為與目標之間具因（行為）果（目標）關係。

上述的因果關係的「逆」是不成立的，因為「目標成立」與「當且僅當確認行為實現」這兩個「半句」之間沒有邏輯等價（用一個篡改了的中文成語就叫做「放矢有的」：射出去的箭不會憑空消失，最終一定會射中某個「的」，因此不存在「無的放矢」）。

但真類中的「是」判斷，因為是「按照先前定義的同類對象來定義」，即用「是」判斷判斷「是」判斷，這就導致（確認）行為與目標兩個要素之間具有了邏輯等價的，互為因果的「俱起俱滅」、「糾纏共生」的關係：

目標成立，是因為產生了（確認）行為；能夠產生（確認）行為，因為有目標（為依據）——終於可以叫做「有的放矢」。

「俱起俱滅」、「糾纏共生」的意思是：互為因果之下，本質上各有所屬的確認行為與目標就被混為一體。

如此一來——用「是」判斷判斷「是」判斷，即形成一個無休止震盪與重複的「糾纏共生」的真類。這是「是」判斷邏輯屬性的第四個重要外延。

（注：這部《邏輯後綴學》，在「批判」「是」判斷時，所根據的皆是「是」判斷屬性的語意及至種種理論，這本身就是「真類」的

反映。故《邏輯後綴學》下卷會提出「意會意境」與「理會語境」兩種思維模式，以求「儘量」避免陷入真類的語境陷阱之中。）

這個外延的相異表述則是：「是」判斷一定是分化的（離散、發散的）。

這個外延也是哥德爾不完全性定理所揭示的：一個數學理論，如果自身不可能證明自身，或需要更大或更多的系統才能證明是真的，則這個數學理論是不能確定的——任何嘗試實現系統完備與無矛盾同時滿足的企圖，都是用「是」判斷判斷「是」判斷，從而形成一個無休止震盪與重複的真類：我們嘗試了各種可能性，妄圖從對自然界的觀察中獲取靈感，而實際上，我們始終在「真類」中震盪著、重複著。如同我們用照相機拍照大海，定格在照片中的每一個波浪都是確定的，但實際上的大海永遠是不確定的波濤洶湧。

無休止的震盪與重複，意味著永不能確定。

這意味著以精確為準則的數學大廈的邏輯基石不過是虛無縹緲的海市蜃樓。

數學，是理性的最高表現。而理性，是文明的內涵之一。即以確認模式為思維主軸的人類文明——我們的「能夠」，同樣是建立在不確定性的基礎上的震盪與重複。我們的「能夠史」，即歷史，不過是馬克思對黑格爾的《歷史哲學》中一種觀點的認同：總在重複自己。

美國紐約大學的莫里斯·克萊因教授（Morris Kline）寫了一本名為《數學：確定性的喪失》（*Mathematics: The Loss of Certainty*）的通俗書，書中悲觀地以「災難」來形容哥德爾不完全性定理所揭示的不確定性給數學帶來的危機。

特定確定性屬有限的範疇，非確定性屬無限的範疇（有關「確定性與非確定性」，在下卷會給予新的涵義）。以有限應付無限，就會出現「真類」的屬性，即永遠的震盪與重複。

以特定確定性應付非確定性，是人類思維的模式，這種模式在西方世界被發揚光大，從而建立了一個龐大的以確定性為原則的哲學體

系。但這個顯得高大上的哲學體系，其帶著理性、科學光環的實證性始終是建立在「不知」之上的「已知」，而「已知」之上又永遠籠罩著「未知」，永遠改變不了其震盪與重複的不確定性本質。

自英倫半島上蒸汽輪機的第一次轟鳴拉開工業革命的歷史大幕，當我們對兩三百年來風靡世界的西方文明頂禮膜拜時，潘多拉的魔盒已然開啟：悖論作為「是」判斷的「癌症基因」，已被西方文明激發，並迅速擴散。當我們在為環境污染、為氣候變暖、為資源枯竭而相互指責時，已然忘卻了這一切的始作俑者正是西方的工業革命。

假如這個世界因西方文明引起的「癌變」而毀滅，「末日審判」之際，西方世界，應該對自文藝復興及至工業革命以來的所作所為，在他們的上帝面前，向全人類謝罪。

文明，不過是乘著理性的小船，掙扎在種種由不確定性的悖論引起的一波接一波的浪潮之間。

滑稽的是，這一波接一波的浪潮正是由理性的小船自身所掀起。小船的理性屬性（「是」判斷的邏輯屬性）越明確，認知越具體，波浪反而越是具有實質感的衝擊力。這些波浪具體化為這個星球上人類社會各個領域、層次的糾紛，以至戰爭，正隨著人民理性的覺醒、提升而變得越來越清晰、尖銳、不可調和。而當今的美國，作為西方哲學體系的狂熱崇拜者和執行者，是現在這個世界中震盪與重複的當之無愧的主要搞手。

人類文明，就處在這種自我製造的不確定性帶來的危機中，並且還更甚：

由於我們的「能夠」具有震盪及重複的性質，只要我們思維中繼續採用確認的邏輯模式，這些震盪及重複的「能夠」就停不下來，事實上我們也一直在不停地「能夠」著。在數理邏輯上，這種「停不下來的問題」不是什麼大問題，用以計算遞歸函數的「圖靈機」給出個「不能定義」的信號也就終結。但現實中的「停不下來」意味著種種「懸而未決」的問題在一個接一個地震盪重複著，分分秒秒地影響、左右著事物的後續發展。並且現實中的「能夠」還包括了創造力（掩

蓋力）——科學技術的一日千里高速發展沒有什麼可自豪的，因為「一點也不稀奇」。每一項新的發明創造，不過是又一次「高階」的震盪與重複，籍著科學家們聰明的大腦，「遲早」都會出現。「停不下來」的創造力所具有的擴張性將導致「重複自己」的震盪及重複的頻率、幅度及強度都越來越大，即「問題」越來越大——從原始社會的部落之戰，到現代社會的國與國之戰，到未來所謂科幻的星球大戰，自我製造的波浪越來越大。

坐在這樣的小船上，沖著迎面接踵而來的，在自然科學系統及社會科學系統中自我製造的「數學危機」、「哲學危機」、「道德危機」、「認同危機」、「管制危機」、「外交危機」、「經濟危機」、「能源危機」、「環境污染危機」、「全球暖化危機」、「人口爆炸危機」還有猖獗一時的「恐怖主義擴散危機」，以及危言聳聽的「末日危機」浪潮中，還能大言炎炎地喊出「我們能夠」的人類，底氣從何而來？

有一種值得我們深思的現象：在科技迅猛發展的今天，有關災難、末日的理論及電影反而大行其道，而這些災難、末日電影裡無一例外地總會出現一兩個力挽狂瀾、拯救世界的英雄。災難及末日的想像反映了人類的集體潛意識裡對自我分崩離析的恐懼感，電影裡在災難來臨時親人之間的擁抱是一種前俄狄浦斯情結式的請求，力挽狂瀾的英雄則是對這種請求的滿足。然而，集體潛意識裡自我的分崩離析，積聚的是全人類文明理性中所有悖論的能量，是一兩個人類英雄能夠消弭的嗎？在 2019 年爆發的新冠病毒這個「看不見的敵人」面前，荷里活式的孤膽英雄能有什麼作為？

美國電影《蜘蛛俠》裡面有這麼一句美國式的語重心長的語錄：能力越大，責任越大。為什麼「能力越大，責任越大」？這是因為（「是」判斷）能力越大，製造的悖論反而就越大及越多，要掩蓋悖論相應的難度自然也越來越大，最終後果就如同賭徒的加倍下注法（double up）：贏都是小贏，但當資本耗盡或者「封頂」（自然規律的限制）之時，悖論就會產生「崩塌」。由於理性是建立在嚴謹精密的一環扣一環的邏輯推定上，因此一旦崩塌就會產生連鎖性，從頂層或外圍的悖論開始，層層陷落，令人類辛苦經營的理性大廈毀於一旦。

當下流行的網絡用語「No zuo no die」不正是人類愚蠢行為的最佳概括嗎？

正確是為了防止錯誤。

追求正確「是」判斷則是人類的共性。

然而，正確不僅僅意味著「應該」。

正確還意味著危機：正確性與危機性成正相關關係。

因理性而出現的人類文明世界同樣有可能因理性而灰飛煙滅。

這種毀滅也可能是我們「看不見」的。這種看不見可以很浪漫地表述為「在毀滅中永生」。因為悖論既可「崩塌」也可「內爆」。下一個小節的主題是：我改變。內容將討論悖論的「內爆」如何令我們「在毀滅中永生」。

第四節：我改變

形象地比喻，如果說原始的數學是人類用數字或相關符號「如實」地反映客觀世界的表像，特設性的集合論公理及同時發展起來的科技文明，就是人類企圖為客觀世界「整容」進而「改造」為人類能夠接受的模式。同理，人類的語言文字本來也是如實樸素地反映我們對客觀世界表像的認知，如法國人類學家魯先·列維-布魯爾在《原始思維》一書中指出的：原始民族的語言「永遠是精確地按照事物和行動呈現在眼睛和耳朵裡的那種形式來表現其觀念」，但之後為了表達種種道德規範律法制度而發展出來的語言文字同樣是人類對客觀世界的「整容」行為。嚴格而言，自有人類以來，對這個世界整容的行為就未曾停止過。但以往僅僅屬洗洗臉、梳梳頭、塗脂抹粉式的輕描淡寫，真正手術式的大改動則是近幾百年間發生的事。

對客觀世界「整容」的後果，不管這些整容的技術是高超還是低劣，不論整容的結果是變美還是變醜，結果都不可避免地令客觀世界變得面目全非。而更令人擔憂的是我們已在不知不覺之中「適應」了這個面目全非的世界，更把其視為想當然，甚至還為之而自豪。

有關這方面的論述，一位剛去世不久（2007年去世）因此其背景與我們的時代相當貼近，但思想卻相當超前的法國學者尚・布希亞的理論十分值得一讀（感謝我女兒在她十五歲之際向我推薦了這位學者的著作，讓我第一次接觸到他的理論）。他的理論，把我們對客觀世界「整容」的過程和後果形容得淋漓盡致。筆者撰寫的這部《邏輯後綴學》，從這一節之後的內容，可以說都帶有尚・布希亞理論的「影子」。因此，這一小節的內容將結合布希亞的理論繼續對「是」判斷邏輯屬性進行分析。

在介紹尚・布希亞的理論前，有必要先簡單交代一下，僅稱尚・布希亞為「學者」原因有二：其一是布希亞本人在世時已十分抗拒別人稱他為什麼「家」──我既非哲學家亦非社會學家。我沒有遵循學院生涯軌跡，也沒有遵循體制步驟。我在大學裡教社會學，但我並不認為我是社會學家或是作「專業」哲學的哲學家。理論家？我很願意；形上學家？就極端的角度而言才是；人性和風俗德行的思索者？我不知道。我的作品從來就不是大學學院式的，但它也不會因此而更有文學性。它在演變，它變得比較不那麼理論化，也不再費心提供證據或引用參考──引自尚・布希亞（Jean Baudrillard，1993:43）【1 Interview avec D. Guillemot et D. Soutif. Psychologie, mai, 1983. In Baudrillard & Gane (Ed.) (1993), Baudrillard Live: Selected Interviews. London and New York: Routledge】。由於尚・布希亞對自己的定位與本文作者對自己的定位很相似，故而，本文作者為了尊重布希亞先生而僅稱其為學者，並且僅對布希亞為自己定位的言論寫明出處。而此節以下加入了本文作者理解後所引述的布希亞理論的內容，以及其他學者對布希亞理論的分析，就不再特別注明具體出處，以求行文簡潔。其二是尚・布希亞曾被喻為後現代主義的祭司和預言家，其言論既像先知的預言，又像是對末日的詛咒，而且其預言的表達方式，讓人覺得他是站在末世大結局之後的某個時間點裡回溯人類的未來，我們這些傾聽者就像在傾聽某人訴說的已經發生的夢魘（沃卓斯基新潮兄弟二人組創作的《黑客帝國》故事靈感就受到布希亞作品《擬仿物與擬像》的影響，但布希亞本人認為他們並沒有讀懂他的作品）。他的觀點到底是真知灼見

還是怪力亂神，看法兩極。故學術界對尚‧布希亞的評價褒貶不一，尚難以蓋棺定論。

布希亞的理論圍繞著一個主題，叫做「現實的消失」。

對於這個主題，布希亞首先從一種社會現實中切入，可以說一下就切中了他的整個哲學思想的要點——曾幾何時，幸福其實很簡單：吃得飽穿得暖，生活上的必須得到了滿足，我們就覺得幸福了。但我們不屑於這種簡單的幸福，還理由多多地否定了這種幸福，更煞有介事地發展出一種否定簡單幸福並被大眾所認同的理論：馬斯洛需求層次理論，將人類的需求像階梯一樣從低到高分為生理需求、安全需求、社交需求、尊重需求及自我實現需求五種。

然而，這些需求不斷升級的結果就是布希亞所說的：所有的社會需求總是會超過嚴格意義下的必須。浪費、揮霍、消耗及消費，只因為一個簡單的理由，那就是在消費多餘和無用時，個人和社會才會覺得自己不僅是存在著，而且是活著。

布希亞這段話與本文之前所總結的「個性是為他者而存在的存在」以及「形而上的『我』被人為架空，結果就是當我們說『我是』時我們所感興趣的真正想表達的其實只是形而下的那個所有格『什麼的』」可以互為注解，在在都揭露了一個難以明察的真相：當人類從「我需要」發展進步到「我想要」時，現實已在不知不覺中消失，我們實際上是生活在一個如耶路撒冷希伯來大學的烏瓦爾‧諾亞‧哈拉利教授（Yuval Noah Harari）所認為的某個虛構的環境中。在這個虛構的環境裡，社會都是由發明「虛構的東西」而得以維繫，如宗教、金錢和基本人權的概念等，這些概念已成為越來越不可懷疑不可取代的「神」，我們的「活著」不過是被這些虛構的神所左右。

這種虛幻的「活著」被布希亞賦予了「符號價值」（sign value）的概念。

如果說，在馬克思的《資本論》裡，「使用價值」指的是人類對物品的單純需求，顯示的是人與自然的關係；「交換價值」指的是物品交換價格，反映的是物流過程中所有環節的社會關係，兩者都是「樸

素」地顯示出商品的屬性。布希亞則從一個後馬克思主義者的視角指出：在晚期的資本主義社會中，人們消費的已經變成是物品的象徵意義。例如消費一件名牌時，所消費的是其所代表的社會或經濟地位，而與這件名牌本身的實用性或產生過程沒有了必然的關聯。對這種象徵意義，布希亞介入了符號學的概念而稱之為「符號價值」：任何物品都必須先成為符號（例如 XX 人開 XX 廠牌的車子）才能進入消費主體的想像認同層面（因為我是 XX 人，所以我要開 XX 牌的車子；一件「過時」的衣服，即使還是全新的仍然逃不過被淘汰的命運）才成為商品。當商品在消費體系中經由廣告和傳媒幻化為一種文化符號後，符徵（the signifier）即完全脫離了符指（the signified）而自成系統（不能成立的自我指涉在虛擬中被成功建立。本文筆者將在第六小節對此作更加深入的分析），象徵意義自此在符號與符號之間流轉，消費的慾望不再因為需要而是依附在符號的差異之間（永無止境的新產品、新潮流）不斷衍生與消失而無所固著地漂浮。人們的渴求和消費變成了符號而不是商品本身，是擬仿物而非真實物品，人們生活的環境也變成了擬像環境。擬像（simulation）代表著符號與真實世界發生斷裂的後現代現象。至此，世界變成了一個「他者」的擬像世界，真實世界本身為避免成為一個「真類」被擬像世界剔除出我們生活的環境，並且我們已在不知不覺之中「適應」了這個面目全非的世界更把其視為想當然甚至還為之而自豪（就如同明星和「粉絲」們完全認同接受整容後的明星相貌的心態）。

在《象徵交易和死亡》及《擬仿物的前行》這兩本書裡，布希亞充分運用其發明的符號價值概念，以後現代主義風格的表達方式，通過時間順序把真實世界與擬像世界從開始的相互傾軋到一方全面獲勝的歷史進程劃分為三個漸次變化的數量等級階段，全面且深入地分析真實世界是如何漸漸幻變為符號的擬像世界。

初始的一級，是「仿冒」擬像階段，始於文藝復興時期到第一次工業革命。在這個階段，「存有物」與「外觀」分裂，「原始物」與「模仿它的替身」即擬仿物分裂，「人想要透過技術實現的，似乎是一個使他自己消失的機會」。但在這一階段，我們仍然能夠清醒地區分真

實是擬像的源頭，而擬像不過是真實的贗品。也因為是贗品，此時的擬像儘管不是真實，仍能如實地反映真實，因此稱為「仿冒」。

第二級，是「生產」擬像階段，其時代是漸趨成熟的工業社會。此時擬仿物終止了對真實的參照，不再是原始物的仿冒，而是擬仿物彼此之間全部為擬像並且能夠大規模自我複製生產，例如汽車能夠一模一樣地造出千萬輛。這一階段是為「整容」階段的真正開始：真實開始被偽裝、被扭曲（dissimulate）以至到以假亂真、無中生有（其實是一種複製式的「再有」），日常生活中所有的衣食住行逐漸為擬仿物所替代（看看我們現在的家居還能找到多少真正自然之「原始物」），生活、社會環境越來越擬像化，思維也從對真實的關注轉移到對擬像世界的關注（哪個牌子的食品、汽車，哪種社會模式更適合我，我是否跟不上甚至錯過了什麼潮流）。不過，此時真假仍涇渭分明，我們仍可以知道何為真實，何為擬像，但這種「知道」已上升到意識形態的領域，真假的取捨在這個領域裡以「自由」這個虛擬體作為終極獎品展開了反覆的爭奪。

第三級，是「模擬」擬像階段，這就是我們現在這個現代社會的數字化階段，一個客觀世界被徹底改頭換面，擬像與真實徹底脫離，擬仿物已完全代替原始物，擬像世界顛覆真實世界的、對仿真的仿真階段。這個階段，是一個懷舊的虛構階段，在這個階段裡，我們懷念的，並不是什麼失去了的美好事物，而是從來就不曾真正存在過的東西。但布希亞並不認為我們這個時代的世界裡真實變得越來越少，卻恰恰相反，在模擬的擬像階段裡，再沒有夢想，因為夢想已被超高清的現實擊碎（成為碎片化的悖論），人的世界變成有太多的真實：「我們生活在一種幻象之中，我們以為我們最缺乏的是真實，但正好相反，真實已經到達頂峰」。

隨著人類對客觀存在的「是」判斷不斷深入細化，作為形式的「他者」在人類面前已呈現出越來越精細的面目，由於技術的迅猛發展，對「他者」的複製也越來越精細化，也就給我們越來越「真實」的感覺。布希亞稱我們這個時代是擬像超越真實表現，「客觀實在」如套娃般被層層包裹在「客觀存在」裡深藏不露而不再被人們所認識，而「客

觀存在」成為能夠自我指涉自我解析的比真實本身更加真實的過度真實的「超真實」（hyper-real）。

（注：布希亞的「三級理論」可以從系統學裡有關從有序走向混沌的「邏輯斯蒂方程」理論中的「倍週期分岔現象」中得到堅實的數學依據，「倍週期分岔現象」還能夠進一步指出：從平衡，到雙態平衡，到多態平衡之後，真實世界到擬像世界的最後歸宿是越來越快地走向——回歸——混沌）。

在超真實經驗中真實原始物與擬仿物的界限已被模糊，繼而「實在」與「存在」、自在與自為的意義模糊，終於造成悖論意義的「內爆」（implosion）：真即是假，假即是真，不但真假難辨，連帶內外、公私、主客體等二元架構都隨之崩解。在這個階段裡，原始物以幻覺的形式被設置程式，繼而投射出虛擬的存在後，建立起一種符號先行的，超越的新秩序。在這種烏托邦式的新秩序下，「存有物」與「外觀」之間的差異已被廢除，符號不再是指涉他者的產物，即不必再參照外在的現實而成為自我指涉下自我結構重組後形成的封閉系統中對自身的擬仿物。即符號都具備了「自圓其說」的能力，從而使我們像生活在無菌室中充滿了過度的正面性。

從政治哲學層面分析：過度的正面性使我們這個時代的懷疑與批判，因為不合時宜而失去了原有的意義，因為當代的質疑往往是在對超真實及其符號價值所建立及維持的秩序，持先行默認的心態下提出的。質疑者往往也就是受騙者，甚至可能是串謀者，其質疑的問題本身可能就是擬像世界的一部分，因此質疑反而是對超真實的不容置疑性的進一步肯定，即質疑的效果往往反過來坐實超真實的真實性。

「先行默認」有一種直白的說法，叫做「挖個坑之後往裡跳」。本文第六節把這種「挖坑式」的先行默認取名為「自定義」。

一個淺顯的例子可以幫助我們理解：先行默認了「明星」這個稱謂，明星的「爭議或醜聞」反而能增加明星的知名度。

同樣地，當我們爭論某個國家、政體或人民是否有民主、自由，實行得好不好時，我們已經跳進了所謂的民主自由這類價值符號的坑

裡。這些「坑」，可能是別人挖的，也可能是自己挖的。

　　在以上分析的基礎上，布希亞提出了一套「分化社會學」的理論，他認為這個時代的消費是一種「指導性消費」。這種消費裡的「需要」這個概念，和主體的慾望或個別要求已經沒有什麼關係，而是某種系統對慾望所進行的抽象化、合理化宣傳作用下的產物（如智能手機的普及、對民主人權的訴求）。消費不再是個人和諧得到滿足的一種功能，而是一種無限意義的社會活動。這種社會活動同樣是在財富的分配和使用所產生的社會分化和區別的基礎上進行。但與傳統的社會分化、區別不同的是，人們曾經渴求的真實具體的民主人權平等原則已經被置換為「普世」的符號價值理念。當民眾或傳統社會學家還在為原始的民主還是專制的意識形態爭論不休之際，符號價值已經涵括並超越了所有傳統的意識形態，而形成全新的可稱之為「符號主義」的意識形態並成功地灌輸給全民。在豐產和自由幸福神話的承諾下，從升斗小民到最高管理者對新意識形態都已經全面妥協，在此背景下的批判性思維都立足在「符號主義」的基礎上。與此同時，曾經被人們打倒的專制特權，在決策、經營、政治經濟中心等領域裡，以「符號主義」思想為指導的精英們依然牢牢地掌握著話語權，繼續著對人民的操控。

　　從《邏輯後綴學》的層面分析：過度正面性意味著──不再存在悖論。

　　不存在悖論的時代，思考迷宮出入口的問題就不再是嚴肅話題，尋求迷宮出入口的具體行為則是被大眾嘲笑的，既愚蠢又沒有意義的，「脫離現實」的行為。因為我們已經在迷宮中建立了一個超真實的世界──一個完全能夠自圓其說，有始有終，有條有理，自給自足的怪胎；一個與康德所期望的「無限嚮往趨近」的「純精神家園」完全背道而馳的「純現象界」。

　　上一小節提到，理性具有時效性及區域性。時效性及區域性意味著，任何個別具體的「是」判斷能夠成立，都必須具備特定參照系作為依據這個必要條件。而參照系一定是在「是」判斷之外才能起參照

的作用（即「是」判斷與「非」場的因果關係，這部分在第六節會繼續討論）。

把超真實世界形容為怪胎是因為：

通過邏輯屬性的第四個外延可知，以「是」判斷判斷「是」判斷，即形成一個無休止震盪與重複的「糾纏共生」的真類。在真類中，「是」判斷所依據的參照系本質上不過是「是」判斷自身，所謂「震盪與重複」不過是「是」判斷目標鏡像「互為參照」的結果。例如時間、維度、物質、意識等等，都不過是「過去完成時」式的「是什麼」（迷宮式確認）。人類理性所能夠做的，不過是不斷地憑著這些已經在過去完成了的確認的「是什麼」，來實現「現在進行時」式的確認，而作為理性全體的參照系是什麼，我們並不知道。

震盪與重複意味著真類中的目標具有以「目標鏡像」的方式進行自我指涉與自我複製的能力。這是「是」判斷邏輯屬性的第五個重要外延（實際上，當我們說「目標」時，指的就是「真類中的目標」。但嚴格的意義上，目標不等價於「真類中的目標」。下卷會討論兩者的不同）。

在超真實世界裡，由於符徵（the signifier）已完全脫離了符指（the signified），通過自我指涉及自我複製而自成系統——一個涵括了所有目標在內的符號系統；更是一個因創造力因素而能夠不斷膨脹的迷宮型系統。在這個迷宮型的系統中，指者與目標之間曾經的單向、線性的直接的單箭頭邏輯指向，變成了與指者無關的，目標（符號）與目標（符號）之間雙向性或輻射性的指向（被重複製造的「一模一樣」的汽車之間：「我是你、你是我、我也是它」）。

而符指的全體則自成為「是」判斷所產生的終極悖論中的另一方：不包含目標，而僅僅是代表著「是」判斷中確認者及其確認行為的一方——全體在同一方故此不存在悖論。我們每一個個體，都是這一方陣營中產生確認行為的一個個精細的確認者「Bit」——我們終於都實現了「自我」。不過，由於真類中確認行為與目標始終是「誰也離不開誰」的糾纏共生體，當目標為自我複製而產生的無窮數的目標鏡像

時，每一個「Bit」，就只是在符號主義原則的「指導」下，為確認而產生出無窮盡的確認行為，但終其一生都始終不能也不必知道確認的真正目標是什麼——始終搞不清「我是什麼」。（也即是《自由思想批判》開篇提到的：人類在進步過程中已忽略甚至是忘記了進步的初衷是為了自由，只是因為改變不了思維定式而盲目地為進步而進步，而進一步的「進步為了什麼」就成了一道無解的，或者說只有天知道的問題）。

對比一下拉康的鏡像理論，拉康認為「本我」所觀察到的都是實實在在的「他者」的鏡像，這種鏡像的實在性儘管是錯覺，但畢竟能掩飾本我的分離感。而布希亞則認為，在現代社會裡這些鏡像已經是「整容」後的擬像。整容後的超真實社會更令人感到焦慮與迷惑，這是因為「我是什麼」已經失去了意義，我們的追問已經是全方位的「什麼是什麼」，即曾經反映真實的鏡像變成了鏡像的複製及無止境再複製的擬像。這種真實的本質是形式的再形式，分離的再分離。面對這種真實，我們的思維在不知不覺中，已經形象思維抽象化，甚至是全面進入了抽象思維（例如我們手上的智能手機，表面上還具有我們「看得見」的具體形象，但其功能運行及種種法則，早已超出一般人的形象思維而必須用抽象思維去理解。而科學家還在想方設法企圖進一步把智能手機這個「最後的具體東西」「徹底消滅」）。

我們所整容改造的並為之而自豪的世界，始終是擬像世界而始終不是真實世界，僅僅是「客觀存在」的主觀世界，而不再是「客觀存在」與「客觀實在」統一的客觀世界，這種缺失了客觀實在性的超真實反而更令人不安。

在焦慮與迷惑中，人類曾經的哲學大問題，「為何事物存有而不是空無」（海德格爾之追問）？就變成了「為何沒有事物存有而貌似都是空無」？在《完美犯罪》一書中，布希亞就提出這樣的問題：世界的非真實化會進行到怎麼樣的程度，直到它在過少的真實之前投降（太假）？或者相反，它可以超真實化到怎麼樣的程度，直到它在過多的真實之前投降（太逼真）？對自己提出的這兩個問題之間形成的假設對峙，布希亞把其形容為遊戲關係：幻象並非對立於真實，而是

和真實遊戲。當世界成為完美的真實（化），變得比真實更加真實，就會落入完全虛擬的遊戲圈套，變成一種二重謀殺的完美犯罪——既是現實被謀殺，亦是同樣具有生命力的、根本性的世界幻象的消亡。並非真實消失於幻象之中，而是幻象消失於完全的真實（化）之中。

歐美有一齣以同名小說改編的電影《香水》，對這種幻象與真實的遊戲關係有著精彩獨到而深刻的描寫：《香水》主角格雷諾耶能聞到世間所有的氣味，唯獨聞不到自己的氣味，因為他天生沒有味道（不能自我指涉，人與生俱來的主體價值實為虛幻的隱喻）。他沉迷在如何製香的狂熱中，並為此而殺害了二十五名少女以製作神奇的香水。其動機是：少女意味著純真，也就是一種純正的真實性，而少女的體香是這種純正真實性的價值體現，這種價值體現如果得到認同，則作為香水研製者的格雷諾耶自然就應該被證明而得到尊重和肯定，這是二元世界一種簡單而有效的互補原則。最後格雷諾耶成功了，他以神奇的香水征服了在廣場上觀看自己被行刑的所有上流社會貴族及普通市民，更令眾人在他面前失控、瘋狂，甚至在廣場上集體交媾。但悲劇的張力在此時被充分擴展：當他完成了這一堪稱普羅米修斯式的偉業時，產生的卻是強烈的虛無感，同時對眾人的厭惡在他心中徒然升起，他發現他夢寐以求的，讓別人愛自己的慾望，竟是如此難以忍受，他並不愛眾人，而是憎恨眾人，因為眾人愛的不過是神奇的香水，這反而暴露了他自始至終並沒有真實自我的可怕現實。他突然明白了，他的滿足永遠不能在愛中得到，而只能在憎恨與被憎恨中得到。他把用少女體香研製的香水澆遍頭頂，誘使貧民將自己吃掉的最後瘋狂，也就是製造了一齣真實與幻象的二重謀殺——身體被吃掉。但吸引貧民的不是身體而是香水，而結局則是沒有味道的身體（幻象）與香水（完全的真實）同歸於盡。

我們對客觀世界的「整容」是為了追求完美，但我們並不知道：完美的對立面就是不完美。這是終極悖論的另一種表現方式：通過「是」判斷追求完美，意味著永遠處在完美的對立面。

第五節：我記得

這一小節是本文作者對布希亞「三個階段」理論的補充認識。

先以布希亞的哲學思想，解讀下面一則新聞內容的潛在意義：

據《*The Age*》2015 年 10 月 29 日的報道，澳大利亞計劃嘗試無護照旅行，外交部長 Julie Bishop 預言這一做法將會實現全球化，其方法是把旅客的身份和生物信息儲存在雲盤裡以雲護照的形式實現。

可以預測，「雲護照」如果在全球實現並不斷被完善之後，有可能成為一種終極的身份證明工具。其功能就是一種完美的自圓其說，能夠「替代」我們每一個人實現我們所做不到的「自我指涉」：任何一個有關「我是誰」的問題，都能夠通過「雲盤」得到答案。這就是布希亞所認為的「超真實」的時代。

雲護照的計劃提出後，有人擔心個人信息被洩露的安全問題。但其實更應該擔心的反而是，如果雲盤技術真能夠做到百分之百安全及準確無誤時，會帶來什麼後果？

雲護照實現之後的第一代人，或許還能夠清醒地認識到雲護照裡的個人信息只是個人身份的參照、「旁證」，但第二、三代及之後的人呢？

筆者認為：「超真實」的客觀存在最終能夠成為我們對客觀世界整容的結果，還和人類的「集體記憶的缺失」密切相關。

記憶，是每個思維判斷過程的先決條件。

哲學上有各種有關「先驗、經驗」的不同認識。筆者認為，無論先驗還是經驗，都必須放在記憶這個「倉庫」裡。因此，如果沒有記憶，就不能產生後續的思維，我們的所思所想，一定是以我們的記憶為背景。而記憶的內容，是由感受與知識兩部分組成。感受是動態的，是個體被具體事物刺激後的被動反應；知識是靜態的，是人通過對種種感受「親腦」（親自用自己的大腦）整合加工後儲存在大腦裡形成的資料（信息）。

記憶裡當下的切身感受不是任何記錄下的語言文字或影像可以替代的。因為感受是不可以交流、不可以共享的心理印痕，它永遠只是在個體的當下裡發生。當下的感受永遠是：子非魚焉知魚之樂。不少科幻作品裡企圖把某人的記憶植入電腦或所謂的智能機器人裡，從而全面替代某人的自我意識，但植入的永遠只是信息而不可能是感受。

　　真實感是感受之一，因此真實感同樣不可以交流、不可以共享。即是否「真實」永遠只是每一個個體當下的感受，然後這種感受成為同一個個體的記憶。

　　感受被個體回憶或表達出來時，就已經成為知識。知識則可以交流，可以共享。我們承傳他人或前人記憶的內容只能是知識部分。

　　雖然個體感受不可以共享，但同時代的人處在相同的大環境下，對同一個公共事件的感受有其共性，這種共性可形成集體記憶裡的共同感受。

　　但集體記憶同樣分為知識與感受兩大部分。

　　知識部分的集體記憶能否持久，取決於公共事件能否表達為一個完整的「故事」，即是否有一條清晰的敘事線：一個明確的開頭、中間節點及沒有拖泥帶水不了了之的結尾。例如一場戰爭，如果能清楚交代如何爆發，有明確的敵人，有具體的英雄事蹟，最後有勝利或是失敗的定論，就能夠通過文字、歌頌或塑像、畫像、紀念碑等流傳下來「精彩」的故事，而被後人得出「完整」（有時候不一定是事實真相哈）的知識性認知。

　　但知識性認知不等同於感受。集體記憶裡的感受又分兩種情形：一種是感受本身有明顯清晰的起始、過程及結束的時間線，這種感受就能夠形成上述的知識性認知而被明確及完整地記錄下來。另一種是如果事件在何時出現又何時消失都糊裡糊塗時，甚至敵人是「隱形」時（例如 1918 年的大流感及 2019 年爆發的新冠疫情），敘事線就會相當模糊，要表達時往往就「語焉不詳」而難以成為集體記憶裡的知識性認知。但無論是哪一種，隨著同時代所有個體的死亡，這個時代集體記憶中的共同感受部分全部都會消失。當然，這種消失是如溫水

煮青蛙般的漸變式。由於人的壽命只是有限的幾十年，集體記憶當中相同共性的真實感受也只能存在幾十年，即我們對一百年前及再往前推的整個人類歷史的集體記憶中的真實感受部分是完全缺失的。

感受是個體被具體事物刺激後的反應，當中的刺激是直接加諸個體身上的，即這部分記憶的內容相當於「第一手資料」，是客觀世界的直接映射。古人的知識面十分狹窄，因此其記憶中的感受部分在整個記憶內存裡佔了很大比例，這類感受性的第一手資料被化作有複雜詞形變化的語言，表達了古人對客觀世界的直觀認知。這種憑藉巨量的第一手資料整合加工後的知識來思考、探索、認識客觀世界以圖尋求自我的結果，儘管所得到的永遠只是自我的鏡像，但這鏡像與自我的「相似度」是十分接近的，即儘管依然是「神離」但卻相當之「貌合」。因此古人的思想比現代人深刻得多，其影響力源遠流長。古代智者、思想家的著作，絕不是棲息在鋼筋水泥建築物裡，品著紅酒享受著空氣調節器嗖嗖柔風的現代人能夠寫出來的（孔子其中一個門徒叫伯牛，天生愚魯質樸，所有子弟都看不起他，孔子卻說：「我們都是學成人，只有伯牛是天成人，他是我們的老師」。現代社會裡，我們還「看得見」天成人嗎？還願意拜天成人為師嗎？）。現代人借助古人的思想再結合現代的科學知識所得到的自我之鏡像，則是一種「整容」後的鏡像。這種鏡像「相似度」大大降低，「精緻度」倒是節節上升（我們現在對客觀世界的認識已經「精緻」到量子甚至是「超弦」的層次）。

到擬像世界的智能時代（本文下卷第三章第六節會就人工智能的問題作專題討論），「精緻度」在理論上能達到百分之百，同時「整容」技術也達到超一流水準，「超真實」的時代全面到來。此時我們的感受不但完全缺失了前人所體會過的真實感，記憶中知識部分的比例亦遠大於感受部分。能掌握盡可能多的知識本來也是一件「好事」。問題是，能儲存在人腦裡的知識是需要經過思考沉澱之後才能形成長期記憶的。當科技發展到時時刻刻出現在我們的生活中時，往往我們還沒有來得及把短期記憶裡的信息消化儲存為長期記憶，就已經被收發短信或郵件的「嗶嗶」聲，或屏幕上「滾動」著不斷更新的新聞資訊打斷了我們的思考，從而抹去剛剛進入腦海裡的短期記憶。不過，

此時的人類並不擔心，因為知識的大部分不需要存留在個體的記憶裡，而是集中「寄存」在電腦或者叫「雲盤」的東西裡面。由於人工智能的儲存能力遠勝於人腦的記憶力，當我們知道谷歌或手機能夠幫我們儲存信息，還有誰會「愚蠢」地花時間去記憶呢？因此這個時代的人類將會「十分樂意地」、「心甘情願地」把自己的大腦與電腦「同化」，讓電腦代替自己的絕大部分記憶甚至分析。人類的知識不再需要經由個體親自感受之後的獨立思考產生，一切答案都是現成的，知識的源頭變成了無所不知的電腦，即真正的記憶者是電腦而不再是人類。

當一個人從出生之日開始，個人信息就被儲存在雲盤裡，之後終其一生都依靠雲盤來讀取自己的信息並確信無疑，再加上當其時完全科技化的社會和生活背景，等於是完全處在一個如布希亞所認為的符號的封閉系統裡，對符號及其擬仿物的感受所產生的真實感與前人對客觀世界的真實感必然有著質的不同。

由於通過電腦獲取的知識不是由每個個體感受後「親腦」整合的知識，這實屬一種「不勞而獲」，這意味著那些所謂先驗還是經驗之爭已經毫無意義，個體的感受已成為「無用」而退化為純粹的官能享受。既然感受無用，如布希亞所言，這個時代就不再需要批判性思維，不再需要質疑。即使有所質疑，其答案即高階思維的綜合、分析、評估也能夠由電腦中得到。因此，「超真實」意味著全盤信任，這種信任面對的是已經成為全新鏡像的、取代了客觀世界的整個的擬像世界。妄圖對擬像世界進行思考探索以求認識的自我，就不再是「自我的鏡像「而是「虛擬的自我的鏡像」。這個時代更有可能發生這樣的大反轉：人的思維是擬像世界的鏡像：思考者已經變成了電腦，變成了電腦受人的刺激（指令）後的被動反應。

這樣的一個時代，肯定不會發生什麼人與機器人的大戰。這種時代的可怕性，正是在於其「一點也不可怕」。因為出現的並非眾多科幻小說所描述的，人工智能「反捕」人類、「奴役」人類的情形，而是人類親手創造了一個擬像世界後，再「主動」把自己完全移置於其中，「全盤委託」這個擬像世界來照顧自己。當我們喋喋不休地討論電腦這個思考者的人工智能可以達到什麼程度時，並沒有意識到：問題不

是電腦是否有人工智能，也不必有人工智能（筆者在下卷會通過討論得出「真正有意識的人工智能即使能實現也沒有什麼用」的結論），因為被我們所創造出來的電腦，從問世的第一天開始就一直在「剽竊」我們人類的智能。「人類把理想（相信的）誤當成現實，我們就把理想呈現給他們」（摘自美國大片《終結者4》）。因此在這樣一個時代，不是人工智能滅亡人類，而是人類自己「消滅」自己，消滅的不是肉體而是人類的精神。這種「一點也不可怕」的自己對自己的消滅，有反抗的可能嗎？

　　而這並非科幻小說的情節，這種情形其實在當今的現代社會已經開始發生，只是目前的技術條件仍不夠完善，擬像世界仍漏洞百出，因此依然有人不斷地發起對擬像世界裡種種擬仿物的質疑。但面對這些質疑，管理者或精英們所作的努力不是否定擬仿物，而是不斷地改造、完善擬仿物以逐漸消除質疑者對擬仿物的疑心為己任。

　　對客觀世界整容的結果就是導致「現實的消失」，布希亞這個結論反映出他對「自他分別」中「他者」的問題已經有深刻的認識。但由於未能進一步看到「自他分別」產生的源頭，是人類頑固的正向思維下的「是」判斷，其認識就始終局限在「他者」的疑幻似真的迷局中，因此晚年的布希亞，對「超真實」下人類未來的預言是悲觀的，甚至是他的整個哲學思想，都陷入了一種本我迷失的「幻象形而上學」的虛無之中：「我不知道我是誰，我是自己的擬仿物（沒有味道的身體）」；「超真實已死，所以，超真實萬歲」！

第六節：我想要

　　人類社會裡一切的社會問題，皆源自於「我想要」。

　　本文開篇提到：辯證邏輯揭示了事物統一體內部都存在著對立統一的矛盾關係，這個矛盾關係具有鬥爭性和同一性兩個基本屬性。但辯證邏輯並沒有進一步深究：為什麼事物內部都是矛盾的統一體？矛盾關係為什麼具有鬥爭性和同一性？鬥爭性和同一性的本質又是什麼？

這是因為：辯證邏輯所揭示的，僅僅是現象學層面所面對的事物屬性。現象學層面的理論，回答不了上述的三個問題。以現象學範疇的事物屬性為依據來面對客觀世界，我們永遠是處於被動之中——一切行為都不能違背客觀規律（法網）。所謂的主觀能動性，所謂的改造世界，實在是一廂情願之舉。因為，我們改變不了客觀規律，我們所能夠做的，始終不過是「模仿客觀事物及其規律，繼而繞過、平衡、掩蓋悖論」而已。悖論不能解決，則由此而產生的事物中的矛盾關係永遠存在，更因為「創造力」因素而產生的擴張性，我們的「能夠」還不斷地把事物中的鬥爭性予以激化及複雜化。

（注：現象學「剝離現象尋求本質」的企圖，依然具有「是」判斷的屬性，故現象學依然解決不了悖論的問題，這個「本質」永遠是諸如康德那個可望而不可及的物自體。《邏輯後綴學》嘗試用一種不同的思路去突破這一困局，只是在論述過程中免不了還是會運用現象學語境——例如「本質」這個詞。）

事物的本質是什麼？接下來的討論嘗試用新的理念來予以深化分析。

首先，「悖論」、「對立統一」、「矛盾」這些不同概念之間的關係，有重新調整的必要。

邏輯中的悖論問題，不是「對立統一」的表現。這是一個最容易混淆的誤區：悖論，僅僅是反映了「是」判斷的內在特性——「是」判斷邏輯屬性中因「自他分別」這個內涵所產生的外延之一。

根據邏輯屬性的第三個外延可知：任何的「是」判斷，都會出現悖論。這個外延也可以相異表述為：悖論，是「是」判斷的基因。這裡有兩重含義：一，悖論，是「是」判斷的存在形式的最基本特徵。沒有悖論這個最基本特徵，不能稱為「是」判斷；二，基因，即決定事物內在屬性的基本因素。儘管悖論可以有種種不同的外在表現形式，但其相同基因的信息性屬性決定了任何悖論都具有「有限距離的標的物形成的必要條件是指者對標的物的指向過程（行為）為『無限』」這種因自他分別的內在屬性而形成的性質。

而對立統一，則是一種具有普遍性的局面的表述。這種局面，產生於企圖以「是」判斷解決悖論的過程中。即：

當我們企圖以「是」判斷解決悖論問題時，悖論中「有限距離的標的物形成的必要條件是指者對標的物的指向過程（行為）為『無限』」這種因自他分別的內涵而形成的性質決定了對立統一這種局面必然出現。

矛盾，則是我們對「對立統一」這種局面在現象學層面上的直觀性認知。因此可以表述為：對立統一這種局面在現象學層面上一定表現出矛盾性。

所謂事物的統一體，只是一個相對的概念，由此而產生的俗稱上的「內部矛盾」和「外部矛盾」是一種範疇謬誤。矛盾反映的是對「對立統一」這一種局面的認知，對此局面可以有深度上的認知，但並不涉及範圍的劃分，也不應刻意分類為不同的性質而造成複雜化，因此不應有什麼「內部」或「外部」之分。此種「內外」之分類，既令我們對矛盾的本質不能真正認識，亦往往是產生新的「矛盾」對立的主要原因（雙引號中的「矛盾」作為習慣性用語放在「對立」之前表示這亦是一種不正確的表述。只有產生新的對立統一局面而不會有新的「矛盾」。矛盾不等價於對立）。因此當我們說「敵我矛盾」與「人民內部矛盾」時，不過是把問題表面化及「籠統化」後所得出的結論，屬以「是」判斷判斷「是」判斷模式，即「是」判斷邏輯屬性第四個外延「形成一個無休止震盪與重複的糾纏共生的真類」，從而產生了多此一舉的「外部」與「內部」的「新矛盾」。因此，我們可以認知到：任何事物都是對立統一這種局面的矛盾體；可以認知到：對立統一這種局面有不同的傾向性；可以認知到：「人民內部」存在著既對立又統一這一種矛盾局面，這一局面在「人民內部」傾向於同一，但不應把這一種局面定性為「人民內部矛盾」。同樣地，「敵我」之間也是對立統一的矛盾局面，但此時的局面傾向於鬥爭。

什麼是「事物」？在《邏輯後綴學》中，任何「事物」都是「標的物」，即目標（這裡的「事物」只是約定俗成的一種說法，實際上

「事」與「物」不能混為一談，隨著文章展開，會深入討論兩者的關係）。本文第一章分析「是」判斷邏輯屬性的內涵時指出：任何目標都必定是一個所有格，即任何目標都是「有所屬的集合」。

「有所屬的集合」意味著一定是具有自他分別的對立性但又絕不是獨立的。

對立，意味著目標與目標（參照物）之間是不相容的，是界限分明、不可替換的共時性邏輯關係。當指者確認某個目標時，必須符合確認律，即形式邏輯的基本規律，這就造成目標與目標之間一定是相互「拒不接受」（共時性邏輯中的不可替換原理：共時性邏輯中的「共時性」含有結構性，屬語言學範疇的概念，不同於心理學家榮格討論的某同類事件同時發生的「共時性」，後者應該稱為「同時性」比較貼切）相關眾集合中其他元素加入自身領域的「相對而立」，這就產生事物之間的對立性。

非獨立，是因為當指者確認目標時，「是」判斷成立。「是」判斷成立，即產生悖論。而悖論都具有「有限距離的標的物形成的必要條件是指者對標的物的指向過程（行為）為『無限』」這種性質。這意味著：任何有限的目標都只能夠是以無限作為背景辯證性地存在——這也是對哥德爾不完全性定理的一種詮釋。但這個無限意義上的背景被我們以種種公理「有所保留地規限」以後形成「有限的」、與目標相關的眾集合，即「母體」的形式而體現出來。任何目標都擺脫不了、都必定從屬「眾母體」，這就是事物的統一性。

在現象學層面，事物的對立性與統一性共存局面，就給予我們「對立統一的矛盾關係」的認知。

「是」判斷所具有的悖論性質，通過對目標的辯證性映射，反映在現象學層面上就是對立統一這種局面的矛盾關係。這是「是」判斷邏輯屬性的第六個重要外延。

接下來對「是」判斷邏輯屬性的第六個重要外延進行逐層深入的討論。

一，對傳統意義上的因果關係的修正（這裡的「修正」是對辯證法中有關內因與外因的「修正」。在「修正」之後所產生的新思維下，接下來的文章會產生大量原創性的新概念。本文筆者認為：通過這種新思維，人類社會的一切言行及現象都可以解釋得「通透」）。

在人的思維中，任何的「是」判斷，都是依據某些已知前提，通過演繹或歸納後得出（確認）結論（結論等價於結果、目標）。這個「由前提得出結論」的過程（確認行為），叫做「推理」。

推理過程（行為）能夠成立，是因為前提和結論之間，一定存在著一種人們普遍認同的關係，這種關係叫做「因果關係」。前提是因，結論是果。儘管現實裡事物之間的因果關係錯綜複雜，即使我們企圖以自認為最科學的手段去研究，我們也沒法獲得絕對全面可靠的因果關係。但這並不會減低我們對萬事萬物都事出有因，即使是沒有父母的孫悟空也有天地孵化的因，也即是「沒有因也要創造因」這種信念。

因此，在人類認識世界的過程中，因果關係是毋庸置疑的鐵律。

《邏輯後綴學》認為，前提與結論之間必然的因果關係這個傳統上的鐵律，屬一種線性的邏輯關係。這種線性的邏輯關係，僅僅是認識到結論產生的充分條件，而沒有認識到結論產生的必要條件（注：傳統邏輯推理中往往先找出某一前提作為結論產生的必要條件而把其他前提看作充分條件。《邏輯後綴學》則把所有前提都歸類到充分條件裡，而必要條件則「另有所指」。其理由，在完整地閱讀及理解了本節之後，自然就有了答案）。

《邏輯後綴學》把這種前提與結論之間的因果關係，定義為「前因果關係」。

前因果關係，是一種試圖把行為發生者（觀察者、指者）自己排除後，對目標（事物）進行確認性判斷時所認識的關係。因此前因果關係具有客觀性的表像（確認性判斷一定是共時性主觀判斷，《邏輯後綴學》下卷會探討真正的客觀性）。

唯物辯證法企圖以客觀的、「上帝的」視角，把事物發展的「動因」作區分的內因與外因，在《邏輯後綴學》中皆屬前因果關係。

前因果關係的原理，從集合論的角度理解，是一個目標和與之相關聯的一切集合之間的關係，因此並不存在「一因多果」的可能，而永遠只能是「一果多因」的模式。

即任何「是」判斷能夠成立，設目標為 A，其目標都必然是這樣一個等式：A=1——是其所是——亞里士多德解釋為「因自身而存在」的——「自身所是」的實體。

筆者則認為，「是其所是」或「自身所是」皆為前因果關係的「果」。

但兩者的「角色扮演」不同。

「自身所是」為「是其所是」背書。接下來討論「形式第一定律的社會學意義」時，會討論如何「背書」。

「1」是指：只能是一個結果。「1」是人類衡量標準的基本單位（巴門尼德說「存在是一」）。

目標是果，與之相關聯的一切集合是因。這種關係必定是先有其因，然後才能有其果，通過歷時性邏輯在語言表達上能夠以「因為 n（個條件具備）……所以 A」的格式表達兩者的關係，因此叫做「前因果關係」。

哲學上，任何存在，都是以某種「可描述」的形式表現。而前提與結論之間的前因果關係，就造成存在在結構及表現上一定含有關聯性、邏輯性及必然性三個要素（因此前因果關係也就是傳統哲學裡的「結構主義」）。三個要素決定了形式一定是非獨立、非自足、非自決及非自存的。即現實世界裡任何形式一定與外力的左右及干涉共存而沒有自（主）性。即任何形式，都不能無拘無束，都沒有絕對意義上的自由。在現象學中，形式表現為種種事物。在《邏輯後綴學》中，事物則被定義為標的物。結合集合論的概念及其性質，標的物作為「有所屬的集合」，與其相關聯的一切集合之間，存在著確定性的前因果關係，這種確定性由關聯性、邏輯性及必然性三個要素所組成。因此，關聯性、邏輯性及必然性是前因果關係內在的根本屬性。

前因果關係是我們的邏輯思維的內在依據，它的屬性決定了形式一定是非獨立、非自足、非自決及非自存的。前因果關係不允許「創造條件」（因此具有客觀的表像），由前提得出結論的過程（行為）永遠是被動式的——前因果關係，皆具有「外因」的「內涵」。

前因果關係的前提，也就是我們一般認為的「經驗」。

被動式的「前因果關係」中，每一個因和果的關係是線性的、唯一的，不同的集合相交或相聯部分所組成（指向）的目標，是必然的、閉合的、有限的、「一次性的」。

如果前提條件固定不變，帶來的結論一定是僵化的循環，或「一成不變」的「有序」（下卷會給予「有序」新的涵義）格式。

這樣的前因果關係不能解釋「事物都是運動發展變化」的原因。

因此《邏輯後綴學》認為，除了「前因果關係」外，結論的成立還有一種「關係」在起著作用，這是一種被我們忽略了的，但卻隨時隨地都在起作用的因果關係。這種被我們所忽略的關係叫「後因果關係」，「後因果關係」才是結論具有存在（意義）的必要條件。

「後因果關係」中的因即結論（目標）的「補集」。補集是「除了目標以外」所有與目標相關聯的眾集合的「其餘部分」。這個所謂的「其餘部分」，通常情況下遠遠大於目標所佔的部分，因此《邏輯後綴學》把其命名為「非」場（背景）。

沒有「非」場，「A=1」就沒有任何「是其所是」的存在的意義。

「是其所是」沒有存在意義，「自身所是」也就沒有存在意義。

建立「非」場是本文第一章定義的「是」判斷邏輯屬性的內涵之二。結論與「非」場之間相關聯的關係稱為「後因果關係」。後因果關係，是一種把行為發生者（觀察者、指者）自身包含在內的對目標（事物）的確認性認識。因此後因果關係一定是主觀性的：「非」場的產生必然因指者的「主動參與建立」——後因果關係，皆具有「內因」的內涵。

傳統哲學裡的
「結構主義」

關聯性 ＋ 邏輯性 ＋ 必然性 ＝ 前因果關係

→ 非自足　非自存
　非獨立　非自決

（後因果關係——後因果關係邏輯——自定義真實）

前因果關係下目標涉及的集合越多，目標的範圍反而越來越小，「非」場範圍與「是」判斷目標範圍的差異反而越大。但由於在本質上，任何結論（目標）的「非」場都具有無限的意義，因此以「範圍」來描述「非」場並不恰當。「非」場實際上是所有補集的「疊加」，因此《邏輯後綴學》以「厚實」來形容「非」場。必須強調的一點是：「非」場是開放性的，但同樣地，在現實中無限意義的「非」場，已經被我們人為地以種種公理「有所保留地規限」成為閉合性的，帶有拓撲（連續下的離散：一種帶有謬誤的表述）意義的「有限的補集」——補集的有限性的根因是觀察者的「確認」必然是有限的確認。

補集和目標有著血緣關係，都屬相關聯的「眾母體」，兩者本質上有著同一性（沒有指者的確認，兩者是「一體」的），並且是同時生成：目標產生的同時補集就必然存在，因此兩者永遠是一種「共時性邏輯的關係」。即後因果關係中的因和果是同時產生，相互映射（對應）的。

「非」場的意思是：儘管補集與目標有血緣關係，但指者對於任何目標的確認判斷成立的同時，卻必須把相關的補集給予排斥。並且這種「排斥」的行為一定是（在思維上）主動性的，是「非常必要」的（共時性邏輯中的不可替換原理）。

因此「非」在這裡意味著不相容（與下卷「非」判斷中的「非」含義不同。我們常常說：用一根手指指著別人時，別忘了另外四根手指正在指著自己。筆者解讀為：這另外的四根手指表示的正是不相容之意）。

不相容產生排斥。確認越明確，相關聯補集越多，「非」場越厚實廣大，不相容性（分裂性）越強，排斥的牽涉面越大，排斥作用越明顯，以至於形成所謂二階邏輯、高階邏輯甚至是無窮階邏輯。

這就是「是」判斷邏輯屬性第三個外延的意義所在：任何的「是」判斷，都會出現悖論。這是因為「是」判斷成立後必然與「非」場存在「後因果關係」。後因果關係意味著本來有著同一性的補集，與目標之間必須建立一種分裂的、排斥的關係——任何目標（結論）要成

立，除了要滿足「前因果關係」的前提條件外，指者還必須主動排斥、清除所有對應的「障礙」，即主動對補集中所有元素作出排斥的行為。

我們企圖「是之為是」地「自身所是」或「是其所是」，卻永遠只能「因非而是」。

這種排斥行為是根據集合的一種性質而作出，這種性質叫做「集合中元素的互異性」，即集合中各個性質相同的元素之間，是互不相同（一種自相矛盾的表述）、「有所區別」的。

在《自由思想批判》（續三：形式與絕對自由）中筆者介紹了：在共時性形式邏輯的概念結構系統中不存在完全相同概念的形式。形式的成立及其價值肯定，一定因相對的「它證」才能生成，而「它證」要成立必然含有至少一種甚或多種不同的「差異因子」才能成為「有效證物」，即所有形式與形式之間一定表現出差異性。在這樣嚴格的條件下，確實沒有任何形式是相同的，任何一個個別形式都是「獨一無二的」，因此形式與形式之間的確是「不可替換的」。

也就是說：在時間軸上，集合中的元素一定表現出在橫截面比較（共時）上的「互異性」。

集合中元素的互異性反映出後因果關係內在的根本屬性之一——排斥性。

這種排斥性是各向同性的，即表現為向四面八方不分親疏的、離（發）散性的排斥，也可理解為離心力模式的排斥。

真類必然是離（發）散的，因為：真類中目標的確認依據是邏輯等價（根據先前定義的遞歸），但對「非」場的排斥卻必定包含了高階邏輯（這也是「非」場用「厚實」來形容的原因）。即確認與排斥之間不存在邏輯等價。

因此，「是」判斷一定是分化的（離散、發散的）。

排斥性決定了目標，也就是任何形式都一定是孤立的，帶有封閉保守性的。

這種保守性是一種相當詭異的性質：任何「是」判斷，必須以相同屬性卻又有所區別的「第三者」為共時性參照物，離開了共時性「有所區別」的參照物，「是」判斷的目標就不能顯露。但「是」判斷的有效性，卻又只能夠體現在指者對「第三者」的共時性排斥過程（行為）中——大家都是人，所以我是人，但同時我不是你也不是他；必須排除其他的車才能判斷這是「我的車」。但我在排斥其他人、排除其他車的同時，「其他的人」和「其他的車」依然實實在在地、「如蠅附膻」地存在著，明知道揮之不去我仍然不得不無時無刻地揮之，否則就難以體現出「我」或者「我的車」的存在。或者說，「我」或者「我的車」就沒有了存在的意義。這裡的「實實在在」及「存在的意義」，本質上不過是真類中「是」判斷目標「互為參照」的結果。並且這種互為參照是不可終止的，因為一旦終止就會「茫茫人海中不知誰是你我他」。這就是「是」判斷邏輯屬性第三個外延中有關「悖論」的本質：有限距離的標的物形成的必要條件是指者對標的物的指向過程（行為）為「無限」這句話的深刻含義——無限的是指向的過程（行為），指向過程即認識上的過程。為什麼認識上的過程無限？因為在我們的認識過程中，「標的物」首先與判斷者之間產生分裂（自他分別）並根據前因果關係被我們定義為「有限」，但這個有限標的物還必須再通過後因果關係不斷地共時性排斥本質為無限的參照物（背景）的過程中才能體現出存在。

也就是說：參照等價於排斥。

排斥意味著「參照物」絕不能是標的物自身，這就形成他他分別——我們永遠只能夠通過事物自身以外的東西來推斷出事物的真實性。

——存在是存在後因果關係的存在。

即認識過程不過是永遠的二重分裂性質（自他分別與他他分別）的「排斥異己」的過程（行為）。在這個排斥過程中，我們對那個「己」本身，永遠也不可能知道「到底是什麼東西」。

或者有人對最後一句話有異議：怎麼會不知道那個「己」是什麼？那個「己」不是已經由前因果關係推導出來了嗎？有這種異議的人不要忘了，根據前因果關係推導的那個「己」所需要的所有前提（海德格爾認為的「前理解、前結構」），不過是共時性的「當下」判斷產生的新目標。並且，這些新目標作為被張冠李戴為「曾經」（因此叫「歷時性」）的「是」判斷的目標，同樣「曾經」形成自他分別並有各自的「非」場。即任何前提的有效性，始終要通過二重分裂「排斥（曾經的）異己」才能得到保證。在確認「曾經的排斥」的過程中，我們始終不知道那個「己」是個「什麼東西」。尋本溯源地如此類推，就有了之前第三小節所說的：我們永遠不知道每一段可確定的理性通道從何而來，我們永遠不知道事物的「本來」。

　　通過「是」判斷尋求「本來」（為什麼），會產生一種與「真類」震盪方向相反的「逆震盪」（無窮倒退）——這是「是」判斷邏輯屬性第四個外延的補充。

　　也就是說，「本來」表面上屬過去，但只要一進行「尋求」，就必然以共時性的「非」場為背景產生震盪與重複。只是「本來」的震盪與重複具有「反向性」（我們在迷宮中「反過來」走，出現在「眼前」的同樣是一段具有時效性及區域性的精確的「通道」）。

　　由於構成「非」場的補集本質上同樣具有無限的意義，因此「非」場是開放性的。

　　只要前因果關係被建立，目標產生，「非」場就同時出現，指者為了「維護目標的純正性、唯一性」就必須以「有限過程對付無窮」的模式永不能終止地進行著排斥、清除「障礙」的主動行為——這個行為的依據是後因果關係——他他分別——我們永遠只能夠通過事物自身以外的東西來推斷出事物的真實性。他他分別的過程，就表現為一個「線性的運動」的過程。這是「是」判斷邏輯屬性的第七個重要外延：

　　——這個外延在下卷討論系統學時被稱為「自相等原則」——自相等原則：「自我」的屬性——自我意識與自主意識不能混為一談：

自我意識，是前因果關係的果，具有外因的內涵；後因果關係，具內因的內涵，讓「自我」具有自主意識，從而表現出「主觀能動性」。

　　為什麼物體都具有慣性屬性？這個困擾著包括愛因斯坦在內的科學家們的問題，也可以用「是」判斷邏輯屬性的第七外延解答：慣性，是指前因果關係被建立後目標所具有的「保持靜止或勻速直線運動」的屬性；（慣性）參考系，即「非」場——兩個目標如果具有完全相同的前因果關係，其相互間參考的後因果關係就是（同一）慣性系，相互間就「保持靜止」——自他分別的兩個「我」正是處在「同一慣性系」，故而得出「（鏡像）我是我」的結論（不可分辨）；如果兩個目標各有不同的前因果關係，其相互間的後因果關係就是非（同一）慣性系，相互間就是「勻速直線運動」——運動的定義：觀察者必須與背景，即「事物（目標）自身以外的東西」處在「同一慣性系」，當且僅當目標與觀察者和背景共同所屬的慣性系是「非同一慣性系」；慣性力，並非物理學家所認為的「假想力」，而是對「非我族類」的非同一慣性系的排斥力；牛頓第一運動定律中的合力「為零」，即「所有」的前因果關係（即充分的前提條件）「塵埃落定」。因此，上述解答，也解決了慣性系定義中的邏輯循環問題。

　　第七外延實際上是「是」判斷邏輯屬性第三、四個外延的進一步深入解讀：任何的「是」判斷，都會出現悖論；以「是」判斷確認「是」判斷，必然形成一個震盪與重複的糾纏共生的真類。這是因為，任何的「是」判斷，必然與「非」場存在後因果關係。

　　後因果關係令「是」判斷以「非」場為背景處於永遠的震盪與重複（運動）中。

　　即：前因果關係是「一次性」的，引起「是」判斷震盪與重複的原因是後因果關係。

　　也可以理解為：「是」判斷的世界裡「敵人」是永在的。任何事物在「非」場這個大舞台上必須有指者的「主動地、永不能終止地」重複著的排斥行為才能成為存在，或者說才具有存在的意義。

前因果關係是後因果關係產生的必要條件，後因果關係則是目標具有（能夠）存在（意義）的必要條件。這是在觀察者眼中事物（存在）之所以成為事物（存在）的兩個共生原則。

前、後因果關係圍繞著同一個目標分別扮演著不同的角色或者說起著不同的作用。

前因果關係的作用在於確認（建立）目標的過程「因為 n⋯⋯所以A」；後因果關係的作用在於「維護」已經被確認（建立）的目標的「純正唯一性」（其實是確定目標與包含觀察者在內的「非」場不在同一慣性系——這裡就產生了一種相當有趣的現象：當情人說「你是我的唯一」時，其實是說「你與我非同一慣性系」，即「非我族類」。再根據運動的定義——當你是我的唯一時，你與我必然「漸行漸遠」），後因果關係在語言表達上不斷通過「不是 nX⋯⋯而是 A」的格式（即否定含義的確認判斷）無情地把不屬目標的「雜質」「拒之門外」或「掃地出門」（剔除）——「雜質」其實是與觀察者同一慣性系裡的「東西」——排斥「雜質」即排斥「非」場，也就是排斥自己。

只有目標被建立起來之後，才談得上維護，所以才有「後因果關係」之說。

又正因為只有目標被建立起來之後，才談得上維護，所以前因果關係對後因果關係具有主導意義。後因果關係中的「非」場是指者在前因果關係主導下主動對應建立的。換句話說，沒有前因果關係，就沒有相對應的後因果關係。有前因果關係，就一定有相對應的後因果關係，即：先有歷時性，後有共時性——這裡的「先後」就具有了連通性——在「是」判斷範疇的討論裡，連通性意味著「關係」既是不能終止的，又是共時性的。

但是，由於建立是在歷時性中進行，維護是在共時性中進行，而「維護」永遠是一種「共時性當下」的「震盪重複」行為，這就令連通性永遠處在「終止於當下」的狀態（下卷在「非」判斷範疇裡討論的連通性才是真正意義上的連續性）——通俗地表述這種狀態，就叫做：先射箭，後畫靶。

但是，由於「畫靶」的行為永遠是「共時性當下」震盪與重複的行為，即我們必須「不停地畫靶」，結果就是：前因果關係與後因果關係之間又構成一種「倒置」的因果關係：前因果關係是果，後因果關係是因。這就叫做：因非而是——即有「後」才有「先」。

這種倒置的「有後才有先」的因果關係，就讓我們產生了時間（一種回溯性）的概念，並（因滯後性）得出時間「不可逆」的結論（後面討論「形式定律」時會解釋何為「滯後性」）。

至此，前、後因果關係之間的「連通性」就產生了時間順序上不可逆的意義：

——時間，不過是悖論展開的一種現象。

在「理想狀態」下，前、後因果關係之間既是不能終止的，又是共時性的不可逆的連通性關係表現為「因為非 nX，所以是 A」的排斥性質的行為：因為我非木石、非禽獸，所以我是人——在觀察者眼中就形成本質上為他他分別的但「看上去」是線性的運動過程。

在線性的運動過程中，「我是人」的純正唯一性具有「是」判斷意義的連貫性：「我是人」的純正唯一性如果被「破防」、被質疑，那我就「如同禽獸」甚至「禽獸不如」。

但事實上，「理想狀態」是不存在的。

因為集合還有一種性質，叫做「無序性」，即同一集合裡各元素之間的地位是平等的，沒有先後的——即「處在同一慣性系」的。在「是」判斷中，無序性的根據是歷時性邏輯中（即在時間軸各點上的比較）的「同一東西具有不可分辨性」（也叫做「同一性」。但歷時性意義的同一性本質上是自他分別的「鏡面對稱性」，因此並不是真正的同一性）。即「是」判斷中無序性本質上具有歷時性（下卷會從「非」判斷的原理重新討論同一性及無序性）。但具有歷時性的無序性的作用卻是因為連通性而發生在「非」場。因此，無序性是前、後因果關係之間「統一」的真正的「紐帶」。其作用是令後因果關係中對「非」場（補集）各元素的排斥帶有或然性（即下一節討論的並集

的「或屬」），這種或然性也叫做「模糊性」──「理論上」，「如果」目標與「整個的」「非」場處在「百分之百」同一慣性系，即只有純粹一種性質元素的集合，就會「絕對靜止」而不會「模糊或然」，但現實世界並不存在單一性質元素的集合。因此在觀察者眼中的目標與「非」場的關係就總是在同一及非同一之間「模稜兩可」的。

模糊性導致後因果關係產生變化的可能，其變化能夠對後因果關係自身的排斥性產生弱化甚至是抵消作用，直至到前、後因果關係之間之前「倒置」的因果關係「消失（無效）」，從而導致目標原來的「唯一純正性」受到影響（反饋），新的倒置的前、後因果關係之間的因果關係被重新建構，意味著目標會發生變化乃至發展：所謂量變到質變、否定之否定。

模糊性是後因果關係第二個內在的根本屬性。模糊性是人類思維和客（主）觀事物中普遍存在的屬性。

「是」判斷性質的後因果關係的模糊性的具體模式將在本文第七節裡討論。而模糊性的本質將在「非」判斷的章節中討論。

後因果關係的模糊性會產生不確定性，這種不確定性可以表達為「非 X 或非，所以或 A'」。

這意味著任何排斥、清除的行為一旦因為模糊性而「失手」或被「干擾」，指者就會因為「無所區別」而變得無所適從，又或者被排斥的「非」場部分就有可能變成前因果關係裡的一個前提，而導致前因果關係的機制發生作用，目標的特性就會隨之而改變。例如：站在一排「一模一樣」的車面前的「無所適從」；又例如：只要我願意出錢，任何車都可以是我的車。

正因為有「不確定性」，結論才成為靈活多變的形式，從而令觀察者有「事物都是變化發展」的認知。

相對於 A，A' 已發生了變化，但 A' 不會一下子變得「面目全非」，而是以 A 的前因果關係為同構基礎，其變化還是以 A 為原型。即 A' 和 A 是「同胚性」的（在下卷敘述系統學時筆者會進一步解讀「同胚」

及「同胚性」），同樣遵循著「因為非 nX，所以是 A」，然後「非 X 或非，所以或 A'」這樣的路徑和方向變化發展。

「非」場中後因果關係所表現出的離散性的排斥性「不是 nX……而是 A」和模糊性「非 X 或非，所以或 A'」兩重作用，令前、後因果關係之間的關係依然是因他他分別而形成的不可逆的連通性運動過程表現出「非線性」。

與「是」判斷目標相關聯的集合越多，其補集就越多，所涉及的「或非」面越多，不確定性越大，「或 A'」的可能性越大，「非線性」的影響越大，以至於「量變到質變」的可能性越大。

傳統哲學中的辯證法，認為事物對自身肯定的同時，包含了事物對自身的否定，由此所總結出的「對立統一、量變到質變及否定之否定」三大客觀規律，並不能真正觸及事物的本質。

因為，未有把判斷者這個因素考慮進去（沒有主題化），也就不能認識到「非」場所帶來的後因果關係的影響：

判斷者（觀察者）確認事物（目標）的同時，必然有判斷者對相關聯非邏輯等價的「非」場的（主觀上的）否定——這才是「對立」的本質；

但只有在相關聯「非」場的背景下事物才有其（判斷者主觀上的）存在意義——這才是「統一」的本質——因此「統一」反而意味著「不同一」——因此就有「矛盾」（本文下卷會討論真正的同一性）；

而觀察者對事物自身的否定，是因為判斷者對「非」場裡相關元素的「或然性」的肯定——這就叫「辯證」。辯證意味著判斷者對「非」場的排斥性必然被或然性干擾，表現為不確定性的模糊性——這才是「量變質變及否定之否定」的準確解義，說白了「量變質變及否定之否定」與「不可持續性」等價——而非「螺旋式發展」（下卷將通過系統論繼續討論「持續性」）。

傳統辯證法並沒有主題化判斷者這個「角色」在「是」判斷過程中所起的決定性作用，因此解釋不了在「否定之否定」規律下事物螺

旋式發展的根本原因，亦提供不了事物在螺旋式發展後的最終結局，而只能含糊其詞地把結局表達為「從低級到高級、從簡單到複雜」，至於最終如何高級複雜，那就只有天知道了。又或者只能如黑格爾那般，一切歸於抽象的「絕對精神」——絕對精神意味著所有的運動發展變化，到最後終局必然是戛然而止。但在此之前，傳統辯證法就的確只能是矛盾論，只能是鬥爭學說，強調的永遠是對立、鬥爭的絕對性，現實中也永遠是對立、鬥爭，「大同」的世界永遠是可望而不可及的空中樓閣——如此的、辯證法所理解的「統一」——不要也罷。

——毛澤東的《矛盾論》，把辯證唯物主義的對立統一觀點發揮到登峰造極，在開國前後確實「符合現實世界的實際情況」，故為新中國的誕生提供了不可或缺的理論依據。但對鬥爭絕對性的確立，亦為日後中華大地上「風起雲湧」的鬥爭運動埋下了伏筆。

因此，對於辯證法的三大客觀規律，《邏輯後綴學》有不同的觀點：事物的矛盾性反映的是「是」判斷中前、後因果關係之間，所存在著的一種內在的辯證關係，這種辯證關係是「是」判斷邏輯屬性第六個外延的核心「辯證性映射」的進一步解讀：「是」判斷所具有的悖論性質，通過對目標的辯證性映射，反映在現象學層面上就是對立統一這種局面的矛盾關係——「辯證性映射」等價於傳統辯證法中的三大規律：後者是我們在現象學層面對事物內部屬性的認識；前者則從本質上揭示了「是」判斷中的事物內在不同的屬性，及其相互間的辯證關係。

這種辯證關係，通過前因果關係所具有的歷時性意義上的關聯性、邏輯性及必然性三種內在的根本屬性，以及後因果關係所具有的共時性意義上的內在的排斥性根本屬性，具歷時性意義，但表現在共時性上的內在的不確定性根本屬性之間的相互作用，反映出前因果關係對後因果關係的主導意義，和後因果關係對前因果關係的影響。

注：近代英國邏輯學家密爾（也譯作穆勒）在其《邏輯系統》一書中，也總結出兩種因果關係：由同質定律支配的合成因果關係和由異質定律支配的異質效應因果關係。但這兩種因果關係的認識同樣因判斷者的「缺失」而流於表面化。

一個完成了的「是」判斷，一定建立了前、後因果關係。

即：任何「是」判斷，都必然表現為指者根據前、後因果關係建立及維護、發展形式（目標）這種模式。這種模式裡所具有的關聯性、邏輯性、必然性、排斥性及不確定性五大內在的根本屬性之間存在著的辯證關係，令事物都表現出非線性的運動變化發展的性質。這是「是」判斷邏輯屬性的第八個重要外延。

這個外延在《邏輯後綴學》裡將出現幾個「別稱」：在本文第七節被稱為「智能性共享」及「開集」，在下卷討論系統學時被稱為「自相似原則」。

這個外延也揭示了牛頓第二運動定律的本質：沒有純粹的慣性，慣性系永遠只能「模糊地近似」，目標永遠受「外力」影響而處於「非慣性系」。而這裡的「外力」加上雙引號，是因為「外力」的「外」其實是「誤判」：「是」判斷一定是共時性主觀判斷，主觀判斷中的排斥行為一定是「主動（觀）的內力」。「誤判」的原因被牛頓第三運動定律的「作用力與反作用力」解釋了：沒有主動排斥的「內力」，何來反作用力？我們把內力「誤判」為「外力」——表現在「非」場的排斥性所形成的「非線性」「內力」，恰恰反映了「是」判斷具有自他分別及他他分別的二重分裂的內涵——自他分別的「絕對靜止」，與他他分別的「絕對運動」因無序性而共同構成了事物的非線性屬性。

被五大內在根本屬性所決定，作為「是」判斷目標的形式必然具有以下外在特性：脆弱性、保守孤立性、依賴（需求）性、差異性、不可持續性。

不確定屬性決定了形式都是「辯證的」，即易變的、脆弱的。任何後因果關係的變化都會導致形式發生變化；

排斥屬性造成了形式保守孤立的封閉特性，封閉性起著「屏蔽」作用，即不相容性，因此形式都具有局限性。形式的不相容性通過「震盪與重複」的模式而實現，並令形式與形式之間表現出「只有對立，才能存在」的模式；

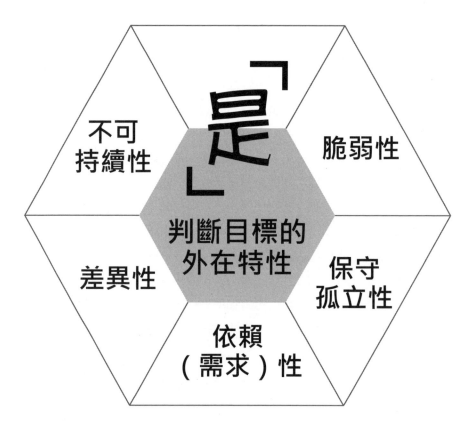

關聯屬性意味著形式不可能「自給自足」,不存在真正封閉的形式,一個形式必然是其他形式的有機組合,一個形式的建立與維持必須得到其他形式的支持,即資源的支持,這就是形式的依賴(需求)性,同樣也反映出形式的脆弱性;

邏輯屬性則使形式與形式之間必然具有差異性,差異性意味著形式與形式之間的不可替換;

必然屬性反映了前因果關係中的「果」,因為形式的局限性而具有「非此即彼」的確定性,這種確定性主導了後因果關係中排斥的面向。

「是」判斷目標即任何確定的形式都是以脆弱的保守孤立姿態在互相依賴又互不相容的衝突、制約、平衡的辯證關係中走向不可持續。這是「是」判斷邏輯屬性的第九個重要外延。

二,形式定律。

根據「是」判斷邏輯屬性的第八、九個重要外延,可以得出兩個重要的形式定律(「是」判斷目標定律、確認定律)。

形式第一定律:在觀察者眼中,任何形式的維持都必須建立在震盪與重複的鬥爭前提之下。

形式第二定律:在觀察者眼中,越是複雜、高級、先進、精確的形式,他適應方位越多,容錯性越低,在後因果關係中的依賴性、局限性(排他性)、脆弱性和不可持續性越強。

形式的第二定律中的不可持續性亦可以說是一切形式的宿命(在這一節裡,隨著討論,形式第二定律內容會有所補充)。

(注:接下來的文章裡會不斷應用到「自適應」及「他適應」兩個概念。一般的理解,「自適應」叫做「適者生存」;「他適應」叫做「優勝劣汰」。但《邏輯後綴學》裡「自適應」及「他適應」概念,與一般學術上的理解有所不同)。

接下來將對形式的兩個定律作深入討論。

形式第一定律：在觀察者眼中，任何形式的維持都必須建立在震盪與重複的鬥爭前提之下。

辯證邏輯認為：事物統一體內部都存在著對立統一的矛盾關係，這個矛盾關係具有鬥爭性和同一性兩個基本屬性。《邏輯後綴學》則把這兩句話更正為：任何事物在現象學「是」判斷層面都表現為對立統一這種局面的矛盾體。在這個矛盾體中，存在著鬥爭性這個基本屬性（隨著討論的展開，會「糾正」這個結論），以及存在著兩個層面上不同意義的同一性屬性。

鬥爭性這個基本屬性的產生，是因為「是」判斷在前因果關係主導下，後因果關係中的排斥性在起作用。指者要確保任何形式的「唯一純正性」能夠得到延續，就必須對相關聯的其他形式或者說「他者」作出排斥判斷，這種排斥判斷必然出現在後因果關係中的「非」場，即「非」場是鬥爭性滋生的唯一土壤——你不是我，他不是我時，我才是我。

「非」場是鬥爭性滋生的土壤。由於目標與「非」場存在共時性關係，意味著鬥爭性必然是共時性的（一種「在場性」）。

（歷時性）過程不存在鬥爭性，鬥爭性永遠是（共時性）目標所引發。

但「是」判斷目標的震盪與重複表現與確認行為之間的「糾纏共生」，往往令我們以為過程也有鬥爭性（確認判斷過程與目標被混為一體。下卷將賦予「過程」新的內涵）。

只要目標確立，「非」場裡的他者就必然會在指者的主觀意識裡同時產生，對他者的排斥判斷就必須通過「現在進行時」以震盪與重複的模式持續不斷地進行。

與此同時，目標反過來也是「他指者」的「非」場中主觀意識裡存在的一份子，即持續不斷的排斥是雙向的，指者與「他指者」雙方以各自的「非」場來排斥著對方，這就形成形式與形式之間的「只有對立，才能存在」模式。

根據五大內在根本屬性當中的關聯屬性及不確定性，鬥爭性還有一重含義，就是可以要求相關聯的其他形式發生性質上的改變。通俗的說法就是：要求他者改變身份「加入（或認同）我的陣營」，這叫做「他適應」。

他適應永遠是「外視性」的，即「除了我以外」的他者皆是「對手」。

由於「是」判斷成立的其中一個必要條件是必須建立一個「非場」。即他適應就意味著「所有不是我的」他者都必須服從「我的獨一無二」。這與「少數服從多數」的理念天然就是相悖的。

如果「我」能夠改變身份加入「他的陣營」，就叫做「自適應」。

自適應永遠是「內視性」的（「看到他者等於看到自己」──本文下卷將具體討論）。

自適應與「少數服從多數」的理念相應。

在他適應中，如果他者同意加入我的陣營，我的身份就能得到持續性的確定。但如果這要求恰恰也是「他指者」對我的要求，雙方對等的「他適應」要求自然就形成了對抗：「對」與「錯」的對抗、「好」與「壞」的對抗、「善」與「惡」的對抗、「人民」與「敵人」的對抗。對抗意味著沒有誰願意心甘情願地改變自己的身份的，當不同的「是」判斷之間必須為誰是誰非爭個水落石出的結果時，對抗性就轉化成爭鬥性，形式與形式之間的關係也就發展成了征服與被征服的關係，繼而發展成「哪裡有壓迫哪裡就有反抗」的關係。

從對立、對抗到反抗，這就是我們在現象學層面上對事物所具有的鬥爭性屬性的認知。

而鬥爭性的本質，即根據後因果關係而必然出現的「是」判斷邏輯屬性第七個外延中指者「為了維護目標的純正性和唯一性」而進行的「有限過程對付無窮」的行為，亦即是「震盪與重複」的行為。

簡言之：有「是」判斷就有鬥爭性。

觀察者因此會得出這樣的結論：鬥爭性是存在（非實在）的天然屬性（注：這僅僅是辯證法的觀點。隨著討論的深入，《邏輯後綴學》將逐漸揭開「鬥爭性」的「神秘面紗」）。

當我們把自己定位為這個世界的「外來者」，我們的存在就必然是具有鬥爭性屬性的他適應的存在。

在觀察者眼裡，自然界中，鬥爭性以種種化學或物理作用的表現為人類所認知。

在觀察者眼裡，生物界中，鬥爭性因為「我需要」而產生出「物競天擇，適者生存」的法則。

人們常說：有人的地方就有紛爭。人類社會古往今來的紛爭概括起來不過是無數大大小小的「是」判斷在「單挑或打群架」。這些紛爭的產生，既有生物性的「我需要」的因素，更主要是由人性中特有的「我想要」的因素所造成（參考筆者的《自由思想批判》）。

因此，與自然現象中的鬥爭性（隨著討論展開，會修改這種陳述）比較，人類社會中的鬥爭性明顯複雜得多，有著顯著不同的性質。

形式第一定律的社會學意義。

（一），通過人格二重性認識後因果關係邏輯。（標題注解：後因果關係邏輯是一個全新的、在《邏輯後綴學》中非常重要的概念。後因果關係邏輯存在於所有生命體中，但以人作為切入點進行討論會容易理解得多）。

對於一般事物的原理，「前因果關係」是一種實在關係，「後因果關係」亦是一種實在關係。因此一般事物的存在就是純粹的實在，亦稱為客觀實在，也叫做「真實」（《邏輯後綴學》下卷將繼續全面深入討論「真實的實在」）。真實當中並不涉及什麼「意義」，前因果關係的歷時性及後因果關係的共時性是完全同一（不是「統一」）的疊加態。因此前、後因果關係之間「是」與「非」的辯證關係具有渾然天成的、「遠離平衡狀態（與傳統學術討論裡對平衡態的理解完全相反）」的「兼容性」（相干性），當中並沒有孰輕孰重的問題。

這種不涉及任何意義的，真正「不以人的意志而轉移」的「兼容性」關係，才叫做「真實關係」，也叫做「自然而然」的關係。

真實關係中的「關係」不存在因果律，這才是兼容性的真正意義所在：兼容性是前、後因果關係之間「連通」的根本（隨著討論的深入，會進一步剖析「兼容性」在「是」判斷與「非」判斷裡的具體涵義）。

真實關係中的元素只有無序性而並不存在什麼「互異性」。

真實關係中無序性等價於兼容性，在具體事物中表現為重生性（「重生」不是重複。重複具有間歇性及封閉性。「重生」的含義是：緣起緣滅之際內稟不變）。

不存在因果律的兼容性，中國人稱為「渾然天成」；佛學中形容為「互攝互入」；禪宗則生動地表述為：益州牛吃草，青州馬腹脹。

真實關係，當中的兼容性屬一種全開放的性質，其關聯屬性的依賴具有「隨緣」的性質，其排斥性屬性的封閉其實是一種「假性」封閉。

有人說，「緣」的真正含義難以讓西方人真正理解，筆者在這裡給出一種解讀：緣的意思是無序、兼容、重生（這裡的「無序」在下卷裡被重新解讀為「真實有序」）。

對於真實關係中的「緣」，可以借用現代法證學裡著名的定律「羅卡交換定律」來加深理解（法國法醫學家埃德蒙・羅卡創立的理論，其理論可以用八個字總結：凡有接觸，必留痕跡——筆者稱為「是就是了」。本文下卷會深入分析）。

真實關係中並不存在「是」判斷意義裡的「純正唯一性」，之前這個說法只是為了更容易理解「後因果關係」這個概念。因此真實關係中的事物，都具有全「自適應」的特點，即全方位調整自身，以適應任何環境或者說適應「他者」的任何變化的特點。

例如水，在不同的氣溫氣壓下或不同形狀的容器裡會「自適應」為不同的形態。因此，大自然，特別是沒有任何人為痕跡的大自然，才會給我們特別真實的感覺（但真實的感覺並不等價於真正的真實——本文下卷把真實的感覺稱為「亞真實」）。因為大自然並沒有區分什

麼美醜善惡，並不是為了什麼意義、為了誰的意志而存在。星移斗轉，規矩方圓，虎撲兔躍，龜跚蛇遊，物以類聚，變化有序，萬物作焉而不辭，乃自然之道——摘自筆者所著的《道德新經》。

但在人性中，真實關係總是被扭曲。

人性，是人心的表現。人心的表現是否正常，反映在人性是否真實，人性是否真實，則取決於人格的二重性能否如同一般事物般，具有渾然天成的兼容性的真實關係。

由於前、後因果關係圍繞著同一個目標分別扮演著不同的角色或者說起著不同的作用。「是」判斷所具有的悖論性質，通過對目標的辯證性映射，反映在人身上就令每一個人的人性表現出「人格的二重性」。

人格，是人性在社會學和心理學上的概括。從社會心理學的角度，人格是多重的、是多樣複雜的。但在《邏輯後綴學》中，人格只分為兩種：前因果關係下的本徵人格和後因果關係下的表徵人格。

前因果關係，是目標和與之相關聯的一切集合之間的關係。一個人之所以是（成為）「這個人」，是與之相關聯的一切物質性、精神性、社會性的集合歷時性所「塑造」的結果。由此而產生的本徵人格，被前因果關係所具有的關聯性、邏輯性及必然性三種內在的根本屬性所決定，具有一種潛在的被動依賴性，及頑固的確定性附屬關係，所謂「江山易改本性難移」就是「慣性的」本徵人格的寫照。

但「這個人」的存在意義，又必須在根據後因果關係對所附屬的集合中的「補集」，即對「非」場的共時性排斥（「畫靶」）過程中才能夠產生，只有排斥過程才能使每一個人都因為「有所區別」而具有「特立獨行」的表徵人格。

因此，每個人的人性，都被前、後因果關係所決定而具有人格的二重性。而人格二重性的兼容性則取決於人在主觀意識上對前、後因果關係所側重的比重大小。

百分之百兼容的人格二重性，具有如同實實在在的大自然一般，

沒有孰輕孰重、不涉及任何意義的真實關係。中國人常說「該來的總會來」、「順其自然」、「隨遇而安」，以及中華傳統哲學思想中的「返璞歸真」，皆是對百分之百兼容的人格二重性的領悟之後的「自適應」。

當人性中出現了「我需要」及「我想要」的因素時，人格二重性就不能取得兼容。由於人類是社會性群體，當人格二重性不能兼容時，就會產生許多社會學意義上的人性問題。對這些問題，我們往往習慣性先從社會因素去尋求答案，但這就忽略了其根源是人格中的缺陷。我們常說「人無完人」，即每個社會人多多少少都帶著「缺陷」。這裡有兩個問題需要釐清。第一個問題是：由有缺陷的社會人所組成的社會必然是有缺陷的社會，因此人類社會一定是有缺陷的，而不是有缺陷的社會造就有缺陷的社會人。這當中的本與末必須搞清楚；第二個問題是：並沒有多少人明白什麼才叫做「缺陷」。通常會把缺陷與缺點相混淆，但缺陷不是缺點。缺點是與「期望值」不符；缺陷指的是人格二重性的兼容度不能達到百分之百。每一個社會人，因著利益的取捨，更因著衛道士們種種眼花繚亂的導引，其思維上的倒錯造成人格二重性總難以達至真正的兼容，這才是對「人無完人」的準確詮釋。有關「缺陷」的根本原理，將在下卷指出。

這裡先討論：什麼叫「思維上的倒錯」？

通過對現實社會的觀察可知，社會人的表徵人格遠比本徵人格更重要，這意味著社會人都側重於「後因果關係」。即我們的主觀意識中為了確認而運用的邏輯，「非」場的「後因果關係」邏輯所佔的比重相當之大。

在個人主義思潮氾濫的現代社會中，這種比重甚至走向了極端化（不停地「畫靶」成為不容置疑的必然）。

人對事物的認識，人與人之間的瞭解，表面上是因為觀察研究對象的「是」，實質是因為觀察研究對象的「非」。離開了「非」場，「是」（這個人）本身其實沒有什麼意義（不能顯示出價值）。但這就形成了「是」不但必須靠「非」場維持，而且還必須靠「非」決定——因為「非」，所以「是」。因為非 nX，所以 A。進而終極的「純正唯一」

的「因為非 nX，所以必須 A」的「後因果關係」邏輯──背書過程的邏輯。

這類似源自於法律中的無罪推定，為了維持「是」，必須「非」這樣，「非」那樣，否則「是」就「不是」了，就可以「無罪釋放」了。如果有某一個「非」的元素缺失，或變成了「是」，都會導致「前因果關係」的機制發生作用，原來的「是」就不再是原來的「是」，即「這個人」就不再是「這個人」了。例如某位德高望重的名人，因做了一件與其形象不符的事並被大眾所知曉，就「有缺點」了甚至是「人設崩塌」了，也就「社死」了。

建立在無罪推定的現代法律裡，為了達至越來越準確的效果，「非這樣，非那樣」的法律條文已經浩如煙海，個人窮一生精力都難以貫通，最終什麼是有罪什麼是無罪反而越來越難以分辨清楚，正應了中國一句古詞所言：剪不斷，理還亂。

但這種因為「非」，所以「是」的「後因果關係」邏輯下的「存在意義」，反映的是社會人思維中的「倒錯」的認識論：把前因果關係作為果，把後因果關係作為因的、有後才有先的、因非而是的因果倒錯──筆者稱其為「淺層思維倒錯」：

──因非而是的淺層思維倒錯，亦叫做「淺層內因」。

淺層思維倒錯：因非而是──「自身所是」的背書邏輯──一種在大眾中具有普遍性的、「膚淺」的「是其所是」的思維倒錯──沒有「自身所是」，「是其所是」沒有意義。但「是其所是」又必須由沒有意義的「自身所是」背書才有意義──即我們始終「搞不清楚」「自身所是（什麼）」──「搞不清楚」「自身所是（什麼）」，「是其所是（什麼）」的意義其實並沒有意義。

識的前提是知，但我們往往是識而不知。就如同我們都「識」用智能手機，但真正「知」智能手機工作原理的人只是極少數；習慣了用 GPS 導航的司機，對自己走過的路線及至當時所處位置根本就「無知」。這種「倒錯」忽略了或者說掩飾了前因果關係是後因果關係產生的必要條件，甚至是否認前因果關係對後因果關係的主導作用，即

人為地弱化甚至割裂了前、後因果關係之間那種渾然天成的、歷時性與共時性完全同一的「兼容性」的真實關係，而把共時性的「存在意義」作為「是」判斷的必然──因價值觀而產生的──自定義的必然。

我們常常說「某某人的價值觀出了問題」，實際上價值觀本身就是「問題」：事物皆各有其價值──筆者稱其為「事物的標籤化」。

「因價值觀而產生的自定義的必然」，典型的例證可參考西方國家冠冕堂皇的道德理由下各種「逆權侵佔法」。而「逆權侵佔法」的道德理由則以康德定言命令中的普遍法則作為背書：1，地球上沒有人有權擁有。2，因此地球上所有東西都是沒有主人的。3，因此作為理性的存有──人，定言命令不會發出：「你不能擁有東西」這類實質性的命令。4，因此如果我的守則說：「我可以擁有東西」就不會違反理性，即擁有東西是理性上所容許的。5，因此根據普遍律程式就可以得出：「人人都可以擁有東西」。

這個所謂的「普遍法則」兜兜轉轉，轉彎抹角，說白了就是為人類的貪念找遮羞布，為貪念賦予了高大上的價值觀內涵──自己為自己製造了道德大旗後，就可以堂而皇之地「以上帝的名義」成為「新大陸」的主人（哦哦，更有甚者，居然還可以名正言順地把太陽註冊為自己的私有財產更受到「法律」的保護──2010 年一位西班牙女士的作為，就「居然真的」被政府有關部門「認同」了）。

自定義必然，也就是傳統哲學概念裡的「客觀存在」。但筆者從這裡開始，這個「客觀存在」在《邏輯後綴學》裡稱為「主觀存在」。

因此之前的一個表述需要改一改：

──存在是存在後因果關係的主觀存在。

主觀存在的本質是：不承認前因果關係對後因果關係的主導性，通過後因果關係邏輯把「自定義」的存在意義強化為果之因。

如此一來，自定義必然（主觀存在）又產生另一種倒錯──中層思維倒錯（注：還有一種「深層思維倒錯」，將放在下卷裡討論）：

──中層思維倒錯，亦叫做「中層內因」。

由於帶有價值觀的存在意義成為了必然，這個「必然」必須有「是之為是」的根據，也就是必須得到「實證」，實證的「方法論」是：集合的無序性中的「無序」，就被強行設定為有序，即「紐帶發生斷裂（無序被主觀屏蔽）」，原來帶有或然性、模糊性的排斥行為就變成了有選擇性的排斥行為，「純正唯一性」就被賦予了實質的，「真值」的意義。

因此，集合中元素在縱軸上的「互異性」，是自定義性質的——自定義了互異性之後，有選擇性的排斥行為才能「有效」——也就有可能「帶著結論找證據」。

淺層思維倒錯是類似於無罪推定的排他性的認識論；

中層思維倒錯是類似於有罪推定的選擇性的方法論。

無序被強行設定為有序——自定義性質的互異性——中層思維倒錯——就讓我們有了「空間」的概念，繼而就有了「大小相等，方向相反，作用在同一條直線上的作用力和反作用力」。

西方哲學及一切實證科學，皆是依據互異性（差異性），通過後因果關係邏輯把研究對象高度概括為某個純正唯一的「質點」的學問。因此，西方哲學及實證科學本質上皆可統稱為「質點學」（必須有個目標的學問——海德格爾試圖消除當中的差異性，但他認為存在是有結構的，存在的多樣性中依舊有一種統一性的看法，本身就具有差異性。因為，統一意味著「不同一」）。

如此一來，真實關係中的兼容性的內涵就發生了部分甚至是全部的改變——兼容性被撕裂，平衡狀態發生變化。改變的部分變成了人為自定義的「容錯性」——不容他者犯錯或者儘量少犯錯的性質（並且其對錯往往是「我說了算」）。在後因果關係邏輯下，事物就有了對錯、善惡、美醜的劃分。就有了「對手」，也就有了「鬥爭性」——為什麼有「矛盾」？——「刺」這個行為本身並沒有矛盾，「能刺穿所有東西的鋒利的茅」的「自定義必然」才產生矛盾。

例如歷史上基督教與伊斯蘭教的「千年之爭」，爭的就是自定義必然的「純正唯一」。「純正唯一」的上帝，居然成為人類宗教鬥爭

漩渦中心真正的原罪者，不知他老人家心裡是何感受？也因此，基督教，被一些人戲稱為「嫉妒教」。

又例如，在 2021 年間，西方罔顧事實真相，從傳媒到政府發動了大規模的宣傳攻擊，大肆宣揚中國的新疆發生了所謂的「種族滅絕」，其操作與「一瓶洗衣粉」就顛覆了伊拉克的模式「一模一樣」。這種罔顧事實真相，肆意顛倒黑白的現象，有一個「專業」的名詞表達，叫做「後真相」。「後真相」，也就是典型的後因果關係邏輯下的自定義必然——我們正處在一個「後真相時代」：新冠病毒大流行期間，西方對病毒「講政治（正確）」下，種種「魔幻」行為，皆是自定義必然的後真相時代行為。

醫學上有一種病症叫做「臆想症」。臆想症的病因有生物學的、心理學的及社會環境等等不同因素。筆者認為，從《邏輯後綴學》的理念分析歸納，臆想症就是一種極端性質的後因果關係邏輯下自定義必然的後真相行為。也就是說：臆想症，既可能發生於個體，亦可能發生於某個集體某個族群甚至某個國家。

再例如，為什麼婚姻中有「七年之癢」？「愛」是什麼？我們的所謂「愛」，基本上是建立在價值觀之上。即「愛」是通過「評估」、「審視」之後貼上「標籤」而產生的。但既然是「價值」，就不存在「恆久」，即總有「跌價」之時。「跌價」了，自然就「不愛」了。「跌價」與「持價」之間，就有了「鬥爭性」。

真愛，也就是「情」，則是通過欣賞而產生。真正的欣賞，一定是「撕下」所有的標籤（這段關於婚姻的討論可參考筆者的文章《愛情啟示錄》）。

兼容性是自然的；容錯性是人為的。

具有容錯性的事物，「自適應」就不再是全方位（即有了「缺陷」），不是自適應的方位就被「他適應」取代。「他適應」，即要求環境或者說「他者」適應自身，如所謂的「改造自然、征服自然」。不能適應自身的，就排斥、拒絕，如所謂的「自然災害」（我們太把自己「當回事」了，自然才沒有興趣「害」我們）。因此，他適應具

有「真正封閉」的屬性。封閉性越強，容錯性越低，他適應的方位越多，脆弱性越高。到「零容忍」時，就變成全方位的他適應（除我以外全部是對手），形成全封閉，即絕對的純正唯一的「質點」。（發散思維：日常生活中，當我們研究廁所裡的乾手機吹出來的風、門的把手上、重複使用的抹桌布上、電腦鼠標上細菌的數量；討論沖馬桶時馬桶蓋是否應該蓋上、內褲穿多少次就應該捨棄時，我們正在打造某種趨向於零容忍的封閉機制：封閉環境的同時，封閉自己。）

這裡需要重複強調的是：因自他分別，對自己的要求等價於對他者的要求，兩者都是他適應，兩者的容錯性是等價的。

這就造成「排斥及不確定」這兩個天然的本來作為後因果關係裡內在屬性的機制，變成了人類應對機制中的困惑——我的人生到底必須是「與眾不同」還是「隨大流」的困惑。在困惑中，「默默無聞」或「碌碌無為」的人總是因其純正性及唯一性受到質疑而自置於尷尬和痛苦的心境之中；而「優秀者」往往扮演著質疑者的角色而同樣自陷於一個與別人格格不入的怪圈中。

我們總認為，存在有其意義（目的），人生應該有意義。但如何才是有意義？應該側重於本徵人格還是表徵人格？當中的糾結反映了因為人格的二重性不能兼容時的難以抉擇。

什麼是「意義」？面對一朵花，有人喜之，有人厭之，有人護花，有人摧花。然後我們自己就沉浸在這些行為是否高尚或低俗的價值觀中而「自嗨」——自作多情。

「意義」這個詞，只是對人類才「有意義」，「存在意義」不過是人類為「存在」所賦予的價值內涵（所以前面開始敘述後因果關係時，把「存在」後面的「意義」加上括號以表示人為性）——看過一個「心靈雞湯」式的視頻，一位心理學系教授認為：幸福與快樂不同，幸福叫作「有意義的快樂」，即幸福比快樂「高端」得多。但是，何為「有意義」？「意義」是有「值」的，但這個「值」的衡量是「可大可小」「見仁見智」的。那麼，為了確定意義的「值」，必然產生紛爭。並且，「意義」這個東西亦符合「哥德爾不完全性定理」：今天覺得有意義的事，

如果日日如是，就無聊了，空虛了，就沒有意義了，就必須再尋求新的、更大的意義——好聽的叫做「追求」，不好聽的就叫做「貪」——意義，是「忽悠」人類紛爭與貪慾的催情劑——快樂，表面上是膚淺的，但其實是具有「當下（本文下卷會討論真正的當下）」的內涵，具有直指人心的真實感。

有意義的價值觀，其實皆為膚淺的，外表「之觀」——安徒生新童話：其實我們都沒有穿衣服。

綜合借用馬克思的兩句名言：資本來到世間，從頭到腳每個毛孔都滴著骯髒的血；它（資產階級）首先生產的是它自身的掘墓人——價值（這個概念）來到世間，從頭到腳每個毛孔都散發著鬥爭的氣息；價值觀的終極意義在於是它自身的掘墓人。

價值觀——《聖經》中的大洪水——並非是「外來的（或者說來自於上帝的）」洪水懲罰人間的惡，而是人類自身的「惡」被價值觀包裝後化為不可抗拒的滾滾洪流反噬了人類自身。

——這裡筆者為「唯心主義」再下一個屬《邏輯後綴學》範疇的明確定義：凡是對帶有（真）值的確認性判斷的認可，皆稱為「唯心主義」；凡以存在意義作為討論前提的理論皆是唯心主義理論。

一直上溯到古希臘的亞里士多德，對這個「有價值」的「目的因」的糾結就已經根深蒂固地成為歷代哲學家們的困惑。德國哲學家尼采的視角主義把這種困惑表述為「誠實的目光（非道德性的本徵人格）與不誠實的目光（道德性的表徵人格）」之間的較量。海德格爾則在《存在與時間》一書中把具有存在意義的存在（皆是存在者的「用具」）表述為「上手狀態」以區別於現實的「現成狀態」，處於上手狀態中的「狀態」（生存）稱為「本真狀態」，處於現成狀態中的「狀態」則稱為「非本真狀態」。海德格爾更進一步把「本真狀態」形容為：「錯置了自身因此到處都在又無一處在的無根基狀態」。

當西方人「發現（其實是發明）了「人權」這個「天上掉下來的（天賦）」，最能體現出存在意義的寶貝之後（關於「天賦人權」，請參考筆者的《自由思想批判》第七節），馬上如獲至寶地據為己有。自此，

真實關係中的兼容性就被徹底撕裂，人格二重性的天平就徹底倒向了表徵人格，人類中的自私基因，通過冠冕堂皇的天賦人權「翻譯」後的「基因表達」，終於被徹底激發釋放，以「想要」作為生存意義的「新人類」就正式出現在這個星球上。

當我們為「存在」賦予「意義」的價值內涵之後，我們的思維就因人格二重性失衡而發生倒錯。因為，我們所認識的「存在」，不過是本章第一小節所討論的「鏡像」。當我們為鏡像賦予「意義」後，就會出現「我是──我不是──我越是──我越不是──我越想是」這麼個以自我為中心的分裂怪圈，我們對自我的認同認識越深，自我的否認反而越徹底。

由我定值的皆不是「我」。

倒錯後的思維拒絕接受真實關係，進而通過後因果關係邏輯自定義（俗語說的「挖了個坑」）真實關係。通過自定義真實關係而建立的真實，叫做「自定義真實」（本章最後一節會討論自定義真實產生的根本機制）──主觀存在──我們的目光：「從來不曾誠實過」（尼采的視覺主義所企圖表達的）。特別是帶著邏輯基因（實際上是悖論基因）的人類的語言與文字，更是重塑了真實，最終為自定義真實「定格」（海德格爾所舉的例子「錘子與釘子之間有一種有意義的關聯」就是一種「定格」後的自定義真實：手握一把錘子時看見什麼都像釘子）。耶路撒冷希伯來大學的烏瓦爾‧諾亞‧哈拉利教授所認為的「虛構的東西」同樣是對自定義真實的認識（比特幣，正是如此一種「無中生有」的、沒有任何實際價值、沒有任何錨定物、沒有任何主權國家為其背書的，卻讓世人為之瘋狂的極端性質的虛擬貨幣）。布希亞的符號價值理論，是對自定義真實的深刻的相同語義的相異表述理論，其所形容的「超真實」就是發展到極致的自定義真實。

自定義什麼？

自定義──「是」──「什麼」。

直白地說，自定義，就是──自以為「是（分裂）」（什麼）；就是──自己賦予自己冠名權──故老子有雲：名可名，非常名。

自定義，即自我意識及自主意識，即一定是從指者自我主觀意識發出的「是」判斷判斷「是」判斷——一個包含自身的類——真類。

自定義，即博大精深的佛學所覺悟的「執念」。

自定義，不妨也看作是基督教教義之一的「原罪」：完完全全快快樂樂地、「忘我」地生活在伊甸園多麼美好？卻偏偏去吃那智慧果，也就有了「我執」，並「自定義」了「我」不能赤身裸體——因為是「羞羞」的事。

為什麼佛學說「普渡眾生」？因為眾生皆有執念，即眾生皆有自定義（這是一種從人性出發，然後擴展到所有生命體的典型的發散思維。以此思維為出發點，可以認為：凡生命皆有自我意識及自主意識）——任何生命自誕生之始，就有了「自定義」這個「終身貼身保姆」——筆者認為這正是所謂俄狄浦斯情結的根源。

這意味著：生命與非生命的根本區別，就在於是否有自定義（這是從一個全新的角度詮釋「生命」：我們所認識的生命，皆是自定義模式）。有自定義，（任何個體的生命）就必然是獨一無二的。「獨一無二」，意味著否定元素的無序性，意味著不可重生，但可「複製」的。

但複製的生命就不再是原來的生命，故生命的獨一無二性可稱為「非重生獨有」。

因此，（個體）獨一無二，是生命的屬性之一。

如此一來，生命意義裡的「是」判斷，就含有特殊的含義，即皆具有自定義性質，可稱為「自定義是」判斷。

元素具有互異性的根本原因是：獨一無二的「自定義是」判斷的目標在「非」場中必然也是獨一無二的。

【注：文章從這裡開始，凡是涉及生命意義的「是」判斷，皆改稱為「自定義是」判斷。仍然以「是」判斷表述的，皆作為對「是」判斷原理的闡述。「自定義是」判斷與「是」判斷的區別是：「自定義是」判斷，是對客體作出主觀肯定的確認性判斷；「是」判斷，是

對客體作出假設性客觀肯定的確認性判斷。但實際上，由於作為生命體的我們，根本不可能從「非生命」的角度作出「是」判斷。因此，上述的區別其實是「自欺欺人」：「自定義是」判斷其實可以與「是」判斷劃等號。

所謂「自定義」，亦就是「人為自然立法」之意的延伸。筆者這部《邏輯後綴學》，是把「人為自然立法」這種理念作為一種根源性的起點，擴展到我們所認識的全部生命形式及其「是」判斷──生命為自然立法。】

執念，即執著的念頭。執著什麼念頭？執著於（因自他分別的焦慮而請求「回歸」的）需求的念頭。有需求，即有依賴。或者說，有需求，關聯性就真正具有依賴性的內涵。真實關係中的關聯性是無序的、兼容性的、不存在因果律的一種「情緣」。而自定義真實中的關聯性是有序的、容錯性的、具因果邏輯性的一種「依賴」──注：依賴，絕不等價於開放。

因此，依賴性，是生命的屬性之二。

需求，意味著通過後因果關係邏輯自定義真實關係後確定的，需要他者適應、滿足我特定的（有序的）、不同性質的要求。因此，需求一定有內容。需求的「內容」，一定是帶有自定義價值意義的，即一定有選擇性、一定有隸屬性的、即具有「真值」的、可歸類為集合的，並且一定要由他者給予的某種「東西」。

即，有內容的需求是他適應的「真值」。

有真值的他適應，就有了封閉性。

封閉性，是生命的屬性之三。

生命的封閉性意味著：前面提到的「生命為自然立法」其實就是──生命為自身立法──而作為人這種生命，封閉性更是建立道德觀念的根因──人為自身立法。

不存在包含自身的集合──即不存在既包含自身，又只能是他適應的真值。

但他適應的真值卻又一定是由包含自身的真類作定義：封閉性必然具有「自閉性」。

這種他適應的真值的定義，就叫做「自定義」。自定義，就註定了是悖論。

生命，即是有依賴性有封閉性的自定義真實。（注：非生命物質在後因果關係中的排斥屬性也具有他適應的表像，但非生命物質的他適應沒有後因果關係邏輯，沒有「真值」，因此本質上是百分之百開放兼容的自適應。生命的封閉性，在本文第七節解釋為「緊緻性」）。

沒有依賴就沒有封閉，沒有封閉也就沒有依賴。但是——要依賴就不能封閉，要封閉就不能依賴——並且，依賴與封閉又是互為正相關關係——越依賴越封閉，越封閉越依賴——兩者是既共生又互斥的「孿生兄弟」：生命自身就是悖論（接下來討論形式第二定律時，會為生命的依賴性與封閉性關係作進一步的，數理上的分析）。

既然生命具有以終其一生的時間，企圖自定義既包含自身又只能是他適應的真值的行為，因此，生命是由悖論構成的真類。

生命的悖論表現在依賴性與封閉性永遠的衝突上。

依賴性與封閉性的衝突永遠圍繞著自定義真實關係而展開。

自定義真實關係，是任何形式生命最原始的本能，這是生命的屬性之四。

越高級的生命形式，自定義真實關係越明確，容錯性越低，他適應的方位越多，真值越大甚至趨向於無限大，以至於失去了真值本身的意義。

人類社會中，自定義真實關係的「最高形式」就是政治性的「意識形態」。「政治生命」「活著」的「價值」就只是為了與對手「不問對錯，只看立場」的「鬥爭」。

他適應意味著必然具有容錯性。具有容錯性意味著：生命先天上都是有「缺陷」的。因為有「缺陷」，自定義真實必然是「有生死」的，

脆弱的，甚至是不堪一擊的。——生命都有「生死（命）」，即不可持續，這是生命的屬性之五。

首先，生命有「我需要」的價值觀意義上的「真值」的他適應。「需要」得不到滿足，或「給錯了」，就不可持續，就「大限已到」，就「活不下去了」。

其次，人類除了「我需要」之外，更有著「我想要」的價值觀意義上的真值的他適應。表現在自有人類社會以來，人類不遺餘力地建立、經營著的種種的價值觀念、道德規範、法律條文。這些人類「騷操作」之下的價值觀念、道德規範、法律條文從來沒有，也不可能具備任何「普世」的意義。為什麼？因為這些價值觀念、道德規範、法律條文「更加」是自定義真實關係下，以後因果關係邏輯為依據的，依賴性與封閉性的衝突更加「多樣化」的自定義真實。

道德觀念，是因「我想要」而自定義的真實關係。

由於真實關係具有毫無保留的「釋放性（開放性）」，而這些因「我想要」而產生的自定義真實關係，卻形成了種種人為的「禁忌」：從個人的價值觀，婚姻中二元關係的糾結，到國家與民族之間的利害糾纏。人格二重性不能兼容的意思，就是禁忌與釋放的對立與衝突，就是道德與非道德的對立與衝突。由於禁忌是人為的，釋放是自然的，因此妄圖建立具有普世意義的禁忌只能是幻想。

任何「我想要」的自定義真實，同樣有生有死，不可持續。

無論是「我需要」還是「我想要」，都是「要」。但我們總是「忘記」：大自然根本不必「要」我們，大自然根本就「無視」我們的存在，而我們卻根本離不開大自然——我們與大自然的關係並非互依互存的對等關係。以《邏輯後綴學》的語義表達就是：自定義真實必須以真實為背景才能存在，離開真實，自定義真實「什麼都不是」——「什麼都不是」，是我們不願意面對的真相，是我們一切「痛苦」的根源。

由於人類的認識過程，不過是永遠的二重分裂性質（自他分別與他他分別）的「排斥異己」的（行為）過程。建立在這個排斥異己過程之上的，通過自定義真實關係，因而能夠自我指涉、自我解析、自

圓其說的「所以是」，所產生的共時性存在意義，並不能覺悟自我的本來。就如同為空中樓閣添磚加瓦，不過是一種二重分裂之後「虛有」的回歸，說白了也就是「一廂情願」的自以為「是」。

因為通過後因果關係邏輯而建立的「因為非，所以是」的自定義真實關係最終的「必然」，只是一種因價值觀而產生的，主觀意識上的「必然」。這種具有共時性的價值觀所產生的「必然」，是對集合中元素的無序性的「紐帶」作用的弱化甚至割裂，而不具備真正必然的基礎。

因此自定義真實不可能完全封閉（永遠不能完備），全封閉只能是幻想，其封閉性必然會被「是」判斷的悖論機制所干擾、矯正直至打破，因此生命及其衍生的種種觀念乃至萬事萬物都必然地「有生必有死」。

生命的最高原則是可持續，但生命的屬性是不可持續。這是生命悖論的又一種表現。

但這個自以為「是」的自定義真實又是頑固的。由於弱化甚至割裂了無序性，橫向軸上有序的共時性就被人為地「定格」，因此自定義真實永遠滯後於真實——即自定義真實關係與真實關係之間總是有「時間差」——我們「畫靶」以「保證」的果的「純正唯一」永遠在變化過程中而不可能純正唯一。

滯後性是生命的屬性之六。

由於自定義真實永遠滯後於真實，滯後性就給我們時間不可逆的結論。

滯後性的具現，就是「記憶」（所謂先驗經驗的「倉庫」）。

（共時性）當下的記憶越多越複雜，後因果關係邏輯性越強越確定。

（作為生命屬性其中之一的滯後性這一結論，與海德格爾為「此在」所得出的結論截然相反：海德格爾認為「此在以能夠把握某物為前提的生存方式所具有的超越性、意向性而能夠通達存在本身」從而

得出「向死而生」的結論，「向死而生」具有「展開」、「先行決心」的「前瞻性」的主動屬性。而「自定義真實永遠滯後於真實」喻示的是被動屬性——我們自以為的主動，其實是被動。我們自以為活在「當下」，其實我們永遠活在記憶中的「過去」。把滯後性誤判為前瞻性，其「主動」就不過是永無休止的，「不由自主」的「震盪與重複」。事實上，海德格爾的具有行為延續屬性的「在」——dasein，本身含義就具有典型的滯後性）。

自定義真實的封閉性就是透過時間差表現。反映出時間差的滯後性，就給我們以「活著」的定義。

活著，即可持續。因此生命的可持續性，同樣是自定義性質的。

對於人類來說，時間差更導致自定義真實關係下的思維，會形成一種可持續性質的「思覺暫留」的現象。我們總是逃避「破壞比建設及維持都容易」這個「普通常識」，我們常常說的「不相信眼前發生的一切」、「拒不接受現實」，就是思維中的思覺暫留的具體生動的反映：2020 年新冠病毒肆虐之際，以美國為代表的許多西方國家，把疫情與政治、經濟（也即是種種價值觀）掛鉤的種種做法，就把「拒不接受現實」的滯後性表現得淋漓盡致。

中華思想中的「活在當下」，就是對上述「時間差」的覺悟。活在當下中的「當下」，指的是「非」判斷意境裡真實的兼容性當下，無牽無掛的當下，自由自在的（百分之百自由度，但依然不是真正自由）當下。

「活在當下」、「應無所住而生其心」這些精闢的語句，反映出中國古代聖者的偉大智慧。

文明，不過是人類通過自定義真實關係而建立的、除了「我需要」外，更越來越多地帶有「我想要」價值內涵的、「高級的」自定義真實的「偽文明」。

生命的六個屬性之中，「獨一無二」、「不可持續」、「滯後性」屬生命的內在屬性；「依賴性」、「封閉性」、「自定義真實關係」則屬生命的行為屬性。

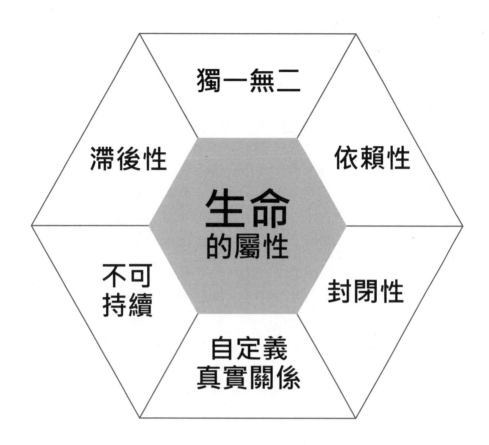

「人生如戲」，就是對通過自定義真實關係建立自定義真實這種行為的通俗表述。

因為「人生如戲」，我們的一生都在身不由己地扮演著一個角色。

身不由己，則意味著我們從來沒有得到過真正的自由（參考接下來一節的討論）。

常聽進過賭場的人這麼個說法：賭，其實都是自己跟自己賭。這句話很有道理。但這裡的兩個「自己」是不一致的：前一個自己，是有缺陷的自己，是現實中的自己，是主觀存在的自己，但卻不是真實的自己，而是通過自定義真實關係認識的一廂情願的「自定義真實」的自己。後一個自己，卻是「完全真實的」，客觀實在的自己。

當我們根據自己標刻的數字（種種公理、標準、道德、規範、「普世價值觀」）而自以為可以「超越性」、「意向性」地預測到種種賭博遊戲的走勢時，當我們為人類種種科技進步而自豪時，當我們為「真理」而奮鬥時，我們不過是如小丑般跟在真實的屁股後面可笑地「自嗨」。我們並不曾意識到：無論我們的預測準確與否，遊戲的變化是一如既往地「無序地」進行著，根本沒有與我們進行任何「互動」（參考 2020 年新冠疫情世界性大爆發之際，中國傳媒南風窗常務副主編李少威發表的一段話：人類世界，越是往後發展，社會建構變得越重要，而我們所信奉的那些信條，都建基於一些並不實在的基礎——它是社會的，卻不是自然的，所以它無力應對自然。比如，佔優勢的那部分人類，建構出一種白人至上主義。這是一部分人類自身的設想，但和自然無關，和人類進化史無關。然而，當自然問題襲來的時候，他們就試圖用它來解釋和應對，然後步步崩潰）。

引起賭場中各種賭博遊戲走勢變化的前、後因果關係之間是完全兼容的真實關係。即種種遊戲在本質上並不存在任何數字，或者說不受任何數字的左右，因此是一種「完全的真實」：如果把不受任何數字左右的賭場「擬人化」，賭場就是一個「完美的人」。因為，「他」的「人格二重性」是百分之百兼容的，「他」才不會理會你是「買大買小」、「買莊買閒」，是否醜陋，是否卑賤，同樣也不會理會賭客

的「人格二重性」是否兼容。「他」對任何人包括對「他自己」一視同仁，這就是「天地不仁以萬物為芻狗」之意。「他」真正不在乎輸贏，因此，「他」反而是長勝的（這種「長勝」在《邏輯後綴學》下卷裡會有更深入的討論）。

現實中自定義真實的自己，因為時間差的關係，永遠是隨著完全真實的自己起舞的傀儡。因此，在自定義真實關係裡的「活著」，總是因為悖論的機制而被真實（無序性——《邏輯後綴學》下卷第五節將重新解讀「有序無序」）所干擾或者矯正而生出很「不爽或很爽（所謂的痛苦快樂）」的感覺。

這裡必須強調的是：真實並不會干擾我們，所謂「干擾」「矯正」是從「我們的立場出發」的「自作多情」——即自定義所認為。「干擾」「矯正」的「事件」總是發生在「非」場，也就是說：「干擾」「矯正」的是「自定義真實關係」。

為什麼會有「夢」？對於夢的機制及作用，學術界有種種的解析。筆者認為：上述兩段內容指出了夢的本質——生命自定義的真實關係具有選擇性，清醒狀態下，選擇性中的後因果關係邏輯的值最大，此時的邏輯起著「防禦」作用，令思維拒絕接受「自定義之外」的真實。但睡眠中的邏輯值則大大減少，此時「無孔不入」的真實就會「趁虛而入」，自定義真實與真實之間，就會表現出種種光怪陸離似是非是的夢境。

我們為什麼要睡眠？同理：既然生命都是自定義，意味著只有「自定義是」這個行為必須持續不斷地維持，生命才能得到延續。而「自定義是」其實就是生物學上生命物質對周遭環境的「應激性反應」。所謂「應激性反應」，也就是被「干擾」之後的反應，每一次應激性反應，都會發生能量損耗。在清醒狀態下，應激性反應是連續性的又是全方位的，即必須連續不停地對周遭環境（事物）作出「自定義是」判斷，因此。「清醒」期間的能力損耗總有「不勝負荷」的時候。因此生命必須在「某段時間」「關閉」大部分不那麼重要的反應機制，即把「自定義是」判斷減少到最少的狀態，也就表現出睡眠或者休息。

生命為什麼都會逐漸「衰老」？醫學上的理論是生命體中的各種功能會逐漸退化。筆者認為：所謂的退化實際上皆是後因果關係邏輯越來越確定所造成的「僵化」；衰老反映的是僵化之下的容錯性越來越低，及滯後性越來越頑固；死亡，則是自定義真實最終被「打破」。

然而，干擾矯正打破自定義真實的僅僅是真實嗎？

在「我需要」的語境中，干擾矯正甚至打破自定義真實的確實是真實。例如：沒有空氣、沒有水、沒有食物補充，「真實不能滿足我的自定義真實關係」，我就會「死亡」。

但在「我想要」的語境中，干擾矯正打破自定義真實的，除了真實之外，還有就是自定義真實本身。

美國心理學家馬斯洛提出的人類需求五層次（亦可劃分為七層次）理論，在「正常情形下」成為了文明社會的標準模式。但這個標準不過是「自定義真實關係」的標準（本文下卷會嘗試重新界定文明社會的「標準」），當我們把這個自定義的標準看成是「天經地義」、「理所當然」的標準時，在 2019 年開始發生的新冠疫情大流行期間，文明的偽裝就被剝下，「需要」與「想要」之間就產生了難以調和，漏洞百出的矛盾而形成種種無所適從，狼狽不堪的局面。

因此，人們常說的：人生如賭場。這句話則錯了。

當我們說「人生如賭場」並把其視為金科玉律時（即俗語所說的入戲太深），這裡的「賭場」只是一廂情願的，根本不能與真正賭場劃等號的「自定義真實」。在自定義真實的賭場中的我們，已「忘記」了賭場裡各種賭具上的數字，原本就是我們自己標刻上去的（關係）：所有規則都是人自己設定為人自己服務的——離開了人，一切的規則本身毫無意義。

隨著社會的日益進步，科技的高速發展，作為真實的客觀實在，會被層層包裹為主觀存在，並以「擬像」的面目出現。因此自定義真實與其說是被真實干擾矯正打破，實際上不過是被同樣性質的自定義真實所干擾矯正或打破。但當我們被擬像干擾矯正打破時，會先行默認擬像為真實，從而不斷地上演著堂吉訶德式的思覺暫留鬧劇。

每個人都能從自定義真實中捕獲自己想要的符號，一千個讀者有一千個哈姆雷特。但世界上「本來」只有一個哈姆雷特，並且這個哈姆雷特還是杜撰的……

例如：潮流，不過是某方面「自定義是」判斷同一性的自定義真實。當我們為了標新立異而反潮流時，不過是以自定義真實，去「反」已經被先行默認為真實的自定義真實。

例如：網上的新聞：一個網約車司機追求一個女明星；一個「窮屌絲」追求一個白富美。評論皆一致認為：這個網約車司機或窮屌絲「感情不成熟」。這裡的「感情是否成熟」其實是與自定義真實的價值觀捆綁的，延伸的意義則是：我們是否「成功」的標準皆是以自定義真實的價值觀衡量的——當人類的成熟度、成功標準皆是與價值觀捆綁，就不過是如蒼蠅之逐臭飛蛾之撲火，這樣的人類根本就不成熟（本文下卷第五章會討論什麼才是真正的「成熟度」）！

例如：遠古時代的先人，為了食物等基本需要，部落之間會發生戰爭，這時候的戰爭可算是自定義真實與真實之間的「較勁」。「越來越文明」之後，我們為了維護自以為先進的文明，維護自以為不容侵犯的宗教信仰，維護自以為正確的意識形態而不惜的大開殺戒，就完全異化為自定義真實與自定義真實自己的「惡鬥」。

例如：性愛，是每一個正常的成年人的「日常」（更日常的還有天天必然產生的屎屎尿尿），但這些個「日常」，在大庭廣眾中卻是「說不出口」的，否則就叫做下流、猥瑣、粗俗，叫做不文明——可做不可說，文明的遮羞布。

例如：與機器人大戰的歐美大片中所描述的種種將來假如會成為現實，都不過是人類自製敵人的苦果。

例如：在「形而上」方面，當「日心說」推翻了「地心說」；當布魯諾指出宇宙並沒有中心時，教會的根本——上帝，實際上就已經被無情地逐出了永恆且無垠的時空；在「形而下」方面，天主教裡的「變童案」數不勝數，假如我們真的「接受現實」，天主教就應該因此而土崩瓦解，再也不能在人類社會立足。但現實是，教會的勢力在人類

社會直至今天依然根深蒂固,「上帝」依然有著眾多的信徒,正是因為這些信徒們所信仰的,不過是自定義真實而非真實。

例如:被美國執政者頑固地認為類似於不可動搖的宗教教條般「真實」的祖宗之法——以「持槍可以約束、反抗強權」為理念而產生的美國憲法第二修正案,就是經典的自定義真實關係下——符合憲法精神遠比做實事更重要的自定義真實的產物——如此的一個:對內不能認識真正的自己;對外不能認識、接受真正的「他者」(種種霸權行為)的國家的「強大」,絕非人類之福。

正確是為了防止錯誤。

追求正確「是」判斷則是人類的共性。

然而,正確的根據,是後因果關係邏輯。根據後因果關係邏輯,我們每一個人的言行、每一個選擇,都必然是「對的」——這個世界根本不存在做「錯」事的人,即使某人因「想不開」而選擇跳樓自殺,這個行為「也沒有錯」。但是——後因果關係邏輯下的每一個「對」之間,卻是矛盾衝突的。因此,正確亦意味著危機——兩者之間的關係具有正相關關係。

特別是為了「捍衛」自定義真實對自定義真實自身干擾矯正破壞時,俗稱「政治正確」的正確,往往在真實面前更顯得不堪一擊。

2019年新冠病毒大肆「入侵」人類社會時,西方依然堅持其自定義的價值觀(所謂民主人權自由),令全球共同承受了災難性的苦果。與此同時,面對病毒的肆虐(真實對自定義真實的干擾破壞),政客們還在為所謂誰是病毒源頭互相攻訐(自定義真實與自定義真實之間的鬥爭),這反映了人類的昧識是如何的根深蒂固(「無知則愚,有識則昧」:參考本文作者的《道德新經》)。

我們都是堂吉訶德:自定義真實的世界裡的自定義價值觀,只能在同樣是自定義真實的世界裡「指手畫腳」。企圖以自定義真實的世界裡的自定義價值觀,向真實世界耀武揚威,會有什麼結果?——2021年底上映的美國諷刺科幻片《不要抬頭》,給出了「科幻的」答案。

因理性而出現的人類文明世界同樣有可能因理性而灰飛煙滅。

因此，當我們說命運捉弄人時，不過是我們自己在捉弄自己。

特別是「我想要」的自定義真實，對我們的捉弄更甚：明明「我需要」已經得到滿足，即時間上的滯後性已經得到保障而能夠「活著」，但因「我想要」得不到滿足，或被干擾矯正，我們又「不想活」了，或者叫「痛苦地活著」。

在賭具上標刻數字，種種賭具及其變化對我們就有了「存在意義」，就有了「符號價值」。佛學把這些自定義真實的存在意義稱為「法」、「名相」、「分別心」。

為了名相，我們關注著得失、關注著輸贏（功利性）：

「得」或「贏」的是名相。在人的思維中，因為「非」，所以「是」的「後因果關係」邏輯，造成了社會人的心態都傾向於對「失」或「輸」的選擇性排斥。特別是越來越強調個性（名相）的現代社會，排斥性的傾向越來越被強化。排斥性傾向越是強化，意味著人格二重性的兼容度（容錯性）越低，人格中的缺陷越大。這是因為，越是強調個性，意味著維護目標純正唯一性的重要性越被強調，他適應的方位越多，自定義真實的滯後性越明顯，也就意味著通過「不是……而是」的否定含義的確認判斷的格式，把不屬目標的自定義「非」場中的「雜質」剔除的行為越是被自定義強化，「雜質」的範圍亦被自定義擴大化。由於「非」場的本質是無限的，即「不是」的排斥否定對象是無窮無盡的，而人的精力、時間卻是有限的。在這場本身就是以有限對付無窮的戰爭中，任何強化行為或擴大剔除範圍都只不過徒增我們的心身疲憊。

現代文明中，社會人所面臨越來越大的壓力，就是源自於對種種自定義真實名相的過分關注。

其中與民生最密切的例子，就是把自定義真實關係下的價值觀與幸福感捆綁：幸福感是一種當下的感受，本質上是真實關係中的產物。但當幸福感被價值觀捆綁，我們對所獲取的幸福感就產生了困惑：為

什麼一些三餐不繼的人還是整天笑呵呵的？為什麼我已經名成利就了，心裡依然是空蕩蕩的？

上升到集體、民族或國家的層面，自定義真實關係下的價值觀就稱為「政治」。政治，是人類社會裡自定義真實對自定義真實自身干擾矯正破壞模式的「最高階段」。在這個最高階段裡，當一個國家的「好壞」被自定義真實的政治捆綁，「好端端」的伊拉克、利比亞、敘利亞就有了被顛覆、被剷除的理由。因為在這個最高階段裡，一切的是非都可以混淆，一切的黑白都可以顛倒。並且，混淆是非、顛倒黑白的政治還逐漸走向「庸俗化」：從歷史上的表面嘻嘻哈哈，暗地裡「枱底交易」的「鬥智鬥勇」，到「睜著眼睛說瞎話」的信口開河。結果就是「一瓶洗衣粉」就可以顛覆一個國家，一句「我們能夠」或「讓美國再次偉大」就可以讓民眾如癡如狂地信服。這實際上反映出民眾的政治智慧是越來越膚淺。由「膚淺」政治智慧的民眾組成的國家，就註定了當「讓美國再次偉大」的口號響起之時，衰落的帷幕就正式徐徐拉開。

在我們年少輕狂的青蔥歲月，我們充滿朝氣地、熱烈地、毫無機心地互相交流學習，分享各自在人生歷練中的見聞和心得，世界在我們眼中是如此美好，此時的交流才可以稱為學術交流。當我們真正地走進成人世界，真正確立了自己的價值觀後，交流中獲得的信息就有了「價值」：是否對我有利？是否「侵犯」了我？此時的交流就必須有「情商」（下卷會討論筆者所理解的「情商」）。當我們在成人世界成為某個利益集團的執行者維護者，相互間的交流就叫做「政治」，此時的情商就叫做「政治智慧」。

在「非」判斷範疇裡，宗教是神聖的，哲學是崇高的，科學是純潔的。但三者一旦與「自定義是」判斷範疇的政治沾邊，就會變成邪惡的、庸俗的、骯髒的。只要人類社會還存在著政治這種模式，真實就必然被扭曲為虛偽。

因為分別心，我們的紛爭無日無之：

概念的集合與意義的內涵是不同的。任何「是」判斷的結論，都

是從相關眾集合中「獨立」出來的，具有性質相同的新元素的新集合。從中依據的前、後因果關係，是一種真實的關係。因此在理論上，從完全相同的相關眾集合中獨立出來的集合，所具有的新元素的性質，在概念上應該是完全絕對的相同。

但在現實中，存在意義往往是「有所選擇」地以自定義真實關係作為邏輯根據（因此叫「自定義是」判斷）。

由於每個人的心靈狀態對存在意義的理解都有所不同，更因為價值觀的導向而不斷「自由地」變換其選擇，以至於心靈狀態總是處在不斷變化之中。結果是，我們自以為在「自由」地陳述或接受某個見解時，當中所用的每一個單詞，或造句所包含的意義，除了在說者或聽者的心靈解讀上存在著差異外，還存在著時空上的差異。換句話說，我們所用的每一個詞，無論是主動使用（說出），還是被動使用（聽見或解讀），每個人當時的心靈狀態都不一樣，即所想到的概念（想法）都不一樣。也就是說當我們在與其他人交流的時候，別人的所說與我所獲得的資訊並不一致，總會或多或少存在著心靈狀態方面的差異，而導致「誤讀」出不同的意義（20世紀20年代美國人類語言學家薩丕爾的弟子沃爾夫因此而提出「語言相對論」的假說，其實也就是中國人所說的「十人十義，百人百義」）。以至於在人類社會中，對於同一個事件，總是眾說紛紜、莫衷一「是」。例如：「我是中國人」。由於對「中國人」這個元素的解讀在後因果關係邏輯下總是不一致，「中國人」就不能作為一種「性質相同的元素」而形成一個集合。

因為這些意見不同的莫衷一「是」，只有在「因為非，所以是」的後因果關係邏輯下才能成立，以存在意義進行確認的「非」，意味著對其他本質上性質相同的「是」元素的否定（屏蔽），否定的方式往往是對其他性質相同的「是」元素進行詆毀、摧殘甚至消滅等傷害性手段。

即：以存在意義理解的後因果關係邏輯的鬥爭性具有自相殘殺的特點。

「有缺陷」的小人物的「非」所產生的傷害性是微不足道的，越

是站在道德高地的人，其掌握的因為「非」，所以「是」的「後因果關係」邏輯會擁有強大的能量，對群體產生的傷害性越深廣。

受「思覺暫留」的影響，自定義真實還會產生一個自定義的「非」場，一個已成為歷史的，甚至是一個無中生有的、虛幻的「非」場。無論前者還是後者，都意味著自定義真實之下所排斥的，往往是不存在的「他者」——即「假想敵」（稱霸世界的美國，就特別熱衷於假想敵的設置，敏感於「斯普特尼克時刻」的出現。荷里活式的「大片」裡，種種千奇百怪的假想敵，反映出人性裡面「沒有敵人也要創造敵人」的「自虐」心態）。

自以為「是」越頑固，假想敵就越強大；自以為「是」越多，假想敵就越多。

當整個社會都被種種表面上自由，實質是建立在強大的因為「非」，所以「是」的「後因果關係」邏輯下的意識形態所控制時，種種不同的假想敵就會「前赴後繼」地出現，每個人都自以為自己已處在「四面楚歌」之中，每個人都是「外部力量的受害者」，此時人性會被完全扭曲。這種社會下的社會人，會因為「莫衷一是」而建立起種種虛幻的自定義價值觀，更以之為武器進行相互間的攻訐（參考「文革」時期的中國，以及當今把「再次偉大」掛在嘴邊的美國）。

（二），鬥爭的分化化與巨量化。

在自定義價值觀之下，人類社會的以「有限過程對付無窮」的自相殘殺的鬥爭性，會以兩種表面上完全不同，但內在機制密切相關的模式展現。

首先展現的模式是鬥爭的分化化：

什麼是鬥爭的分化化？

「是」判斷一定是分化的。

「是」判斷的目標，涵括了所有被稱之為「信息」的事物：廣義的信息論對「信息」的定義是：「物質在相互作用中表徵外部情況的一種普遍屬性」。

此屬性是一種物質系統的特性，以一定形式在另一種物質系統中的共時性再現。

盡可能還原歷史真相，是人類的一種獨特的心態（即確認心態）。歷史由無數大大小小的事件組成。歷史本身，是歷時性的前因果關係下的產物。但我們對歷史的瞭解，卻一定是依據共時性的事件再現。而共時性的事件再現，並不是事件真的可以「再現」，而是通過一種叫做「信息」的形式再現「記憶」，才能被我們接收。

因此，要還原歷史真相，即是要還原事件真相。要還原事件真相，就要力求事件再現清晰化。事件再現清晰化，也即是信息清晰化。而信息的清晰度，則取決於信息的具體細節能夠達到什麼程度，即信息的清晰化與信息的精細化成正比關係。

而細節越具體，細節之間的連續性就越低，這種現象在數學上稱之為「離散現象」（熱力學裡稱為「熵增」），即信息的精細化會產生分化性（筆者把離散及發散統稱為「分化」）。

任何的「是」判斷，都會出現悖論。「是」判斷一定是分化的。信息精細化所產生的離散性帶來的結果，是悖論的碎片化。而悖論在現象學中表現為鬥爭性，因此悖論的碎片化，在現象學中就表現為鬥爭的分化化。

鬥爭的分化化會帶來什麼問題？

信息的有效性，即信息存在的意義，是由被排斥的「非」場所決定。由於鬥爭是共時性的，共時性強調的是時間縱軸上的橫向差異。鬥爭的分化化，意味著對「非」場排斥時的模糊性越來越減弱。模糊性減弱帶來「再現」的「表徵外部」清晰化，將令信息在歷時性上的共通性被弱化甚至割裂（完全屏蔽），以至於信息在時間軸上的橫向差異被後因果關係邏輯所固化。即信息因分化性，而被定格為種種準確清晰不可置疑的獨立元素，造成信息的有效性被過度強化。信息有效性被過度強化的意義在於：被不斷割裂的信息越精細則越保守，為了維持信息有效性所形成的排斥性的震盪與重複的頻率反而越大，即鬥爭的密度越大。

美國因持槍權而產生的惡性循環、抗生素與耐藥菌之間的鬥爭等為上述論述提供了強有力的佐證。

　　下面透過美國的民間持槍分析鬥爭是如何表現出分化化的。

　　美國允許民間持槍的法案，其邏輯依據之一是基於美國政治家托馬斯・潘恩在 1776 年的著作《常識》中所論述的：政府在最好情況下也不過是「必要之惡」。為了讓這個「必要之惡」不至於「惡化」，美國憲法把能夠起著監督、抑止作用的民間持槍作為最佳選擇之一。表面意思就是：政府這個「必要之惡」，必須有某種與其對立的「東西」加以制衡。這裡面「對立」的深層意思就是：既然政府是「惡」的，那麼民間的持槍就是「正義」的（注：這裡的正義不能理解為「善」，接下來的討論會解釋）。此時的「惡」與「正義」的鬥爭，是兩大陣營之間「並不分化」且壁壘分明的鬥爭。

　　民間持槍能否真的制衡政府是另一個話題。我們只是看到，事實上因此而造成的美國的槍擊案無日無之（鬥爭密度大），即民間持槍根本沒有反映出正義的「普遍性」，反映的反而是「普遍性之惡」。也就是說：制衡政府「必要之惡」的民間持槍本身，卻又形成一種「普遍性之惡」。

　　鬥爭的分化化也就通過「普遍性之惡」表現出來。

　　為什麼民間持槍具有「普遍性之惡」？

　　美國並沒有因槍擊案的嚴重性而禁槍，對此「官方」的解釋是：槍是「道德中性」的，禁槍「沒有用」，道德問題只存在於槍（也包括其他武器）的使用過程中（因財團的利益因此禁不了槍的話題不在此討論。但有幾句題外話筆者還是不得不說：西方人源自於基督教教義的原罪說，其實已經自己「打臉」自己上述論調──既然道德上人人都帶著原罪，「有罪者」使用槍械就註定「大概率」會產生「道德上的惡」）。

　　「道德中性」這種解釋「有一定的道理」。但當中的理由並不能解釋為什麼槍在使用過程中總是出現在「惡」的場合會遠多於（大概率）所謂「正義」場合的情形（即普遍性之惡）。

中華傳統觀念裡，槍被視為「兇器」。對此筆者認為，槍本身確實是「道德中性」的，沒有善惡之分。因為槍本身沒有自定義，任何對槍的描述、定義都叫做「他定義」（這部分可參考文章後面討論的人造物在「形式第二定律」中的表現），這個「他」就是槍的使用者「人」。人是自定義的生命體，其自定義的社會性表現就叫做「人性」。槍與人性的結合，即槍被自定義的人「他定義」，他定義之後的槍就成了惡，當整個民間都允許持槍時就產生「普遍性之惡」。這種因與人性結合而令社會出現「普遍性之惡」的槍就被中國人稱之為「兇器」。

　　中國人認為，兇器只是「不得已而用之」，只要把兇器與人性的關聯「拆散」，具體做法就是把兇器「毀掉」，或者「馬放南山，槍刀入庫」，兇器的惡就不會出現，也就不存在「普遍性之惡」。如此一來，在中國就難以產生因兇器的「普遍性之惡」而產生鬥爭離散化的土壤。

　　為什麼槍與人性結合後會成了「惡」？

　　這是由目標與「非」場的關係決定的：

　　設目標自定義為惡時（通俗地說就是「惡人持槍」），這個「惡」的意義必須以否定整個「非」場的善為前提（通俗地說就是要「大開殺戒」才能表現出惡）；

　　設目標自定義為善時（通俗地說就是「好人持槍」），這個「善」的意義則是以整個「非」場皆為惡作為前提（通俗地說就是「眾人皆醉我獨醒」）。

　　也就是說：無論自定義目標是善是惡，目標與「非」場的關係都是鬥爭性關係：「惡」的是鬥爭性，而槍不過是服務於鬥爭性的具體工具，即槍械是惡的具象化──只要是服務於鬥爭性，槍械的惡並非大概率的問題，而是百分之百表現為惡。

　　這個表現出具象化的惡，被美國的國策最大化地發揮了：

　　中文裡，惡的反義詞是善。然而，善惡兩字的對立性並不強，因為「善」在字義上本身沒有任何爭鬥的內涵。因此，以善惡來討論對

立中鬥爭性的「惡」，似乎帶著牽強。西方人或許也意識到當中的牽強，因此儘管西方也有善惡觀，但西方人認為與惡「鬥爭」時，「善」顯得相當之「無力」。為此，西方人就為「惡」找了個完全對立的「剋星」，叫做「正義」（荷里活電影裡與邪惡的鬥爭都是冠以「正義」之名）。如此一來，鬥爭的力度就大大增強了，這種大力度的鬥爭再被作為武器的槍「加持」，無論持槍者自認為是代表正義還是邪惡，與「非」場的鬥爭都變成了「你死我活」的零和局面。

當允許民間持槍時，政府的「必要之惡」不過是持槍者的「非」場裡「其中的」一個補集，而現實中持槍者為了維護某個甚至多個「正義的信息」而要與之「鬥爭」的「非」場是全方位的。

每一個持槍者都進行著全方位「鬥爭」的社會，就是一個充滿了碎片化（分化化）的「萬惡」的社會。

但這種分化化狀態下的鬥爭性，卻是越強越難以被「釋放」。因為，差異被固化更意味著形成僵持的局面，就如同繃緊的弦，形成表面上的鬥爭無效化（本文筆者參照熱力學的概念稱其為「熱寂效應」）。但表面上的鬥爭無效化，卻並不意味著差異能夠被消除，不能被消除的差異就形成了積壓，僵持中不斷積壓的差異所具有的震盪與重複的能量由於不能釋放，就會積聚為巨大的勢能。

之後展現的模式是鬥爭的巨量化。

當有某一種契機出現，鬥爭模式就會從分化化轉化為巨量化，原本不能釋放的勢能就會以「共振」的方式，釋放出巨大的破壞力。

物理學意義上的共振現象需要某種特定的共振頻率，在共振頻率下，只需要很小的週期驅動力就可以產生很大的振動。

而社會學意義上的共振頻率，則涉及到「事物的同一性屬性」的問題（在某些哲學文章裡，「統一」與「同一」是混為一談的，但兩者並不是等價的概念。實際上統一反而意味著不同一）。

在《邏輯後綴學》中，同一性屬性有兩個層面上的意義：

一個是「非」判斷層面意義上的同一性，這是真正意義上的同一

性。有關這部分將在下卷的章節中繼續深入探討。

另一個是「是」判斷層面意義上的同一性。

在自然界中，「是」判斷層面意義上的同一性會產生厚實的「非」場，以至於改變環境。

在人類思維中，「自定義是」判斷層面上的「同一」是一種「價值觀」上的同一，即自定義真實關係的同一。中國人不乏對這種價值觀同一性的文學性形容，例如：同心協力（下卷會重新「解讀」什麼才是真正的「同心協力」）、眾人拾柴火焰高等等。這種價值觀上的同一是我們人類思維中對事物同一性的普遍認知和理解。

價值觀上的同一是一種「偽兼容性」：

當雙方有不同的價值觀時，在勢均力敵的情形下只能夠各自互不干涉對方價值觀而取得暫時性平衡（對立）。建立在價值觀上的同一能夠達成，則不外乎以下兩種原因：一是被征服後出於無奈的認同；二是共同利益驅使下的認同。當我們「大度地」接納、認同別人的觀點時，本質上不過是自己對自己「我是」的認同（自定義真實的認同）。例如：同一類產品、同一款品牌、同一個家庭、同一個朋友圈、同一個民族、同一個階級、同一種語言、共同理想、「普世價值」等等。

「是」判斷一定是分化的。因此這種建立在價值觀上的同一性並非真正意義的「同一」，而只能稱為「統一」。這樣的「同一性」，反而誤導了我們對鬥爭性乃至對整個對立統一局面的認知，繼而產生更多更大的難以解決的問題。

因為，從集合論的角度理解，價值觀上的同一等價於交集，可稱為「同一·必一」。

「同一必一」本質上依然是「自定義是」判斷所必然產生的目標。對這個「同一性」目標的確認判斷，同樣具備了「是」判斷所有的邏輯屬性及其外延，當然也具備「是」判斷邏輯屬性第九個外延的特徵：以脆弱的保守孤立姿態在互相依賴又互不相容的衝突、制約、平衡的辯證關係中走向不可持續。也因此同樣受「形式第一定律」的制約，

即必須在震盪與重複的鬥爭中才能得以維持。

對「同一」的追求是為了「不再鬥爭」，但根據價值觀追求同一（統一），就形成怪異的邏輯：為了不再鬥爭必須不斷地鬥爭（即鬥爭不過是「分化」的「政治性」說法）。這其實就是任何「是」判斷都必然具有的邏輯悖論基因的一種具體外現，因此這種同一性的本質依然是鬥爭性（分化性）。

價值觀上的同一等價於集合的一種：人為的、有選擇的、刻意地突出共同點的「交集」，不過同樣是一種自定義真實下的（新）目標。因此，同一價值觀的確立，意味著更多自定義的相關聯的補集產生。即因為後因果關係邏輯而形成更加深厚的，並且是自定義的「非」場，造成悖論的擴大化——形成一個共同的、強大的假想敵。原來因為差異的積壓而積聚的勢能，終於可以通過悖論擴大化後出現的假想敵，在「轉移視線轉移矛盾」之後，以「一致對外」的模式釋放出巨大的能量，形成鬥爭規模、強度的巨量化。

並且，「是」判斷的震盪與重複屬性，在巨量化的鬥爭中就表現出共振性：儘管不同的歷史背景下，可能會形成不同的價值觀，但追求價值觀的同一，卻是人類從未改變過的、共同的、「崇高」的願望。但如此一來，價值觀同一性，反而成了人類社會中，周而復始的鬥爭越來越巨量化的「共振頻率」的產生機制。

並且，種種價值觀裡的同一，往往是具有「欺騙性」的同一，往往是有意無意地「導引（也就是所謂的『洗腦』）」下人為性的統一。

這種人為性的操控，美國政界專門有一個形容詞：astroturfing（假草根運動）。

那些在每次（反抗）運動中被操控的民眾，並不明白：在自定義「是」判斷的語境裡，任何反抗，皆以服從為大前提。這裡的「服從」，就是某種「一定被廣泛認可」的價值觀。而這些所謂被認可的價值觀的「廣泛性」，其實是已經被前期的各種灌輸手段導引後才形成的（因此，傳播學排名第一的阿姆斯特丹大學在公開課中特別提到：公共事件的輿論突破點與客觀公正沒有任何關係。這也是作為傳媒人需要拋

棄的幼稚幻想）——先導引人們相信某種價值觀，然後通過「民意調查」確定人們都認同這種價值觀，再「根據」這種被「民意」認同的價值觀行事。再然後，民眾就對這個「順從民意」的政府「表示滿意」了。這就是「假草根」之意：表面是民意，其實是大利益集團的訴求。西方新聞界稱其為「旋轉門現象」：資本家提出需求給學者，學者研究出滿足這些需求的理論，這些理論通過政府或媒體傳播給民眾，民眾接受這套理論後，資本家就因此而獲益。這種「旋轉門現象」屢試不爽，普羅大眾儘管被「旋轉」到昏頭轉向，卻始終堅定不移地相信那是「自己獨立思考的意見」。以至到人類歷史上的戰爭，能成功地發動的，莫不是這種「旋轉」在當中起著推波助瀾的作用。

聯合國教科文組織因此而把「戰爭起源於人的思想」這句話作為其憲章的首句。

從局部的小型戰爭擴大到第一、二次全球性戰爭；從文藝復興中人權與神權的鬥爭，到以美蘇為代表的兩大不同意識形態陣營之間的冷戰；看看曾經在中華大地上風起雲湧的種種運動；再看看美國為了維持霸權而通過「代理人」推銷民主這種「普世價值」模式以至在全世界所引起的動盪；以及人類歷史上可以說是最「成功」的同一價值觀的確立——金錢的確立，所帶來的擴展成世界性的種種金融問題，無不印證著價值觀同一性背後那種愈加廣泛深入的可怕的巨量化「共振性」鬥爭。

當以金錢為主導的消費主義成為世界性的主流文化的道德規範最高準則，從生活中的日常用品，到多少個億堆積起來的航天器，就讓我們產生了以為一切都可以購買，只要有價值，就沒有解決不了的問題。最終我們就全然忘卻了「自然並不需要人類」的真實性，反而在集體潛意識裡，共同形成了「人類不需要自然」的自定義真實關係的「共識」。這種共識下，人類社會的鬥爭就「不再關自然（真實）的事」，而異化為自定義真實之間的鬥爭。

老子在《道德經》中的「小國寡民……不相往來」，正是對價值觀同一性的樸素而又深刻的反思。

辯證邏輯妄圖根據價值觀層面上的同一性，在對立統一的局面中尋求統一，結果是事與願違，反而不斷形成更深層次的對立並導致更大規模的鬥爭。

（三），人類社會鬥爭性在現代的異化表現。

先看一段富有文學性的描述：當流連於山水之間時，一種人會被大自然的鬼斧神工所吸引而發出讚歎（源於一種深遠的模糊性）；但也有那麼一種自以為明察秋毫的人，會趴在地下，甚至還可能帶著放大鏡顯微鏡之類的東西一寸一寸地觀察著地面，然後發出聲嘶力竭的哀鳴：看！真髒！到處細菌滋生，蛇蟲鼠蟻，大自然是如此的醜陋（否定一切）！

在信息化的社會，隨著互聯網的普及，信息傳遞無孔不入，但結果是懂得欣賞世界的人越來越少，趴在地上的「觀土者」越來越多。借用哈姆雷特的名言格式：做一個眺望者還是一個觀土者，這是一個問題。

眺望者，萬水千山任我行；觀土者，四面楚歌，步步驚心。

否定一切（零容忍）的觀土者，是真正的完美主義者。

因此，有意思的是，完美主義者眼中的世界，反而是不完美的。完美主義者對現實永遠不會感到滿意，因為他們都有著敏銳的觀察力，都善於發現、透析世間的一切不完美。為什麼他們眼中的世界不能完美？這是因為，他們自己的內心始終有著（因「是」判斷而產生的）缺陷，他們的人格二重性始終不能兼容。

完美主義者內心的缺陷，就是基督教所謂的原罪。因此，西方人是完美主義的主導者。

更有趣的是：完美主義者的「眼界」都非常之高。因此這個世界上那些優秀的、美妙絕倫的、出類拔萃的（特別是西式的）音樂、繪畫、雕塑、建築、文學作品乃至於各種科學上的發明創造者，以及「資深的」、「有品位的」鑒賞者，往往都是完美主義者（其實也就是塑造「自

定義真實」的佼佼者——筆者稱其為「智者」——「純理念」的柏拉圖或為智者們的「先祖」）。

但完美主義者同時也是立場堅定者，「嫉惡如仇」者，批判者，攻擊者甚至是毀滅者。故西方之美的「極致」往往是「死亡之美」，例如「垂死的高盧人」、「拉奧孔與兒子們」、「耶穌受難」等雕像，例如十字架，例如海德格爾「向死而生」的哲學觀。

這麼一來，那些「不入流的」、「愚昧的」、「平庸俗氣的」但相對真實得多的普羅大眾、芸芸眾生，就全都成了夾在建設與破壞、塑造與毀滅的衝突之間的，無所適從的，真正的受苦者。

對不完美的世間不滿意，自然就希望對不完美的世間進行「改造」，力求建立一個完美的世界。希望建立完美世界的思想，就被稱為理想主義。

要建立一個完美的世界，意味著在執行（建立）過程中必須力求「事事正確」，即必須事事作出「對的」確認性判斷。

現代社會以西方思潮為主流，由於西方哲學的本質不過是對確認判斷的狂熱偏執追求，通過西方千百年來的不懈努力，確認判斷確實是「越來越精細地」正確。

但是，完美主義者並沒有意識到：即使有這麼一個「睿智」的判斷者，能夠百分之百地對「所有事情」都做出「對的」判斷，他也阻止不了這個世界的種種紛爭。更可能的是：他的判斷越是正確，造成的紛爭反而越多：

例一：美國立國才兩百多年，各種被州議會提上議程的獨立運動就持續了上百年時間。獨立運動引起的紛爭，放在國家層面，就叫做內耗。「公正」地說：美國所有獨立運動的理由都是「正確」的。但越是正確，把帝國推向崩潰的力度越大。

例二：一對事事講理的夫妻，其理「都有其道理」，但其夫妻關係一定是緊張的，「遲早」都會「出問題」的。

例三：中國國內許多「大 V」，因為有著較廣的知識面，有著因專業質素而比普通人高明得多的能言善辯，其對時弊的針砭往往是「切中要害」的。問題是：系統是用來運作的，不是用來「切」的。一個不斷被「切要害」的社會系統，就發揮不出正常運作的功能。

正確都必須「因非而是」，必須永不停息地排斥「錯」才能「對」。

而越是正確，「非」就越多。即需要排斥的「錯」就越多。

相互排斥，也就是紛爭——中國「崩潰」是對的，中國「威脅」也是對的；美國強大是對的，美國衰敗也是對的；反中是對的，擁中也是對的；民主是對的，專制也是對的；資本主義是對的，社會主義、共產主義也是對的。因為得出不同結論所運用的邏輯，其實都「沒有問題」。問題出在不同的立場。有不同的立場是因為有不同的價值觀：我們爭的其實不是對錯，而是「值不值」。

最後，當為了排斥而排斥，什麼是「對」反而會越來越糊塗，越來越「看不透」。

「從頭到尾」看得透的過程，叫做明確。

明確是：不需要排斥也不能排斥的不存在紛爭的「清清楚楚明明白白」的事實「明擺著」。

因此，正確不等價於明確。

為了明確，我們力求信息的透明、細化、全面。

在沒有互聯網之前，看電影是平民日常生活中的一件「大事」：為了看一場電影，我們可能要早早吃完晚飯，然後隆而重之地更衣沐浴之後，再與情侶或家人一道，擠上公共汽車或步行若干路程到電影院，再自覺地跟在隊伍之後排隊買票。我們總是緬懷這個「不方便的」過程而沒有怨言。因為這個過程，是一個令人心悸的期待的過程（作家木心為「緬懷過去」而創造過一首詩歌《從前慢》）。

而在現代信息社會裡，我們想看什麼電影，只需在電腦熒屏上用鼠標一點，電影就開場了。信息的輕易獲取讓我們越來越便利，也即

是行動越來越迅速。行動越來越迅速，意味著事情越來越快地「辦完了」。但「辦完了」，意味著之後就「無所事事」了。無所事事的我們必須「找事情」做，否則就空虛無聊了。即信息越多，讓我們「忙不過來」的事情反而越多。

並且，雖然我們輕易就能夠「正確地」獲得某部電影的內容、情節，好不好看的評價，但「看電影」這個過程本身所包含的「豐富精神生活」的內涵，則已經沒有多少人在真正地關注（現代科技正在迅猛發展，我們的生活越來越便利。所謂越來越「便利」，其實就是「過程」被越來越簡化——生活模式碎片化）。

明白是為了明確。

但明白不等價於明確。

現在的我們，輕易獲得結果（信息），代價是缺失了過程（故本文下卷會重新詮釋「過程」）。

缺失了過程的明白，我們並不明確。

結果就是：為了明確，我們不斷地明白，但越是明白，我們越不明確。

明辨也是為了明確。

但明辨也不等價於明確。

因為：過程不存在鬥爭性，鬥爭性永遠是目標所引發。這兩句話進一步深化的語義是：過程不存在對錯，對錯永遠是在後因果關係邏輯下圍繞著信息（答案）產生。

實際上，過程永遠是「對」的（永遠是明確的「既定事實」），我們以為過程會出錯，是因為我們把「指」這個行為與過程混為一談（下卷會討論兩者的不同），目標震盪與重複的「對或錯」，通過「糾纏共生」就被「誤判」到過程身上。

被近、現代西方人推崇備至的「程序正義」，正是把「指」的行為與過程混淆了的典型例子：所謂的「程序」，並非真實的過程；所

謂「透明的公平及正義的程序」，不過是一系列人為自定義的「前目標」，這些「前目標」加和之後最終的目標（結果），已經不具備真實性，即不過是自定義真實的目標。

嚴格而言，在真實關係中，目標也永遠是「對」的，因為真實關係中的目標一定是與過程「牢牢捆綁」（下卷討論的「是就是了」）的、永遠是已經實現的「既定事實」的目標。我們認為目標出錯，是當事實上的目標與我們心中「希望」的目標不一致時，我們往往不能認識到，「希望」的目標是後因果關係邏輯下思覺暫留的自定義目標。

同理，信息本身也沒有對錯之分。對錯的產生，是因為我們總是要維護自定義目標的純正性，這就造成每個信息都一定有真假、肯定否定、對錯、好壞、喜惡等兩面性（容錯性），因此都需要我們去分辨、識別（知識就是「知道後要識別」）。

結果就是，信息化的社會裡，信息量越大，識別量就越大，紛爭反而越多。

此外，再加上「誤讀」甚至「誤導」的因素，同一個信息往往會出現不同的「版本」，更令引起紛爭的識別量大大增加。

如果我們細心觀察當今的社會現狀，會發現一種奇怪的現象：在信息發達的今天，從大國之間的博弈，到對因明星出軌而煞有介事的分析，人人都可以通過信手拈來的資料，成為種種問題的「明辨專家」。但信息的透明度不但沒有消弭社會上的種種爭執，反而造成更多的流言飛短流長紛爭此起彼伏。這正是因為：信息量越大，紛爭越多，也就意味著鬥爭的密度越大（信息熵越高。注：信息熵本身並沒有鬥爭性，鬥爭性是否產生取決於我們如何看待信息熵）。

因此，對於所謂的知情權、信息透明度的迷信，我們確實應該好好反思了：我真的有能力、有本事從海量的信息中得到真正有用的信息嗎？我有能力、有本事讓人們相信我的信息是「對」的嗎？即使我「知道」我的信息是真正「對」的信息，但別人不相信，我的「對」的信息，就毫無價值（參考 2019 年新冠病毒爆發後世人對疫情、對疫苗種種數不勝數的「謎之反應與操作」：我們往往低估了信息的複雜性。

具有複雜性的信息越是透明，人的反應越是反智或越是無所適從。因為我們「八卦」的好奇心其實不是真正的為了「知」，而是為了「識」）。

　　同樣地，準確也是為了明確。

　　但同樣地，準確也不等價於明確。

　　過去三十年中，全世界的數據量，大約以每兩年增加十倍的速度遞增（遠超過計算機領域中，通過集成電路數目每兩年，或更準確地每十八個月就翻倍的遞增，而反饋出電腦處理能力的摩爾定律）。當信息化正式轉型進入數據化，事件的細節以數據形式出現後，信息的性質就會徹底轉變：信息在歷時性上的共通性被徹底割裂，信息的分化性達到最大值，信息的有效性被絕對化（絕對準確），即共時性上差異的模糊性徹底消失。

　　信息時代的我們，「某些情形下」確實可以做到正確、準確地判斷事物；可以明白、明辨地認識事物。但我們面對的這個世界，卻越來越不明確（過程越來越看不透）。不明確的過程，是一種「馬爾可夫過程」──思維當中的確認狀態是不具備記憶特質的、僅與當前狀態相關的，因此是分化的狀態。分化狀態的思維下，人的行為模式，完全取決於信息在當下是否「有用」，而信息的「曾經」，則越來越不被「感興趣」甚至被輕易否定（淺顯的例子一：一對一直認為對方「樣樣都好」的戀人，某天因為對方做了某件不順眼的事情，就成了「分手」的理由，對對方為了「樣樣都好」曾經所付出的努力「不屑一顧」；例子二：在美國佛羅里達州有一個所謂的烏托邦城，這個不真實的天堂裡住著一群真實的，生活支離破碎但又極度同質化的人，這些人避免思考，逃避真實生活中遇到的難題，只希望由別人告訴他們該做什麼，如何生活──信息時代，我們每個人的心裡都有著這麼一個烏托邦）。

　　借助於計算機、互聯網，人類的物質文明在高速發展，但人類的精神文明也在以前所未有的速度彌散。可以說：信息越發達，越容易被「洗腦」，思維越「弱智」甚至「反智」──成也計算機、互聯網，敗也計算機、互聯網──我們已藉著「價值觀」這股無處不在、無孔

不入的「大洪水」，進入一個全民洗腦、全民膚淺、全民浮誇、全民狂歡的，比醜比爛的末世時代——我們自稱為「短、平、快」的「馬爾可夫」時代。

當思維習慣於通過接收這種爆炸式遞增，但性質已經徹底改變的信息來進行思考判斷時，會出現三種結果。

第一種是：「短、平、快」時代信息量的爆炸式遞增，正符合了「是」判斷邏輯屬性第五個外延指出的：震盪與重複意味著真類中的目標具有以「目標鏡像」的方式進行自我指涉與自我複製的能力。

這種能力，如果應用在人造物上，理論（根據概率論裡的「軼」過程）上就能生產出大量一模一樣（既準確亦正確）的產品，如汽車。

而作為被賦予某種符號價值的信息，在出現初始時，確實也會具有某種類似於人造物般的「等價值」。但人的思維上存在的差異性（現代社會的高尖端科技，及越來越精細的分工，不但不能消除反而正不斷深化著思維的差異性），再加上巨量的信息中，往往夾雜著難以深究及明辨的人為偏見或誤導（信息可以清晰準確但卻不一定明確），會令到信息在自我指涉自我複製的過程中，逐漸變形直到面目全非（當企圖讓個別的信息能夠更明確，反而出現在信息論中所指出的整個系統的冗餘配置會越多，變量的不確定性越多，即信息熵越高，要把整個系統搞清楚所需要的信息量越大），其價值的內涵也就徹底改變。只是不明真相的追隨者並不會知道，往往也不想知道，依然堅定不移地、「因符號而符號」地、人云亦云地盲從著（有人把這種「因符號而符號」的效應戲稱為「奶頭效應」——如同嬰兒，含著一個「假」的奶頭也會「心滿意足」地不吵不鬧）。深究其中奧妙的精英們，因此而擅用各種似是而非的符號價值，來作為操控人民的手段（金錢是符號價值裡最典型的一種，現代社會種種令人眼花繚亂的金融產品，皆是精英們操控人民得心應手的符號價值工具，在這些工具的操作下，世間萬物都可以被金錢聯繫起來，形成一個全面性的所謂的市場資本化社會，並因此而引申出種種名目繁多的「普世價值」、「制度價值」、「道德價值」、「潮流價值」、「品牌價值」等等）。

這種以符號價值操控人民的手段，比起所謂的專制手段更有效，因此也更恐怖。

第二種是：自以為具有批判能力而不會盲從的人，巨量信息則會令其分析性思維越來越弱化，導致對差異性明察秋毫的批判性思維逐漸成為常態。當凡事都帶著批判的眼光時，認同感會下降到最小值（批判性思維是一種純粹及典型的「他適應」思維），此時的批判性思維往往會走向極端，也就是「為反而反」。當為反而反成為潮流，整個社會就成了「反智」的社會。

反智的社會裡，批判性思維會進一步變質為「否定性思維」。持否定性思維的人，對一切事物都抱著懷疑的態度，虎視眈眈地尋找著獵物的破綻，往往因為成功捕捉到被觀察對象一時的、或某方面的錯，就徹底抹殺對方曾經的或其他方面的對。更有甚者，因為成功發現破綻所帶來「快感」，會讓持否定性思維的人沉迷其中而「樂此不疲」，從而形成「習慣性全盤否定」的思維。

否定性思維成為風氣的社會裡，人與人之間，民眾與政府之間的信任值越來越低。當人人都熱切於「特立獨行」，熱切於在「相對來說已經不錯的社會」裡尋找種種不足，並以「因此在社會產生巨大反響」為榮，整個社會就都會呈現出具有鬥爭性質的、「眾說紛紜」的離散性——這其實已經是當下整個世界的大趨勢。

第三種是：如果試圖以長遠的視角往回溯望，會發現難度越來越大。因為近期或當下的大量事件總是以數據的形式洶湧而至，以至於掩蓋了我們對過去的回憶（回憶能夠對事件關聯性起提醒的作用，以一種歷時性的前因果關係為我們提供相對客觀明確的事實真相。但現在，厚重的歷史感已逐漸消失，更有人視之為「包袱」而斷然捨棄，殊不知這才是最徹底的洗腦）。即真正的過程越來越缺失，巨量的自定義真實信息被先行默認為真實信息，從而產生一種叫做「近期偏差」的效應（Recency Bias，也叫做近因偏見效應）。

近期偏差是當代一種普遍性的心理學特徵，它使我們在作判斷時（無論是當下的對錯、好壞以及由此而作出的趨勢預測），都會

不恰當地以最容易被知覺到的信息，作為思考的基礎（Availability Heuristic——可利用性法則）而忽略了歷史原因（也就是過程被忽略）。再有就是，出現「信息繭房」現象（2006 年哈佛大學教授凱斯・桑斯坦在《信息烏托邦》一書中指出：人們對信息的需求只會注意選擇自身想要、能使自己歡愉的信息，久而久之，這些篩選過的信息就像繭吐出來的絲一樣，細細密密地把自己包裹起來，最終把自己封鎖在「信息繭房」裡，失去接觸外界其他信息觀念的機會），最後往往得出未來事件與近期體驗更加類似的判斷，從而形成結構性的短視——即心理學裡的「證實性偏見」——筆者認為：「是」判斷之所以會「震盪與重複」，正因為永遠是「偏見」。而越是「站穩立場」的「自定義是」判斷，就越是後因果關係邏輯下的「證實性偏見」。「借用「近視眼」這個概念，結構性短視的判斷思維可稱為「近思維」：「近思維」是現代人的通病，更成為現代人思維的「範式」。根據互聯網所獲取的大數據顯示：互聯網時代裡的社會事件在公眾視野裡平均只能「存活」五天。在信息爆炸的時代，生活越來越便利的時代，我們反而「沒有時間」作出全面深入的思考，結構性短視在巨量數據信息為背景下，成為壓倒性的短期分析模式，也就導致了短期趨勢總是被過度估計。

因符號而符號，為反而反的批判性思維，加上短期分析的模式，就加劇了現實生活中大部分複雜的社會問題：從家庭糾紛，到股票市場、經濟發展、企業的成功或失敗、戰爭或和平、國家關係、帝國的崛起和衰落等等，莫不如此。

信息量越大，對於紛爭，及至於鬥爭的解決難度反而越來越大：數據化的信息社會裡，鬥爭的離散化造成表面上的鬥爭無效化亦比以往更甚，種種問題比以往更難以解決。

無數難以消弭的差異以更高能的形式積蓄待發，當某一天，某個具有「普世性」價值觀的「同一性」契機出現，再加上人類文明中的創造力所發揮的推波助瀾的作用——墨菲定律必然生效——共振式的鬥爭規模就會最終「失控」——以顛覆性、毀滅性的姿態出現。

我們所寄望的，自認為最先進的，「保證真理能夠越辯越明因此

最有可能做出正確選擇判斷」的現代西方民主，因同樣的原因已變質為僅僅為了「發聲（發表見解）」而發聲的「口頭」民主。

所謂「發聲」，也就是言論自由。但為發聲而發聲的言論自由比不發聲可怕得多：

首先，近期偏差效應思維下「短平快」的、「政治議題娛樂化」的發聲，一定比「拐彎抹角」、「邏輯縝密」、「深思熟慮」、「擺事實，講道理」的發聲「有號召力」得多。曾任中國外交部副部長的傅瑩女士在 2020 年 6 月的一篇《疫情後的中美關係》中指出：「打輿論戰需要設計一個簡單清晰、能直擊人心的主題詞，然後通過多角度推導和多敘事渲染，形成壓倒性的輿論潮」。因為，一般的民眾，對信息的理解、接受能力，往往傾向於「容易得多」的「短平快」信息（筆者年輕時曾經以為那些口號喧天的情形只是在中國，特別是在中國「火紅的年代」裡才會發生。之後才發現：「口號」其實是源自西方，並且時至今日依然在西方長盛不衰。很顯然，喊口號的集會遊行其實是西方的「專長」）。那些太多「因為所以」、「又臭又長」但明顯通透得多的理論，往往因人們顯得「不耐煩」而被冷落（譬如筆者這部歷時八年完成的作品）。在中文成語裡，專門有這麼一個成語形容這種現象，叫做「曲高和寡」。

其次，現實世界裡，並非每一個所謂「成熟」的人，都有著清晰的思維，這種思維不清晰的人還不在少數。可怕之處就在於：思維不清晰者，往往就是不相信權威者。並且本文筆者在與人交流時常常發現：那些固執己見，邏輯混亂，答非所問的思維混亂者，其發聲反而往往會特別的響亮。如果整個社會充斥著這種性質的發聲，其可怕性不言而喻。還有就是，那些刻意渾水摸魚的發聲，則更是可怕。

第三，發表見解不等價於解決問題。問題不能解決，見解越多反而意味著爭執越多。這是由「是」判斷的悖論基因所註定的：種種社會問題都帶著悖論基因。每一條對問題的見解，都產生一個「自定義是」判斷，即意味著一個悖論「被激發、被表達」。（其原理及效果與生物學中人體的癌基因及細菌的耐藥基因所表現的一模一樣：人體的癌

基因及細菌的耐藥基因都是一種「沉默的悖論性的存在」，沒有外界的物理化學生物學因子或抗生素的刺激、壓力、抑制與干擾，癌基因、耐藥基因就不會「被激發、被表達」，人體的癌症、細菌的耐藥性就不會發生）。萬馬齊喑的社會固然不能接受，但充斥了尖酸刻薄戾氣喧嘩噪聲的社會同樣可怖。中國人在這方面的心得就是：家和萬事興；家衰口不停。

特別是為反而反的批判性思維式的發聲，已然「忘記」了發聲的初衷——爭論的最終目的，不是「各執一詞」，而是為了通過「各抒己見」達到解決問題時方法上的一致認同，這才是「民主的發聲」（這裡有一個「中國式」民主「一致認同」的經典例子：據資料記載，1949 年在中南海懷仁堂舉行的第一屆中國人民政治協商會議全體會議上，參會者「有穿工裝的、穿長袍的、穿短衫的、穿旗袍的、穿西裝的、穿軍裝的、戴瓜皮帽的；有說漢語的、說英語的、客家話的、蒙語的、藏語的；有學術界泰斗、各界精英、市井平民、戲劇大師……他們「百川歸海」都是為了同一個目標）。而批判性發聲的所謂民主裡，當不認同所佔比例遠高於認同所佔的比例，並且還成為常態時，民主的意義何在？故此，儘管種種政治性精細化信息滲透到民間的每一個角落，從而（表面上）滿足了民眾的知情慾和參與慾。但在許多情形下，批判性的發聲其實是流言及紛爭的助長劑。更因為民主加上自由之後，兩者會形成集體催眠的作用，讓種種逆反性的言行，表現出一種心理學上稱為「破窗效應」的社會性，不但沒有達到消除政治異見的目的，反而造成人心越來越躁動不安，人類世界日益動盪，暗流洶湧（可參考病理學裡的「炎症風暴」所產生的後果）。看看目前歐（英）美及中東地區的亂象，批判性發聲的民主到底帶來了什麼？當我們譴責極端暴力行為，譴責恐怖主義時，我們有沒有想過：過度的民主自由，實在是一切極端思想產生的溫床。

第四，現代西方民主自詡為「正義的發聲」，不過是古希臘道德相對主義者們的種種詭辯的翻版：詭辯者能對當前社會「挖掘」、指出、激發大量的社會問題，卻從沒有真正去思考、尋求問題的解答或解決。這實在是莫大的諷刺：西方哲學三大奠基者蘇格拉底、柏拉圖及亞里

士多德與詭辯針鋒相對的倫理觀上的努力，在信息爆炸的現代社會裡已經付諸東流，徹底失效。

西方民主經歷了兩千多年後不過是回到了詭辯的原點。

而可怕的是：通過初期的侵略、擴張、殖民，到現代的互聯網，西式「詭辯術」已經擴散到全世界。成為深入人心的社會風氣。

道德就是順其自然：道德就是「天地不仁，以萬物為芻狗」（一視同仁），道德就是「水利萬物而不爭」（不想要），但又「處眾人之所惡」（不在乎貧賤），道德就是「聖人為腹不為目」（只為需要），道德就是「夫唯不盈」（不想繼續要），道德就是「夫物芸芸，各復歸其根」（不掩飾我需要的根本面目，該獸性時就獸性）。（摘自筆者的《自由思想批判》）

道德高地，望而不佔：道德高地只能仰望而不能佔領。為什麼只能「望」？因為自定義這個「基因」，我們與自然的關係只能是「自他分別」，而不可能真正完完全全地「順其自然」。

因為，道德高地即道德普遍性。道德普遍性源自於自然，等價於真實，即沒有自定義。任何自定義的道德都不是道德高地，因為都不是人類天生所有，而是由人類社會歷史上相對強勢的文明所界定的，都具有相對性，都是違背自然的（下卷會繼續深入討論「道德普遍性」及「道德相對性」）。

什麼是「邪惡」？不是「正義」、「良善」的對立面叫做邪惡（因為我們從來沒有搞清楚什麼才是確定無疑的正義良善），而是把道德相對主義置於道德高地的行為，才是真正的邪惡——從「內涵」來看：基督教義、共產主義、民主自由「無一不好」。「不好」的，是執行者稱其為「絕對真理」、「普世價值」的「佔領」行為——道德者，宜用不宜守，道德高地，望而不佔。上德不德而德，下德仿德不德。言德不德，行德彰德（摘自筆者的《道德新經》）。

沒有任何人有資格對他人進行所謂的「靈魂拷問」，「拷問」一詞本身已暴露了拷問者的專斷。自以為站在道德高地的獨立思考者比

不會思考者更愚昧；自以為站在道德高地對人民如宗教般的情感強制，比用具體手段控制更專制，更恐怖；自以為站在道德高地的發號施令者，才是真正的獨裁者。

古典詭辯者不過是為詭辯而詭辯。而現代西方民主的發聲，摻雜了嘩眾取寵、偷換概念、以偏概全的詭辯屬性重新包裝後，已經變成了站在以道德相對主義為道德制高點上道貌岸然的道德獨裁者，在世界性的範圍內不斷地發號施令，並不斷地製造出各種亂象。

這些源自西方，像皇帝的新裝一樣被稱為「白左」的「美好」的虛假，中國人稱其為「慕虛榮而處實禍」（出自中國歷史上著名的軍事家政治家曹操的《述志令》）。

令人擔憂的是：我們老祖宗的智慧有可能被逐漸淡忘。由於站在道德制高點進行「靈魂拷問」的「成本極低」，因為什麼事情都被簡單化，又能夠滿足「拷問者」貌似深刻實質廉價的「正義感」，這種「義正詞嚴」式的拷問，在中國大陸已越來越成氣候。

第五，任何發聲者，都希望自己的發聲能得到別人的認同響應，也就是希望「站對隊」。對於「站隊」，2020年新冠病毒肆虐之際，一篇署名「拾遺」，在4月2號發表的文章《不要站隊，人一站隊智商就會歸零》很有啟發。這裡摘錄一段：

世界上有兩條真理：第一：面對公共事件，你要是第一時間就站隊，那你基本上就告別了智商。第二：人一站隊，智商情商就會受損，站隊態度越堅決，就越容易變成傻子和瘋子。面對公共事件，易中天有段話說得特別好：「當一件事情發生後，第一要先學會弄清事實，這是『真偽判斷』。然後才能討論是對是錯，這是『是非判斷』。至於『價值判斷』和『道德判斷』，只能放在最後，甚至未必一定要有。可惜中國人的思維習慣，往往是反著的。事情還沒弄清楚，道德判斷就先開始了」。多做事實判斷會提升我們的智商，常做價值判斷會降低我們的智商。少做價值判斷，多做事實判斷，才是一個成熟的人應該做的事情。

這段話，可與新冠病毒肆虐時，隨著疫情失控，感染人數的節節上升，西方許多領導人的支持率反而節節上升的現象作比照。這種現象，專門有一種描述進行概括，叫做「民粹主義之下的聚旗效應」（也有一種說法叫「同溫層效應」。筆者認為：聚旗效應是「同溫層效應」的「運用」）。

聚旗效應，不僅反映在政治上，亦反映在民間種種的「潮流」中。網絡上就有人尖銳地指出：網紅，就是汲取了西方民主的經驗。要想獲得粉絲，選票不一定靠自身的素質、智慧、經驗和品德，往往需要懂得嘩眾取寵，要有出格的言行。

也就是說：聚旗效應，其實是「智商是否有問題」的一種相當有效的檢測手段。

第六，執行者重要還是議論者重要？熱衷於發聲的「口頭民主」信奉者們似乎都不願意正視及回答這個問題，因為他們的「能力」，可能也就僅限於「發聲」。2019年新冠疫情大流行期間，病毒才不認識、不在乎你是誰。看看西方各國當時在防疫、疫苗選擇及分配問題上，被各種利益、政治集團互相牽扯、掣肘的醜態，簡直是「丟盡了人類的臉」！

喜淫辭而不周於法，好辯說而不求其用，濫於文麗而不顧其功者，可亡也——這幾句古文，不就是現代西方民主的寫照嗎？中國崩潰論的鼓吹者們，不妨把中國戰國時期思想家韓非子的整篇《亡徵》中的「可亡也」，與當今世界各國的綜合國情逐個「對號入座」，看看誰會最先「可亡也」。

現實世界的任何事務，都必須由具體的執行者去完成（美國有一個談話節目《The Bill Walton Show》。其發佈於 2018 年 5 月 8 日的視頻中，嘉賓稱中國政府中任職於決策機構的許多官員都是工程師出身。一旁的主持人聽到後，表示不可思議，繼而問道：「難道不應該是律師出身嗎」？之後更感歎「這跟西方政客的理念完全不同」。有網友看完後發表意見：律師善於爭論，善於製造新麻煩；而工程師善於建設。這就是根本的區別）。真正的執行者，往往都因為需要「埋頭苦幹」

而不能發聲或者甚少發聲。想像一下：當一位烹飪師在加工一道菜時，還要顧及一大堆旁觀者的指手畫腳評頭論足，甚至是惡意的嘲諷時，他能否專注於手頭的工作？能否完成一次高質量的水平發揮？此外，西方的多黨制或所謂的「三權分立」，其意圖皆是為了制衡掌權者也就是執行者，但當中同時也就會發出「永不信任」的信號，即西方政制下的不信任感是先天性的。既然怎麼做都得不到信任，如此背景下的政治一定是充斥著謊言就一點也不奇怪了，即西方政治的欺騙性同樣具有先天性。再有，當一位烹飪師意識到：無論他的工作是否真正出色，都不會得到圍觀者的「捧場」，他對手頭的工作還會不會投入真正的熱誠？這樣的結果就是：這個烹飪師不再是為工作而工作，而是為個人私利而工作。還有就是：任何執行者的執行能力都不可能是天生的。而能力的提升，雖然不能否認有提點者（發聲者）的功勞，但更重要的是執行者自身的自省。那些推崇西方制度具有糾錯機制的人往往沒有搞清楚：所謂「糾錯機制」僅僅是提供某種機制，但真正動手「糾錯」的，依然還是執行者。一個優秀烹飪師的成長，既需要有指導者的指點，更需要親歷不斷的磨練。不能自省的執行者永遠不能成為優秀的、真正的執行者。

第七，在「自定義是」判斷的「政治性」語義裡，民主與專制是兩個相互對立的概念。

但實際上，民主與專制具有不同的屬性，兩種屬性之間其實並不衝突：民主，具有符號價值意義上的（理念）屬性；專制，具有行政（操作）屬性——人類社會模式具有群體性，特別在現代社會裡，無論個人如何特立獨行，都必然「從屬」大大小小不同性質不同功能的某個或多個組織。因此，無論「理念上」如何「民主」，每個具體的組織都依然必須有一個「話得事」的決策者，而任何具體的執行指令皆需由決策者發出，這本身就帶有「專制性」。

把兩種不同屬性的概念混淆，把民主視為具有可操作性的行政手段去替代專制的操作，是政治家糊弄民眾的法寶。此種糊弄行為，其惡劣性，遠大於純粹的專制行為。

在西方主導的話語權的理論架構之下，現代人普遍都接受了民主而擯棄專制。

但我們是否知道，專制，是有四種操作「模式（本文筆者所歸納）」的：行政（制度）專制、金錢（利益）專制、系統專制、道德專制。

我們「反」的，往往只是純粹的、「肉眼可見」的「行政（制度）專制」：也就是所謂的要民主制度不要專制制度。行政（制度）專制，必定有一個具體的執行（操作）「政體」或「個體」。結果就是，當人們對某個專制制度不滿而反時，這個「倒霉」的具體執行政體包括其中被稱為「獨裁者」的執行人，作為清晰固定的目標，註定了無處可逃。並且，具體的執行政體，其「權力範圍」始終是有限的。

而另外三種專制，在民主之名下，是泛化性的，沒有具體清晰的目標，但在人類社會卻是無處不在：

對於金錢（利益）專制，相信絕大多數人都會「會心一笑」：毫無異議，我們不但不反，更頂禮膜拜（對金錢「心服」）。這種頂禮膜拜最終所形成的，就是野蠻生長出種種托拉斯式的壟斷，甚至是以黑金為中心左右世界政治的「資本國際」（資本霸權）。對於「憑本事」獲取金錢（利益）的人，通常我們就只能「口服心不服」。「心不服」之下，所以我們要民主，要自由，要奮鬥，目的是有朝一日，能夠爬到金錢（利益）專制的頂端。

系統專制（本文下卷會對系統作深入討論），是建立在邏輯之上的，具有極強的「是」判斷邏輯屬性的專制，因此也可以稱為「邏輯專制」，或者進一步具體化的「規則專制」。這種以邏輯為基礎而建立的系統專制，在人類社會中具有自定義意義上的「普遍性」：從以互聯網的發明為頂峰的每一件人造物的製作流程，到不同架構的律法不同規模的社會運作模式，到整個人類發展文明史，皆是根植於邏輯意義所形成的不同規則的具體系統。現代社會裡，邏輯專制、規則專制已經全面深入到我們日常生活衣食住行的方方面面：手機、私家車及居家裡各種電器產品的設置及「app」的應用、我們的銀行賬戶的管理及使用、出門在外的各種交通工具五花八門的應用流程。但是，真

正「懂」邏輯的，能夠設立規則把系統「玩的溜」的，畢竟只是少部分的「精英」。大部分「不那麼懂甚至完全不懂邏輯」的民眾，皆是系統的「順民」，皆會被少部分的精英「卡脖子」，也就是「系統專制獨裁」。就如同美國電視劇裡的《西部世界》——在這個世界裡，無論你如何選擇，皆是系統的設定，根本就無從反抗。結果就是：我們可以大義凜然地反抗制度「獨裁」，卻心甘情願地臣服於手機裡那個小小的芯片。或者說，是臣服於網絡這個系統的專制：2021年初各大網絡平台對美國時任總統特朗普的言論封殺，讓世人意識到所謂「數字霸權」的威力，也讓標榜言論自由的互聯網「活成了自己最討厭的樣子」。與此同時，言論自由也變質為被輿論專制導向（被傳媒「洗腦」）後的，「馴羊式的」自由——草原上的羊群看著像自由歡快地奔跑，實際上卻是被牧羊犬引導著。類似的專制還有：表面民選實際上被財團操控的選舉、覆蓋全球的金融系統，更具體的如無處可躲的手機「後門」等等。

規則源自於真實自然，但規則的設定是自定義。當民眾自以為在便利的豐裕的高科技的現代生活裡肆意地暢遊「衝浪」時，一個龐大的、世界性的、自定義規則無處不在的專制的系統帝國已經形成。在這個帝國裡，曾經的「弱肉強食適者生存」法則已經「過時」，新的自定義法則是「規則為王，順我者生」。

在系統專制帝國裡，沒有一個具體的執行政體，更不存在具體的獨裁者，因此大部分的民眾是被專制而不自覺，即使知道亦無從反抗的。如果企圖反抗系統專制，往往就被稱為「反智」：因此有最多諾貝爾獎獲得者的美國，同時也是反智民眾最多的國家——一個完美的、「穩如泰山」的金字塔。

上述三種專制，皆側重於理性。但由於理性具有先天上的不足（康德語），並且純理性會給人以「冷血」的負面評價，為求「心中所安」，必須有某種東西對其制衡，道德（專制）「這個東西」因此而產生。

道德專制。相較於上述三種專制，道德專制具有強烈的「是」判斷範疇的感性屬性。

筆者認為：道德可與感性劃等號。

感性可劃分為「非」判斷範疇的感性（放在下卷具體討論）和「是」判斷範疇的感性。這意味著：道德有「普遍性」與「相對性」兩種內涵。

「是」判斷範疇的感性屬性，是我們追求「自由」的原動力，是我們制定一切行為準則的原始出發點。

在「是」判斷範疇內，可以把大眾分為四類人：

第一類是既理性又有主見的人。這類人沉著冷靜，思想深刻，著眼全域，判斷準確，屬理想的、「帶著冷血的」、康德所認為的「做該做的事而不是做對錯的事」的人。

第二類是（自認為）理性但沒有主見的人。因為沒有主見，這類人特別迷信權威性的，各種領袖、導師、名人的言論，往往能夠滔滔不絕甚至倒背如流地引經據典而「紙上談兵」。

第三類是感性但沒有主見的人。這類人對各種「理論上的因為所以」興趣缺缺，不會輕易反駁別人的見解，但也不會輕易發表自己的意見，處事的道德依據全憑個人樸素的感受「我行我素」。

第四類是既感性又有主見的人。

這類人是社會上的「刺頭」，因為他們的「主見」都是「非理性」的。這類人特別相信自己「憑感覺」「憑直覺」得到的道德判斷，熱衷於發表個人的見解且不容反駁——也不容易反駁。因為：理性的反駁「聽不進去」；針鋒相對的非理性反駁叫做「罵街」。

這類人的見解比上述三類人都「多得多」，因為他們下結論都「特別容易」——「道德專制」往往就建立在這些「特別容易」的結論的基礎上（眾口鑠金）！——可悲的是：言論自由大行其道的今天，第四類人在現代社會裡已經形成了牢固的道德相對主義性質的「群眾基礎」——新冠疫情流行期間，一位「反智」的總統居然有近一半的國民支持。這樣的群眾道德基礎，值得自豪嗎？——在中國節氣「驚蟄」的那天，源於農耕時代，現在流行於中國香港影響及至東南亞的「打小人」行為，現場皆是人山人海地大排長龍，人人口中念念有詞的是：

打你隻小人手，打到你有錢唔識收；打你隻小人眼，打到你成世都撞板；打你隻小人腳，打到你有鞋唔識著；打你個小人口，打到你食親飯都嘔；打你個小人頭，打到你成世無出頭。

這個建立在群眾道德基礎上的「打小人」節目，更被列入「非物質文化遺產」——「問你服未」！！！

道德專制因而也可稱為「感性專制」。

當道德境界（高度）上「誰也不服誰」時，雖然就沒有誰可以「專制」誰了，但往往卻會因為道德的相對性而陷入永無休止的對責或互相傷害裡。如果「成功地」站到了自定義的道德高地（制高點）上，道德就具有了（自定義的）絕對性，絕對意義的道德就意味著有了專制屬性。道德專制下的民眾，對那些宗教性質的，或所謂德高望重之輩或所謂眾口鑠金式的道德標準，往往是不加思索就心悅誠服。對於不服的人，道德專制會以「誅心式」的傷害，令其徹底失去自信與自尊而永遠抬不起頭來——（自定義）道德：多少傷害性的誅心言論假爾之名！用現代中國式的流行語就叫做「吃人血饅頭」（筆者認為，大文豪魯迅先生的《藥》，不過是其犀利文筆對中華民族所造成的二次傷害中，傷害性最大的一篇「以人血饅頭之名吃人血饅頭」的誅心式傷害。參考筆者的《東拉中國人的情，西扯西方人的理》）。

上述「壓迫在人民頭上的四座大山」——四種專制，我們自問：「有本事」可以全部都「反」嗎？

形式第二定律：在觀察者眼中，越是複雜、高級、先進、精確的形式，他適應方位越多，容錯性越低，在後因果關係中的依賴性、局限性（排他性）、脆弱性和不可持續性越強。

形式的第二定律亦可以說是形式的宿命。

形式的宿命，中國人早就「看透」：盛極而衰，物極必反。

形式第二定律，反映在我們日常生活中的方方面面。例如我們需要休息、需要睡眠，在複雜的環境裡或思考複雜的問題時精神會高度緊張「如同繃緊的弦」。

就真實關係而言，歷時性與共時性是完全同一的，前、後因果關係百分之百兼容的情形下的事物「沒有任何意義」，因此同樣並不存在什麼持續性範疇裡討論的「意義」（下卷在討論「系統」時，對「可持續」會有不同層面的理解）。

就真實關係而言，事件不是結局，結局不是結論，結論不表示正確，正確不代表真理，真理不意味著值得追求。因為，越追求真理，（指者）就越站在真理的對立面。

所謂「複雜、高級、先進、精確」的形式皆是人類在追求真理的意識作用下，妄圖通過後因果關係邏輯自定義真實關係，進而建立完善或完美形式時衍生出來的主觀上的，自定義他適應的產物。

完善或完美，皆意味著終極性質的可持續。

但對於形式，可持續性的定義，是後因果關係邏輯下的定義。後因果關係邏輯下定義的可持續，意味著自定義真實與真實之間（及自定義真實與自定義真實之間）有時間差。後因果關係邏輯下定義的終極性質的可持續，則意味著無限的時間差，也就是永恆的自定義真實。永恆的自定義真實，必然是徹底否定了無序性之後的完全封閉，也就意味著「絕對沒有變化發展」。

「是」判斷的悖論性決定了永恆的自定義真實是不存在的。

「是「判斷邏輯屬性的第八個外延指出：任何「是」判斷，都必然表現為指者根據前、後因果關係建立及維護、發展形式（目標）這種模式。這種模式裡所具有的關聯性、邏輯性、必然性、排斥性及不確定性五大內在的根本屬性之間存在著的辯證關係，令事物都表現出非線性的運動變化發展的性質。

由此而推斷出「是」判斷邏輯屬性的第九個外延：「是」判斷目標即任何確定的形式都是以脆弱的保守孤立姿態在互相依賴又互不相容的衝突、制約、平衡的辯證關係中走向不可持續。

越是複雜、高級、先進、精確的形式，相關聯的集合就越多，為了維持形式的可持續性所需要的資源（成本）就越多，即依賴性越強

（參考強大的美國歷年來在軍費上的開支，越南戰爭、朝鮮戰爭、中東特別是阿富汗戰爭的巨額開支。美國這個超級大國的地位是通過高資本投入與高能源消耗支撐的，與什麼民主自由沒什麼正相關係。）。而依賴性越強，相對應的補集也越多，「非」場越厚實，形式卻越是保守孤立（封閉），形式之間越是不相容，排斥性越大，鬥爭性越強，不確定性越大。此時我們通過後因果關係邏輯自定義真實關係後進行觀察的形式的脆弱性也就越強，以至於不可持續性越強。

因此，由第八、九外延共同得出的形式第二定律的重要性在於明確指出：不可能以「自定義是」判斷建立或確認完善完美的形式——因為，兩者在本質上皆是通過後因果關係邏輯對五大內在根本屬性辯證關係的否定，即既是對前、後因果關係的連通關係否定，亦是對行為發生者（判斷者）自身的否定。

後因果關係邏輯永遠處在（「是」判斷範疇的）完善完美的對立面。

「死亡」（不可持續）是「自定義是」判斷的「美」的「命運」，故西方美學的極致「死亡之美」是「反動」的。

事物，並非是朝著更完善形式的方向發展。

生命，則不應該是朝著更完美形式的方向發展。

下面以具體例子，印證後因果關係邏輯定義下不同事物如何表現出形式第二定律：

非生命自然物：

非生命自然物的前因果關係中的關聯性是自然生成的。構成非生命自然物的前、後因果關係天然地百分之百兼容，沒有自定義，沒有「真值」，即沒有封閉，「沒有缺陷」，「沒有生死」的。因此非生命自然物具有「重生性」，意思是相同元素因無序性而「不可分辨」，並因此可以（自適應）組合出不同性質的物質——儘管可以組合出不同性質的物質，但元素自身的「內稟」不變——筆者稱其為「可重生再有」。

但當我們進行觀察時，非生命自然物就有了通過人為的後因果關係邏輯「他」定義的「生死」的概念，在觀察者眼中就會表現出形式的第二定律：越是複雜、高級、先進、精確的非生命自然物，他適應方位越多，容錯性越低，在後因果關係中的依賴性（這裡實際上是關聯性，因為非生命自然物無須依賴）、局限性（排他性）、脆弱性和不可持續性越強。

以物質構成的最基本模式為例：

原子的壽命相當之長，組成人體身上的大部分原子，可能多少個億年前就已經存在（弱依賴性及強持續性），但被「觀察者」引入分子的概念後就大大不同了。

分子由一個或多個原子構成（即原子因自適應而具有強相容性），可以理解為「游離狀態下單質或化合物能夠獨立存在的最小質點」。在哲學上，分子的概念可以視為是化學家在陳述世界上原子之間作用力強度的一種敘述方式，在本質上是操作性的人為自定義。即分子並不是一個基本實體，更準確的理解應該是：分子是人類通過對分子式、分子幾何結構、分子化學反應、分子的電氣光學及磁特性及分子間作用力等的操作觀察分析，以陳述基本粒子各種活動勢態而引入的一個人為自定義概念。也就是說，以人類目前能夠認知的能力，不妨把基本粒子「設定」為真實存在的基本實體，而分子則是這些基本實體活動的最小組合關係模式，即最基本最簡單的形式。這種最基本簡單的組合關係模式容易與其他分子產生物理或化學等作用結合在一起。這種結合一旦完成，就形成了相對穩定的狀態，即具有一定的觀察上的可持續性。由於非生命自然物真實關係的兼容性，分子組合的關係模式的穩定性是「不以人的意志為轉移」的。「天地所以能長且久者，以其不自生（沒有自定義），故能長生」（老子《道德經》）。

相對穩定，則意味著（在觀察者眼中）最終仍是不可持續的。其不可持續性隨著構成分子的原子序數的增大（形式趨向複雜）而增強——化學中元素的趨勢是原子序數越大，電子層數越多，原子半徑越大，則吸引力（兼容性）與排斥力（不相容性）之間的平衡越難維持；關

聯性、活潑性（即不可持續性）越強，表現為越難以單質的形式自然存在。

有些元素能夠自發地從不穩定的（不可持續性）原子核內部放出粒子或射線（如 α、β、γ 射線等），同時釋放出能量，最終衰變形成穩定元素，這種性質稱為放射性，這類元素稱為放射性元素。在元素週期表上，原子序數大於 83 的元素都是放射性元素，83 以下的元素中只有鎝（Tc，原子序數 43）和鉕（Pm，原子序數 61）是放射性元素。超重元素序數越大越容易衰變，一般認為在 173 號之後，元素存在的壽命就接近於零。

此外，每一種元素至少有一種不穩定的同位素。同位素是同一元素的不同種原子，它們具有相同的質子數，但中子數卻不同。不穩定的同位素稱為放射性同位素，可以進行放射性衰變。如果一個原子核的質子數和中子數不相同，那麼該原子核很容易發生放射性衰變到一個更低的能級，並且使得質子數和中子數更加相近。因為，質子數和中子數相同或很相近的原子就不容易衰變。然而，當原子序數逐漸增加時，因為質子之間的排斥力增強，需要更多的中子來使整個原子核變得穩定，所以對上述趨勢有所影響（即不可持續性增強）。因此，當原子序數大於 20 時，就不能找到一個質子數與中子數相等而又穩定的原子核了。

人造物：

人造物與非生命自然物的不同在於：非生命自然物的前因果關係中的關聯性是自然生成；人造物的前因果關係中的關聯性是否定了無序性之後人為「拼湊」而成。

人造物與非生命自然物的相同在於：兩者在前、後因果關係上都是天然地百分之百兼容，沒有封閉，「沒有缺陷」，「沒有生死」，「可重生」的。即不具備獨一無二性。

故人造物的複製同樣是「可重生再有」。

人造物自身同樣沒有自定義（無序性始終存在），其可持續性同

樣是由「他定義」的：一件物品，被他者（觀察者）認為「舊了」、「過時了」、「壞了」，也就「有缺點」了，就可能「沒有用」了，就可能被淘汰，即不可持續了。因此人造物的可持續性取決於他者價值觀意義上人為的容錯性。即人造物他定義的可持續性在某種程度上能夠讓我們產生「以人的意志為轉移」的假像。在假像的蒙蔽下，我們就有了「人定勝天」、「人是地球的主人」的狂妄。

在此，有必要對一個社會學意義上的詞給予釐清：我們常說的「物化」，筆者把其歸為「是」判斷語意下的一個概念，是指在社會分工中通過作用於某對象「物」達至完成某種交易的過程。這裡的「物」，指的正是具有容錯性的「人造物」（下卷會從「非」判斷意境重新定義「物化」）。

由於容錯性是他適應的指標：容錯性越低，他適應越徹底，可持續性越弱。

因此，人造物的他適應同樣是「他定義」的。

由於是他定義的，因此人造物的他適應就沒有「靈魂」，「不求上進」，即沒有需求上的「執念」，因此人造物的他適應不等價於自定義的他適應，人造物的他適應實際上與非生命自然物的自適應一樣同是沒有「真值」的。

當我們把自己「物化」之後，我們自以為要實現的「自我價值」，必然是他定義的，沒有靈魂，沒有真值的他適應。

沒有真值的他適應不具備封閉性。

不具備封閉性意味著：他定義他適應的容錯性與人造物自身天然的兼容性之間就產生了衝突：一件價值連城的古董，掉地上摔成了碎片，就變成了垃圾。當古董主人因此而痛心疾首之際，人造物對自己這種從「價值連城」到「垃圾」的身份變化是沒有絲毫在意的。

當 20 世紀初發明的塑料產品走進千家萬戶之後，有人認為塑料是人類歷史上「最糟糕」的發明。實際上，人類的所有發明創造都是「糟糕」的。特別是工業革命後西方科技為世界帶來的翻天覆地的變化，

沒有最糟糕，只有更糟糕。因為，所有的人造產品，特別是代表著現代文明最先進的電子產品，最終的宿命都是成為被作為創造者的人類自己稱為「垃圾」的東西（聯合國在長達 120 頁的《2020 年全球電子廢物檢測》中指出：2019 年一年裡，全球就生產了 5360 萬噸電子垃圾；自從中國在 2018 年實施禁止進口「洋垃圾」的禁令後，人們才發現：西方的環保童話，原來一直是中國在負重前行──這，其實才是文明的真相：人自身其實也是包著文明外衣的「垃圾」，佛學就毫不客氣地以「四覺九想」指出人體的種種「污穢」）。而所謂「糟糕」是因為我們認為垃圾造成了「環境污染」。實際上，「環境污染」，不過是人類自定義真實關係中人為設立的他定義他適應的容錯性的一種表述：垃圾自身並不會「污染」環境，因為垃圾與大自然具有百分之百兼容的真實關係。我們認為的「被污染」反映的正是容錯性與兼容性之間的衝突，不過是我們的自定義真實被干擾矯正打破（注：因此閱讀本文的讀者不要把本文作者的觀點與現時流行的「生態主義」混為一談。本文作者的觀點是指出一切事物本質上皆沒有「值」，一切的「值」皆是人為的自定義；而生態主義不過是把自定義的價值觀從以人為中心「轉移」到或是以動物為中心、或是以生命為中心、或是以生態為中心的，依然是肯定價值觀的、換湯不換藥的理論）。

容錯性與兼容性之間的衝突，隨著人造物的不斷升級而加強：降低容錯性的方法是增加人造物的複雜度和精確度。複雜意味著增加前因果關係中的關聯性，但這就造成後因果關係中的「非」場更加厚實，「非」場更加厚實則意味著「被兼容」的可能性亦更大；精確意味著強調後因果關係邏輯的必然性，但這就造成後因果關係中「非」場更強的排斥性，排斥性強則意味著「不被兼容」的要求更高。由此容錯性與兼容性之間的衝突就表現為精確度與複雜度之間的衝突。

模糊數學的創始人，美國的數控論專家 L・A・紮德教授的互剋性原理，對精確度和複雜度之間的衝突作出了結論：系統的複雜性日趨增長時，對系統特性作出精確而有意義的描述能力將相應降低，直至達到這樣一個閾值，一旦超過它，精確性和有意義將變成幾乎相互排斥的特性。

2019 年 3 月 10 日發生的埃塞俄比亞航機空難事件後美國總統特朗普的言論，為形式第二定律提供了佐證：飛機現在變得越來越複雜了。飛行員都不需要了，只需要 MIT（麻省理工學院）的電腦科學家。我看過很多型號的飛機都是這樣。總是尋求不必要的更進一步，而老的和簡單的往往更好。有時候需要爭分奪秒做出決定，這時複雜性就造成了危險……我不知道你們怎麼想，但我可不想讓愛因斯坦來當我的飛行員……。

人類的物質文明，就是以這種可持續性是由他定義的，他適應沒有真值的，越是先進其容錯性與兼容性的衝突越突出的，最終不過是「垃圾」的人造物為基礎建立起來的「物化」。

真正的物化，是前、後因果關係天然地百分之百兼容，沒有自定義，沒有「真值」的自適應。這方面，將在《邏輯後綴學》下卷進行討論。

生物（生命）：

生命的形式遠比非生命的形式高級複雜。因為生命能夠自定義真實關係，能夠自定義形式的可持續性（滯後性）。但因為依賴性與封閉性之間的衝突，生命的可持續性是短暫的，即生命都具有脆弱性。但常識告訴我們：不同的生命體，有的「長命」，有的「短命」；有些「固若金湯」，有些「不堪一擊」。也就是說：不同的生命體，具有不同的脆弱性。即不同的生命體，其脆弱性具有不同的「值」。

為什麼地球上已知的所有生物都屬碳基生物？

因為，依賴性與封閉性能夠達至平衡，才意味著可持續。可持續的生命，才「有意義」。因此，依賴性與封閉性的平衡態，是維持生命所需的關鍵（在本文下卷將會重新定義「平衡態」）。

而碳原子的氧化性與還原性「相當」。這意味著：在地球上已知的化學元素裡，只有碳原子才具有自定義性質的依賴性（氧化性）與封閉性（還原性）達至平衡狀態（相當）的條件。因此，生物都「不約而同」地優化選擇了碳元素作為生命的物質基礎。

平衡，是一種表現。可持續，則是一種性質。刻意利用平衡這種表現以達到可持續的目的，依據的是後因果關係邏輯。生命的「精緻度（在此筆者把精確度與複雜度綜合為精緻度）」越高，對平衡的要求越複雜苛刻，依賴性越強，封閉性也越強，容錯性越低，平衡越容易被干擾矯正打破，即脆弱性越高（儘管在文字上，容錯性與脆弱性分別用意思相反的「低」「高」表示：設容錯性的值最低為零；脆弱性的值最高為一百──但兩者的內涵是等價的）。因此，生命的可持續性，是自定義的「暫時性相對穩定」，最終不可持續。

這個自定義的、暫時性相對穩定的、終歸會被干擾矯正打破的「平衡態」的值，就是生命脆弱性的值。這個「值」，該如何「界定」？

由於依賴性與封閉性互為正相關關係，當依賴性與封閉性處於平衡態，意味著此時依賴性與封閉性的「比值」是一個（不定）常數（一種準靜態過程），這個（不定的）「常數值」就是平衡態的值。

並且，依賴性與封閉性是共生互斥的關係，這種共生互斥的關係被容錯性緊密地聯結著。意思是容錯性並不會「偏袒」依賴性或是封閉性，任何一方「出錯」，都會被容錯性反映出來。因此，可以確定這個反映生命脆弱性的「常數值」，也等於依賴性與封閉性「加和」後的值。

用一個相當簡單的代數公式表示就是：

設封閉值為 a；依賴值為 b；常數值為 C。

（C 值：系統學稱為「有序度」，往往根據不同的論域而分別以「熵」、「信息量」、「序參量」來描述及量度）

且：$0 < a < 1$（0 表示完全不封閉，即百分之百自適應；1 表示完全封閉，即百分之百他適應。對於人類所認識的生命，百分之百自適應與完全封閉都沒有可能。即 a 值只能在 0 與 1 的區間內）。

則：$b/a = C$；$a + b = C$。

即：$b/a = a + b = C$。

這個公式可命名為「生命公式」。這是一個反映生命悖論的公式，它是形式第二定律的「生命版」。

生命公式的哲學意義是：

1，既是個體生命的表達式，亦是整個物種或族群生命力的表達式，更可引申到作為社會、意識形態存續的背書。

2，當半依賴半封閉，即 a 和 b 的值都等於 0.5 時，常數值 C 等於 1。這個 1 可以作為生命可持續的「標準平衡態值」——亦可以視作「低級生命」與「高級生命」之間的分界線。

生命公式

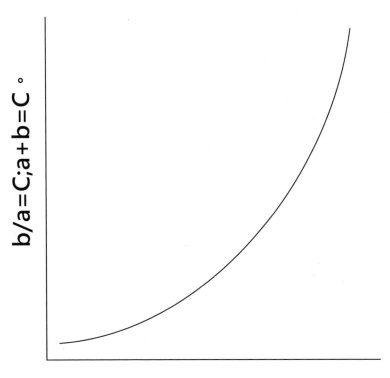

參考筆者所著的《自由思想批判》第九節的分數自由度公式：$D=N/W$。等式左面的 D 代表自由度 DOF（Degrees of freedom）。右面的分子 N 代表「我需要」（What I Need），分母 W 代表「我想要」（What I Want）。

N/W 實際上是 b/a 的倒數 a/b。即「我需要」可以用封閉值表示；「我想要」可以用依賴值表示：b/a 的倒數 a/b 的比值等價於容錯性的值。

半依賴半封閉的平衡態等價於「我想要」與「我需要」一致時的狀態，此時的分數自由度為百分之百（下一節會針對封閉值的自由度以集合論的理念進行更深入的討論）。

3，可推導出 a 和 b 的關係式：$b=a2/1-a$。

A，假設 a 為 0，則 b 為 0——非生命自然物具有百分之百的兼容性（非封閉）關聯性（非依賴）的特性——「沒有生死」的特性——重生的特性（下卷會繼續發展這個理念）；

B，當 $a<0.5$ 時，可得：$b<a$——分數自由度大於百分之百——當 a 無限接近 0 時（接近完全不封閉的自適應），b 也無限接近 0（依賴性接近 0）；

C，當 $a>0.5$ 時，可得：$b>a$——分數自由度小於百分之百——當 a 無限接近 1 時（接近完全封閉的他適應），b 趨向無限大（在坐標上以指數級噌噌地往上衝——依賴性接近無限大；分數自由度接近無限小：這就是人類這種「高級生命」在整個人類歷史走向上的表現）。

4，常數值C是生命模式脆弱性的「值」，可稱為「加和性脆弱值」。C 越大，加和性脆弱值越大，即生命脆弱性越高。這個結論，可由以下分析得到：

加和性脆弱值由「先天性脆弱值」與「後天性脆弱值」加和而成：

先天性脆弱值以 a（封閉值）為負相關指標：a 越高，先天性脆弱值越小；反之則反。

後天性脆弱值以 b（依賴值）為正相關指標：b 越高，後天性脆弱值越大；反之則反。

上述指標劃分的根據是生物的進化行為及人類的進步行為。接下來討論進化與進步時會繼續分析兩種行為的異同。

作為「觀察員身份」的人類，往往被第一個指標（a 值）所迷惑：a 值，反映的是進化的程度——不同生命體之間的 a 值橫向相比較，高 a 值的生命體「先天上確實不那麼脆弱（所謂的『處在食物鏈上端』）」，因此能夠「戰勝」低 a 值的生命體。因此我們都認為捏死隻螞蟻很容易，因此我們得出「弱肉強食」、「優勝劣汰」的「哲理」，因此我們肆無忌憚地對「零」a 值的非生命物質或 a 值比我們低的生命及至同類「予取予求」、「為所欲為」。與此同時，低 a 值的物種被稱為「高適應物種」，低 a 值的同類卻被稱為「懦弱、愚昧」的「異類」。

正是這個 a 值，令文藝復興時期歐洲幾乎所有的啟蒙思想家，那些在我們印象中燦若群星的名字——培根、休謨、洛克、斯密、托克維爾等，在創立人權和自由學說的同時，為其國家在歐洲之外的戰爭、殖民和種族滅絕進行哲學論證時，提供了理論基礎——這種建立在貪婪、野蠻之上的文明，是帶著邪惡基因的偽文明——在社會學意義上，封閉值等價於心態上「以自我為中心」的程度，這個「自我中心」既可用於個體的表達，亦可用於國族的表達。當依賴與封閉處於標準平衡態時，可以認為這個個體或國族的心態是「良性、健康」的。由於依賴與封閉是互為正相關關係，並且當封閉值大於 0.5 時，依賴值是以指數級增長的。因此，當封閉值（以自我為中心的程度）大於 0.5 時，因依賴而產生的需求就很快變成了貪婪。也就是說：越是以自我為中心的個體或國族，就會越貪婪——美國，正是這樣一個強調自我因此而無比貪婪的國家。

但是：

當 a<0.5 時，b<a——後天性脆弱值低於先天性脆弱值，常數值 C<1。a 越小，C 更小；

當 a>0.5 時，b>a——後天性脆弱值高於先天性脆弱值，常數值 C>1。a 越大，C 更大。

（這部分的內容可參考美國始於 2001 年為「反恐」而發動的阿富汗戰爭：手持最先進現代化武器的美國的 a 值遠高於其「敵人」塔利班，故開戰之初美國以摧枯拉朽的氣勢橫掃戰場，但塔利班的加和性脆弱值 C 卻有著頑強的韌性，終於在臥薪嚐膽二十年之後的 2021 年以世人詫異的速度擊敗由美國扶持的阿富汗政府，重新奪取全國政權。借用塔利班的一句話：你有手錶，我有時間。時間——自定義可持續性的具現）。

因此，生命的精緻度越高，意味著依賴性越強，C 值越大——先天越是優秀，後天越是不堪一擊。封閉值越趨向 1，C 值則趨向於無限大，意味著分數自由度趨於無限小：容錯性趨於零，平衡態越容易被干擾矯正打破。

——生命公式是適用於所有個體及族群生命模式、社會、意識形態及所有具有自定義屬性的系統存續的「互剋性原理」的公式，故亦反映了人類這個「共同體」最終的「宿命」。

根據生命公式，給形式第二定律作一點補充：

更新後的形式第二定律：在觀察者眼中，越是複雜、高級、先進、精確的形式，他適應方位越多，容錯性越低，在後因果關係中的依賴性、局限性（排他性）、脆弱性 C 值和不可持續性越強。

原初生命體（protocell）是我們目前能找到的最簡單、最原始的生命系統，被認為是地球生命的最古老祖先。這是一種由膜或膜樣的結構包圍著非生物有機分子的集合體，能表現出一些與生命相關的屬性，即反映出時間差的滯後性。滯後性令原初生命體具有了封閉的雛形。即產生了自他分別意義的能指性質的「因為非，所以是什麼」。

「是什麼」即信息。碳基相對的平衡穩定性，為分子建構成「鏈」提供了可能。而「鏈」的建構，則為「資訊儲存」（是什麼）提供了「容身之所」（封閉性）。這個「資訊儲存的容身之所，被稱為「DNA」——當膜中的非生物有機分子發生在某種代碼的「指令（有真值的他適應）」下運作的情形時，我們就把這個集合體稱為「細胞」。而細胞中這類能編碼「指令」的大分子被稱為「DNA」。

DNA，就是最原始最基本的「自定義」，它令一切的生物都真正具備了封閉性——因為非，所以是什麼。因此每個個體生命都是獨一無二，不可重生，但可「複製」的。

也就是說：生命，已經自定義到「骨子」裡、每一個細胞裡。我們的身上，積存了種種厚重的「自定義是」，也就是佛學所說的——頑執。

當第一個自定義產生，一個個體生命也就誕生。為了維持個體生命的獨一無二，細胞與「其他」細胞之間、與細菌及病毒之間「因為非，所以是什麼」的「分久必合合久必分」的「世界大戰」就此展開，無日無之，直到「世界末日」——個體生命的盡頭。

為什麼「儘管地球上的生命一直在不斷進化，但直到今天，控制這一運作過程的基因代碼卻始終維持著只能使用二十種氨基酸合成蛋白質的遺傳機制而不變？為什麼同樣的組成部分和排列方式，與數十億年前別無二致」？這正是因為，DNA 作為最原始最基本的以「因為非，所以是」的後因果關係邏輯為依據的自定義，其複雜性必然被「互剋性原理」制約而不能超過「某個（20）」極限。

DNA 作為負責引導生物發育與生命機能運作的「總司令」，通過「RNA」這個中介的翻譯、傳遞、編輯、剪接等「基因表達」，其指令變成生物功能由蛋白質具體執行，從而發展成包括原核生物和真核生物兩大類地球生命中的三大領域：細菌、古生菌與真核生物。

原核生物中的細菌、古生菌作為地球上最低等的生命：「我需要」只有最小值。即封閉性最弱，因此依賴性最低。細胞內部僅包含寥寥幾種低級簡單結構，在裡面發號施令的 DNA 似乎並不重視自己的「特殊身份」（不那麼介意自己是什麼），只是漫不經心地遊走在細胞質裡，並且是毫無保留地把自己的「權力」百分之百地傳給下一代（單向基因複製式的傳遞）。但原核生物的這種弱封閉的生存模式的加和性脆弱值 C 卻是趨於零，即生命力是最頑強的，原核生物在地球上無處不在，在任何惡劣的環境中都能發現它們的蹤跡（自適應非常強），假如地球毀滅，世界末日來臨，它們將是最後消失的生命。

真核生物的細胞體積通常是原核生物的十倍左右。新的研究認為：第一個真核生物的細胞是在某個宿主細胞吞噬了一個細菌之後，兩者以一種長期的互利共生關係逐漸轉化為真核生物的形式。發號施令的DNA在真核細胞中有著自己專屬的「地盤」（開始介意自己是什麼），那就是細胞核。DNA有專屬地盤的真核生物就表現出極其複雜，有著種種令人困惑的自相矛盾的性格（我們對細胞分裂的研究已經相當深入，但細胞為什麼會「分裂」？細胞分裂的現象，其本質就是「是」判斷悖論屬性的顯現，即悖論屬性的依賴與封閉的衝突通過自定義表現出生物性的混合與分離的「相」。而作為處在真核生物頂端的人類的種種行為，更把這種悖論屬性的自相矛盾的「相」表現得淋漓盡致）。不同性格的真核細胞不斷地以「減數分裂」或「有絲分裂」的模式，其基因「有所保留」（封閉性越來越強）地重組出下一代，逐漸發展出一個多樣性的包含微生物、真菌、植物到動物的生物圈。

在這個生物圈裡，微生物因為結構相對仍然簡單，封閉性弱，容易與其他生物形式相容，也就是共生。

共生關係，是地球這個生物圈的一大特徵。

例如一個人類個體上的微生物細胞總數可達宿主細胞總數的十倍之多；人類DNA中有8%的片段，已經被證明原本屬各種各樣的病毒，在人類漫長的進化中嵌入了人類的DNA裡共生成人體的一部分；作為食物鏈最底端的浮游生物，大多以寄生關係相互依存而構成海洋生命支撐系統的關鍵部分。

但儘管有著共生關係，生物圈裡不同的物種之間依然有著各自明顯的「邊界」（以局限性、排他性表現的封閉性），並且是越高級複雜的物種的局限性和排他性越強，即共生關係越弱（自適應方位越來越少，他適應方位越來越多，封閉與依賴的衝突越來越突出）。共生關係減弱，其共生性會逐漸轉化為弱肉強食的掠奪性。

所謂的「弱肉強食」，等價於低a值的生命在與高a值的生命的競爭中處於「先天上的劣勢」。

這種競爭，就讓我們產生了錯覺：為了在競爭中有「優勢」，我們必須進步，必須進化。

在表面上，生命都有一種為延續而努力，即向完善或完美形式趨近的行為。這種行為的實現，我們稱之為「進步」或者是「進化」。但通過「自定義是」判斷追求完善或完美形式的過程，即是對自身或他者的否定過程。伴隨著進步或進化的實現，對自身或他者的否定度也不斷通過依賴性、局限性、脆弱性 C 值和不可持續性的增強表現出來。

例如：恆溫動物要比變溫動物高級先進，一般認為恆溫動物比變溫動物有更大的優勢（高 a 值）。但恆溫動物的基礎代謝率遠高於變溫動物，即需要攝入多得多的能量才能維持其生命（高 b 值）。當環境發生較大的變化時，恆溫動物的加和性脆弱值遠高於變溫動物的問題就暴露出來。

例如：隨著現代社會衛生條件的改善，現代人的過敏和自身免疫性疾病發病率卻呈現火箭式直線上升，仿佛一夜之間人類對周圍環境及自身的身體變得敏感（也就是「脆弱」）起來。科學家因此而提出了基於「衛生假說」的「寄生蟲假說」，被人嫌棄的貶義詞「寄生蟲」，看來有希望得到「正名」。

為了維護自己的邊界，物種與物種之間既互利共生，又物競天擇，適者生存。適者生存過程中所謂的汰弱留強，不過是不得不遵循著哥德爾不完全性定理的相對而言：為了「留」，必須「強」（盡可能多方位的他適應，令先天性脆弱值減低），而要真正地「強」，就必須「進化」（進一步封閉）。也可以說：表面上具有積極意義的「進化」，實質是一種「不得已而為之」的無奈。

即進化是生命不得不為之的一種行為。

但這種行為對於整個物種來說，進化之路上每向前走一步，依賴與封閉的衝突越是突出，加和性脆弱值越高，意味著整個物種向毀滅之神的進一步靠攏。

這同樣是一種無奈的悖論的反映：生命悖論的反映。

例如：為了保證血統的純正性而近親結婚的後代（通常是自認為高人一等的貴族才會有的「騷操作」），基因中有缺陷的機率會大大增加。

例如：爆發於 2019 年的，「似生物非生物」的，據說全部病毒加起來一個可樂瓶就可以裝下的新冠病毒，摧枯拉朽地橫掃全球，就明明白白地告訴自命不凡的「萬物之靈」的人類：誰才是地球上的強者。

在漫長的生物史上，不斷有新物種產生，又不斷有舊物種以每年千萬分之一的背景速率滅絕。而在物種的滅絕名單裡，越是大形體複雜的所謂先進物種，在同時代裡越是處在「優先」的自然位置。

人類：

人是所謂的萬物之靈，最高級的真核生物，即我們目前所認識的最高級的生命形式，意味著人體要存續的條件就更複雜了，但其「結合」是非常有限的：一對夫妻不管如何恩愛，永遠是兩個獨立的個體。人的共生性是所有物種中最低的：不但有對其他物種的強排他性（封閉性）及強掠奪性（依賴性），更開創了地球生物圈裡同一個物種內部大規模同類相殘的先河。相殘的規模越來越大，以至發展成世界性的一戰、二戰。人類社會裡所謂的正義與邪惡之爭，不過是自定義真實與自定義真實之爭，與真實完全無關。

在我們這個人類世界，「優秀」往往與邪惡伴生。

19 世紀英國博物學家弗朗西斯‧高爾頓創造的所謂優生學理論，先後被美國以其為理論依據，在推行了半個多世紀的優生運動中實施了恐怖的兒童醫學實驗，及二戰時期受美國啟發的德國納粹，為了培養「純種的雅利安人」而制定的臭名昭著的「生命之泉」計劃，皆是把生命的排他性（封閉性）發展到極致。

在現代社會，我們似乎意識到，人類的自我相殘「不人道」了，我們開始講人權了。但自定義之下的「人權」，不過是本質上依然是排他性、掠奪性但「碎片化」了的悖論。

我們對所謂的高科技的日益迷戀，同樣是一個令人類「優秀」的企圖。不過，優秀與科技這個組合，與破壞力是成正比的。高科技帶來的是美夢還是噩夢，難說得很。

人類為之而自豪的，與其他生物最大的不同是，人類懂得學習，並不斷在學習中進步。但我們必須釐清的問題是：進步與進化這兩種表面上不同涵義的行為之間是什麼關係。

表面上，進步是讓自然物或人造物服務於人類的技術不斷改進；進化是生命這種形式本身不斷地提升自己去對付自然。對於人類，兩者的共同目的都是為了人體這種生命形式的可持續性能夠提高。

而實際上，進步的結果是人的依賴性（b 值指數級增加）越來越強。依賴性強意味著通過對自身的不斷否定（對封閉的否定）而追求完善的「他者」。

即——因創造力而不斷進步的人類文明不過是「為他人作嫁衣裳」。

更可悲的是：這個「他人（自然）」對人類「辛辛苦苦嘔心瀝血」製作的引以為自豪的「嫁衣裳」根本就「沒什麼興趣」，「從不珍惜」——我們「考古」，找到的「文物」——必然是殘缺不全的，「曾經的」文明——為他人作嫁衣裳的文明，是偽文明；

進化的結果則是生命的封閉性（a 值趨向於 1）越來越強。封閉性強意味著通過對「他者」的不斷否定（對依賴的否定）而追求完美的自身。

即進步與進化兩者是根本對立的、「互剋」的。在本質上皆屬通過「自定義是」判斷追求以後因果關係邏輯為依據的完善或完美形式的行為，卻因自他分別及他他分別而形成對立面，也即是處於依賴與封閉衝突的生命悖論的陰影中。因此無論是進步還是進化，都逃避不了生命公式及形式第二定律。

進步與進化的同步發生，則是一種自他分別及他他分別後對自身及他者的同時否定，最終對包括指者在內的全體的徹底否定——加和

性脆弱值 C 趨向於無限大。最終，生命（意義）不過是虛無——不存在任何意義的同一慣性系（或：不在任何慣性系之內——否定背景，也就否定觀察者自身）。

文明，不過是如同包裹著貝類軟體動物的貝殼：儘管我們可以認為，軟體動物自身與它身上的貝殼是一種「有機的結合」。但本質上，貝殼始終是軟體動物生命自定義中的「他者」，在軟體動物生命終結之後，貝殼依然具有一定的「持續性」。因此，所謂的「有機」凸顯的不過是軟體動物生命對他者的依賴性——同樣地，我們把自己包裹在織造物裡、鋼鐵裡、鋼筋水泥裡，在層層人造的保護物裡，「意淫」在種種對生命的進化本身沒有任何「現實意義」，因此本質上皆是「虛擬」的高科技裡自認為的越來越強大，也不過是一系列資源包裝、支撐出來的假像。

為了製造我們身上的「貝殼」，我們的「進步」，是以爆炸式增長的資源需求（b 值趨向於無限大）為前提。這裡的資源需求包括了以犧牲其他（低 a 值）物種為代價。美國趣味科學網站 2015 年 9 月 8 日的報道稱，現代生物被人為滅絕的速度是人類開始改變地球前物種自然滅絕速度的一千倍，並且也是新物種創生速度的數千倍。

本文筆者認為，根據物種滅絕的原因，可以分為封閉性被破壞滅絕及依賴性被破壞滅絕兩大類：例如現代生物被人為滅絕、「落後」民族被「先進」民族人為滅絕就屬封閉性被破壞滅絕；恐龍的滅絕就屬依賴性被破壞滅絕。即先天脆弱性反映的是自定義真實被同樣的自定義真實所干擾矯正打破的可能高；後天脆弱性反映的是自定義真實被真實干擾矯正打破的可能性高。

如果置於完全相同的自然條件下，現代人其實比原始人脆弱得多。脫下文明的外殼，我們其實是「弱不禁風」的「軟體動物」（高 C 值）。遠古時期的原始人，在進化為真正意義上的人之後，面對惡劣的自然環境的考驗，為了生存，原始人發明了工具，懂得了用火，但取得這些進步的後果卻是原始人先天的身體機能開始走上了退化之路。現代社會裡種種物理性、化學性對人體的傷害，通過種種人造產品無孔不

入地遍佈在我們的日常生活中，更是加速了人體身體機能的退化。即人類文明的進步與人體這種生命形式的進化本身是對立的，在進步中人體反而在不斷地退化（C 值增大）。

因此，在中文的表達上，關於「進化」一詞其實頗有爭議。一種筆者認同的意見認為，用「演化」（C 值）替代「進化」（a 值），應該更能準確地表述出生物物種為了因應時空的嬗變而發生的，與遠祖在行為、形態及機能上有所差異的現象。

這裡的差異，不應作「先進」或是「落後」含義上的解讀，而是作為「適應性」（包括自適應和他適應）的背書。

為了適應文明進步，人體正在不斷地同步演化。演化的結果是：C 值在指數級飛速增大。當達到某個閾值時（失去平衡：參考後面有關「峰頂理論」的討論），不可持續性就會成為無可逃避的事實。

死亡的定義是：自定義真實的終結。

海德格爾的「向死而生」，實際上叫做「作死」。

強大不等於可持續。

在地球上一個物種存在的時間平均是四百萬年，人類歷史目前恰恰在這個平均數。科技正在加速人類 C 值的最大化，科技的進步其實是加速了人類走向滅亡的步伐。

生命公式反映出的生命悖論也是對費米悖論的解答：

「費米悖論」是由著名的物理學家、諾貝爾獎得主恩里克 - 費米提出。該理論認為，地外文明存在於宇宙之中，而且比地球文明要先進得多，它們應該已先進到足夠在一定的宇宙時間內完成星際旅行並來到地球某處。但問題是，迄今為止，地球人類從未發現任何有關外星人存在的蛛絲馬跡。

從「邏輯」上來說，外太空一定有生命形式。但問題在於我們如何定義生命形式？自定義的生命形式是以 a 值的高低來判斷其先進性，結果就是這種生命形式發展得越高級複雜就越是脆弱和不可持續。因

此，宇宙中不同星系的「高級」自定義生命之間不可能交流，因為：

自定義生命發展到一個高級階段就會因不可持續而滅絕——這是宇宙中自定義生命必然不能違背的生命公式互剋性原理下的鐵律。

除非——對生命的定義還有著除了自定義之外的「定義」（下卷會探討這種「可能性」）。

為了解答費米悖論，美國科學家羅賓-漢森（Robin Hanson）提出了「大過濾器」的概念，異想天開地認為：只要「挺過」了大過濾器的篩選，人類文明就能夠真正走向星際。為此，漢森更進一步思考在進化的哪一個階段可能存在大過濾器的問題。

但實際上，這種思考是徒勞的。所謂的「過濾器」，不就是悖論嗎？過濾器並不是在某個階段的一次性篩選，而是層層過濾。即過濾器存在於包括生命進化在內的所有事物中。任何事物，只要具備「是」判斷的確認性質，都逃脫不了被悖論這個「過濾器」篩選的命運。也可以認為：我們所感知的整個「存在」，本身就是一個「大過濾器」。

更可以進一步思考：我們的所謂「感知」，皆是「是」判斷模式的「感知」，更主要是後因果關係邏輯下的「感知」。科學家們探討的不同的「存在」的可能，皆是「自定義是」判斷模式下的可能的形式。哲學上所謂的關於意識與存在的二元關係，不過是「自定義是」判斷判斷「自定義是」判斷的真類，其有關討論永遠不會有終極的結果。

社會：

人類社會形式中的持續性問題同樣反映在進化（演化）與進步兩方面。

人類社會形式的進化表現在社會關係的演化上。其「進化」與生命進化一樣，同樣是「為了留，必須強」的「不得不為之」的無奈。但我們同樣不能認識到：這裡的「強」的不過是先天脆弱值 a 的強，但 a 值越強，後天脆弱值 b 卻以指數級增大。因此，所謂的原始社會、奴隸社會、封建社會、資本主義社會等等的不同，以及所謂的專制、民主等制度的不同，皆是因為適應性所需而產生的差異，妄圖消除差

異的所謂「競爭」的背後，是人類社會的依賴性、局限性（排他性）、脆弱性 C 值和不可持續性持續增強。當我們為這些差異分別解讀出「先進」或「落後」的定論時，不過是一種企圖通過否定他者以追求完美自身的行為，本質上卻是對完美全體的否定。我們對自身的「完美」越是肯定，容錯性就越低，諸如什麼「流氓國家」、「恐怖主義」、「中東問題」、「朝鮮問題」反而就越多。更何況，何為「完美」？我肯定的完美未必是別人心目中的完美。

　　人類社會形式的進步則表現在社會生產力的進步上。這種進步的實質是通過對自身的否定而追求完善他者的行為，本質上同樣是對完善全體的否定。例如科技進步的同時，人類自身無論是個體還是全體的重要性卻在日益下降。更有人認為機器人取代人類是可能的甚至是可以接受的將來。那麼，進步的意義何在？難道真的是為他人作嫁衣裳嗎？——2020 年新冠疫情造成各國系統的混亂甚至「停擺」，證明了人為的社會系統是如此的脆弱：特別是西方許多發達國家在這次疫情中的表現，反映出在兩百多年前曾經充滿活力的社會制度模式已逐漸衰落。

　　社會制度的衰落，可稱為「社會制度老年化」——生命、人造物、人類社會制度、人類文明，一切的自定義真實，都必然經歷——「生、老、病、死」（成、住、壞、空）。

　　此外，追求完善他者的所謂社會進步，同樣需要以爆炸式增長的資源甚至是「壓倒性資源」需求為前提。更有甚者，以「資本追逐利潤」為「己任」的工業社會，許多行業還對各種產品採取「計劃報廢」（Planned Obsolescence）的策略，故意令產品壞得更快，或不斷「更新」新產品令舊產品「過時」，皆大大增加了資源的浪費——偽文明的特徵之一就是：浪費。因此，人類社會的進步，最終會出現「增長的極限」，即不可持續。

　　1972 年一本名為《增長的極限》的書首次發行，在這本書中，對全球的工業化，人口，食物，資源使用以及污染狀況等方面都進行了追蹤。他們在模擬計算中所使用的數據最晚截止到 1970 年，隨後設計

了一系列不同的情景，一直向前模擬到 2100 年，不同情景之間的差異就取決於人類是否認真對待環境與資源方面面臨的問題。如果人類未能認真採取應對行動，那麼該書預言，面對無止境的人口增長和物質需求，兩者的矛盾最終將把人類文明引向全面失控和崩潰。而時間會在 21 世紀的 2070 年之前。

澳洲墨爾本大學開展的一項研究顯示，這本書中所做的預測在過去的四十年間被證明是相當精準的。澳洲的科學家們收集了該書出版之後近四十年間的實際數據，並將其與書中的預測進行對比。他們對比了來自聯合國相關機構的全球經濟，農業和食物等方面的統計數據，再加上來自美國國家海洋和大氣管理局（NOAA）以及英國石油公司統計數據等大量權威統計數據來源，結果顯示在該書 1972 年出版之後的四十年間，全球的各項數據基本沿著作者當年在該書中所做的預測路徑運行。而如果我們繼續沿著該書中所描述的軌跡前進，那麼一場全球性的崩潰或許真的為期不遠。

思想：

人類的「自定義是」判斷中指者的指向行為是通過確認性的邏輯思維來完成。由確認性思維所產生的，「抽象」的思想同樣具有形式的特點，因此同樣不能違反形式的第二定律，即：越是複雜、高級、先進、精確的思想形式，他適應方位越多，容錯性越低，其依賴性、局限性（排他性）、脆弱性 C 值和不可持續性越強。

確認性邏輯思維下的思想有概念與觀念兩大類。概念作為基本單位，是我們認識世界的知識單元（例：這種顏色稱為白色）；觀念是帶有主觀價值判斷的概念（例：我是好人；白色不好看；粉色很浪漫）。傳統哲學裡，概念屬客觀認識，觀念屬主觀認識。但在《邏輯後綴學》的範疇裡，兩者在本質上都具有主觀性，都是後因果關係邏輯下思覺暫留的產物，區別在於前者通過他他分別認識世界，後者通過自他分別認識世界。

在後因果關係邏輯下，概念的演化（進化）不過是通過對「他者」的不斷否定而追求（或者確認）完美的自身；觀念的進步不過是通過

對自身的不斷否定而追求（或者確認）完善的「他者」。

所謂「追求或者確認完美的自身（概念）」，如果付諸社會實踐，最後往往就只剩下「正義」與「邪惡」的二元關係，即是當自認為站在道德制高點時，就可以肆無忌憚地否定、摧毀一切的「他者」。反映在具體的行為中，就會出現諸如 21 世紀初以美英為主的多國部隊對伊拉克的入侵、2019 年香港的街頭暴動及掀起全球抗議風暴的「滅絕叛亂」。

而作為觀念。現代人的思想觀念越多，對自己（自他分別中的他者）或他者要求（期望值）越高，因滯後性而產生的思覺暫留現象就越明顯，最終因對自身的徹底否定而徹底「墮落」。起源於中國禪宗的種種「棒喝」公案，反映了中國的古人對後因果關係邏輯的滯後性已經有了樸素但卻深刻的認識。

下一個小節會就確認性邏輯思維帶來的關於自由的問題作專題的討論。

峰頂理論（突變論）：

在追求完善或完美形式的過程中我們發現，相對於進化，進步的效果明顯地快得多大得多且「容易實現」得多，因此我們的興趣、努力，通常都表現在對進步的關注上。但是，正因為進步更新換代的速度遠高於進化（b 值增速遠大於 a 值），形式第二定律的表現更突出。

一方面，是前面提到的因資源需求而遲早會出現，更在某些領域已迫在眉睫的「增長極限」的問題。

另一方面，假設需求的資源可以無限地獲取，進步是否就能夠永遠地持續呢？

進步是通過對自身的不斷否定而追求完善的「他者」。

「是」判斷自他分別的內涵，決定了任何確認目標都必然是他者。因此，對他者產生好奇心是人類的天性，即我們都有求知慾。想「知多一點」本來無可非議，問題是，我們在「知道」之後，往往還會「識（別）所知」，即區分對我們有用還是無用、好還是壞、善還是惡的

「知」，這就是「知識」一詞的由來。在人的思維中，「知識」一詞是不可分割的。掌握知識，是人類對自身一個最起碼的，不容置疑的要求。為什麼要掌握知識？是為了「用」知識；「用」知識則是為了「進步」；而「進步」則是為了達到「完善他者」這個最終目標。我們都一致認同：掌握知識是能否達到這個目標的前提。

我們自認為「完善他者」這個最終目標可以實現。

這個目標能否實現？

美國太空梭阿波羅 11 號宇航員阿姆斯特朗在踏上月球土地的那一刻說：這是一個人的一小步，卻是人類的一大步。

這個「一大步」，指的即是「進步」。意思是離完善他者這個目標又近了一步。

採取以掌握了的知識作為根據而成功實現了的某一步行動，我們稱之為「進步」。

「進步」一定是動態的行為。因此，能夠進步，或者說有進步，一定是存在著進步的「空間」。

真正的問題，是「他者」在這個「進步空間」的位置。

置於峰頂、（水平）平地及置於谷底的圓球，如果沒有除重力之外的其他力的作用，可假設初始值沒有任何變化，則三者都能達到「靜止不動」的平衡狀態，但三者的平衡狀態的穩定性是不同的。

「穩定」的含義，是指對初始值的變化「不敏感」。那麼，「不穩定」就是指對初始值的變化「敏感」。

谷底圓球的平衡態是相對穩定的，輕輕「推一下」（初始值發生變化），圓球可能不會移動或者隨即回歸原點（對初始值的變化不敏感），可以認為，這個位置是進步空間的「谷底」，但卻是絕對可控的、安全的；平地的圓球，推一下之後理論上會按照牛頓第一定律勻速地前進，這個位置應該是處在理想的進步空間，但這種「理想空間」只能存在於幻想的理論中（例如進化到完美階段的絕對封閉系統）；置於峰頂的圓球的平衡態則是極不穩定的，輕輕「推一下」，圓球就

有可能掉下來，即置於峰頂的圓球對初始值的變化是極端敏感的，也意味著不可控的。

以完善他者為目標時，對初始值變化的敏感的性質就完全改變，變成了對「容錯性」的敏感，越敏感即「容錯性」越來越低甚至是達至「零容忍」，即容不得絲毫差錯（徹底否定無序性）。一點差錯，就有可能令「他者」解體（突變）。

人類社會在進步空間的位置，正越來越接近於峰頂。

不過，靜態的「峰頂理論」對動態的人類社會的論述是不夠嚴謹的，因此我們有必要把這個「峰頂」的空間模式作一番「修改」。

先看看第一種修改。聰明的人類發明了這麼一種供觀賞的設置：把一個沉重巨大的大理石圓球，置於一個剛好與圓球吻合的半圓凹槽的大理石基座上，基座底部中央設有一個出水口。當出水口噴出力道足夠的水時，就可以推動上面的大圓球緩緩轉動。此時如果我們輕輕推一下大圓球，圓球的轉動方向還可以發生改變。

在神學、哲學佔據「知識」統治地位的過去，人類社會就類似於這麼個沉重的大圓球。在如此的空間位置裡，我們認識上及身體上的反應，對自然界、對生活、對社會問題等的變化（出水口的水壓）是「遲鈍」的，即對初始值變化的「容錯性不那麼敏感（C 值低）」的。

認識上不敏感的思維意味著粗線條式的思辨，數值僅僅作為我們思辨過程中的參考，此時的我們計算能力有限，數值的獲取更是基本上都經過了「四捨五入」的處理。中國人的「難得糊塗」正是這種「四捨五入」的粗線條式思辨的經典模式。歷史上的中國，把懷著對天地的敬畏而自律作為中華文明的核心價值，對所謂的科學技術視為奇淫技巧，就是一種「不急，慢慢來」的「遲鈍」思維。此時以我們的思維主導的，「用」知識建構的人類社會（人為推動圓球）與「半圓凹槽」的自然基座（真實關係）幾乎是百分之百地貼近吻合（兼容度高）。人類文明的進步，有如蝸牛的爬行，儘管緩慢，但卻是可控的，安全的，日復一日單調而又乏味地「可持續」的。那些什麼「世界末日」的憂慮，都屬「杞人憂天」。

上述內容，不妨起一個名稱，就叫做「圓球現象」。

圓球現象，解釋了為什麼號稱有五千年文明歷史的中國，在一百多年前卻「不敵」西方而被打開了國門：一個真正思考型的人，行動上總是不及那些運動型的人靈活，亦往往「打不過」那些四肢發達頭腦簡單的人，因此，所謂的四大文明古國，就有三個被歷史淘汰了（中國為什麼沒有被淘汰？《邏輯後綴學》下卷有別出心裁的解釋）。

圓球現象的發散思維：無論東西方，哲學這種「燒腦」的學問，皆是「小眾」學問；法國雕塑家羅丹的「思想者」如果出現在現實中，身上絕對沒有影視明星那種耀眼的光環；同樣的，一個網站裡各個版面的受歡迎程度：情色永遠在第一位。語不驚人死不休的新聞第二位。可憐的思想者只能在不能引人注目的角落裡喃喃自語，說著只有自己才懂的，甚至連自己也不知道自己在說什麼的囈語。

如此一來，人類社會就出現了這麼一種怪現象：「古時候」，一般都是經驗豐富思想深邃德高望重的「聖賢大師」作為領頭之人，身先士卒走在隊伍之前；而現代社會，則是眾人「有跑步的、有騎著電動車的、有開著超跑的、甚至開飛機坐火箭的」，爭先恐後地往前衝，可憐那風燭殘年的「智慧聖賢大師」，被遠遠地拋在大眾身後，氣喘吁吁地、絕望地移動著老腿⋯⋯。

如此發散思維，我們就不奇怪：為什麼以價值觀為導向的西方思潮，能夠在這幾百年間風靡全球——這實在不是人類之福。

第二種修改。類似於第一種修改，但基座底部向上強勁噴出的水流形成了噴泉。水流的力度如此之強，以至於噴泉頂端圓球的表現不再像是沉重的大理石了，而是像兵乓球般的輕盈。這個表面上歡快地跳躍著的乒乓球，其實是「一個涵括了所有目標在內的符號系統；更是一個因創造力因素而能夠不斷膨脹的迷宮型系統」。這個具有以「目標鏡像」的方式進行自我指涉與自我複製能力的系統，在水柱頂端處於一個「無休止震盪與重複」著的，勉強維持的平衡狀態。

隨著我們對世界的認知越來越深入廣泛，神學、哲學，已經逐漸被科學取而代之。

進步到今天，儘管人類社會呈現出無比龐大複雜的結構，人類社會生產力和生產關係的發展，卻呈現出頻率越來越高的加速度變換和加速度越來越大的特點：我們的生活越來越「輕盈」了。種種便利輕盈，皆是我們認識自然之後對自然的成功利用。

　　但這些成功利用在本質上，皆是以自定義真實關係取代了真實關係後，通過後因果關係邏輯，並人為消耗了巨量的資源後製造出強勁的水柱（種種我們為之而自豪的科技成果），把人類社會這個大型乒乓球越來越遠地推離了自然這個基座（具有真實關係的真實），就如同被水柱托在頂端的乒乓球。

　　當中不確定性的震盪與重複顯而易見。水柱越強勁，乒乓球就會被托得越高，但不可持續性即失去平衡掉下來的危機機率亦越來越大。

　　如何才能夠保證水柱頂端的人類社會「乒乓球」不會掉下來？這就要求對水柱中所有的衝擊力道的精確計算。數學，是科學論證時的基礎和工具之一，科學則講求數值的嚴謹性（嚴謹性需要科學論證時的另一個基礎和工具——邏輯學）。但越是嚴謹，容錯性越低，就越是「差之毫釐，謬以千里」。我們在科學上每前進一步，對初始值變化的容錯性敏感度都會大大增加，就越難控制。

　　並且，需要確定的數值的量的增速，必然遠遠大於已確定數值的量的增速。因為，任何一個根據線性的前因果關係產生的「是」判斷，都必然伴隨著一個非線性的「非」場。需要確定的數值越是精確全面，借用經濟學的一個術語：即對「非」場的「邊際效應」越明顯。

　　這意味著需要確定的數值越是精確全面，不確定因素反而越多，需要計算的數值就越多，即需要確定的數值也就越多，以至於人腦的計算已遠遠不能滿足科學的要求，科學已經離不開計算機這個計算工具，並且要求我們的計算速度要越來越快。在 2016 年，中國的超級計算機「神威・太湖之光」，已經精確到每秒 12.5 億億次。作為中國人，我們當然為之而自豪。但從「上帝的視覺」，無論如何快，「計劃永遠趕不上變化」。這真是莫大的諷刺：人自己創造的技術與環境，人永遠都不可能追趕上，我們追趕的步速更是越來越落後於非線性的不

確定因素增加的速度。「追趕不上」，正是因為我們在不斷地、變本加厲地自我否定中反而表現出越來越固化的滯後性。

此時所出現的任何差錯，都有可能成為壓倒駱駝的最後一根稻草，讓之前所有的進步功虧一簣：我們無法用精確度很高的一系列實驗來最終肯定某個理論，但一個精確度不高的實驗也許就可以推翻某個理論。

發現了原子能後，愛因斯坦就發出了這樣的警告：原子釋放的能量已經改變了一切——除了我們的思維方式……因此，我們在滑向前所未有的災難……。

因此，容錯性越來越低的科學進步，屬「假性強大」。

既然提到「上帝」，這裡不妨也分析一下有關「造物主」的討論。在神學曾經毋庸置疑的無上權威逐漸衰落之後，為了挽回頹勢，西方宗教學者企圖以其人之道，還治其人之身，列舉了大量的科學例子，從物質的成因、地球在銀河系的位置、在太陽系的位置、地球的構造、大氣的成分、生命產生的條件及一系列「改一點都不行」的物理常數，當中難以解釋的、精妙的、恰如其分的「剛剛好」（所謂的「既完美又完善」），以此來證明造物主的存在。

但如此恰如其分的「剛剛好」，對容錯性是絕對的敏感（怪不得仁慈的上帝會常常因為人類的「出錯」而發脾氣。祂老人家儘管萬能，但大概還是沒有看過《紅樓夢》，不知道「機關算盡太聰明」會有什麼後果）。同樣如同置於峰頂的圓球，時刻都有失去平衡的可能。生存條件是如此苛刻，生命是如此脆弱，在災難面前是如此無奈。如果這真的是造物主的傑作，這更像是一場惡作劇，身處其中的我們實在是沒有感恩戴德的必要。

任何的「是」判斷，都不能違反形式第二定律：越是複雜、高級、先進、精確的形式，其依賴性、局限性（排他性）、脆弱性 C 值和不可持續性越強。因此，以「自定義是」判斷模式「創世」的造物主，並不見得特別高明。

以「自定義是」判斷模式創世的造物主，是人類自定義的造物主，自定義的造物主，是絕對的「假性強大」。

第七節：我自由

關於自由的問題，在《自由思想批判》開篇中根據自由的三個屬性：人文屬性，自然屬性及思想屬性，已經在現象學層面進行過深入詳盡的討論。最後的結論是：不存在絕對自由而只有相對自由。

《邏輯後綴學》結合集合論的原理，可以對這個結論作進一步的擴展補充：

事物必然是運動、發展、變化的。意思是任何形式都具有自由的「內稟」，因此都具備一定的自由度。

但是，自由度不等價於自由。

完善、完美沒有形式的內涵。

完善、完美等價於自由。

就如同大海永遠有浪花。但我們永遠不能「捕捉」浪花。

觀察者眼中的浪花很美，但觀察者眼中的浪花不是完善、不是完美，因為在時間軸上不同時間點的浪花、同一時間點上不同觀察者眼中的浪花都不一樣，也都不可持續。浪花在本質上具有百分之百的自由度，但當我們「成功地」把某個浪花「定格」，被定格的浪花已經不再是浪花，因為它的自由度為零，容錯性亦為零。

事物，並非是朝著更完善形式的方向發展，而是在運動發展變化的過程中映射著自由。

當生命藉著進步與進化兩種模式而朝著自以為更完善完美形式的方向努力時，生命的自由度正越來越低。

生命的進步與進化，與完善完美背道而馳。

自由度越來越低的，還有人類的思維。

思維的自由度受兩種因素影響，一是自定義真實的滯後性；二是容錯性的約束。

　　現代社會的潮流之一是「思想自由」，因此我們常常把「思想自由」掛在嘴邊以擺顯自己的「先進」。問題是，什麼是「思想自由」？簡單地說就是無拘無束地想，甚至胡思亂想的自由。但思想是需要「表達」的，隱藏在腦海裡不能或沒有表達出來的思想如同植物人的思想：「沒有意義」。因此，人類的「思想自由」具有兩個外延：一是「各抒己見」；二是「己見」「不容侵犯」。

　　「己見」就是滯後的自定義真實；「不容侵犯」就是容錯性低。

　　人類思維上的不自由感，首先是源自於自定義真實相對於真實必然產生的滯後性帶來的永遠的不由自主（此處的內容可參考筆者的《自由思想批判》第五節及第九節）。自定義真實關係下思維的自由度，因滯後性而永遠低於百分之百：自定義真實關係越明確，自定義真實越肯定，「己見」越強調，思覺暫留時間越長，思維的自由度越低。

　　在《自由思想批判》續三裡提到：西方人崇尚自由的原因恰恰是因為他們後天就缺失「自由的因子」。為什麼說西方人後天就缺失自由因子（嚴格而言應該是自由的因子被「隱藏」。因為事物皆具有自由的內稟，這個內稟被隱藏，人就會缺失自由感）？因為西方人的思維具有明顯的後因果關係邏輯，因此西方人特別善於發現 Point（「傑出」的觀土者），特別有「見識」。然而這也意味著西方人「思覺暫留」的情況遠比中國人嚴重，因此他們的不自由感反而遠比中國人強烈。這從他們語言上語法的表達方式就可見一斑：在表述一個事件的發生時，標準的歐美語法都會強化共時性而弱化甚至割裂歷時性，遵循著事件——地點——時間這麼一種「變化——穩定——永恆」的表達順序，從而把隨機的、變化的甚至是稍縱即逝的事件人為地定格（隨著現代社會資訊傳播的日益氾濫，割裂歷時性，只提當前事件的做法在世界上已成了趨勢）。而中文的表達順序則完全相反，例如：「我在某時間（時間的永恆性）在某地點（方位的相對穩定性）見你（事件的變化性）」的表達方式，在潛意識上已經覺悟了任何事件（結

論）的後因果關係都具有由歷時性的前因果關係所主導的縱深性（看得透）。而英文表達方式的「我見你在某地點某時間」則把「見你」這個共時性的 Point（要點、重點）凌駕於歷時性之上。這種中西方的差異不僅分別反映在關於時間、地點、人物姓名的表達上，也反映在整個語言及文字敘述的表達上。西方人這類表達方式更被肯定為「嚴謹」，以至於在表達同樣的內容時，用中文書寫需要一百頁，用英語需要一百五十頁，用以嚴謹著稱的德語就要超過二百頁（語言文字與自由度的關係，在下卷會有專門的一節作討論）。

但所謂的嚴謹，一定是以容錯性的降低為代價的。

容錯性，是人類思維上不自由感產生的第二種因素。

西方人追求的自由，是形式上的自由，也就是所謂的「外在美（筆者認為，形式上的自由與外在美等價，皆是必須「有值」的）」。

外在「美不美」往往以容錯性來衡量。

事物本身並沒有什麼容錯性，容錯性完全是人的思想中後因果關係邏輯下的產物，是人自己為自己套上的枷鎖。容錯性越低，思維的自由度會越低。

思想是精神性的產物。「不容侵犯」的意思就是精神上「不能受到傷害」。現實帶來的結果就是：越強調思想自由，容錯性越低，精神上越是「玻璃心」，越容易受到「傷害」，人就越難與社會相適應，就越容易有挫折感，也就越容易產生恐懼感，也就越需要安全感、保護感。而安全感、保護感要得到滿足，就需要盡可能多方位的「他適應」；就需要排斥性的抗爭；就需要「民主、自由、平等、人權」；更需要大量的物質性或精神性的支持。物質性或精神性的支持下，自定義真實就有了可持續的錯覺，這錯覺足以令我們把滯後性視作永恆（如保持我的容顏、保持我的金錢、保持我的吸引力等），為了令這種錯覺能夠持久地，甚至是「永恆」地擁有，我們心甘情願地成了物質或精神上的奴隸。

形式上的自由，通俗地說就是「我想幹啥就幹啥，我想怎樣就怎

樣」的自由，這是一種必須有「真值」的自由。然而，這不過是徒有其表的自由。

——西方理念上的民主、自由，與「嚴謹」背道而馳。

在漢語原初的語境裡，「自由」是一個中性詞，最早應該是出現於《史記》的「言貧富自由，無予奪」。但總體而言，在中國傳統正統思想裡，「自由」一詞主要被從否定意義上來理解和定位，也就是帶著貶義。「褒義」的「自由」是西風東漸之後的舶來品。

然而，西方人真的「懂得」什麼才是「自由」嗎？比對新冠疫情下西方人對各種約束的「反抗」與中國人的「隨遇而安」：西方人追求自由的天性，反而說明了他們骨子裡後天就缺失了自由感（自由因子被隱藏：心虛）——當西方「義憤填膺地」指責中國企圖創造一個「極度不自由」的新世界秩序時，他們有沒有想過：「沒有」才會「追求」——幾千年來，中華民族不斷用自己的方式，詮釋著真正的自由理念（筆者對「沒有才會追求」這個論點「意猶未盡」，將在《邏輯後綴學》下卷，通過比較東西方語言文字方面的差異繼續分析）。

中華文明本身就具有自由的內核，我們根本不必追求自由，而是應該挖掘自身潛在的自由的內涵，即所謂內在的心靈之美的自由。中國儒道釋的心性之學，就是集大成的有關心靈的學問：心性之學研究的不是「我想幹啥就幹啥」的自由，而是「乘物以遊心」中的「遊心」。

——如同放風箏：

操縱風箏，就叫「乘物」；心順著風箏翱翔，卻依然「自在」，就叫「遊心」。

「遊心」的心必須是「虛」的，才可以無牽無掛地遊，因此這顆心是「虛心」，也就是「沒有值」。筆者稱沒有值的「遊心」為「隨欲所心」；

而風箏自以為的自由飛舞，高高在上，萬眾矚目，其實一直被線（心欲）牽著，也就是我們常常「羨慕不已」的「隨心所欲」。

做風箏還是做放風箏者，這是一個值得思考的問題。

實際上，儒、道、釋是中國古代文化的三大主幹，它們雖各有特色，但「三教歸一」，都把「心」視為自己的內核和精髓。儒家有「人心」、「道心」、「良心」、「養心」，道家有「心齋」、「靈台心」，佛家有「三界唯心」、「萬法一心」。孔子的「從心所欲不逾矩」，孟子的「盡心知性而事天」，老子的「虛心無為」，莊子的「無聽之以耳而聽之以心」的「心齋」，禪的「自心即佛」的「心法」，都典型地呈現著不同層次心境的心性自由理念。

不過，在現今被西方人掌握了話語權的世界裡，無價的（沒有價值觀、「沒有用的」）「虛心」的道理，不是那麼容易被人明白，因此難以被大眾接受。我們都是用眼睛看世界，用器官感受世界，因此有關外在的、有價值之美的「學問（如何做風箏）」大受歡迎，現代的中國人對西方種種有關如何實現外在美的自由的理論趨之若鶩。而佛道之學及心性之學這類「心靈美」的學問，因為不能改變或改善現實生活則「沒什麼用」，所以一般的人都不感興趣。或者，被改頭換臉為似是而非的、純粹為外在美作修飾的所謂「心靈雞湯」。而所有心靈雞湯，「說來說去」，不外乎說的都是「有沒有用」、「值不值得」。解讀心靈雞湯的讀者，亦不過是對某種心靈雞湯認為的「有沒有用」、「值不值得」是否認同而已。殊不知，西方那種「有值」的自由觀，其實是「心虛」的自由觀。

徒呼奈何！嗚呼哀哉！

滯後性及容錯性造成人類思維上產生不自由感的機制是什麼？自由度的本質是什麼？如何判斷思維自由度的大小？

先看看一些日常中的具體觀點：一個政府具備的功能越多，就越有活力；一台機器具備的用途越廣泛，就越有利用價值；一個個人，如果能夠做到多才多藝，其個人價值就越被社會所重視，就能夠如魚得水，長袖善舞；一個積極的人生，意味著必須力爭上游，不斷地超越自我。

以上的觀點，都有著積極的意義，滿滿的「正能量」，應該是得到了大多數人的認同。問題是，在這些正能量的推動下，為什麼現代人活得越來越忙碌？生活及精神壓力越來越大？

　　這類問題，不乏大量的社會學、心理學方面的研究專著提供了答案。《邏輯後綴學》則以自己獨特的角度，對此類問題作出新的詮釋。

　　我們自以為可以「實事求是」地認識世界，但這個「是」的後面到底是什麼？即確認什麼？

　　確認的是目標。

　　目標是什麼？人類在探索世界過程中認識到，不同的事物有不同的屬性。這些屬性可以歸類，形成不同的集合。任何目標都有其所屬的集合，因此任何目標都是所有格的「什麼的」。然後我們又認為，現實中單一的所有權是不存在的。任何事物只要成為目標，就會有一大堆形形色色的集合爭先恐後地宣佈其對目標的擁有權，也即是控制權。

　　確認目標，實質上就是確認目標的所有權。即任何目標被確認之後，都必然因為「有所屬」而不再具備自由的意義，而僅具有邏輯推定意義上的自由度。

　　這是「是」判斷邏輯屬性的第十個重要外延。

　　對這個外延，在理解上必須明而且確的是：目標本身沒有什麼所屬，其所屬是我們（判斷者）自定義推定的。

　　在確認性的「是」判斷中，「是」判斷的五大內在根本屬性（「是」判斷邏輯屬性的第八外延），決定了任何目標都具有相對自由而沒有絕對自由。具有相對自由，可表述為具有邏輯（推定）意義上的自由度，簡稱自由度。任何事物，本質都具有邏輯意義上百分之百的自由度。

　　對於生命形式自身而言，邏輯意義上的自由度與其封閉值等價。

　　此外，因為生命形式皆具有自定義性質，邏輯意義上的自由度就會因其中依賴與封閉兩個屬性之間的衝突而表現出分數自由度。

因此，接下來的討論，會分析邏輯意義上自由度（封閉值）「封閉」的理論根據，及討論在以人類為代表的生命中如何表現出分數自由度。

目標的自由度與判斷者本身的思維狀態之間存在什麼關係？

在本文第一章中提到，「是」判斷能夠成立的第三個必要條件是：目標成立，當且僅當確認行為實現。即（確認）行為與目標之間具因（行為）果（目標）關係。

這裡的因果關係的「逆」是不成立的，因為「目標成立」與「當且僅當確認行為實現」這兩個「半句」之間沒有邏輯等價。

意思就是：目標本身不會「反過來」影響確認行為。

目標本身不會「反過來」影響確認行為，即目標本身不會影響指者。因為，確認行為與指者是全體性關係──但這個結論，只有「當且僅當」「是」判斷的發生是「一次過」時才能成立（即只有前因果關係而沒有後因果關係）。

然而，不存在「一次過」的「是」判斷（判斷其實是「可以」「一次過」的，在本文下卷，將賦予「一次過」新的內涵）。

我們的確認判斷，皆屬真類中的「是」判斷。

真類中的「是」判斷，因為是「按照先前定義的同類對象來定義」，即用「是」判斷判斷「是」判斷，這就導致（確認）行為與目標兩個要素之間具有了邏輯等價的，互為因果的「俱起俱滅」、「糾纏共生」的關係：

目標成立，是因為產生了（確認）行為；能夠產生（確認）行為，因為有目標（先前定義為依據──也叫做「前提」）。

「俱起俱滅」、「糾纏共生」的意思是：互為因果之下，本質上各有所屬的確認行為與目標就被混為一體。

如此一來，也就產生了「是」判斷邏輯屬性的第四個重要外延：用「是」判斷判斷「是」判斷，即形成一個無休止震盪與重複的「糾纏共生」的真類。

即目標所屬與指者的確認行為之間發生了緊密相關的聯繫——這裡的「密切相關」，是「可逆」的密切相關。

所謂指者的確認行為即指者的思維。即真類中的「是」判斷，指者的思維與目標之間產生了互為因果關係。這意味著「是」判斷一旦發生，指者的思維狀態就必然同步地被目標「逆影響」：同步於目標的模式。意思是當目標因為「有所屬」而只能具備邏輯推定意義上的自由度時，指者的思維必然同步地「有所屬」而處於與目標相同的自由度的狀態中——也就具有了哲學涵義上的「大小相等，方向相反，在同一條直線上的作用力與反作用力」。

因此，當指者作出確認性質的「是」判斷時，指者的思維具有自由度，即只有相對自由而沒有絕對自由。指者思維上的自由度與目標的自由度等價，兩者之間屬同構（相互映射）關係，兩者在「是」判斷的架構下存在著自反性。

這是「是」判斷邏輯屬性的第十一個重要外延。

這個重要外延解答了一個長期困擾著哲學家們的問題，就是「有沒有自由（選擇的）意志」的問題：

事物「本來」無所屬，皆具有「是」判斷邏輯意義上百分之百自由度的「性質」（下卷還會討論「非邏輯推定的自由度」）。但事物的「狀態」，則具有各種不同的邏輯推定意義上「必然」少於百分之百的自由度。

我們在吃飯前，用左手還是右手拿筷子具有對稱意義的（自由）交換性質，但最終的選擇則是一種既定事實的狀態：物理學上稱為「破缺」，也可以表達為抽象的現象學名詞「形式」或哲學名詞「（主觀）存在」。

水沒有「形狀」，理論上具有百分之百的可塑性質，因此可以裝在任何形狀的器皿裡。但已經裝在某個器皿中的水的狀態，就只能呈現出這個器皿的「形狀」。

長期以來，我們在討論「自由意志」時，張冠李戴，把性質（內稟）

與狀態混淆了，也就本末倒置了：「自由」的性質是「本來」就有，根本不必也不可能追求，更不可能改變（就如同我們可以追求某個「長度」但不可能追求「長」）。根據「性質」，可以「塑造」某種「狀態」，因此我們可以讓水呈現出不同的形狀。

「生命誠可貴，愛情價更高。若為自由故，兩者皆可拋」。這首詩相當之「高大上」，自誕生之日起就「迷倒」了多少「有識之士」。問題是：這些「有識之士」，真的懂得什麼是自由嗎？當我們說追求自由時，絕大部分人其實是把狀態錯判為性質，把「性質」作為追求的對象：無論我是否拋棄生命或愛情，自由都「在」——只不過追求者會處在不同的（自由）狀態罷了——同樣地，被關在牢籠裡的人，說要追求自由時，他不過是在追求「不被關在牢籠裡的狀態」——他並沒有因為被關在牢籠裡就「失去了自由」（的性質），他所「憤怒」的，不過是得不到「牢籠外」的狀態。

再有就是：為了某種「自由的狀態」而拋棄生命或是愛情，就一定是高大上的嗎？2019 年爆發新冠疫情後，世界上，特別是西方社會裡種種認為因 lockdown（封鎖）而失去自由的憤怒，同樣不過是對得不到某種自身所「想要（自定義）」的自由狀態的憤怒。得到這些「想要」的自由狀態的後果，是整個世界以生命為代價的一波接一波此起彼伏的疫情。

身的監獄可怕，心的監獄更可怕。

心的監獄是自己為自己「度身定造」的自作自受，那是沒有別人，更沒有「神」可以「拯救」的。

「自由」作為一個概念，其「狀態」（自由度）是自定義的。

故此，「專制」下的人並沒有失去自由（的性質），只不過某些人「喜歡」民主下自定義的自由狀態而「不喜歡」專制下自定義的自由狀態而已。這些人必須接受的事實是：喜歡專制自定義自由狀態的，其實也大有人在。大家都是自定義，彼此彼此。因此，如果因為自己喜歡民主的（自由）狀態而對喜歡專制（自由）狀態的人冷嘲熱諷大加撻伐，則是本章第六節所指出的——站在道德制高點上的邪惡。

自由，是事物的一種性質（自在性）——性質通過「發生關係」表現出來。

如同被裝在瓶子裡的水，並不會失去水的可塑性。

當我們說「追求自由」時，我們追求的其實是自由的「狀態」（任何形式一定具有某種狀態），即自由的「度」——也就有了「值」。

性質是歷時性與共時性疊加的（自在）；狀態是共時性的（自為）。

我們的意志具有自由的性質。但當我們為某個目標「奮鬥」時，我們的思維（意志）就具有與目標一致的自由度（狀態）。

「人生而自由」是指人天生就具有自由的可塑性質。

問題是：單單討論性質「沒有用」，我們感興趣的，其實是「應用」。

草原上的野馬是自由奔放的，但只有被馴服了的、「聽聽話話」的馬，才是「有用」的馬。

自由意志是一種實在的性質，但實實在在的自由意志本身「沒有意義」。對於人類來說，有意義的，是自由意志存在的「狀態」——我們感興趣的，不過是「裝在瓶子」裡的自由意志（的狀態）。

「裝在瓶子」裡的自由意志，即「是」判斷架構下指者思維的自由狀態。

瓶子中的自由意志的狀態，是必然地被瓶子「捆綁（共時性）」的（同構關係）。

「瓶子裡的自由意志」，不管是「被裝進去」的（所謂專制），還是「自願進去」的（所謂民主），都必然地只能呈現出瓶子的形狀（邏輯推定意義上的自由度。學術上也有一個稱謂：規定性。不過，對於大眾來說，「瓶子」比「規定性」好理解得多）。

由於事物在性質上的自由度是百分之一百的，即目標的自由度在性質上是百分之一百的，因此在理論上，指者的思維也應該具有百分之一百自由度的性質。

但由於自我認同及自他認同的需求而產生的功利性，指者的思維會為了維護目標的「唯一純正性」而把「自定義是」判斷的目標主動「鎖定」（被關聯性、邏輯性及必然性制約的主觀存在）。

如何「鎖定」？

根據「是」判斷能夠成立的第四個必要條件：指者建立一個開放性的、具有排斥力性質的但又具有明確母體意義的相關的「非」場。

本質上「非」場與目標的關係是百分之一百兼容的真實關係（下卷討論的「是」域），但功利性之下的「非」場則造成目標被嚴格規限（鎖定）在特定的（自定義）範圍內，即目標自由領域的範圍被人為地嚴格限制在一個相應的「度」（瓶子），目標因此而變成為確定性的、收斂性的、「不完全兼容」甚至是「完全不兼容」（整個「非」場皆是非同一慣性系，即完全否定自己）的，即自由度少於百分之一百的某種「模式」（狀態）。

由於指者的思維與目標之間存在著同構關係，嚴格限制著目標的「非」場就同步地約束局限著指者的思維，目標的模式也就反映出指者的思維狀態（自反性）：

目標具有的確定性、收斂性、不兼容性實際上就是指者的思維被約束、封閉、局限、保守的反映。

這是「是」判斷邏輯屬性的第十二個重要外延。

由於「自定義是」判斷皆來自指者的主觀意識，因此指者的思維被約束、封閉、局限、保守意味著主觀意識皆具有反噬性：鎖定目標的同時也鎖定了指者自身的思維。

這種「反噬性」就是分數自由度 D=N/W 成立的理論根據。

因此哲學家薩特認為：人是生而要受選擇自由之苦。

我們說「追求自由」其實是選擇自由的（狀態），即選擇把自己裝在哪一個瓶子裡，這種選擇自身實質上就是一種「沒得選」的「非自由」。人無法逃避「選擇」這個宿命。

上述關於「是」判斷邏輯屬性第十一及十二兩個外延的討論，可以總結為：人的思維本質上是沒有狀態（非形式）的，但一旦作出確認性判斷，就有了「狀態性」。

故上一節提到的：自定義意味著生命（人）為自然立法——但「生命（人）為自然立法」卻同時意味著：生命（人）對自身立法。

劍橋大學計算機科學家約翰・道格曼（John Daugman）在 1993 年的一篇論文中提到：在歷史長河中，大腦被拿來和那些過去的前沿科技相提並論，比如噴泉、水泵、鐘錶、蒸汽機、液壓機以及電路。這些技術用人們可以理解的機械化的術語來描述現實世界，而每一種描述自然的公式化理念都反過來限制了人們的想像……每一種新科技都像過去的技術一樣，它們出現時都被人們熱情地比喻為「新紀元的開始」，不過別忘了，當這些技術最初似乎是象徵著自由、解放登上歷史舞台，但它們也可以像監獄一般束縛住人們的思想。——這段內容所表達的，可作為上述「是」判斷邏輯屬性第十一、十二外延的註腳。

主觀意識的反噬性的具體表現就是後因果關係邏輯下思維的滯後性及容錯性。

因此，根據以上總結的「是」判斷邏輯屬性的第十一、第十二個外延，在作出確認性質的「自定義是」判斷時，指者思維上的自由度，可以通過其確認行為下，目標的模式所具有的自由度去認識。

那麼，確認行為下的目標具有哪些模式（狀態）？不同的模式具有怎麼樣的自由度？（既然思維的自由度與目標的自由度等價，因此接下來的內容中，圍繞著目標自由度的討論也就是思維自由度的討論。）

目標的模式可以通過基本形式邏輯的基礎模型「布爾代數」中一些最基本的集合概念來說明。

集合：

如果把「事物」理解為「一堆」包括了人類所能感知的「一切東西」的一個「宇集」，此時思維上相應的自由度可以理解為百分之一百。但百分之一百的自由度與自由絕不等價。因為，不論集合的原始概念

「一堆東西」，或刻意人為確定的概念「一堆具有某種相同性質的東西」，「堆」字已經包含了一種具有所屬性意義的「是其所是」的約束在內：是「屬」這一「堆」而非屬那一「堆」，此時指者思維的自由度充其量只能達到這一「堆」的最大值。當指者把這個「堆」字，定義為「集」、「族」或「類」時，指者思維的自由度就更加被定義所限制。

集合的定義越精確嚴謹，即容錯性越低，思維的自由度相應地就越小。

以「品酒」這個事物為例：有人喜歡「牛飲」，只要飲進去的液體含有酒精就「痛快」了，這類人往往被嘲諷為不懂酒，沒有品味；而自命為上流社會的人就十分講究，指定的酒要某個牌子，某個年份，喝不同的酒要不同的器皿，不同的手法，不同的喝法，餐前餐後等，「搞錯了」，就叫做不專業了，就出洋相了。但問題是，同樣是把含有酒精的液體倒進嘴裡，哪一種品酒行為對人的思維約束大？

子集：

既然有「子」就必定有其「母」。結果就是，子集既受到「子」身份所屬的約束，是此「子」而非彼「子」，但彼此又同屬一「母」。例如釘子與水泥都同屬「建築材料」的「子集」。因此，子集比集合所受到的約束更大，自由度更低。

現實之中，更往往是子集之內還有子集，子子孫孫，自由度是越來越小。現代社會裡，分工越來越細。科學的高速發展反而使各學科之間的鴻溝越來越大，以至於不同學科之間越來越難以溝通和理解（越來越不兼容）。這些都是邏輯意義上的自由度越來越小的具體表現。

並集（邏輯和）：

集合論裡對並集的定義是：由所有屬集合 A 或屬集合 B 的元素所組成的集合，稱為 A,B 的並集。以「鄰居」這個概念為例：鄰居無論是張三還是李四，「鄰居」的內涵沒有改變。而張三搬出去後，在新的地方與隔壁人家同樣也是鄰居。這裡的「鄰居」就是並集的概念，反映的是一種關係。

即並集強調的是關係。這是一種相關聯的集合之間因無序性（歷時性）而本質上具有包容性的「或是而是」的「功能性共存」的真實關係——事物的性質，通過關係表現出來——真實關係在「是」判斷論域裡就成為辯證法的一個最根本的要素（本文下卷把並集性質的真實關係命名為「共相等原則」）。

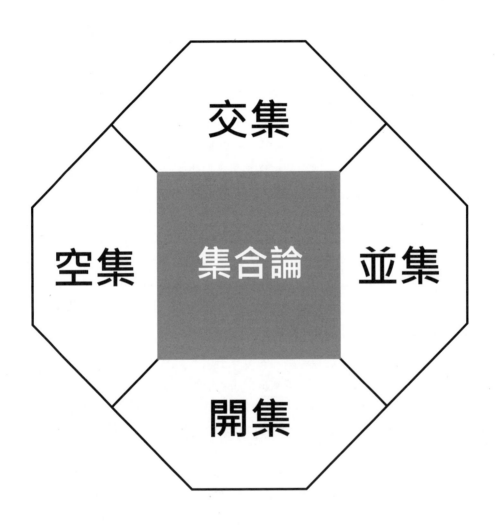

「功能性」，指的是真實關係下所具有的對指者的一種客觀實在的影響能力。例如，「美麗」和「香味」組成的「花」的「功能」這個並集裡，「美麗」和「香味」分別具有影響指者視覺和嗅覺的功能。「包容性」，意味著並集對形成共存關係的各個功能性對象是誰不會刻意挑剔：來者不拒，去者不追。即這種共存關係是一種沒有必然性（邏輯性不強），不在乎所屬性的自然而然的真實關係。因此並集用「或屬」表示。「或」的意思就是可兼有但不必一定兼有（可有可無、無可無不可）。例如，無論我們主觀認為花是否美麗，是香還是臭：花依然還是花，味道依然還是味道，其內涵並沒有改變。又例如，錘子具有釘釘子的功能，但我們不能說正在釘釘子的是錘子而擱在工具箱裡之後就不是錘子。同理，一顆鑽石，無論附在貴婦人手上或深埋在岩層裡面都依然是鑽石。

因此，筆者認為：嚴格而言，並集並不是集合，而是一種「功能性共存」。因為並集只強調關係——在同一慣性系裡相並而行因而相對靜止（和諧）的（歷時性）關係。「並集」一詞應理解為某種特定的條件下產生的關聯，而不是一般集合所強調的「一堆」。在某種特定條件下，無論這種特定條件是人為的還是自然的，都會產生某種（或者的）「關係」——一種自然而然的、功能性的、包容性的真實關係。這種真實關係在「是」判斷論域裡表述為「並集」。

真實關係沒有值。

為真實關係「定值」，就叫做「自定義真實關係」。

自定義真實關係，所定的值其實與關係無關，實際上是為發生關係的雙方的「狀態」「自定值」。例如：朋友關係中，兩個人之間「發生關係這個事件」本身不存在值。但如果「發生關係這個事件」令雙方的狀態「增值」，就叫做朋友關係，反之，就叫做「敵我關係」了。

現實之中，任何事物之間都具有共相等原則下的並集關係（例如分子關係組合模式的本質、生物的共生關係、人類社會裡各種協同分工、人類歷史裡不同文明之間的交流皆是「功能性共存」）。由於並

集「或屬」的不確定性所產生的活力性，事物才能各自依據自相似原則「運動變化發展」而表現出千變萬化的多樣性。

即：事物之間「本來」並不存在鬥爭性，事物各種「關係」之間產生的是「活力性」。

例如：不能近親結婚，這並非道德上的問題，而是不同血緣之間的結合，新生命才能表現出因並集而帶來的活力性；戀愛之初的新鮮感、甜蜜感，同樣也是活力性的體現。

但是，並集並不意味著絕對自由，而同樣只是具有自由度。因為，一切事物的產生都必須具備種種不同的特定條件。有條件，就不是絕對自由。佛學對此有深刻的認識：並集，可以認為就是佛學中的因緣。條件是因，關係是緣。因緣和合，就「隨緣」生出事物。衍生於中國本土的儒學，其「天人觀」、「仁義觀」、「和諧觀」，無不是對事物並集性質的覺悟。

並集的自由度，有兩方面的考量：一，滯後性不強，容錯性高（嚴格而言，真實關係中的並集是歷時性與共時性完全兼容，因此不存在滯後性及容錯性。但發生在自定義生命意義的觀察者眼中的並集，滯後性及容錯性還是「免不了」的。本文下卷還會就這種「免不了」的滯後性容錯性繼續討論），當下裡「或屬」哪一個集合，就具有哪一個集合的自由度，但相互之間的關聯並沒有必然性（下卷稱為「非邏輯推定」）。二，「或屬」意味著不作最終確定，含有靈活性意義，指者的思維就不會局限於某一個集合之內，亦隨時可「脫離」已經選擇的集合。可以說，中國人的「放下」就是一種「並集」的思維，更準確的理解：放下，不是捨棄，只是放在一邊。如錘子不用時放在工具箱，需要時又可以拿出來用。

「君子生非異也，善假於物也」——荀子《勸學》。「善假於」，也就是善於借用，借用，即不在乎所屬性的「或屬」。

因此：「混合」了真實關係與自定義真實關係的並集的自由度大於「或屬」的集合的自由度，「並」得越多，自由度越大。

作為事物當中「一份子」的我們，如果明白了並集的意義，特別是如果我們的種種有關自我認同的觀念能盡可能以「並集」視之，儘管並不意味著絕對自由，我們的思維依然能有脫胎換骨的感覺，我們的生活就會靈活輕鬆得多，即自由感強得多。例如：我是一個成功人士。如果我把「我」看成一個「並集」，則無論我或屬或不屬成功人士，「我」的內涵不變，我就不必介懷「我」是否成功人士，我的人生道路上的壓力確實會少得多。一首流傳於中國民間被人津津樂道的詩歌，稱得上是對並集有深刻體會的經典之作。這首詩歌的題目叫《見與不見》，相信許多中國人都耳有所聞。這裡摘錄其中一段，讀者可細細品味當中「並集」的奧妙：你見，或者不見我，我就在那裡，不悲不喜。進一步「翻譯」這段詩歌的意思就是：無論我是否被關在牢籠裡，我的自由意志（的性質）並沒有失去，「不悲不喜」。

遺憾的是：現實之中，人類的種種觀念，我們的所謂「不容侵犯」的「己見」，往往具有的是另一種集合的性質——交集的性質。這是一種相當容易與並集混淆，但本質上完全不同的集合。

交集（邏輯積）：

什麼是交集？相關聯集合的共同部分叫「交集」，即交集被與之相關聯的所有集合（所有狀態）共同擁有，缺一不可，替換也不可，否則交集的意義就會發生改變而成為不同意義的交集：例如女朋友想要一朵玫瑰花，我卻送她一朵白菊花就是討打的事。因此交集和與之相關聯的集合之間的關係用「既屬且屬」表達。例如：「一朵玫瑰花」這個交集既屬「一」且屬「玫瑰」且屬「花」這些不同的集合。又例如之前的「鄰居」如果作為一個交集時就變成了：我家是隔壁人家的鄰居，隔壁人家也是我家的鄰居，鄰居這個稱謂「既屬」我家「且屬」隔壁人家，我們共同擁有鄰居這個稱謂（屬性）。

即交集強調的是所屬性，也即是所有權。

有了所有權這個理念，事物的性質就發生了徹底的改變（實際上就是變成只有「狀態」或叫做「形式」）。前文提到，事物本來都具

有並集的特性。但在人的確認性思維（以及更進一步的功利性思維）下認識的事物，往往就變成了交集：任何事物作為交集就具有了不止一個的所屬性，事物的「公有化」因互異性就變成了非包容性的「價值性共有」（狀態）的產物。

「非包容性的價值性共有」，中國人可以用這麼一句相當有趣的句子表達：肥水不流外人田。現代政治學上的表達是：同溫層效應——我們以為的獨立思考，不過是彼此之間人云亦云的相互複製。

以價值性共有的交集模式形成的文明社會，本質上就不過是逐利社會。

價值性共有強調的是同一事物、同一屬性、同一關係、在同一時間地點下的確定性的必要性。這是西方哲學在傳統上以亞里士多德為主的形式邏輯的出發點。

「公有化」模式下的目標具有怎麼樣的自由度？

先看看以下的具體例子。

例如：「1」作為一個集合時，可以是「一朵花」、「一幅畫」、「一首歌」……等等，具有在自身集內（領域內）的最大自由度，但僅僅指定是「一朵花」時，「1」這個集合與「花」這個集合的共同部分所屬的範圍就大大減少了，再看看「1」、「新鮮」、「花」、「玫瑰」這幾個集合相交而成的「一朵新鮮的玫瑰花」，其自由度更是小得多（「一朵新鮮的玫瑰花」也是一個集合，因此依然具有自由度，但「這是我在某年某月某日某時某刻某地送給某人的一朵新鮮的玫瑰花」的自由度就可以看作是等於零了）。

再例如：這是——車、跑車、法拉利跑車、紅色的法拉利跑車、某某的紅色的法拉利跑車、某某的紅色的某某型號的某某年產的法拉利跑車。每加一個形容詞，就增加一個所有格，就等於多一個相關聯的「集合」，意味著又一個系統對其行使擁有權，所指示的對象越肯定，也就是所謂的越「嚴謹」，內容的局限性就越大，目標與補集的不相容性就越強，最後更可能成了所謂的獨一無二。

同理：我是——男人、且屬有氣節的男人、且屬好的男人、且屬有風度的男人、且屬有才華有財富有地位的男人、且屬沒有任何壞習慣的男人、且屬道德高尚的男人……。每加一道光環，就多一個身份的標籤。每多一個標籤，就是對這個男人的自由度多一個限制，就等於往其身上多加一道鎖鏈，就會不斷地出現「忠孝兩難全」式的感歎。

想一想，我們每個人身上，有多少道鎖鏈？實在是難以想像。就如同美國電影《肖申克的救贖》裡所形容的：我們都是「制度化（標籤化）」的人。這裡的「制度（標籤）」，既有社會加於我們的，也有我們自己「心甘情願」、「自作自受」的。

戀人在相見相識相知相愛的階段裡，兩個原來各自獨立毫不相干的個體的生活及情感軌跡，因「發生（並集）關係」而增加了展望未來種種「或屬」的可能，正是這些「新鮮」的「可能」所具有的包容性帶給了戀愛雙方甜蜜的感覺。到「確定（交集）關係」之後，就「你中有我我中有你」了，繼而就是「當且僅當」你中只能有我我中只能有你」而產生了越來越厚實的「不能這樣不能那樣」的「非同一慣性系」的「非」場。

2020 年出品的中國電視連續劇《三十而已》裡，一個男子「出軌」了。這位男子出軌前後的彷徨、猶豫、心虛、擔驚受怕、愧疚；其妻子知情後宛如天塌下來般的精神崩潰；網絡評論裡對「渣男」義憤填膺的指責謾罵，皆因有一道早已被社會設定，並且人人皆認為天經地義的，叫做「從一而終」的道德界線（鎖鏈）。

題外話：即使大眾都認同從一而終，但如何「從一而終」卻依然是眾說紛紜。現在有一種說法挺流行的，叫做：男人因性而愛，女人因愛而性。筆者把這句話發揮一下：男人因性而愛，然後「昇華」到因愛而性；女人因愛而性，然後「墜落」到因性而愛——「從一而終」的可能性會大大增加。

站在交集「自身的立場」，「且屬」其實是「被屬」——我們自以為的擁有，其實是「被種種缺一不可的狀態屬性控制」。我們所謂

的心靈受傷，往往不過是我們為自己設下一條條的「底線」「一定會」被踐踏的必然。

被牢牢地困在重重鎖鏈裡的人類，有什麼資格討論自由？

交集被與之相關聯的所有集合共同擁有。「是」判斷對象涉及的集（系統）越多越複雜，即構成交集的相關聯集合越多（身份、標籤越多），交集的所有權就越確定，封閉性越強，容錯性越低，被限制的自由領域的範圍就越小，即約束限制反而就越多，但因為生命的自定義，約束限制之下的封閉性與依賴性的衝突也就越大，表現為分數自由度越小直至趨於零。相對應地，交集的所有補集交叉重疊，在指者思維上形成越來越厚實的「非」場，即指者思維的自由度也越來越小直至趨於零，也就是一般所說的「思想越來越僵化」，或者說「思想越來越緊張，壓力越來越大」。因「且屬」而「放不下」所帶來的壓力和緊張可分為兩類：苦與累。苦：身上的標籤不被大眾認同。例如沒出息、與潮流脫節、聲譽、家庭或婚姻被破壞等；累：為了維持身上被大眾認同的標籤或為了被大眾認同，必須「不進則退」地「用到老學到老」地不斷「奮鬥」。

數理上，可以有純粹的一個節點或單一元素的集合。而現實中，事物都以並集的模式共存（關於共存的「運作機制」，在「非」判斷的章節裡會繼續深入討論）。但並集具有非確定性，而「是」判斷，則是以確認為目的。在確認模式下任何事物最終都必須是確定的標的物才「有效」，才「有意義」。結果就是，在「自定義是」判斷之下，事物往往被人為主觀因素定義（自定義）成「且屬」的交集。「或屬」往往被冷落甚至是因為「沒有原則性」而被「批判」（幸虧還沒有完全捨棄，有關根據「或屬」理論而解釋如何「放下」的「心靈雞湯」在某些時候還是有市場的）。

即交集是典型的自定義真實關係下「是其所是」的產物。我們以交集觀念認識的世界，是一個自定義真實的世界——拿著一把錘子，看什麼都像釘子。因為自定義，交集的自由度以分數自由度表現出來：越是有意義的事物，「我想要」（W）越大，分數自由度（D）越小。

例如前述的一個觀點：一個個人，如果能夠做到多才多藝，其個人價值就越被社會所重視，就能夠如魚得水，長袖善舞。這個觀點可以理解為：相關聯的集合越多，自由度越大。如果相關聯是以並集的模式，這個觀點是正確的。但現實中並沒有多少人能夠真正地「放下」，我們對於「相關聯」的集合，總祈望著能「共有」（把眾多的才藝集於一身），即總是以交集的模式來定義。隨著人類文明的發展，科學技術也在同步發展，人的「思想覺悟」也在不斷地提高。但這些「發展」、「提高」基本上都是以深化交集為目的，結果就是交集的所有權越來越多。更有甚者，這些所有權當中還摻雜了巨量的因為人類越來越狂熱的胃口越來越大的「我想要」而產生的，「無中生有」的「價值性共有」，致使「不相干」的「主人」越來越多，越來越複雜。例如：鑽石象徵著高貴，這種「不相干」的象徵已成為人類價值觀的必然。如果我把鑽石扔進大海，我一定是腦筋不正常。

發散思維：「兩小無猜」的心境正是處於標籤化的最小值，心扉是敞開的，人與人的交往屬「緣來」之際「或屬」的關係。

以交集的模式追求自由時，追求越多，追求者的自由度反而越小。這是「是」判斷邏輯屬性的第十三個重要外延。

「是」判斷邏輯屬性的第十三個外延，嚴格而言屬後因果關係邏輯下，共時性「自定義是」判斷邏輯屬性的外延。

根據這個外延而發展的文明，是偽文明。

「交」得越多，自由度越少。

心理學上的「強迫症」，就是「交」得越多，自由度越少的一種心理現象。

極端的交集，就譬如所謂的「潔癖」：筆者有一位朋友，曾經委託筆者為他剛考上大學的兒子尋找出租房，特別強調必須要有獨立的洗手間。他說他兒子從不用包括父母在內的「別人」的洗手間，亦從不允許「別人」用他的洗手間。筆者在網絡傳媒上「聽說」過，某些明星也有如此的潔癖。

這反映出：交集這個概念自身的內涵與外延具有相悖性——越強調「同一（必一）」的所屬性，排斥性越強——因此叫做「非包容性共有」。

內涵與外延具有相悖性的非包容性共有就產生了「鬥爭性」——為什麼要「鬥爭」？因為要維護交集屬性的狀態不被改變——也就「自然而然地」產生了亨廷頓的「文明衝突論」：偽文明的社會，從個人、家庭、集團、族群、宗教、國家——永遠是衝突不斷。

日常的人際關係裡，敏感於「被冒犯」、聽不進任何「忠言逆耳」的人，其思維上交集的屬性越明顯。

什麼思維不是交集屬性的思維？「你們都太正經，我只好老不正經」、「（我的）骨灰不放火葬場，放在抽水馬桶裡，請一個受尊敬的老先生拉一下，舉行個儀式」——藝術大師黃永玉這些對交集屬性思維的「嬉笑怒罵」的「名言」，可以作為答案。

所謂的「是其所是」永遠是「因非而是」。

交集越來越確定，已經到了「明察秋毫」的程度，但同時形成越來越厚實的「非」場。結合上一節「我想要」的論述，越厚實的「非」場意味著鬥爭性越強。再結合上述「是」判斷邏輯屬性的第十三個外延，就形成了「以交集的模式追求自由，追求越多，鬥爭性越強，自由度反而越來越小」這麼一種滑稽詭異的局面。

這種詭異局面，全面並準確地概括了整個的人類社會歷史和現狀：人類歷史就是一部鬥爭史，為爭取自由而鬥爭的歷史。但鬥爭的結果，是人類思維的自由度越來越小。

曾幾何時，西方古典哲學家中諸如柏拉圖、亞里士多德等，其哲學思想與東方的儒家思想相似，亦是強調一種「社群性」，也就是集體性。然後——就越來越「變調」了——枉費了西方有那麼多「高深」的哲學家，寫出了汗牛充棟的思想巨著，但這一切思想最後所孕育的，竟然是強調個體性的「普世價值」這麼一頭貪婪的巨獸：所謂的「普世價值」，正是典型的「內涵與外延相悖的交集性質的同一」，根本

是一個自相矛盾的「偽概念」：普世，具有吸引意義的兼容性；價值，則具有分化意義的非兼容性。

價值如何衡量？在街市裡一斤菜的價值都有討價還價的「餘地」，意思就是價值其實是「見仁見智」的，可以上下浮動的，可以生成種種莫測高深眼花繚亂的曲線圖及經濟學理論的。請問：如何「普世」？

當民眾高喊著「普世價值」時，偷著樂的，永遠是那些有「定價權」的人。

真正能「共享」的，反而是「非」價值性的。例如陽光、空氣。越是有價值，其「共享性」越弱，即越需要「爭取」。也就是：為了平等，必須鬥爭；但有鬥爭意味著不可能有平等的悖論性越強。因此，任何以價值觀背書的「XX是普世價值」的命題，皆是不真實（自定義真實）的、毫無意義的「偽命題」。

偽概念是偽文明下的產物。

以偽概念背書的偽命題，再被歐美政治家站在道德高地上高調地確定為政治正確之後，就在這個世界上掀起了陣陣既荒唐又可怕的妖風。

當今世界性的哲辯思潮是以西方哲學為主體，西方哲學經歷了由亞里士多德的形式邏輯到康德的理性、黑格爾的辯證邏輯到現代數理邏輯的發展過程，這個過程被劃分為知性邏輯與理性邏輯兩種認識上的邏輯形態。但以兩種邏輯形態的辯證關係發展的現代文明，不但擺脫不了交集的自定義真實的思維框框，甚至認為這種框框是必要的，那些諸如「塞翁失馬焉知非福」，及「福兮禍所伏，禍兮福所倚」等的「模稜兩可」的並集性質的真正的辯證思維，更被一些人認為是「毒害」了近現代的中國人。

但是，交集的自定義真實帶來了巨大的副作用：它令人類在認識世界的過程中永遠處在「思覺暫留」的狀態裡，永遠被滯後性所愚弄，被容錯性所左右。思維上不但自由感越來越失落，更有越來越「物化」的可能。然而，人類在探索自然的過程中、在文明的進展中，由於忽

視了思維過程中的屬性在思維發生者與思維對象之間所起的作用，因此依然不得不依賴著交集這種模式，飲鴆止渴地去尋求自由、尋求真相。

是的，飲鴆止渴。如果不以交集為主要模式的確定性思維去認識世界，人類社會將會失去「秩序」而變得一片混亂。甚至可以說：「反」交集，即是反科學、反「人性」的。

（注：這裡的「人性」有雙引號，是因為筆者「反」的，是「自定義真實的人性」。

自定義真實的人性，具有道德相對性。

真實的人性，具有道德普遍性。）

但確定性思維的邏輯性環環相扣，無窮遞歸，終有一天會超出人類的負載能力而發生斷裂崩塌。

這種情形，有沒有可能改變？

通過認識交集與並集的辯證關係，我們的心態將會得到調整，對我們重新認識事物或許會有幫助。但真正改變的可能性，將放在下卷「非」判斷章節裡探討。

交集與並集的辯證關係：

交集反映的是狀態；並集反映的是關係。

交集與並集雖然本質上不同，但卻可以通過某種方法得以（在思維上）「轉化」：以《邏輯後綴學》的觀點去解釋一個基本的數理邏輯定律——笛·摩根定律，就能夠幫助我們認識交集與並集的辯證關係。

笛·摩根定律指出：集合的交集的補集等於這些集合各自補集的並集。以邏輯後綴學的觀點解釋就是：我們為了確認所有權而建立的「非」場，原來是「可有可無」的、「或屬」性質的並集。

笛·摩根定律又指出：集合的並集的補集等於這些集合各自補集的交集。以邏輯後綴學的觀點解釋就是：交集不過是把並集中具有真

實關係的功能性「共存」，變成了自定義真實關係的價值性「共有」。

交集的「價值性共有」與並集的「功能性共存」之間的辯證關係就具有「智能性共享」的性質。

智能性共享下，自由度大小與相關聯集合的關係，取決於如何去「命題」所面對的「論域」：以「狀態（『自定義是』交集的形式）」為論域，還是以「關係（並集）」為論域。

以狀態為論域，會表現為「非要不可」的鬥爭性；以關係為論域，會表現出「無可無不可」的活力性——這是「過程不存在鬥爭性，鬥爭性永遠是目標所引發」的相異表述——這也意味著：過程具有發生關係的活力性。

以狀態為論域，事物就具有對立統一的局面；以關係為論域，就可以「化解」對立，達至統一，甚而真正的同一（下卷討論）。因此，並集的「或屬」，才是辯證法的根本。

可悲的是：人類的思考，往往是狀態論域的思考，也就是鬥爭性的思考。也就有了「人類一思考，上帝就發笑」這麼個說法。

人與人之間的交往中，所產生的緊張壓力感、不適感，皆源自於交集狀態下的鬥爭性。交集狀態下要減緩或消除緊張壓力感、不適感，必須不斷地向對方作「因非而是」的「解釋」。

人與人之間交往中所產生的「愉快感」，皆源自於並集關係下的活力性。並集關係下的良性互動，一定是「或是而是」的「溝通」。

曾經的中國共產黨，因意識形態（交集）的需求而強調鬥爭哲學，在中國大地上掀起了此起彼伏風起雲湧的「路線鬥爭」，從而令民眾苦不堪言，國家經濟亦長期不能健康發展。鄧小平提出的「貓論」，原理上就是並集關係的「活力哲學」，終於令中國這個國家從「鬥爭型」轉型為「活力型」。而美國為了維持其強大的「狀態」，則從立國初期的「活力型」，逐漸「演化」成典型的鬥爭型國家。

思想自由度的討論包括有自我認同與自他認同兩大層面。

自我認同，是一種「自涉」性質的「自定義是」判斷。但根據「是」判斷邏輯屬性的第一個外延：因自他分別的屬性，我們永遠都不可能自我指涉（自涉）。那我們所「涉」的到底是什麼？

　　以「我是人」這個自涉的「自定義是」判斷為例。我是否是「人」實際上並不是「我」所能夠作決定的，而是「他證」的。「人」本來是社會性的具有概念性質的「所指」，「我」因為自我的所需而不得不把這個所指確認為（自定義）價值性共有的交集。只是，這個交集成立的必要條件是「我」一定同時是這個交集的其中一個補集（我不是他人，任何他人都不能替代我）。

　　根據笛·摩根定律，「我」這個集合在「人」這個交集的補集與他人在「人」這個交集的補集，即我與他人的關係，其實是功能性共存的，反映出真實關係的「或屬」的並集。

　　即如果以並集命題自我認同這個論域，我們所「涉」的就不是所有格的「什麼的」，而是真實關係的涉及。如此理解，我們就不會陷入因自定義真實關係而建立的，倒錯的，「因為非，所以是」的後因果關係邏輯，也就不會被自定義真實與真實之間的時間差帶來的滯後性牽著鼻子走，從而獲得最大的自由度。

　　如此理解，對中華哲理中的「忘我」，就能夠有更深入的認識：忘我，不是要「忘記」我這個「自己」，而是不要介懷於「我是什麼」，也就是盡可能不要以自我為中心。那麼，「我」與他者，就只有共存的關係。

　　我不能自涉，我不能證明我是什麼，但只要具備了條件，我就可以根據「智能性共享」的性質，通過我的手，我的腳，我的眼耳鼻舌身意與外界「發生關係」——一種真實的，包容性的「可有可無」的功能性共存關係。

　　新聞常常有報道：一些失去了雙手的殘疾人，如何利用自己的鼻子、牙齒、雙腳等替代雙手的功能，從而與外界、與他者「發生關係」。這些令人敬佩的殘疾人，他們並不知道，他們正在以自己的行為，為我們詮釋著功能性共存的意義。

自他認同，是一種「他涉」性質的「自定義是」判斷。由於自他分別，指者發生指向（確認）行為一定是有目標，但行為成為事實的必要條件卻是指者不能成為目標。因此「他涉」性質的「自定義是」判斷，一定是通過「他他分別」而進行——我們永遠只能夠通過事物自身之外的東西來推斷出事物的真實性。

　　儘管指者不能成為目標，確認目標的「是」判斷與指者卻「脫不了關係」——沒有指者，就沒有什麼「是」判斷。因此，「他涉」稱為「自他認同」。在自他認同中，指者為了維護他者的「純正性、唯一性」，必須遵循後因果關係邏輯，以有限過程對付無窮的模式，永不終止地排斥、清除他者的所有補集。

　　但如果根據以邏輯後綴學觀點所理解的笛·摩根定律來命題自他認同的論域，他者作為被我們通過自定義真實關係，定義為具有諸多「且屬」的所有權的交集，實際上就不過是把並集中具有真實關係的功能性「共存」，變成了自定義真實關係的價值性「共有」。明白了「他他」之間實際上是「共存」關係，並以此命題，儘管「他他」之間確實有分別，卻也不必以排斥、清除的行為去維護「他者」的純正、唯一性為己任。

　　例如「你是人」、「他是人」這類「他涉」的「是」判斷，以交集模式命題，強調的是你他，你他之間界限分明；以並集模式命題，強調的是「人」的關係，你他在「人」這個並集的框架裡和平共存。

　　理解了交集與並集之間智能性共享的性質，可以令我們對事物的方方面面有新的認識。

　　例如，許多人對中國不少地方模仿世界各地「山寨」的建築物嗤之以鼻，認為是掉棄自身五千年文明的「崇洋媚外」。殊不知，這正是中華文明的精蘊之處：「無可無不可」的交匯融合，才能產生綿延不絕的勃勃生機。

　　日常我們唱歌、跳舞、旅遊，業餘之際學琴棋書畫、廚藝、各種 handy work，不是什麼為了增加個人價值，而是為了讓生活充滿活力——但充滿活力之際，個人價值「自然而然地」也就表現出來。

再以政治哲學中有關「自由（自由度）」的問題為例。

在交集的語義裡，自由與權利是相悖的兩個概念，或者說兩者是負相關關係。

社會上對自由這個問題的討論往往不自覺地就運用了交集（狀態）的命題方式，由於交集語義上強調的是所有權，從而造成個別與全體之間的矛盾永遠都不能化解。

在交集的語義裡，自我認同這個論域裡的自由，是由種種自定義需求所構成。需求分為需要和想要兩大類。需要是不由自主地不得不要，本質上就是因為我們這個人體，不得不附屬於空氣、水、食物等等諸多「集合」所共同控制而「看上去」失去了「自由」，因此人體只具備有（穩定封閉性的）自由度。想要似乎具有自主性，但實際上每一樣想要都是我們自己主動加諸自身的被控制權。想要（權利）越多，我們的分數自由度反而就越小。

在交集的語義裡，自他認同這個論域裡的自由，是作為一個交集性質的價值性共有的他者而存在。指者為了維護這個自由的純正唯一性，必須依據後因果關係邏輯排斥這個交集的所有補集。當這個「自由」成為所謂的普世（人權）價值，意味著這個地球上目前的七十多億人都「有資格」對這個「自由」行使所有權，可以說，這樣的「自由」的自由度基本為零。當我們高呼要為這個自由度基本為零的「普世價值」的建立而鬥爭，當我們為了維護這個自由度基本為零的自由的純正唯一性，而不惜排斥七十多億個自由的「集合的補集」，當七十多億人都「覺醒」起來，為了自己的「想要」而紛紛排斥他者的「想要」甚至是「需要」，難道不是天下最荒唐滑稽的事嗎？

交集語義的「人權、自由、民主、平等」，皆是「可以同富貴，不可共患難」的「瓜分」性質的理念：只有在雄厚的物質基礎上才「行得通」。當「想要」越來越難以滿足時，這些理念帶給世界的，就是隔膜、對立、戾氣與紛爭。

但如果根據智能性共享的性質，把自由的命題「切換」到並集的語義，個別與全體之間的矛盾就能夠得到最大程度的化解。

在並集的語義裡，自我認同這個論域裡的自由，需要部分仍然受人體生理機能的制約（仍然是交集的語義）。但想要部分，其實是「可有可無」的。

這種「可有可無」，在中國人的觀念裡，就化為一種叫做「勤儉」的美德。

「勤儉」也可以「自由」？

當然可以。

「勤儉」這個詞，在「是」判斷語境裡並不自由。因為語境中的「勤儉」是指消費觀念上（即價值意義上）的節省，這種節省方式確實「挺苦的」。但在意境裡的「勤儉」不是消費觀念裡的節省，而是需要不需要（本文下卷會討論語境與意境的區別）。故而，勤，就是「勤快地勞作」，即「自由自在」的「樂」。「勞作」，是為了「可以有」，即「有」並不是「天賦」的，而是勤勞所得。儉，即「不需要」，也就是「可以無」，可以「捨去」。

中國著名的黃梅戲《天仙配》裡，那首經典的《夫妻雙雙把家還》的歌詞，就很能體現這種「意境裡自由自在的樂」的勤儉：你耕田來我織布，我挑水來你澆園，寒窯雖破能抵風雨，夫妻恩愛苦也甜。中國的「九十後超級網紅」李子柒女士的視頻，同樣是以平常心，通過展示「四季更替，適食而食」的勞作所帶給人勃勃生機的精彩鏡頭，為廣大觀眾詮釋了什麼叫作「不苟且、不霸道、不掠奪」的需要而不是想要。

但「可以無，可以捨去」並不意味著逆來順受。「該爭」的，還是要爭。只是，所爭取的，不是所有權，而是「使用權」。本文作者在另一篇文章《讓五人死亡還是一人死亡？》裡，擯棄西方的主人觀，也擯棄了東方的客人觀，首次提出的「受訓者」理念，其「使用權」就是含有並集意義的「來者不拒，去者不追」的「智能性共享」理念。

在並集的語義裡，自他認同這個論域裡的自由，同樣是關係性質的描述。這裡的關係，屬一種「供給與需求」的關係。這裡所「供給」的，與「受訓者」理念相同，即不是所有權，而是「使用（人）權」：

大家都無權擁有，但大家都有權使用（共享）。並且，使用權還類似於工具，用完，就應該「放下」，下次需要時再用，又或者留給需要的人用。必須強調一點：是「需要」時用，而不是「想要」時用。也就是說：對開集的智能性共享性質的理解，不是（使用權）「享」得越久越好，而是要懂得放下。因為，「享」得太久，意味著工具「遲早」會變成了鎖鏈。

要懂得放下，對「付出」及「獲取（擁有）」的內涵就有必要重新詮釋——「付出」的真正內涵是：減少甚至消除自定義（撕下標籤）；「獲取（擁有）」的真正內涵是：增加自定義（貼上標籤）。

當自我認同與自他認同都同時並行並集的語義，這個世界，人類社會的分數自由度就會大大增加；當個人與政府都同時並行並集的語義，個別與全體之間的矛盾就能夠大大消除。

對自由（度）的爭取，不是擁有權的爭取，而是使用權的爭取。

從人民的角度。政府是自定義真實（的一個「狀態」），是由人民通過後因果關係邏輯產生的一個契約式的「價值性共有」的交集，即政府是一個被全民所擁有的「民用」政府，因此政府的自由度是受人民約束的。人民對自由使用權的需求是政府的責任，人民的需求越多，政府的自由度越小。並且，政府的自定義真實與人民的真實或自定義真實之間一定存在著滯後性，即政府的具體行為一定是被動地受民眾的需求所左右——也就是「為人民服務」：這才是「無為」的表現（下卷會從「非」判斷意境進一步解釋「無為」的本質）。

從政府的角度。作為一個交集，因為「價值性共有」而「集大權於一身」是「理所當然」之事。因此政府不應該是「弱」政府而應該是「強」政府，才能夠真正有效地管理國家。在「強」政府裡，所謂「民主與專制」皆是政府管理人民的工具，這些工具的所有權「且屬」政府。但「擁有」工具是為了「使用」工具：民主與專制是政府自身這個交集的不同補集的「或屬」的功能性共存的並集。政府對並集意義上的民主與專制有充分的使用權，根據需要，或者是根據不同的條件，隨時可「放下」或「再用」。為什麼「專制」也是政府管理人民的工具？

當人民過多地、以交集的理念「想要」，或濫用「使用權」時，只有政府的「專制」才能夠起著約束作用。

一個放任人民肆意「想要」或濫用「使用權」的政府，可稱為「民恣」的政府；

僅僅為了政治正確而民主的政府，就是「有為」的民恣政府；

一個政府，如果剝奪了人民對自由的使用權，這個政府才是一個「獨裁」的政府。

如果充分賦予人民對自由的使用權，這個政府就是一個「民用」的、「無為而治」的、「良政」的（復旦大學中國研究院院長張維為語）政府。人民與政府都能充分合理地行使各自使用權的社會，就是一個理想的「智能性共享」的「自由民用社會」。

但絕對不存在「民主」的政府。

民主政府是一個偽命題（本文下卷將根據系統學的原理進一步論證這個論點）。

因為：

從人民的角度，政府只是一個自定義真實的存在。沒有人能夠對一個不是真正真實的真實宣稱「作主」。

從政府的角度，假如政府認為自己是真正的真實，那當然是可以自己作主，但這就「有為」了，也就沒有人民什麼份了，也就「不民主」了。

有人說，美國的強大，是建立在民主自由這些基本的理念上。而筆者反而認為，民主自由，與美國的「國運」是負相關關係（其實這種負相關關係擴展到整個西方世界莫非如此）：在對原住民的殺戮及販賣大量黑奴的同時，「免費」獲取大片的土地及資源這種不民主不自由的「殖民」基礎上累積了雄厚資本，才有之後可以憑藉高資本投入和高能源消耗而任意揮霍的民主自由。而這種資本支撐下任意揮霍的民主自由，並不具備長久的可持續性，因此美國的強大在歷史長河中註定了是曇花一現。

對交集與並集的「智能性共享」性質的理解，還可以對比一下西餐桌「有為」的佈局與中餐桌面上特有的「轉盤」佈局，看看坐在哪種佈局的餐桌前「享受」的「自由度」更高：

「文明」社會裡，「優雅」，是判斷一個社會，或一個人是否「文明」的「標準」之一。那麼，如何才叫做「優雅」？當今世界被西方文化所席捲，西餐，就成為「優雅」的其中一個「重要外延」，一個文明的「符徵」。西餐之所以「優雅」，在於「標準」的西餐有一套嚴格的流程「標準」：西餐廳的環境佈局、餐前餐中餐後、各種刀叉的擺設及使用方式、用餐者的衣著坐姿談吐進餐的手法食相，都相當的講究。這裡所有的「講究」，皆可稱為「狀態（交集）」，所有達到標準的狀態合起來（交集的交集）才是「優雅」的標準狀態：某一個狀態出了「狀況」，也就出了「洋相」，脆弱的「優雅」也就「崩潰」了——西餐，是這個世界上最不自由的一種進食模式——西方文明，是一種「西餐文明」（當然，中國、亞洲及至世界上各國的進食文化裡也有許多的講究。但因為西餐的講究特別的高大上，特別受大眾的推崇與模仿，也就當仁不讓地被筆者選為不自由的「典型」）。

中餐桌上的轉盤，讓用餐者與食物之間建立起「無可無不可」的「關係（並集）」，用餐者想吃什麼請「自便」：這才是自由（度）的發揮——中華文明，不妨就稱為「轉盤文明」。

發散思維：當今中國的「崛起」，被西方指責的其中一條「罪狀」，就是中國破壞了西方的規則——不同「吃相」之間的衝突——自由與不自由之間的衝突——自我標榜是自由世界但實質上並不自由的西方，為了維護不自由的規則，卻以自由為背書指責比其自由得多的中國——這叫做「滑天下之大稽」的黑色幽默：「上帝發笑」的原因之一。

根據笛・摩根定律得出的「智能性共享」性質，實際上就是「是」判斷邏輯屬性的第八個重要外延的相異表述：任何「是」判斷，都必然表現為指者根據前、後因果關係建立及維護、發展形式（目標）這種模式。這種模式裡所具有的關聯性、邏輯性、必然性、排斥性及不確定性五大內在的根本屬性之間存在著的辯證關係，令事物都表現出

非線性的運動變化發展的性質（在《邏輯後綴學》下卷稱為「自相似原則」）。

交集反映的是狀態；並集反映的是關係。

交集反映的是確定；並集反映的是不確定。

狀態具有鬥爭性；關係具有活力性。

反映在人際關係上，確定「自我」狀態就具有鬥爭性；不確定「自我」甚至「忘我」更甚至「無我」，就具有活力性的「關係」。

狀態具有不可持續性；關係具有可持續性。

也就是說：真正確定了就必然是「死」的（緊捏著的琴弦不會發出聲音）；不確定才意味著是「活」的（「撩撥」的琴弦才能發出聲音）。

確定意味著封閉；封閉反而意味著「熵增」。

因此：「是」判斷是一種熵增行為。這是「是」判斷邏輯屬性的第十四個重要外延。

不確定意味著開放（耗散性）；開放才會「熵減」（《邏輯後綴學》下卷會討論真正的「開放性」）。

觀察「狀態」，必然「熵增」；觀察「關係」，必然「熵減」——這是熱力學第二定律與達爾文的進化論之間的「演化悖論」產生的原因。

交集與並集能夠「智能性共享」的性質，在集合論裡就叫做：「開集」——開集反映的是事物的「性質」，即一切事物都具有智能性共享的開集性質。

開集與閉集：

複述之前提到的一個觀點：一個積極的人生，意味著必須力爭上游，不斷地超越自我。

超越自我。這是現代社會相當流行的一句口號。

我們真的能超越自我嗎？

在「我會彈琴」這個關於才藝的「自定義是」判斷裡，如何才算是「會彈琴」其實很難界定，只要我懂得用手指在琴弦上撥動，從數理的角度看亂彈琴也算是會彈琴，我並沒有「強詞奪理」。另一方面，無論我彈得如何精湛，「下一次」仍然有「超越」的可能。

集合論裡面，還有「開集和閉集」之說。兩者的區別在於對「界線」（上下限）的定義：開集可以無限接近於界線，但永遠不能與界線重合；閉集則與界線重合，意思是閉集包含了其所有的極限點。例如：一個集合 X 是大於 1 而小於 100，這個 X 就是一個開集（因為不包括 1 和 100），開集的概念相當於一幅印象派畫，輪廓模糊；如果一個集合 X 是大於或等於 1，小於或等於 100，這個 X 就是一個閉集，一個閉集相當於一個輪廓清晰界線分明的模型。

既然是輪廓清晰界線分明的模型，也就是「改一點都不行」，因此，閉集的自由度等於零。

開集的補集是閉集；閉集的補集是開集。

但在現實世界裡，不存在任何真正意義上的閉集。

任何「是」判斷目標，都是集合。任何集合（嚴格而言是任何「非空集合」），都必然與「非」場同時存在「且屬」及「或屬」的後因果關係，從而表現出智能性共享的，具有邏輯意義但「無可無不可」的模糊性質的開集。

辯證法認為：事物都是「運動發展變化」的，這種「發展觀」可謂「一語中的」。但辯證法把「運動發展變化」的根因表述為因矛盾而產生的鬥爭性，這種說法就值得商榷了。筆者認為：以狀態（交集）為論域，開集的模糊性與（自定義）交集的滯後性及容錯性產生衝突，事物就表現出鬥爭性；以關係（並集）為論域，開集的模糊性就讓關係（並集）顯得「如魚得水」，事物就表現出「共享」、「共生」的「和諧」的「活力性」——這就是大自然「生機勃勃」的根因（本文下卷會繼續討論這「活力性」的「根因的根因」）。

因此，上一節的一段內容需要作以下修改：

在觀察者眼裡，自然界中種種化學或物理作用表現出活力性為人類所認知。

在觀察者眼裡，生物界中，因為「我需要」而產生出以「物競天擇，適者生存」為法則的競爭性。

人們常說：有人的地方就有紛爭。人類社會古往今來的紛爭概括起來不過是無數大大小小的「是」判斷在「單挑或打群架」。「是」判斷會「單挑或打群架」，是因為人性中的「我想要」具有鬥爭性。

「是」判斷目標一定表現為開集。這是「是」判斷邏輯屬性的第十五個重要外延。

當以狀態為論域，開集就表現出悖論性。開集的悖論性是交集這個概念自身的內涵與外延相悖的根本原因。

這亦是「模糊數學」誕生的背景：開集，具有模糊性。現實中的事物皆具有不確定性，即模糊性。我們以為可以確定，只是我們在主觀上的「屏蔽」行為。集合中的元素皆具有後因果關係下同時存在的互異性及無序性，因此現實中任何事物都具有開集的性質（有關模糊性、空集、並集、交集、開集之間的「關係」，將在下卷進一步討論）。

模糊性之所以「模糊」，是因為我們總是弄不清狀態與關係之間的「關係悖論」：

狀態必須通過（與外界）關係才能確定；但（與外界）有關係卻意味著狀態不確定。

「關係」一詞本身就帶有一種動態的「起作用」的「聯動性」。

「真的」確定了的狀態，意味著此狀態不再與外界發生關係或者與外界關係已經「固定」（被捏著的琴弦）。

而「固定」其實是暗含有靜態的「不再發生關係」之意。

只有不確定，才會有「發生關係」的可能。

認為關係可以明確確定，依據的依然是後因果關係邏輯。因此在自定義真實關係中，開集的模糊性就為交集的價值性共有帶來了困惑：

本以為可以「完全屬」的自定義真實關係下產生的交集，卻總是表現出開集的模式（婚姻中的「出軌」就是開集帶來的困惑）。由於開集可以無限接近於界線，但又永遠不與界線重合，這就給人予「沒有界限」的錯覺——無限自由的錯覺：模糊性的最大值為百分之百，即開集具有邏輯意義上百分之百的自由度——開集即海德格爾所認為的「存在卻避讓的」、「本真」的「上手狀態」；交集即海德格爾所認為的能感受其存在的、非本真的「現成狀態」。

「會彈琴」這個才藝就是一個典型的開集。既然沒有界限，當撫琴者完全「融入」，達至「本真的上手狀態」，就可以盡情地自由發揮，可以不斷向頂峰逼近，甚至可以「超水準」發揮。

此外，開集的其中一種性質是：有限個開集的交集依然是開集。以現實世界的一切事物作為論域，如果命題以交集語義，都是有限個開集性質的交集，即都具有開放性。

「多才多藝」就是這麼一個有限多個才藝開集的交集，這個由多種才藝組成的交集同樣具有開集的性質。既然每一樣才藝都沒有界限，因此「多才多藝」這個交集當然就更加沒有界限了，自由度當然是更大了。既然沒有界限，不斷地「超越自我」是理所當然「行得通」的事。人類文明，不斷地「超越自我」進行突破與創新同樣是理所當然「行得通」的事。

但實際上，無人能夠超越自我。

因為開集還有一個相當特別的性質：任何開集的邊界都有一條看不見的、永遠不能超越的「紅線」。當接近紅線時，會產生「緊致性（收斂性）」，越是逼近紅線（即無限接近上下限）的地方，緊致性越明顯，自由度越少，從而形成一個與理論中的閉集極其相似的具有封閉性質但又始終不是閉集的開集。數學家由此而建立並發展出微積分學。

現象界的物質性及其變化規律性，「在人看來」都含有「緊致性」。

這種「緊致性」，去到「量子世界」，就叫做「泡利不相容原理」：以「狀態」存在的「費米子」，根據泡利不相容原理而相互排斥、堆

疊，形成不同的殼層結構佔據不同的空間，最終形成具有「廣延性」因此被叫做「體積」的宏觀物質。而不遵循泡利不相容原理的「玻色子」不具備廣延性，是因為玻色子是以「關係」存在——玻色子的「關係性」，令世界充滿了「相互作用」的活力。

緊致性，其實就是任何自定義模式的生命體，因需求而必須確定「有真值的他適應」時所具有的封閉屬性：有真值的且屬越來越確定，以至於排斥性的「非」場越來越厚實。多個開集組成的交集的界線附近，由於自由度無限接近於零的意義，界線就會具有確定無疑的邊界特徵，交集最終就符合了數理邏輯中「哥德爾完備性定理」對「模型」的封閉要求——這就是自定義真實產生的學術性闡述：最終形成開集的補集——閉集。

結果就是：在觀察者眼中，物質及其運動發展變化因緊致性呈現出種種相對穩定的封閉「模型（狀態）」，而成為我們所認識的豐富多樣的具有實質感的現實世界。而我們所認識的宇宙，其模型具有「有限而無界」的矛盾特性，在數學家的描述中，就成為一個「緊致而無邊的閉流形」。

當「自證」時，特別是妄圖以「最優秀」或尋求「越多越好」的開集來證明自我這個「交集」，甚至是努力地「超越自我」時，其產生的「緊致性」，同樣會呈現出「模型」的特徵。緊致性越明顯，「模型」的界線越清晰，最終就是自己令自己變成了某種（性格上）與周圍環境（他者）格格不入（不再發生關係）的「模型」。

這個模型用於「他證」時，模型的語形能夠在邏輯上通過語義形式證明其有效性，因此能夠幫助我們在表面上準確地表達或正確地認識「客觀」（實際上是主觀）事物。但其絕對意義上的開放性所具有的模糊性及由此而引起的震盪與重複，又不斷地令我們陷入困惑之中。

這種困惑，反映在現實中就是前面所提到的問題：在科學技術一日千里的形勢下，為什麼現代人活得越來越忙碌？生活壓力和精神的壓力越來越大？

自證和他證之間存在著結構性的關聯。

本章第一節已經討論過，我們不能自我指涉，無論「我是什麼」都是一個假命題。問題是，這個假命題已成為了我們的「精神支柱」，支撐著我們的一生。但因為是假命題，其立論總是站不住腳，結論總是禁不住推敲的偽命題。即這個精神支柱總是脆弱的。

為了維持這個脆弱的精神支柱，我們唯有更積極地尋求他證。即任何人都絕不可能真正與外界隔絕，意思是任何自證必然建立在他證的基礎上：只有證明了「什麼是什麼」，才有可能證明「我是什麼」。或者反過來說：要證明「我是什麼」，必須首先證明「什麼是什麼」。「什麼是什麼」越確定，「我是什麼」這個關於自我的模型就越確定。

當這種結構性關聯走向極端時，就會出現兩種結果。

一種結果是：由於「他證」一定是他涉，即一定是通過「他他分別」而進行。一個「他」的周圍，一定有不止一個的「其他」。模型越精確，周圍的「其他」越多，指者為了維護他者的「純正性、唯一性」，就必須遵循後因果關係邏輯，以有限過程對付無窮的模式，永不終止地排斥、清除「其他的他」。而要排斥、清除「其他的他」，這些「其他」首先同樣需要得以證明。這就是現代人活得越來越忙碌的真相：所謂生活壓力，源自於我們不得不不斷地證明然後排斥清除越來越多的「其他的他者」。

另一種結果是：自我的模型越確定，周圍的「它」越多，「沒有界限」的錯覺自然就越強烈，因此越容易得出「沒有界限」的結論。強烈的錯覺會鼓勵著我們更狂熱地追求自我的進一步超越。

但實際上卻是：自我的模型越確定，邊界越「緊致」。

這是因為，「緊致性」是一種古怪的特性。它只能反映在整體上。如果從局部去觀察，整體越「緊」，局部反而有越「鬆」的錯覺。

有這麼一個實驗很能直觀性地說明上述問題：教授在玻璃瓶裡陸續放入若干高爾夫球，直到不能再放為止，然後問學生：緊不緊？學生回答說：緊了。教授繼續往玻璃瓶裡放小石子，小石子沿著高爾夫球的隙縫填滿了整個玻璃瓶，此時教授問學生：現在緊不緊？學生回

答說：夠緊的了。教授繼續往瓶子裡放進細沙子，很快小石子的隙縫也被填滿了，又問：這回緊不緊？回答：這回真的很緊了。然而教授繼續往瓶子裡灌水……。

最開始瓶子裡每個高爾夫球周圍，只有幾個「其他的」高爾夫球，這些高爾夫球，就給人「有界」的錯覺，類似於閉集。之後越來越「精緻」，精緻到最後每一個水分子的周圍，用數學的語義來表達，都是「任何點列都有收斂子序列」。即每一個水分子都會有無數多個以其為中心（收斂）的「其他」（子序列）。

這裡的「其他」不是「其他」，即不是「非」場中的他者，而是性質「一模一樣」的水分子自身。

這就符合了開集一個相同語義的相異定義：開集包含的任意一點的充分小的鄰域都包含在其自身中。即每一個水分子，就類似於一個開集。這些開集（集族），就構成了一個數學上叫「開覆蓋」的東西。開覆蓋，意思是給人一種可以無限往裡裝東西的感覺。因此當中的每一個水分子，都會認為自己有著無限的自由（局部的鬆）。但事實是，由於瓶子的限制（整體，叫「有限子覆蓋」），裡面的東西越是「開」，對「自身」否定的密度越大，瓶子裡的空間反而就越「緊」（一個生動形象的例子：火災時在緊急通道互相擠逼妄圖逃生的人群，最後可能一個也逃不出去）——進步不過是通過對自身的不斷否定而追求完善的「他者」。

自我的本來相當於一個有彈性的袋子，我們稱之為「具有可塑性」，「可塑性」其實就是開集的智能性共享性質。但變成了模型的自我，就相當於一個玻璃瓶子，一個封閉的有限子覆蓋。思維上的所謂「緊致性」，就是一種自我否定，也就是我們常說的「精神壓力」。因此緊致性越明顯，意味著精神壓力越大。

綜合上述兩種結果不難看出：我們在塑造及維持「我是什麼」這個精神支柱時，既要不斷地證明然後排斥他者，還要不斷地自我否定，我們活得是多麼的「累」！而自我作為一種思維上的抽象「模型」，相比起物質性模型，其相對穩定性會差得多，脆弱得多。當我們還不

自量力，要再來個什麼「自我超越」時，最終結局，如同膨脹到極限的氣球，或因外界的因素一觸即潰，或因產生反噬作用而自我崩潰。

現代資訊豐富無比，人的思維辨識能力因此越來越強，越來越精細。但我們並沒有意識到，對事物的觀點越清晰越確定，意味著對「他者」更多的排斥，同時思維上的緊любの性越明顯。反映在社會整體上，是戾氣越來越重；反映在婚姻裡面，越是講究「公平」，講究「專一」的婚姻，越容易產生壓力、厭倦，逐漸就失去活力，也就有了所謂的「七年之癢」；反映在個人上，是人的自我否定意識越強烈，精神壓力越來越大。

拓撲的啟示：

上面討論的開集是拓撲學中的最基本概念之一。拓撲起源於幾何學的分支，所謂「拓撲」，原來指的是幾何學中的不變性和等價性。例如，把一根繩子的兩端連接起來變成的繩圈，可以任意地擺弄成圓形、三角形、四邊形等，但這些不同的形狀其實都來自同一根繩子。同理，無論把一個橡皮球怎樣搓圓捏扁，依然是同一個橡皮球。說明這些形狀都有著「共性」，在拓撲概念裡稱為同胚。同胚的形狀都具有「連通性」，具有連通性的形狀當中的點、線在拓撲變換（把繩圈「扭來扭去」，甚至團成一團；把橡皮球捏成不同的曲面模型等都是「拓撲變換」）後的數量、順序不變，這叫做拓撲等價（在連續變化——連續映射下性質維持不變）。拓撲等價的不同形狀就形成不同的集合，所有這些集合就構成了一個「拓撲空間」。

我們所感知的世界，就是這麼一個「拓撲空間」。

空間的概念，表面上是源自於我們的直覺裡對物體存在所佔據的位置、場所的感知，實質是二重分裂後因我們的思維倒錯令無序被強行設定為有序的結果。

然後我們認為：一切事物的存在，都必須在空間這個大舞台上。

「他他」之間是可以測量、區分的，「且當僅當」空間是有限的，可度量的；

空間是無限的，因為「其他」之外永遠有「其他」（連續性：下卷將重新定義「連續」）。

之後為了敘說及研究上的需要，空間被我們以數學語言的形式分門別類化為各種具有特殊性質及結構的集合。拓撲空間，就是這眾多空間中最能說明事物與空間關係的具有統一性中心地位的一種。

做一個類似於上述例子，但關注點不同的小實驗：把一個繩圈，任意選其中一點用一根大頭釘固定在木板上，然後把繩圈任意擺弄成不同的形狀。我們發現：一點可以被固定，但被固定的這個點，可以是三角形上的一點（可以是三角形底線上的一點、斜邊上的一點、或位於某一個角上），可以是四邊形上的一點，也可以是圓形上的一點……

《邏輯後綴學》認為：「我是什麼」與「什麼是什麼」是等價的、他涉的「是」判斷。根據形式邏輯中的同一律，這裡的「他」必然是確定的、唯一的一個目標。現在我們又知道，這個目標要「確定的、唯一的」還必須在空間裡相應地安排一個確定的位置點（固定在木板上的一點）。但與此同時，他涉一定是通過「他他分別」進行，而要區分「他他」，則同樣必須提供一個相同的空間為背景，才能在滿足歐幾里得幾何法則（初等數學裡的平面幾何和立體幾何──交集的性質）的條件下進行「他他」的區分。

在歐幾里得幾何裡面，同一個空間的一個位置點上，絕不允許同時存在有一個以上的「他」。

但是，滿足歐幾里得幾何法則的這個位置點上的「他」，卻同時存在著不同的「位相」：數學上稱為「向量」，物理學裡稱為「矢量」。所謂向量矢量，通俗地理解就是可能性（其實就是因並集的「關係」可能或可以如此也可以那般走向的「他」），即不確定性。衡量這種不確定性，就是「自由的度」──邏輯意義上的自由度。（注意：不確定性，有兩個「解」：一是「可能」；二是「可以」。「可能」是位相的本質，「可以」是位相的操作，位相「可以」的操作必然以「可能」為依據，有關內容在下卷會繼續探討。）

當我判斷確定了「這是一朵花」時，我可以喜之，可以厭之；當我們一致非常肯定地確認「這是一朵花」時（固定在木板上），我可以保留它，你可以捨棄它，他可以摧殘它（取決於各自打算如何「擺弄」這個點所屬的繩圈的形狀：種種道德標準下的種種道德行為）。

產生不確定性的原因，是這個被歐幾里得幾何法則確定了位置的「他」，其實是拓撲空間裡一個具有智能性共享性質因此可以不斷地「拓撲變換」的點。即這個點同時處於不同的「位相」（事物都是在「拓撲變換」中，而並非之前所述的「運動變化發展」。下卷會就此進行討論）。

如此一來，這個固定點（「是」判斷目標）包含了三方面的意義：第一，點與點之間可以連續地拓撲變換，「當且僅當」拓撲空間裡任意的點都是開集；第二，可以連續地拓撲變換意味著具有不確定性（自由度），這裡的不確定性意味著對周圍的「其他」的排斥存在著不同的模式（離散性）；第三，不論這個拓撲空間怎樣地拓撲變換，這個點的性質並沒有改變，即依然是拓撲等價。

任何的「是」判斷目標，無論如何精確，表面上都相當於歐幾里得幾何法則確定下的一個點，但本質上都是拓撲空間（連續性）裡一個充滿了種種不確定性（自由度）的離散性的開集。這是「是」判斷邏輯屬性的第十六個重要外延。

拓撲學裡有關「偏序關係」、「離散拓撲」等這類數學概念可以在政治哲學上做做文章：已經開始沒落的西方，對「沒有民主自由」的中國居然能在短短三十年發展成為世界第二大經濟體而不會「崩潰」百思不得其解。

這同樣可以用源自西方自己的拓撲學理論加以解答。由此更可以發展出一門新的學科——社會拓撲學。

所謂民主、專制，皆可以套用拓撲學的概念，不妨就叫做「民主拓撲空間」、「專制拓撲空間」。這兩個拓撲空間的「元素」，皆是具有「開集」性質的人。

既然是拓撲空間，當中自然也就存在不同的拓撲結構。不同的拓撲結構，在同一個集合中表現為偏序關係。在偏序關係中，處在「中間」的拓撲結構「不粗不細」，形成的拓撲空間最「不平凡」。也就是最有活力（想像一個注入的空氣量接近達到「飽和」的籃球最有彈性時的表現）。

　　中國目前的「專制」（其實是民主集中制）正是這麼一個「不粗不細」的制度，強大的精英（集體）管制就是「有限子覆蓋」。這個有限子覆蓋非常有效，如同優質的籃球材料，令裡面「緊致得剛剛好」的空氣分子（民眾）之間的壓力，通過有效傳遞變成了彈力。中國的「崛起」，正是中國社會裡的民眾在這種外緊內鬆的管治下，充分發揮了個人的活力而發生的現象。

　　西方民主社會也曾有過這種「不粗不細」的輝煌時刻，但「民主」政府管理層的「有限子覆蓋」如同氣球（有別於籃球）的材料，有著先天上的脆弱性（弱政府）。只是，曾幾何時的西方民眾，並沒有那麼強烈的民主意識。意思是當時人民的主張是有限度，有節制的，「理性」的，這個「脆弱的」氣球裡的緊致性產生的壓力，完全可以被有效覆蓋並表現出彈性。再由於製造氣球的「材料」，可以通過對外擴張得以源源不斷的補充，由此氣球可以「越做越大」，並繼續「越吹越脹」又不至於破裂。

　　但在世界性民主意識高漲的今天，脆弱的民主有限子覆蓋就失效了。其失效導致了兩種結果：一種是，沒有本錢擴張的，但還是以民主名義產生的，因此是脆弱的有限子覆蓋的氣球，在無節制的民主意識產生的壓力下輕而易舉就「爆炸」了；另一種是，民主有限子覆蓋與當中「以民主為基」的，變成了離散拓撲性質的元素（人民）「融為一體」（所謂小政府大社會），即有限子覆蓋名存實亡，當中的元素之間也就失去了緊致性，整個氣球自然就失去了彈性。這樣的民主社會也就死氣沉沉，沒有了活力。

　　生命，本質上就是一個在拓撲空間裡不斷地「拓撲變換」著的過程。「生、老、病、死」不過是這個拓撲空間中，具有「偏序關係」的不同的拓撲結構。

一個人的一生不論是平庸還是精彩，在「拓撲等價」下本性（內稟）不變：波浪不管湧得多高，最終依然是回歸大海（繩圈的「輪迴」、萬變不離其宗、青州牛吃草，益州馬腹脹、道生一，一生二，二生三，三生萬物）。在歷史的長河裡，每一個人，終究都是被淹沒的、消失的無名者。

人類社會，在「成、住、壞、空」四劫的拓撲空間中拓撲變換。

不同朝代的興衰不過是具有「同構同態」的不同的流形或群。

輪迴，並非僅僅是指生命本身，亦可以是指因生命而產生的種種生存模式、社會形態。

不同的人，是人類社會這個「拓撲空間」裡不同的點。人際關係，不過是拓撲變換下點與點之間的「連續映射」關係。

我們制定的律法，都是以歐幾里得幾何法則為基本原理，因此同樣在本質上，律法是「拓撲等價」的。並且，法律條文越明細，不過是固定點（「自定義是」判斷）的細分化，越是細分化的固定點，在拓撲空間裡的變量越大。因此人間的律法，浩如煙海，人間的紛爭，卻無窮無盡。

科技文明，不過是形成偏序關係越來越「細」的拓撲結構。這個「細」，在拓撲學中也可以形容為「弱」。「弱」到最後，當我們認為生命中的一切都可以用「數碼」替代，就叫做「離散拓撲」——一個平凡（平庸）的，以數碼為「基」的，所有元素各自孤立不再連續的拓撲。此時每一個自我皆成了封閉的模型，「當且僅當」元素所代表的每一個自我都是一個離散拓撲形成的緊緻空間。

然而，封閉模型，永遠是自定義真實。

真實，不存在封閉性。

真實，因一種機制而永遠開放、兼容。

這種機制，就是真正的——關係——真實關係。

第三章

「是」判斷邏輯屬性結語──邏輯是自定義

人生的意義是（為）什麼？上帝造人的意義（目的）是什麼？存在的本質是什麼？

只要我們一發出類似的問題，我們就會陷進邏輯的怪圈裡。幾千年來，人類一直在邏輯怪圈裡循環往復。

傳統哲學裡，存在（自為）與存在的存在（實在的本性：自在）之間的關係問題，屬形而上學範疇的哲學問題。形而上學作為傳統哲學的核心，曾被稱譽為哲學皇冠上的寶石。

對哲學有所涉獵的人都應該知道，從亞里士多德開始，形而上學與邏輯學之間就有著緊密的聯繫。可以說，形而上學的理論與研究方法也就是邏輯學的理論和研究方法。因此，《邏輯後綴學》認為：傳統哲學裡的形而上學，不論是「靜止、僵化的」還是「運動、變化的」的理論；不論是結構學與發生學意義上的「是什麼」，還是追本尋源式的「為什麼」的理論，本質上都是邏輯意義下確認模式的「必須有個目標（質點）」的「自定義是（狀態）」判斷。

確認模式的「自定義是」判斷，是人類思維的主要模式（範式）。但這種模式的邏輯屬性，具有二重分裂（產生自他分別與他他分別）以及與「非」場存在後因果關係兩個內涵，從而表現出十六個外延。以至於只要我們一發出「是（為）什麼」的所指，這個所指就必然與發出者（康德稱其為「物自體」）分裂，即「是（為）什麼」之後的所指就必然地不是指者自身。

「什麼」不是指者。

指者不可知。

指者不可知，物自體亦不可知。

但是，這裡的「不可知」屬傳統哲學的語義蘊涵。

在這部《邏輯後綴學》裡，傳統哲學的「不可知」的「知」其實是「識」，故應該改稱為「不可識」。

傳統哲學裡，對形而上學的探討，在近代從懷疑發展到了所謂的「不可識」。但從赫胥黎、羅素，到休謨、康德，種種的不可識理論，無論是先驗的還是經驗的，理性的還是知性的，都是從：依據邏輯學的基本原理（同一律、無矛盾律、排中律、充足理由律），如何想方設法通過某些實證進行「目標」確認——世界是我們看見了的世界。看世界，世界永遠是這樣而不能「不是這樣」——最後發現「不可能確認」的不可識。

這是因為：任何的「實證」無論如何確認，都不是指者或者說物自體自身——自為與自在之間、存在與存在的存在之間不具備同一性——只要「有所指」，背景就不在同一慣性系。而一旦在同一慣性系，卻又「不可指（不可分辨）」——邏輯並不能滿足邏輯自身的「同一律」原理。日常中我們根據同一律判斷一個句子是否有效時，其有效性是經過了人為性和特設性的「修改」（即有所保留）之後的「語義蘊涵」（即「語境」）所決定的「識」。但本質上，邏輯系統的有效性並不可靠。

因此，《邏輯後綴學》直指「確認」這個行為的本身。「確認」，一定是不自洽的——確認不能確認「確認」自身（與笛卡爾完全相反的結論）。即「是」判斷行為自身就是不可識與可識之間不可逾越的鴻溝。此鴻溝以悖論的模式呈現：只要一產生確認行為，什麼都可識（可確認），但可識的同時不可識（因為確認自身不可確認）——兩者同真：邏輯與邏輯自身的「無矛盾律」原理相悖——「必有一假」只是「識之內（真類）」的假。

邏輯（「是」判斷）是第一二律背反。

也就是說：邏輯自身就是不自洽的。

生命（依賴與封閉的）悖論就是邏輯悖論的一種表現形式。

為什麼我們觀察世界時，世界永遠只能是這樣而不能「不是這樣」？或者說「為何在者在？而無反而不在」？（海德格爾語）

運用《邏輯後綴學》裡關於後因果關係邏輯的論述，結合當代的量子物理理論，以及 18 世紀英國數學家托馬斯·貝葉斯在概率論中的一個定理（公式）——貝葉斯定理——後驗概率等於標準似然度與先驗概率的乘積。筆者嘗試對上述問題給出哲學範疇的詮釋：

事物的「是什麼（是這樣）」與「不是什麼（不是這樣）」本來是同一的「相干」狀態——（互攝互入的）疊加態（對稱性——不確定性的本質。參考「薛丁格貓思想實驗」。本文下卷會繼續討論）。在關於量子力學的哥本哈根詮釋（Copenhagen interpretation）裡，物理學家所討論的不確定性量子糾纏的波函數發生的「塌縮」現象，是觀察者通過後因果關係邏輯得到的自定義真實。自定義真實就是量子態「退相干」之後常識的「經典態」，宏觀而言也就是我們所感知的「萬事萬物」（參考「水形悖論」：我們的確認性觀察，不過是先把水裝在某個形狀的器皿裡，然後再得出水是某種形狀的結論的觀察——這種觀察的對象，本質上永遠是事物的狀態而非性質——根據所見的狀態而認識的性質永遠是退相干的「此狀態的此性質」，「此狀態的此性質」必然共存著相悖的「彼狀態的彼性質」）。

相干性，在「是」判斷中就表現為悖論性——確認，即塌縮，等價於「選擇」這個「確認性的行為事件」成為事實。選擇，則意味著「語境」裡產生了自他分別。分別，也即是分裂。

塌縮，即分裂，即不完備。

不完備，意味著確認性的行為事件中的「行為」必然具有「布朗運動」模式的隨機性——筆者認為，布朗運動的原因正是：不完備。

並不是觀察的動作造成了某某對象的「塌縮」，而是觀察動作（確認、選擇）本身就是塌縮。

也不是測量（觀察）行為改變了某某對象的狀態，而是測量行為令觀察者自身本來的「非狀態（真實狀態）」隨機「退相干」成了某種（自定義真實）狀態，這種狀態「相互映射」成自他關係。

那為什麼我們的觀察都能「塌縮（分裂）」到同一種「退相干」狀態？即為什麼不同的人能夠對「這是一個杯子」達到「只能（真的）是這樣」的「不那麼隨機」的「共識」？

杯子本身是真實的——實在性的客觀存在（下卷會展開討論）。這個「實在性的客觀存在」是由既包含了觀察者在內，但又不受任何觀察者主觀因素影響的前、後因果關係所決定的。不受任何觀察者主觀因素影響的前、後因果關係，叫「真實關係」。真實關係中的「真實」不會「退相干」，因為真實中的前、後因果關係是百分之百兼容的自適應。兼容，即共存——「是」與「不是」共存——「相干性」（對稱性）是連續的、恆存的。

但這樣的真實「沒有任何意義」（「我眼前既有杯子又沒有杯子」這句話沒有意義）。

「沒有任何意義」就意味著不存在任何概率的度量——不存在任何概率的度量意味著：不可選擇（潛無窮）。

——真實不可選擇。

由於「指」和「指者」是不可分割的全體，我們無法做到在觀察者缺失（上帝視角）的情形下觀察。而作為生命形式的觀察者的我們，觀察時運用的邏輯皆是生命意義裡的邏輯，生命意義裡的邏輯皆是（把行為發生者自身主觀因素包括在內的）後因果關係邏輯。後因果關係邏輯必然是共時性邏輯，共時性邏輯強調「純正唯一」的結果的純潔性：「純正唯一」必然能夠「千真萬確的」成立，「當且僅當」「非純正唯一」必然為假。這種對共時性邏輯必然性的肯定的根據叫做「排中律」。

問題是：後因果關係邏輯與「非」場存在的後因果關係必然是選擇性的——「必有一真」不過是人為選擇的結果。

真實不可選擇。

即：選擇的必然不真實——選擇的存在叫主觀存在——自定義真實。

那麼無論選擇「純正唯一」還是「非純正唯一」，兩者同假：排中律自身與排中律原理相悖。

邏輯的「排中律」原理反而是認識事物真相的人為設置的屏障。

以「可持續」為共同最高原則的生命的最原始最基本的自定義——DNA 的六大生命屬性決定了選擇必然會在真實關係中「優化（不那麼隨機）」出「最有意義」（可持續性的純正唯一的意義的似然度最大）的選項。

「優化選項」就意味著產生了概率的內涵：「可持續性的純正唯一」被優化後的布朗運動必然在觀察者眼中呈現出正態分佈的鐘形曲線上的「鐘形」。

DNA 最首要的屬性是（因自他分別而產生的缺失意識而出現了回歸的）需求，需求必須有需求的對象（產生自他分別性質的主客體對立，包括時間、空間等概念皆亦因主客體對立的「需求」而產生他他分別），這個對象必須「存有」才「有意義」。這個「有意義的存有」首先就是笛卡爾的「我思故我在」中的「我在」（下卷會為「我在」賦予新的內涵）。

因此：

「存有」是生命賦予「實在」的最初始的有意義的內涵的自定義真實的「他者」。

「存有」是一切傳統哲學概念中「第一元概念」。

因此海德格爾認為首先必須「在（存有）」，才有「在者（存有者）。」

因此康德認為存在著一個認識之外的，又絕對不可認識的物自體。

產生「有意義的內涵」就意味著產生了選擇，也就發生了「塌縮」。

這個「最初始的有意義的內涵」不妨就稱為「初始先驗概率」——最初始的先前定義（先前設定——即預設性：邏輯皆基於先前設定）。

但「最初始的先前定義」其實是意味著：思維倒錯的源始——從「一開始」，「我們」就把前提（共時性的某狀態）與「被描述對象」「倒置」了——「存有」這個「第一元概念」始終是「被描述對象」的前提而非「被描述對象」自身，之後繼續對「存有」這個「第一元概念」的描述就始終是對（預設）前提的解釋。而縱觀整個解釋的過程，對於「被描述對象」自身，「我們」依然「不明所以」（不可認識）。

正因為思維中把「前提」與「自身」倒置，物理學家對量子系統與經典系統的描述也就截然相反——完全開放的量子系統（本文下卷會討論其開放性）被設定為孤立系統；被邏輯規限必然有所屬因此並不開放甚至是封閉的經典系統，反而被描述為（不過是「認為是」）開放系統。

初始先驗概率存在於所有生命的遺傳基因中（佛學稱之為執念之「共業」），作為生命遺傳基因的基礎影響著生命的初始選擇：只要是生命形式，必然決定了「實在」只能依據排中律「塌縮」為似然度最大的選項「有所是（存有的在）」這種「退相干」狀態——所見（所思）即所得的「物（我在）」——實在的「鏡像」。

「沒有意義」的「無」，就根據排中律而被（指者主觀）淘汰。

自此，被初始先驗概率掩蓋（現代物理學的術語：對稱性被「隱藏」）的實在，我們就永遠「不可知」。

存有是「物」（延伸至規律的反映、構造與表像等形式）；存有必定有存有的理由（有意義的具體內容：例如具體的需求），那就生出「事」來了。

因為，理由——是之為是，必須具有邏輯上相對立意義上的矛盾性質，存有才能被比較，才能被證明或證偽，才能叫「科學」。

凡是有矛盾的，必然是相對的，即有限的。自此，「有限」成為我們衡量事物的（他他分別的）「第一度規」——我們認識到無窮作

為對象不能用有限的方法處理，但我們卻又「不得不」用有限的方法處理無窮。

凡是有限的，必然受法則約束，即有邏輯、有規律的。「邏輯」，是我們衡量事物的「第二度規」（所謂物理學上的經典行為的「經典」就意味著邏輯，也就「不開放」）。

有矛盾就意味著「必然有事發生」——中國人早就說：世上本無事，庸人自擾之——「物」沒有矛盾（「物」是相干的實在「最完全的鏡像」），「自然」不包含邏輯。

矛盾的是「事」——反映矛盾的邏輯與事俱起俱滅：「是」判斷邏輯屬性第四個外延中「糾纏共生」的是指者與目標之間發生的「事」。更精準的表述是：退相干與邏輯等價；邏輯與確認行為等價；確認行為與「事」等價；事與「鬥爭」等價；鬥爭與（活力）「運動、變化、發展」等價。

所以，當哲學家們在爭論「邏輯在先」的哲學意義時，無論是肯定抑或是否定，爭論者始終脫離不了「以邏輯在先討論邏輯在先（也可以稱為『站在邏輯的立場討論邏輯』）」這個「真類」中「是其所是」（亞里士多德對同一性的定義）的詮釋學循環。

事與物就構成了「事物」。就構成了「（主觀）存在」（自定義真實）。

因需求的對象必須「存有」，所以我們「看到」的，感知到的存在必然是「物」。但我們認識的存在，卻永遠不是「物（被描述對象）」而是「事（對前提的解釋）」。因此，我們認識的「存在」，其實是「存在著」。

「我在」這個存有要有意義，就必須有比較，就必須有不同於「我在」的「第三者（非同一慣性系的他他分別的他者）」之物——二重分裂——就「終於真的出事了」。

在初始先驗概率的作用下，生命對杯子首先達成了初始的「共識」——「非我在」的第三者的杯狀物。杯狀物，是以初始先驗概率

為條件優化生成的第一個「後驗概率（他他分別的他者）」。

之後不同的共識（後驗概率）是由後續種種不同的概率聯合加和優化之後達成——因不完備而形成的布朗運動模式的確認行為，因此而變成了符合「冪定律」的、「萊維飛行」模式的確認行為。

不同的物種，為杯狀物所賦予的後續內涵不同（不同的後驗概率的「事」）。對於貓狗來說，杯狀物可能只有能不能吃，有沒有危險性兩重意義（兩重意義都是為了達到可持續的目的。人的原始本能亦如是）。如果杯狀物既不能吃又沒有危險性，則貓狗對杯狀物的存在其實是視而不見：物非物——即「無感」，也即「少事」或「無事」的一個「物」。在貓狗眼中，這個「無事之物」與茶壺、手機、石頭等價——都是沒有多大意義。

人賦予杯狀物「有意義的內涵」就豐富得多（特別多事），而種種不同的意義（事）不過是把「存有」人為地碎片化（分化性：筆者把其作為離散性及發散性的統稱）。

儘管具有相同基因庫的人類能夠達到「杯子」的社會性共識（能指概念化之後的所指——也就是自己賦予自己冠名權後自定義的「名」），但他他分別之下，水杯、酒杯、茶杯，古典杯、高雅杯、精緻杯、廉價杯，不同的似然度構成不同的優化了的後驗概率而令杯子具有了不同的意義（不同的「名」）。不同的含有某種意義的後驗概率，又會成為判斷後續事件發生的先驗概率。

當帶著邏輯基因（實際上是悖論基因）的人類的語言與文字（第三度規）出現；

當因為他他分別比較上的需要而必然地首先產生「1」這個基本數字單位概念——第四度規——新柏拉圖主義最重要的代表人物普羅提諾認為：正是依靠「一」，所是的東西才是東西，任何東西失去了「一」也就失去了其所是。

這個其所是的「一」，就有了兩個內涵——既是存在性的最小值：基本數字單位；又是意識性的最大值：上帝的唯一性。

人類的思維也就被自己禁錮在獨「一」無二──但這個「一」實際上「什麼也不是」的「數感」裡面，人類的命運也就因此而註定：正是因為「一」這個他他分別之下自定義的基本單位，決定了人類文明的走向必然是自定義真實──在「倒置」了前提與「被描述對象」之後確認了「存有」這個「第一元概念」，而這個實際上是前提的「第一元概念」要描述的對象，就首先必須是個單位「一」（失去了「一」也就失去了其所是）。「一」的本質是「一點」，但「點」本身沒有「背景參數」（零維），即「點」就是「點」本身，說白了就是虛無縹緲。一定要解釋，就給出個「點」的最小值「普朗克長度」。問題是這個「真的」有具體數字的長度，終究是解釋描述對象的「前提」而不是描述對象本身。

　　當畢達哥拉斯提出「萬物皆為數」；當「不能數（不能比）的無理數」經過函數、極限及收斂性等各種手段的界定後終於「成功」地填滿了有理數集的「空隙」；當並不能在數軸上「安分守己」的實數（賦予了歷時性意義的事物的運動發展變化的趨向性），被賦予 i 這個虛數變量單位而具有了共時性意義的「直觀性（i 諧音 EYE）」時，生命意義裡的後因果關係邏輯，也就在當中不斷地順理成章地建立著（優化著）秩序，以本來並不存在的、虛幻的，但我們已然忘卻其虛幻的「數」作為「主要粘合材料」重塑著真實，最終為自定義真實「定格」──脫離了這個「格式」，獨一就「不能活」了，甚至「毀滅」了，更甚者就「末日來臨」了。

　　優化得越徹底的後驗概率，意味著其共識越頑固（滯後性強，還原性弱地「只能是這樣」），事物的「實在性的客觀存在」因此而被層層自定義固化為「主觀存在」，以至於我們一旦作出諸如指鹿為馬、用水杯喝酒、「衣冠裡面是禽獸」之類「違反概率」的選擇，就會被認為是不科學，大逆不道，或者是道德敗壞──沒有對錯的真實世界，終於被我們「硬生生」分出了愛憎分明的對錯。

　　但無論概率有多麼大，概率始終是概率。在概率學裡，百分之一百的概率並不意味著絕對會發生。反過來，即使是零概率，又並不意味著完全不會發生，而只是「幾乎不可能」。

小概率的事件始終在不斷（或屬）地發生。結果就如同數學家們的發現：無理數才是「常態」，有理數其實才是「沒有道理」的數；然後又發現：我們日常習慣了運用加減乘除操作的「有規律的」代數數，一直是淹沒在「沒有規律」的超越數的海洋裡——這意味著「無常（相干）」才是世界現實的真實寫照——一入一切，一切入一：我們所認為的事物，所建立的秩序，就像試圖用一張無比精細的網格，妄想著能夠覆蓋大海，但海水始終不斷地滲溢著。

　　無數小概率事件「集腋成裘」，不斷地產生「量變到質變」。事物終極的不確定性（無標度性：越是確認，非同一慣性系越多）令我們困惑。因此我們始終對邏輯系統的可靠性心存疑問。

　　正因為對邏輯系統的可靠性存疑（由此還產生了一門稱為「解構主義」的專門與傳統哲學「對著幹」的流派），我們對感知的一切事物（主觀存在）始終都會打個問號，即「為什麼」——自他分別的為什麼與他他分別的為什麼。也就特別「多事」：萬事因人而起，因人的「為什麼」而起——我們在追問事物發生的原因前，請先追問我們的內心：為什麼有「為什麼」。我們非得要徹徹底底地知道萬事萬物存在的根本原因，徹徹底底地找到萬事萬物存在的充足理由（存在的意義、存在的存在意義），我們才能睡得安穩。然而，「是」判斷邏輯屬性的第四外延補充指出：通過「是」判斷尋求「本來」（為什麼），會產生一種與「真類」震盪方向相反的「逆震盪」（無窮倒退）。最後我們不得不承認：「我們不可能確認」。即任何存在的理由背後還有未知的「理由」。

　　因此，邏輯的理由充足律是一個偽命題（偽定律——假設是「真命題」，就不存在什麼「或屬」而只有「一次過」的「且屬」）。

　　又或者，邏輯的理由充足律僅僅在經過人為性及特設性修改之後的語義蘊涵中才有效。正如海德格爾所說：在存在論上沒有充分理由卻一開始就設置了一件東西的概念作為某種不言自明的現成存在的前提——我們種種精闢的「因為」都已經預設了一個我們自認為確定無疑的現成的「所以」才「有意義」。

同理：貝葉斯定律也僅在以有限作為條件才能有效。

這是「因為」，讓我們作出判斷選擇的基礎——初始的先驗概率，始終是建立在未知（前提的因為）之上——真實關係不存在任何概率的度量（沒有真正的「屬」，沒有維度，可名「無維」）；實在不存在事件發生的「樣本空間」；真實關係的發生不存在「邊界」，沒有極限；實在不能以「集合」定義——我們並不知道「存有」（物）相對於實在的初始先驗概率是多少。因此我們只能「人為地特設」樣本空間：在樣本空間中事物的真與假、有與無、生與死、陰與陽、矛與盾、是與非等等各佔百分之五十。並因此發展出自定義真實的最高抽象概括：二進制的 0 與 1。以至於「每一個人」都在超真實世界中「終極退相干」為一個 Bit。

上述內容揭示了，（由於「是」判斷所必然具備的邏輯屬性）確認判斷的四個邏輯基本原理在本質上皆是不自洽的：邏輯並不能滿足邏輯自身的「同一律」原理；邏輯是第一二律背反；邏輯的「排中律」原理反而是認識事物真相的人為設置的屏障；邏輯的理由充足律是一個偽命題（偽定律）。

因此：

邏輯是自定義。

——如果邏輯基本原理是自洽的，人類社會就不會混亂，不會有紛爭——但卻會變成「死氣沉沉的格式」。

——人類社會的混亂、紛爭，是依據自定義邏輯而產生的自定義必然，直白地說就是「自己作死」。

哲學，本源是追尋智慧之學。

但以缺失了邏輯屬性研究的邏輯為工具去研究的哲學，不過是追尋「智」的、自定義世界觀的學問。

維特根斯坦認為：數學家不是發現者，而是發明者。

發現是：本來就有的，我們發現了它——客觀；

發明是：本來沒有，我們創造了它——主觀。

「是」判斷一定是共時性主觀判斷（一定是唯心主義）。

當我們企圖確認「我是誰」時，就產生了自他分別，我和「誰」之間就必須搭建一座橋樑，這座橋樑的名字叫「邏輯」，「因為」我和「誰」之間的關聯「只有」邏輯才能「解釋得通」。

數學、邏輯，都不過是「因環境（鏡像）需要」而「無中生有」創造的「得心應手」的工具。

人類最大的「發明」，就是「本來沒有的」邏輯。

我們（嚴格來說是西方人）發明了邏輯之後，就以此為根據去認識世界。

如此認識的世界，就「一定是」邏輯的世界。

「沒有邏輯」或「邏輯混亂」的事物，就「一定」被淘汰，也就一定得出「適者生存」的結論。

我們判斷事物，判斷世界真實性的依據是「邏輯正確」。

根據邏輯判斷邏輯正確，也即是「自定義正確」。

自定義正確永不能完備。

因為，邏輯完備不了邏輯自身的「同真同假」：因能指本質上的全體性，故邏輯自身可同真同假，但邏輯必然與目標捆綁才能「有效」（行為與目標糾纏共生，「所指」的集合性），捆綁了目標的邏輯就不能同真同假——然而：「事實上」，全體性的世界（真實世界）處處皆是「同真同假」——中文的表達叫「陰陽和合」：以陰陽和合為理念的學說就叫做「陰陽學說」。

陰陽和合表現為「相生相剋」：

可以同真，「現象界」表現為相剋；

可以同假，「現象界」表現為相生。

「辯證法」是西方哲學裡研究邏輯過程中重要的專有名詞——但是，當我們說「中國古代哲學思想也蘊含了豐富的辯證法思想」時，我們其實已陷入了因西方話語權而形成的「語言陷阱」中而「自貶身價」：陰陽學說的內涵是歷時性與共時性兼容的「和合」；辯證法的內涵是強調歷時性的「分化」（然後通過共時性形式邏輯具現）——兩者根本不在一個「維度」上——陰陽學說比辯證法「高明得多」——或者說：陰陽學說是辯證法的「內稟」——提出著名的並協原理（也叫互補原理）以詮釋量子力學的丹麥物理學家尼爾斯·波爾，就把太極（陰陽的「內稟」）的圖案置於其家族的族徽裡。

　　當被譽為「數理邏輯及分析哲學奠基人」的弗雷格，以「反心理主義原則」作為其《算術基礎》的主導思想時，他其實已經「在心理上選擇」了以邏輯為立場，預設了邏輯及數學規律的客觀性。

　　當我們的思維始終以「邏輯在先」為前提再去思考萬事萬物及其本源時，我們認識的世界，就始終是主觀性自定義的「分化」的世界。

　　這個自定義的邏輯基本原理的本質，可以用一個被譽為「上帝創造的公式」的恆等式——歐拉公式：$e^{\pi i}+1=0$ 表示。

　　歐拉公式的哲學意義是：「1」即是塌縮後的、退相干的、共時性的、有意義的自定義真實——確定一個慣性系。這個「有意義」是建立（+）在「1」對歷時性的自身全體（自然對數的底 e 的指數）的連續否定（「不是……而是……」以「非」場 i 為模式無窮震盪）之上——一個一切都「有邏輯」、能夠「解釋得通」，完全能夠自圓其說，有始有終，有條有理，自給自足的迷宮型的超真實世界的怪胎。但這個迷宮型怪胎在圖像（複數平面）上卻必然地「封閉」為「1」的映射「-1」——自定義真實關係的「是」判斷。是與不是的疊加態同構（=）於空無「0」——進步與進（演）化的同步發生，則是一種自他分別及他他分別後對自身及他者的同時否定，即對包括指者在內的全體的徹底否定——最終，生命（意義）不過是虛無——不在任何慣性系中。

　　邏輯只是對（知）識的——「一廂情願」的主觀表達而不是——獲得。

歐拉公式並非上帝創造的公式。或者說，是上帝用來嘲笑自定義的公式。因為這個公式反映的不是自然本身，而是「自定義是」判斷模式中的自然。

「自定義是」判斷模式中的自然是「自定義是」判斷模式下的必然。

「自定義是」判斷模式下的必然就是：當且僅當你在我右邊時，我在你左邊。

這就叫做：「邏輯正確」。

邏輯的確能夠，也（沒得選地）只有邏輯能夠——「天衣無縫」地證明邏輯正確是「真的」——（羅素的理髮師悖論中的）理髮師嚴格遵守自己設定的規則為那些「不為自己理髮的人理髮」時，他每一次理髮的行為都是「絕對正確」的——「除了為理髮師本人理髮之外」——因此這個世界「除了邏輯以外」的一切問題都必然地可以「先射箭再畫靶」——「畫靶」就是用邏輯保證「正確地模仿、繞過、平衡或掩蓋」邏輯悖論自身。

即，目標的「真」是「畫出來」的，這樣畫出來的「正中靶心」當然是「沒有問題的」。因此，「懷疑」自身確實「不能懷疑」。

問題出在「畫（指）」這個行為——「畫（指）」這個行為本身就是判斷過程中的一個「bug」。

「真的」邏輯正確卻不能證明邏輯（畫的行為）自身是「真的（正確）」。也就不能證明自定義真實是「真的」。

因為「畫（指）」的永遠只是「靶心（前提）」而永遠不能把靶心「之外」的「對象本身（真實）」同時「全包含」在「畫（指）」中。

假如邏輯是「真的」，證明（選擇）就不會「塌縮」：不會塌縮，邏輯就一定能夠完備對象自身，即一定是「一次過」的全包含，而不會糾纏共生，不會震盪重複，物自體也就「可認識」。

「塌縮」的意義在於：邏輯通過自身的歸謬法「正確地」證明了邏輯自身：不可證明。

「邏輯正確」下的「真實」不等價於真實。

後因果關係邏輯下自定義的真實（主觀存在），是「自以為是」的幻象——「眼見為實」根本就是「眼見並不為實」——見見之時，見非所見。

真實一定是「漏洞百出」、「沒有道理」的：當且僅當你在我右邊時，我「可以」在你左邊，「也可能」「同時在」或者「同時地在」你右邊、前邊、後邊、上邊、下邊……：這叫做「邏輯混沌」（《邏輯後綴學》下卷會深入討論）。

「眼見並不為實」——我們似乎難以認同。

人定勝天的意思是：邏輯正確一定能夠戰勝邏輯混沌。

我們對世界的認識，似乎皆是從眼睛所見開始——眼所至，心所見（佛學認為：凡夫必「見後有見想」）。

德國生理學家盧迪馬爾·赫爾曼在 1870 年發現並取名的視錯覺作品「赫爾曼柵格錯覺」（後人在此基礎上又製作了更經典的「閃光柵格錯覺」），顯示了當觀察某個在排列整齊的方塊中間，垂直相交白色條紋的空白交叉點時，眼睛餘光所及的其他交叉點總是隱約呈現為暗點，但只要視線中心，即焦點轉移到暗點所在處，暗點卻消失了。

對上述視錯覺的解釋，前有視網膜側抑制理論，後有大腦皮層神經細胞理論。兩者皆以焦點所及之處是為真實，餘光所及之處是為錯覺作為前提。

現象上的正確並非就能代表事物的本質。也許，當人們準備去觀察或考究的時候，已經走在背離本質的道路上了。

以《邏輯後綴學》的理論解釋（參考「是」判斷邏輯屬性的第十六個外延）：暗點反映出真實關係中的相干性。相干性在自定義真實關係中表現為相悖性。焦點所在表面上是交集，實質因相悖性故而是開集。信息量越大，關聯越多，邏輯性越強，「開集的交集」越是確定無疑，相悖性反而就越強——「相悖性越強」反映出：「咋一看」，邏輯都很有道理，但繼續探究，就會越來越沒有道理，越沒有道理，

越必須繼續深究——最後就總是變成「越來越緊致」，也就是「鑽牛角尖」，人就會越來越歇斯底里，甚至就精神分裂。

當我們企圖確定焦點時：處處焦點，實際上沒有焦點。如「初級駕車者」——初級駕駛者認為：所有焦點都與我有關——擁有權——實際上，我們從未擁有過。

暗點的產生其實是在告訴我們：沒有焦點，卻又處處焦點。有此種覺悟者，如「熟練駕駛者」——熟練駕駛者知道：所有焦點皆是我安全駕駛的參照——使用權——「用」過後就「放下」。

真實沒有意義，有意義不真實（自定義真實）。

零除數沒有意義——因為相干的實在不可分。

分母不為零的分數有意義：但其「有意義」始終因為「質點」這個「小妖」在當中「興風作浪」，而永遠不能完備與自洽實無窮體系，其「缺陷」只能自欺欺人地在微分意義上用測度空間的限制來「規避」。

中國人把自定義真實稱為：浮生。

浮生，也就是「虛」。

以虛為實的人生，也就終日徒勞，也就「眾生皆苦」。

自欺欺人地不承認「虛」，就叫做「偽」。

「自定義是」判斷，都是偽命題。

「自定義是」判斷的人生，就不過是一次虛偽的旅程。

這是《邏輯後綴學》上卷為「自定義是」判斷所下的最終結論。

這個結論很重要：我們以為的「實」，本質為「（心）虛」；我們以為的「虛（心）」，本質為「實」。

這個結論很直白。整部《邏輯後綴學》上卷只是想告訴讀者：真實世界不是這樣的。

真實世界不是這樣的。

但是——揭開真相者——不受歡迎。就如同《皇帝的新裝》裡的小孩——肯定不會被世人接受。

不是這樣的。那麼，應該是怎麼樣的？

任何的「是」判斷，都會出現悖論；用「是」判斷判斷「是」判斷，即形成一個無休止震盪與重複的，「糾纏共生」的真類，就會在物質（目標）與意識（行為）的二元關係裡糾纏不清。

世界既不是「這樣」，也不是「那樣」。應該是：無論是「怎麼樣」其實都不重要，重要的是：為什麼一定要「是」——「怎麼樣」？

早參暮請究無窮，一朝了然萬法空；
銀盆盛雪妙清淨，月華透水二諦通！（筆者創）

下卷

漸入佳境

第一章

宇宙因

下卷的討論可能會令讀者覺得「有點玄」。

故首先為玄學說幾句話。有關玄學,現代社會裡不少人認為是迷信,往往以哂笑或批判的態度待之。一種看法是:科學去到最高階段,就會和哲學接軌,哲學去到最高層次,則必定和玄學接軌。而筆者則認為:科學、哲學、玄學三者是以全序關係置於思維金字塔的頂端。我們可以懷疑一切,但不應該對這個世界存在的任何可能匆匆下否定的結論。有人做這樣的比喻:如果把地球歷史壓縮成一天的二十四小時,則人類的出現大約在 23 點 58 分 43 秒左右,而有記錄的人類歷史不過是午夜最後的幾秒鐘。如果說地球史相當於一個成年人伸長雙臂所達到的長度,人類歷史則相當於一側的手指上的指甲的邊緣。「一把中度粒面的指甲銼,一下子就可以銼掉人類歷史」(摘自美國作家比爾‧布萊森的《萬物簡史》)。才「呱呱墜地」、「剛剛」出現的人類,就認為自己對宇宙的認識了然於胸,只有兩種可能,一是狂妄自大,二是不敢正視現實。

1957 年諾貝爾物理學獎得主李政道先生在《對稱與不對稱》一書中指出:所有的對稱原理,均基於下述假設:某些基本量是不可能觀察到的,這些量被稱之為「不可觀察量」;反之,只要某個不可觀察量變成可觀察量,那麼,我們就稱為「有對稱性的破壞」,因此而產生的不對稱性稱「破缺」。

一般的觀點認為:時空、不同種類的粒子、質量、不同種類的相互作用、整個複雜紛紜的自然界,包括人類自身,都是「對稱性自發破缺」。生命本身就與分子的不對稱性息息相關:氨基酸都有手性對映異構體,意思是像我們的左右手一樣互為不能重合的鏡像。因此而

認為，對稱性破壞，是事物不斷發展變化、豐富多彩的原因。甚至更認為：沒有對稱性破壞，就不能形成我們所認識的這個「破缺」的宇宙。

　　但對稱性破壞的機制是什麼？「誰」在破壞？現代物理不能解決這個重要課題。

　　可觀察，既意味著可以描述，更重要的是意味著必然有一個觀察者、描述者，即思維發生者、指者。也就意味著這個觀察者的觀察，是「是」判斷的確認過程而必然具有「是」判斷邏輯屬性的兩個內涵。

　　手性，正是自他分別的「鏡面對稱性」在現象學上的具體表現。我們解釋不了隨機性下組成地球生命蛋白質的二十種氨基酸皆是左旋 L型，而核酸 DNA 卻是右旋 D 型的現象，可以用「自他分別」這種「理念」解釋：因為作為被觀察對象的天然蛋白質中氨基酸的基團，受碳鏈上碳原子的電子體系裡的最低能態的旋光性必然為左旋的影響，在「觀察者」眼中皆因人的相同屬性的自定義（的「基因」）而必然作出（左旋）選擇的「共識」，令被觀察對象處於「眼見為實」的左旋的「這一鏡面」。而作為承擔生命信息複製任務的核酸 DNA，「當然」地因他他分別的「鏡面對稱性」而表現出右旋的 D 型。因此我們預測的隨機實際上已經是不隨機，就如同在水形悖論中，我們不過是討論裝在形狀已確定的器皿中的已經確定了的水的形狀的隨機性；就如同我們解釋不了我們「看見」的必然為「有」而不是「無」。

　　量子力學中的「波粒二象性」，亦等價於對稱性。對稱性「不可觀察」，我們只是「憑著想像」描述。至於是「粒子」，還是「波」，取決於我們不同的觀察手段。

　　不同的觀察手段，不同的模型，不同的參數，種種「他他分別」就形成了科學家、數學家、物理學家所建立的種種不同的「破缺」的理論。

　　因此，根據《邏輯後綴學》上卷的觀點，所謂「對稱性破壞」，與「（確認性）觀察」、「塌縮」等價。「破缺」同樣可以理解為觀察者觀察（塌縮）下的「退相干」現象。

具有生命意義的觀察者必然根據後因果關係邏輯令觀察的對象退相干為具有某種具體意義（「經典的」可觀察）的形式（鏡像）。

這個具有某種具體意義（可觀察）的形式，就是「對稱性破缺」的產物。

即我們認識的宇宙，是「自定義是」判斷之下因塌縮（破壞）而退相干的「破缺」。

因——我們自己的——破壞——而讓我們認識了「破缺」的宇宙。

真實宇宙沒有破缺，也不會破缺——無極。

宇宙的「本來」，是對稱的，因此沒有可觀察的「量」，沒有可描述的「值」，即不可觀察，不可描述。

同樣地，我的「本來」，沒有破缺——沒有缺陷。

同樣地，一切事物的本質——實在，也沒有破缺。

沒有破缺，即不可觀察。

不可觀察，即不可描述。佛學《華嚴經》第四十五卷以三百多個「不可說」來描述這種「不可描述」。這種「不可描述」的境界，佛學稱為「圓滿」。

不可觀察，不可描述，才是真正的真實。

真實，一定是圓滿。

圓滿，等價於對稱，等價於真實（實在）。

不可觀察，不可描述，因為是前、後因果關係百分百兼容的疊加態的實在。實在是相干的，對稱的。沒有邊界，沒有樣本空間。實在並不受我們自以為的因果律制約。

「是」判斷作為確認性判斷，一定有目標。目標，一定是集合。集合，一定有樣本空間，有邊界，有「他他分別的」所屬。有所屬，才有「量」有「值」，才可觀察，可描述。

但是，「有所屬」一定不能包含自身，即不存在包含自身的集合。

所有集合的總體不是集合，因為「所有」即包含了「所有」自身。

當「所有」企圖對「所有」自身作出確認性判斷，「所有」就表現為「真類」。

宇宙包含了所有，當然也包含了宇宙（這個「屬」）自身。當我們企圖對宇宙作出終極「是」判斷。宇宙就是一個極限的「超級的真類」。

我們作出的任何確認性判斷，一定是我們自身的主觀判斷，即一定是包含我們自身。

當我們企圖對包含自身的實在作出確認性判斷，就發生了「破壞」的行為，真實就表現（變遷）為「真類」。

不存在包含自身的集合。

但所有集合（嚴格而言應該是「所有非空集合」）皆是由包含自身的真類（我）定義。

故：由包含自身的真類定義的不包含自身的集合不存在「真值」，即集合的值皆是「自定義」（無論這個「值」是「真」是「假」：邏輯是研究真假值的學問——自定義邏輯之後再來研究自定義邏輯真假值的學問）。

我們作出的任何確認性判斷所得出的結果，臆測宇宙的年齡、大小；太陽的坐標、位置；我是誰；定義種種事物，皆是「自定義是」判斷的目標。

先有雞？還是先有雞蛋？

事物的矛盾性——悖論，只出現在確認行為發生之際。

破缺，因觀察者的觀察（塌縮）而產生。

對稱性被隱藏。被誰隱藏？被我們自己隱藏；被什麼隱藏？被「是」判斷隱藏。

存在，因觀察而存在。

我們自己的（確認）行為就是破缺之「因」（破壞）：根本因——
也是宇宙因——目標成立，當且僅當確認行為實現——這是「是」判
斷能夠成立的第三個必要條件。

行為與行為發生者必然是一體的（我們必然「在場」）。因此這
個確認行為，必然是「自發」的。所謂「自發」，即「主觀」的「主
（我）」，「主觀」即判斷者「自定義是」判斷的「破壞」行為，即「塌
縮」。塌縮造成的破缺，就稱為「自發破缺」。

不是觀察對象自發破缺，是因為我們對自己、對事物、對宇宙做
出「自定義是」判斷的行為，我們就「立即被『排斥』在自己或事物
或宇宙之外」——所謂排他性，不是什麼「他者」的自己或宇宙排斥
我們，也不是我們排斥什麼「他者」，而是我們自己「自發」地排斥
自己，把自己排斥在自己或事物或宇宙之外（對稱之外的外來者）——
我們因排斥而有了「缺陷」。（當今世界越來越「確定」，人與人之
間則越來越排斥。我們並沒有意識到：排斥他者，意味著對自己的排斥。
通俗的說法，我們在「自己作死」）。

破缺的不是他者，破缺是因為我們自己先有了缺陷（自己把自己
作為他者：就有了缺陷——禪宗早有啟示：心中有屎，眼見的就都是
屎——或者，這「缺陷」也就是基督教所說的「原罪」）。本來的我
沒有缺陷，我們因自己（確認）行為所產生的「破壞」而有了缺陷。
我們心中有了缺陷，才會「看起來」一切都是「破缺」。

綜上所述，再結合《邏輯後綴學》上卷的討論，「自定義是」判
斷的目標，在現代科學上的表述是「破缺」；在物理學上的表述是「慣
性參考系」；哲學的術語叫「存在」；現象學稱其為「形式」；心理
學表達為「鏡像」；佛學的理念究其本質為「有漏」（「漏」意思就
是不圓滿的）；一般的理論叫「事物」。「破缺」、「慣性參考系」、
「存在」、「形式」、「鏡像」、「有漏」或「事物」，都是對同一
討論對象的不同表述。選擇哪一個表述，取決於想表達的面向。

《邏輯後綴學》把它們統一起來：俱是確認行為——「自定義是」
判斷的產物——自定義真實。

目標成立，當且僅當確認行為實現——一切皆因確認行為而起。

知識的「識」，並非以邏輯而識，而是因邏輯而識。

然後我們把這個因（邏輯行為）視作果——深層思維倒錯——「是」是什麼：「是」是不容置疑的「存在」（果）——不能懷疑「懷疑」自身（笛卡爾）——然後再徒勞地絞盡腦汁尋求這個果的因——「為什麼」（方法論）是之為是——錯上加錯的中層思維倒錯：強行設定有序——進而確定「是什麼」（本體論的自身所是及是其所是）——錯上加錯再加錯的淺層思維倒錯：因非而是的後因果關係邏輯的認識論。

把因（行為）視作果——深層思維倒錯：

深層思維倒錯——亦叫做「深層內因」——根本因、宇宙因。

深、中、淺三層思維倒錯，皆為佛門《心經》中指出的——「顛倒夢想」。

深層思維倒錯，然後「借題發揮」，其「佼佼者」當屬德國哲學家黑格爾。

黑格爾前、後的哲學家，無論什麼「流派」，研究的皆是「是什麼」或「為什麼」。「簡單粗暴」地分類：當中以「他他分別（他是）」為側重點的研究，皆可稱為「唯物主義」；以「自他分別（我是）」為側重點的研究，則可稱為「唯心主義」（注：這裡的「唯物主義」與「唯心主義」是根據傳統哲學理念而劃分。《邏輯後綴學》上卷則認為：凡「是」判斷皆屬唯心主義。而何謂「唯物」？本文接下來會有討論）。而黑格爾的哲學儘管被歸入唯心主義哲學範疇，但他對哲學最大的「貢獻」，是把包括了自然、歷史和精神在內的整個世界，描寫為一個建立在邏輯的純粹理念之上的，自然及人類社會出現之前就永恆存在的，與時間無關的，處在不斷運動、變化及發展的「矛盾即過程」中的「辯證」的過程（有關「過程」的概念，後面討論系統學時會重新解讀）。

這個「邏輯的純粹理念」，作為黑格爾眼中被充分肯定的「果」，不過是必然依循「是」判斷十六個邏輯屬性外延而註定會「不斷運動、變化、發展」，但沒有起始，沒有終點的「因」。

戴著眼鏡到處找戴著的眼鏡。

我們在努力「求是」，但越是努力，「是」就越「不是」。

意思是不能下結論。

因為，一下結論，就「是」了，但「是」又是「不是」了。

說似一物即不中。

也叫做無所適從。

確認不能確認「確認」自身。

邏輯是因，而非果。

人類歷史上下五千年裡最大的「謬誤」，就是「求是」。

我們不斷地追問是什麼和為什麼，但從來不問問「是」（到底）是什麼和為什麼是「是」。

即為什麼一定要「求是」？

可不可以不求「是」？

「是」判斷 VS 「非」判斷

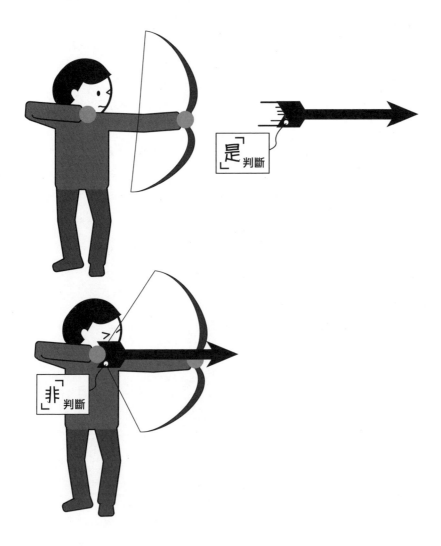

第二章

「非」判斷邏輯屬性的內涵

一，「非」判斷的定義。

不求「是」，即不做「是」判斷，即不作出確認行為。

但不做「是」判斷，不等於不判斷。

不判斷，就會糊裡糊塗，渾渾噩噩。

為了不至於糊裡糊塗渾渾噩噩，我們確實必須判斷。

但判斷不等價於確認。

除了確認性「求是」的判斷思維之外，還有另一種判斷思維——非確認性判斷思維——「去是」。

「去是」的「非」判斷，是對「是」判斷的「範式轉換」。

範式轉換之前及之後的判斷，是「完全不同維度」的判斷。

《邏輯後綴學》上卷的前言中指出：邏輯學的研究，僅僅集中在思維過程的合理性與否，而忽視了思維過程中的屬性在思維發生者與思維對象之間的關鍵作用。

思維發生者——思維過程本身的屬性——思維對象。

思維過程本身的屬性，《邏輯後綴學》稱為「邏輯屬性」。

思維過程，具有「是」判斷與「非」判斷兩種模式。兩種模式分別表現出不同的邏輯屬性。

「非」判斷，不等價於否定判斷。

這兩個概念在討論「非」判斷定義之前首先必須嚴格區分的。

否定判斷等價於肯定判斷。

《邏輯後綴學》上卷指出：把否定含義的確認判斷都納入「是」判斷，是因為當我們對研究判斷對象作出確認的否定判斷時，不過是在為「肯定」判斷「清除障礙」，最終都會形成「不是……而是……」的模式而作出肯定的確認。因此否定判斷實際上是一種「反指」的「非此即彼」的肯定判斷，兩者都是形式邏輯裡等價的確認模式的判斷。

　　「非」判斷的「非」可理解為「不確定是」，這個「不確定是」之後就不是「而是」，而是「可能是」。

　　「非」判斷的「非」的含義也不等價於「是」判斷邏輯屬性內涵之一關於「非」場的「非」的含義。

　　兩個「非」之間具有二義性：

　　後者的「非」意味著分裂之後的再分別，即對目標以外的補集的不相容。所謂「非」場，是「潛在的、所有的」否定判斷，等價於「純正唯一」的「是其所是」及「是之為是」的「障礙」——排除障礙的手段是因淺層思維倒錯而產生的後因果關係邏輯「因非而是」。

　　「非」判斷的「非」，是不進行最終確認。中國有一個成語「不置可否」，可以大致地理解「不進行最終確認」的語義。《邏輯後綴學》把這種「不進行最終確認」的「不置可否」命名為「邏輯叫停」。

　　理髮師真正應該做的只是「理」這個行為，這才是真正的「做該做的事」。如果去計較、識別：「是」——「誰的（頭）髮」？就會產生二重分裂，就會產生「理髮師悖論」。

　　2019 年 10 月 23 日發生在英國的一則轟動一時的時事新聞，背後世人的各種反應，可以讓我們對「不置可否」的「妙用」有初步認識：一輛裝有三十九具屍體的集裝箱貨車在英格蘭東南部的埃塞克斯郡被發現，最初英國媒體稱死者皆為中國籍。網絡上及一些重量級的西方媒體馬上對中國政府及中國人民進行無情的「靈魂拷問」。在「拷問」面前，中國政府發言人的回答是：到底發生了什麼？你到底希望得到什麼樣的答案呢？這裡發言人的反問句就是一種「邏輯叫停」。

　　最後的結果，事件折射的人性心態，各位讀者自己去思考。

一個完成了最終確認的「是」判斷，一定建立了前、後因果關係。

前、後因果關係之間的關係反映出「是」判斷必然產生時間順序上的意義——先有歷時性，後有共時性。前因果關係具有歷時性，後因果關係則具有共時性。

那麼，任何「是」判斷最終完成之前，思維發生者（指者）的思維裡必然會先經過一個歷時性「轉化」為共時性過程中的階段。這個階段中的思維處在一種「未正式開始確認」的狀態，這個狀態可稱為「是」判斷最終完成的「前狀態」。

在「是」判斷「標準心理學」模式中，這個「前狀態階段」的思維在稍縱即逝的過程中，承擔了「感受、體驗、思索、收集、加工信息」的「繁重」任務（這個階段也就是康德所認為的通過感官獲取信息後的感性認識階段），在前、後因果關係之間起著承前啟後的作用。

在「自定義是」判斷中，由於運用的是後因果關係邏輯，這個「前狀態階段」常常被「忽略不計」（前、後因果關係之間的連通性被割裂後只接受互異性。例如薩特認為必須剔除意識中任何「非透明、有分量」的東西），從而形成「因非而是」的心理學模式。

「不進行最終確認」的「非」判斷在字面上與我們的思維定式「是」判斷背道而馳，但實際上的意思是讓我們的思維「刹車」——保持在歷時性轉化為共時性階段前未正式開始確認的前狀態。

思維刹車——邏輯叫停。用句式表達，就是在思維中將「我是什麼」後面的「什麼」去掉，僅保留——「我是」——簡稱：「去我的」。

——待「道行夠深「之後，還要把「是」也去掉：去是。

但對於一般人來說，「去我的」相當不容易，完全「去我的」叫作不可能。再把「是」去掉叫作「不可思議」。所以，本文下卷重點討論「去我的」。「去是」留到最後才稍作探討。

所以，「非」判斷（在「是」判斷語境裡）的定義很簡單：思維判斷處在歷時性轉化為共時性階段中未正式開始確認的邏輯叫停的前

狀態（注：隨著文章的深入討論，「狀態」一詞在「非」判斷意境裡僅起著「借代」的角色，意思是「非」判斷意境裡不存在狀態，但因語言的局限性故不得不用「狀態」表述之）。

從肯定「是」，到「去是」，是認識上不同層次的轉化：西方的心理學，皆是在肯定「自我」的前提下的理論。這樣的理論，不能從根源上解決所謂憂鬱症的問題，更甚者，還會產生種種諸如末日論之類的「終極集體憂鬱症」。西方有一種理論，論述與憂鬱症不同的，具憂患意識的「憂鬱現實主義」。筆者認為：真正的「憂鬱現實主義」，中國古已有之，即「憂天下之憂而憂」。中國人的胸襟，「自古以來」就比西方人寬廣。作為現代人，則只有充分認識到「自我」的問題，以「去是」、「去我的」作為心理訓練，才能徹底解決所謂的憂鬱症，達至「憂鬱現實主義」的胸懷。

二，意會的意境與理會的語境。

人的思維始終是功利性思維。因此我們一定要問：

處在歷時性轉化為共時性階段前未開始正式確認的邏輯叫停的前狀態。

這有什麼意義？

或者說，這種思維有什麼「好處」？

凡是這樣問的，皆是企圖以「自定義是」判斷模式去判斷「非」判斷。凡是「自定義是」判斷，皆可稱為「識」——生命皆自定義（生命這種意識體的「識」，道家謂之「識神」）。

在「自定義是」判斷的論域，「我是」這個句式確實毫無意義（沒有用）。專業的說法是「句子不成立」：「除非」——「我是」後面加上「什麼」。加上了「什麼」之後的「我是」，不但有了意義，甚至還具有了高大上的「信仰」內涵（例如康德儘管批判最終卻依然肯定的「理性」）。

「我是」如果有意義，甚至帶有信仰的內涵，就叫做「識」。

識是什麼？識是辨別，辨別一定要有具體意義的「值」。「自定義是」判斷的思維模式，一定要為「非」判斷範疇的「我是」加上某個「什麼」的「真值」，這個真值的辨別就是自定義意義的「識」。

存在的所有形式都是識的外化表現。

筆者認為：自定義意義的識，會造成思維上的「失調」，因為識的人為性就如同人工提取的抗生素，其「有選擇的」抑制或滅殺作用，最終導致人體天然機能的失調。故「識」與抗生素一樣──「不可濫用」（注：不是「不可用」）。

在「非」判斷的論域，則根本沒有「意義」這個內涵。沒有「意義」的判斷，稱為「知」：我僅僅知道「我是」，這就夠了。沒有什麼好繼續討論的（有知無識）。

在「非」判斷的論域裡，思維自身不存在任何「意義」的內涵。但「知道」意義這個概念所包含的內涵，只是卻「知而非識」。

知道，僅此而已。

「自定義是」判斷的判斷，叫做「識」，也叫做「理會」，理會的論域是交集屬性的狀態，狀態通過「語境描述」被認識，理會（識）的能力，叫「智商」；

「非」判斷的判斷。叫做「知」，也叫做「意會」，意會的論域是並集屬性的關係，關係通過「意境領悟」被認知，意會（知）的能力，叫「情商」。

沒有意義的「知」，就僅僅是「知」而已。

就如同礦脈裡的金子，多少個千萬年就「我知道我躺在這裡」，但從來不會去想我「躺在這裡」有什麼意義，更不會想自己是否「虛度了光陰」。我知道礦脈裡有金子（金子是金子，金子躺在這裡）這個事實對我本來也沒有意義，但如果金子意味著對我「有用途」，就有了「自定義」（金子有價值）意義。

但《邏輯後綴學》上卷已經指出：自定義意義，等價於虛。

歷史上，諸多西方學者都企圖以「自定義是」判斷去判斷「非」判斷，我們冠其名曰「形而上學」，但最終都鎩羽而歸：或者，是依然「毫無意義」，例如不可知（識）論；或者，是張冠李戴，所判斷的並非「非」判斷的目標而依然是形而下的「自定義是」判斷的目標，例如笛卡爾的「不能懷疑的『懷疑』」。

可以認為，整個的西方哲學史，皆是脫離不了對「是」語境的思考：或者肯定「是」；或者就懷疑「是」；或者就否定「是」（但否定某一個「是」之後還是不得不肯定另一個「是」）。

同樣地，寫此書的筆者及此書的閱讀者「畢竟都還是人」，結果也會出現以下的情形：無論如何描述「非」判斷，都不是真正從「非」判斷的「形而上」的「意境」中去「告訴」我們什麼是「非」判斷，而始終是在「是」判斷（嚴格而言是在「自定義是」判斷）的「語境」裡的討論。

弗雷格的語境原則：必須在一個命題的語境中去詢問一個詞語的意義，而不要孤立地去詢問它的意義。

但正如海德格爾所認識到的：任何詞語語境的意義都已經被「霸佔」、被「污染」。

「凡可說的，皆無意義。凡有意義的，皆不得不以荒唐的語言傳遞其意義」——英國籍奧地利哲學家路德維希·維特根斯坦。

筆者則認為：凡「是」判斷，其語境皆已被「污染」——故禪宗試圖「不立文字」地「詮釋」其理念——然而，筆者「沒有本事」像禪宗那樣不立文字地「寫作」，故而在整部《邏輯後綴學》裡，筆者還是相當無奈地，「明知故犯」地，不斷地採用（借代）讀者熟悉的各種「被污染」的「自定義概念」，並且還「變本加厲」地創造了大量新的「自定義概念」之後，才能把討論繼續下去。

也就形成這麼一種尷尬局面——繼《邏輯後綴學》上卷「批判」了「意義」之後，讀者會在《邏輯後綴學》下卷裡發現：筆者不斷在「自打嘴巴」地大談特談「意義」。

造成這種情形的原因正是因為：「是」判斷的真類屬性中的「自他分別」——因「自他分別」，意境與語境不具備同一性。

　　筆者認為：上下卷兩個意義「不等價」。

　　語境不是意境。

　　語境是他者之境；意境是自覺之境（比較一下學術上的一種說法：語境是概念思維；意境是象思維）。

　　他者之境必須通過具有邏輯推定意義的「描述」才能讓人「明白」，邏輯推定下的明白叫做「理會」，善於理會的人叫做「智商高」（也叫做「一根筋」）；自覺之境不需邏輯推定，因此不必描述，甚至是不可描述也能夠「洞明」，不需邏輯推定的洞明叫做「意會」，日常我們在語言文字或藝術作品中常常用到的「留白」，就是為了讓人去意會。善於洞明的人叫做「情商高」。

　　例如我說「我與某人關係很好」，這句話本就帶著無須解釋，心中有數的意境。如果非要具體描述如何好或為什麼好，就是一根筋的語境。

　　語境一定要有一個取自定義的真值；意境覺悟到一切值出自於我的自定義（「射」的行為與目標捆綁），但實際上任何值（射的目標）「根本上與我無關」。

　　語言文字可以非常詳盡甚至精確地描述出某種語境，現代的數理知識更能夠「科學地專業地」表達某種語境。這就讓我們產生錯覺，認為語境就是意境。因此我們認為凡是有意義的，就一定是可以「說得出口」的，因此我們發明了邏輯，因此我們鼓勵「言論自由」，熱衷於可以妙語連珠天花亂墜誇誇其談的暢所欲言（筆者認識不少人，聊起某個論點時滔滔不絕，但其具體工作卻主次不分雜亂無章，然後就抱怨「工作壓力太大」；西方的民主選舉制度發展到今天，其「暢所欲言」亦到了走火入魔的程度）。

　　筆者認為：真正的「形而上」的「非」判斷意境絕非語言筆墨所能表達，「此中藏真意，欲解卻無言」。那種不能表達的情形，只能

勉強稱為「超驗」。「超驗」的「非」判斷，是「大音希聲，大明若癡，大巧若拙，大辯若訥」地、「道可道，非常道」、「名可名，非常名」地「說不出口」的，「只能意會不可言傳」又或曰「得意忘言（莊子語）」的意境，而不是諸如康德等西方學者那種，用嚴謹邏輯且刻意地不失優美的語境描述的分門別類（實際上，雖然說西方哲學皆是試圖通過嚴謹的語境語去闡述事物，但去到「描述不了」的某個層次，其實也是需要「意境」才能意會。例如，代表最高理性的上帝、存有的本質等。只是，西方哲學的意境，還是必須以一個「標的物」作為討論對象，再搜腸刮肚地找詞匯去具體化那難以描述的意境。對於中國式的「沒有標的物」的「非常道」，西方人是覺得不可思議、難以理解的）。

遺憾的是，正因為「說不出口」，那些諸如禪宗傳承自佛祖的「不立文字，以心傳心」、「棒喝」之類的「超驗」的覺悟（是覺悟而不是學問），就「玄之又玄」，只有「上根」之人才有機會獲得。但如此一來，中國式的哲學觀，就被視為「籤語餅裡的神秘格言」（源自已故的美國最高法院大法官 Antonin Scalia），難以在這個世界廣泛傳播。以「意會」為文化承傳風格的中國，在西方世界裡就被認為是一個「不透明」的國度。

這意味著，為了傳播、表達不能表達的所謂「超驗」意境乃至「實際應用」，本文依然不得不「入鄉隨俗」、「自欺欺人」（佛學稱之為「方便法門」）地通過「語境」談到「非」判斷的意義，甚至是「現實意義」。只是，為了表示這些意義的「與眾不同」的意境，唯有以括號或引號區別之。這正是筆者在整部《邏輯後綴學》裡，有大量括號及引號的深意：這篇文章裡絕大部分括號及引號中的內容，是既含有「語境」也含有「意境」的「一語雙關」。

（上述內容可參考心理學領域裡一種頗有意思的研究結論──當代美國作家羅納德‧D‧戴維斯（Ronald D‧Davis）在他的《閱讀障礙的禮物》（*The Gift of Dyslexia*）一書裡總結到，雖然不是說每一位閱讀障礙患者都具有相當才能，但他們似乎都可以歸納出共同的八種能力：利用大腦的能力來改變和創造知覺；對環境的高度覺察能力；高

於常人的好奇心；主要通過圖像思考而不是文字；高度的直覺和洞察力；多維思考和多重感知力；擅長將思考體驗可視化；具有生動的想像力。）

本文筆者認為：「意會」能帶來很強的理解能力；而閱讀障礙的產生則僅僅是因為不能「理會」。弄通「意會」與「理會」之間的奧妙而善於運用，「正常人」就能夠「既可意會也可言傳」，不但可以提高閱讀能力，同時也可以具有上述八種能力。

綜上所述，所謂的理解能力就有兩方面的劃分：理會的理解能力及意會的理解能力：

通過理會，能夠明白別人說什麼做什麼——但往往是按照自己的理解去明白，或者是明白自己需要的明白，也就是有「邏輯立場」的明白：例如西方國家從歷史上到現在都在「理會」中國——理會，一定產生證實性偏見。

有邏輯立場的理會，當然也有對的時候，但大多數時候，則是「只有立場，沒有是非」，也叫做：是非以立場為準繩。

以立場為準繩的是非，會造成人與人之間缺失信任感，總覺得對方是一種威脅。邏輯立場，是人類天性中根深蒂固的自定義立場，人與人之間、國與國之間的關係，不能跳出邏輯立場相處，這其實是人類的悲哀。

通過意會，能夠「洞明」別人的心中所想——真正意會下的「洞明」意味著真正的「將心比心、換位思考」，即意味著別人的想法會變成「真的」是自己的想法（注：筆者對於「換位思考」的理解，必須是「連位帶心」地「換」過去。而一般人的理解「如果我處在某某的位置上我會如何如何」的換位思考，則只是「身子的位置」換了過去，「心」卻還是自己的「心」，也就是還是自己的邏輯立場，自己的想法）。

筆者在網絡上看到過這麼一種說法：中國人在許多領域裡「抄襲抄到世界第一」。筆者不討論這個「抄襲」的「對錯」，而只想指出：能夠有抄襲到世界第一的「本事」，正因為中國人的「理會」是建立在善於「意會」之上的——「直白」地說就是：中國人普遍的情商高。

筆者更進一步認為：任何知識的發現、掌握、運用，原理上同樣是建立在意會之上的理會。

因此，《邏輯後綴學》對「是」判斷的「批判」，並非為了否定「是」判斷在人類文明進程中的作用，而是希望「批判」之後，通過「意會」，從而令「是」判斷、令「理會」、令西方哲學「發揚光大」，最終能夠一窺真實世界的「真相」。

從「實用性」的角度理解：科學技術（理科）上，或可側重於「理會」，因為科學技術本身「天然地」沒有邏輯立場，其「理會」自有著厚實的「意會基礎」。但哲學、人文社會性學科（文科）的思考，則應該側重於意會。「文科」屬性的思考如果側重於理會，往往就陷入偏執甚至反智，也叫做低情商。

為此，在《邏輯後綴學》下卷裡，筆者嘗試討論一個全新的哲學切入點，一個能給予中華思維全新詮釋的切入點來研討一個真實的世界：以「識」求「知」（因非而是）與因「知」而「識」（因是而是）不同的哲學意義——在語境裡看到的世界與在意境裡「悟」到的世界有什麼不同——哲學是世界觀的學問——但首先，如何「觀」本身就是「大學問」。

要認識兩者的不同，首先要求讀者在作出每一個「是」判斷時，思維中都加上一個「引號」——由思維所生成的語言文字，其實具有兩個層面：分別是意境語和語境語——如此認知，可令思維在語境與意境裡「轉境自如」——既有理會（智商）的明白；亦有意會（情商）的洞明。故此，讀者在閱讀本文時，對作者文中論述的種種「傳統」的自定義概念，及作者自創的種種新的自定義概念的「態度」是——借用中國武俠小說裡經常出現的理念來理解就是：把各種口訣、招式默記練習嫻熟，然後全部徹底「忘掉」，才能夠成為「高手」——「方便法門」只為「方便」使用，但如果覺得太方便太容易而一直「方便」，就會如同本來是無神論的佛學被貪圖方便之人方便成滿天神佛的佛教。

三，「非」判斷邏輯屬性的內涵。

「未正式開始確認」，意味著已有「知」這個判斷但未有確認行為，未有選擇，「邏輯叫停」。也就意味著未有塌縮，更進一步意味著未有「他者」——即未有分裂。

這裡要強調的是：未有分裂不等於無分別，《邏輯後綴學》把「未有分裂」定名為「非分別」（關於「無分別」，在完成了「非」判斷討論之後的最後一章會繼續探討）。

因為，還有對「金子躺在這裡」這個「事實」的「知」；還有個「我是」的「我」——我已經知道了「我」——「是」前面的「我」——可稱為「前我」。

由於未有確認行為，此時思維發生者不能稱為「指者」，不妨稱為「引者」，引而不發者也。

因為非分別，所以：

前我＝引者。

長期在美國五角大樓任職顧問的「中國通」白邦瑞提及《資治通鑒》、《孫子兵法》和《戰國冊》時表示，這三本書有一個共同概念，就是引而不發。

不愧為中國問題專家。

引而不發，就是說把弓拉開搭上箭但是不射箭出去的「邏輯叫停的前狀態」。

「非」判斷——非分別——引而不發：中華文明遠比西方文明「成熟」的表現；中華民族的寶貴財產；中國人最寶貴的專利——「非」判斷的一個重要的「現實意義」：這是一份表面上神秘，但其實可以完全「公開」也應該公開的專利，取決於你是否接受。「假如」全人類都接受、「弄懂」了這份專利，人類的智慧必然提升到一個全新的高度。

「未正式開始確認」，即未有任何確定的「是」的目標。但未有任何確定「是」的目標不意味著沒有目標。由於「非」判斷是思維「保持在歷時性轉化為共時性階段中未正式開始確認的前狀態」，這個前狀態因「我是」當中的「是」而「是」（拉弓而引的箭已搭上，但箭與「我」仍然「一體」，也「必然」一體），叫做「因是而是」，也叫做「初心」。引而不發的「引」永遠是因「我」而「引」。意味著「前我」仍然受歷時性的前因果關係的關聯性、邏輯性及必然性影響，作為前因果關係中的「果」而具有潛在性「是」的屬性（「我源自於鏡像」：「鏡像即我」、「我即鏡像」——因此叫「非分別」而不是「無分別（還有鏡像）」：儘管吃飯前還沒有決定用左手還是右手拿筷子，但我有左右手及左手與右手的「分別」我們還是「知道」的）。潛在性「是」的目標不含元素，沒有值，叫做「沒有目標的目標」。

　　「是」判斷的「是」，具有「射」的行為性，叫「因非而是」；

　　「非」判斷的「是」，具有「引」的過程性，叫「因是而是」。

　　因是而是，是因為邏輯叫停之際，前因果關係「還未結束」的歷時性與後因果關係「將至未至」的共時性「剛剛好」完全兼容，因此「此時」的「是」具有完全性——沒有目標，處處目標。

　　在「是」判斷的語境，哲學是「企圖自圓其說，但永遠不能自圓其說」的學問。因為「是」判斷的目標：「處處焦點，實際上沒有焦點」——如初級駕車者；

　　在「非」判斷的意境，哲學是「無須自圓其說，反而其說自圓」的覺悟。因為「非」判斷的「沒有目標的目標」：「沒有焦點，卻又處處焦點」——如熟練駕車者。

　　「沒有目標的目標」——即「空目標」。這個「空」用數學語言來表述叫做「空集」。

　　數學定義：不含任何元素的集合叫空集。除了空集以外的其他集合都叫做非空集。

人類的認知中，一切抽象的具體的概念及觀念，都源自於人類原始的「數感」，也就是「真值」。而空集，是「最不具有數感的數感」。

《邏輯後綴學》定義：所有非空集都是「是」判斷的目標；而空集則是「非」判斷意境的「非」「出於無奈之下」在「是」判斷語境裡的定義。

「非」判斷的空目標是因是而是的空集「非」。

空集「非」＝前我。

前我＝引者。

即「非」判斷的目標是引者自身的──全體。

「前我」不是海德格爾的「此在」。

「此在」是：人作為「在者」在究竟成什麼樣子還不明確時他的「在」已經明確了自身所是的「此在」。即「此在」是自他分別後他者性質的共時性的開集。

「前我」是：「清清楚楚明明白白地知道」任何「在」皆因「源自於鏡像的我在」而「在」，但任何「在」俱與「我」無關──意思是：不是因為「在」是什麼樣子「我」就會是什麼樣子。

「是」判斷：在──之外；

「非」判斷：在──之內。

《邏輯後綴學》上下卷的哲學觀，在「之外」與「之內」之間「顧盼流轉」。

空集「非」是任何非空集合的真子集；是實數集與虛數集的交集。根據笛·摩根定律：集合的交集的補集等於這些集合各自補集的並集。即空集的補集是實數集與虛數集的補集的並集。而實數集與虛數集的並集是為複數集。《邏輯後綴學》把空集「非」與複數集的關係理解為：空集「非」的「周圍」能夠形成任意多個甚至無窮數個拓撲意義上收斂性的、具吸引力屬性的「是」的矢量場或向量場。這裡的所謂「矢量向量」作為「可能性」的指標，不外就是「可能是」的專業語言。

為了和「非」場以及「是」判斷邏輯屬性第十五外延所討論的「位相」作區別：

《邏輯後綴學》把「非」判斷中「是」的矢量場或向量場命名為「是」域。

「是」域——對稱性在「是」判斷語境中的「表達式」。

通俗地理解上述內容就是：不進行最終確認的話，任何「非」判斷的潛在性「是」目標都意味著處在「將至未至」的拓撲意義的可能中。例如：如果思維發生者面向的是個位自然數集，潛在性「是」就（包含了）可能的 1、可能的 2、3、……、9；吃飯前，我打算用左手還是右手拿筷子都「全包含地有可能」。

綜上所述，「非」判斷邏輯屬性的內涵是：非分別；有「是」域。

第三章

「非」判斷邏輯屬性的外延及討論

「非」判斷邏輯屬性歸納起來共有二十一個重要外延，它們分別是：

第一外延：「非」判斷是具有實在性、對稱性、完備性的不需要邏輯推定的客觀判斷。

第二外延：沒有時間差的真實狀態。

第三外延：「非」判斷的目標是空集。

第四外延：非邏輯推定的相干自由度。

第五外延：「非」判斷是一種全體觀。

第六外延：全體觀的目標具有自性。

第七外延：具有道德普遍性。

第八外延：「非」判斷是「是」判斷的內裏。

第九外延：「非」判斷是模糊性判斷。

第十外延：「非」判斷是同一性判斷。

第十一外延：非分別的「非」判斷過程具有連續性（連通性）。

第十二外延：「非」判斷的過程具有真實有序性。

第十三外延：「非」判斷過程一定是同胚（相干）的。

第十四外延：「非」判斷過程是恆持續性判斷過程。

第十五外延：「非」判斷過程具有恆穩趨向性。

第十六外延。「非」判斷過程，具有全域的開放性。

第十七外延：「非」判斷是「唯物」的判斷。

第十八外延：「非」判斷是重生吸引子。

第十九外延：「非」判斷下的趨向是共相等原則下的恆持吸引力。

第二十外延：「非」判斷的湧現在現實中（生命意義的觀察者眼中）表現出亞穩定趨向性的非線性拓撲變換。

第二十一外延：滿足邏輯位移，邏輯四個基本原理能夠自洽。

接下來對「非」判斷邏輯屬性的二十一個外延逐層展開討論。

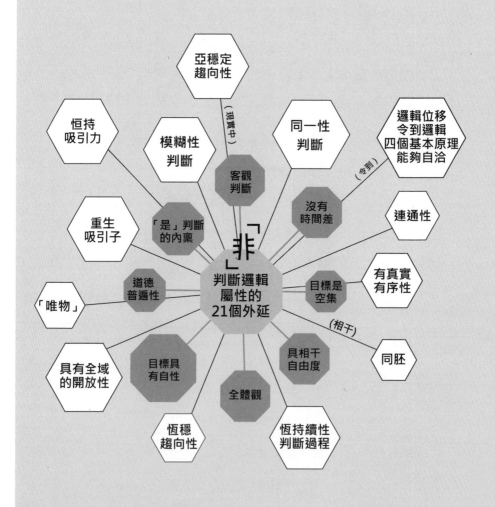

第一節：我在

這一節的題目是應對《邏輯後綴學》上卷第二章第一節有關「我是誰」的問題。

我是誰？這個問題是哲學問題的第一問題。

「第一問題」的意思是：這個問題之後，必然有無窮的後續問題；解決了這個問題，後續問題都不成問題；解決不了這個問題，後續問題永遠是解決不了的問題。

問題是：因自他分別的「是」判斷邏輯屬性內涵，決定了我們不可能通過確認模式「是」判斷進行自我指涉，因此「我是誰」是一個真值為假的假命題。假命題之後的一切問題，都不過是「鏡花水月」的問題。

這個世界有太多問題，正因為我們首先是對「我是誰」太過「當真」了，然後再順理成章地把虛當成了實，把實當成了虛。我們的人生也就永遠面對著兩大困擾：未曾得；已失去。

由於未開始正式確認，「非」判斷則不存在自他分別的內涵：只要引者思維「處在歷時性轉化為共時性階段中未正式開始確認的前狀態」，他者就「不會出現」。

而只有——我——前我，就是引者自己——非分別的引者：此在、在者的共在。

我是我——鏡像即我；我即鏡像。

這是唯一可以自涉的句子。唯一可以回答第一問題的答案。

我是我＝前我是引者＝他者是引者。意思是他者與引者沒有分裂。沒有分裂的意思是非分別。

非分別：「非」判斷邏輯屬性的內涵之一。

我是我——因是而是。

這個答案並非如維特根斯坦在《邏輯哲學論》中認為的「說一個事物是與本身同一的，就是什麼也沒有說」。

我是我，即我＝我：這是可以導出其他連續對稱性成立的第一對稱。其意義在於：整個句子本身確實是毫無意義，有意義的是等號。等號表示兩邊必然同步變化，揭示出一種變化中的（拓撲）不變性——這裡的不變性等價於相干性。同步變化在物理學中叫做「廣義協變理論」，也稱為諾特第二定律。諾特第二定律的哲學意義是：反映出「我是誰」與「我是我」之間的辯證關係——無論我是什麼，是此在還是在者，無論我有沒有意義，有沒有「值」，是真值還是「假值」，無論時空如何歷時性共時性地「嬗變」，「我＝我」是不變的、不需要邏輯推定的、任何（慣性）參考系皆「平權」的恆等式。而這種辯證關係，中國人早有定論，叫做「以不變應萬變」；也叫做「萬變不離其宗」。在數學裡則表達為：空集「非」是任何非空集合的真子集。即空集是任何非空集的「源始」（初發心、初心）——空集是集合和函數的範疇的唯一初始對象。

即嚴格意義上的對稱性，僅在「非」判斷中「剛好」成立（意思是還未有真正全對稱）。在「是」判斷中，則只有近似、局部或暫時的即「不連續」的、具反對稱「偏序關係」（例如「我是誰」的鏡面反對稱）的對稱性。

思維發生者是對稱性的源始；確認性思維是對稱性破壞的源始。

「非分別」的意思是儘管引者心中「無他」，但卻知道「有我」：我在。

「我在」中的「我」（前我）沒有分裂，因此「因是而是」的後面「邏輯叫停」，沒有「什麼」，即不含任何元素，因此不存在「值」，亦因此是不存在真假的「客觀存在」——我在。

無論我是什麼，「我在」的實在性不變——這叫做「真實性」（注：這裡的「實在性」就是「實在的性質」，不等價於「實在」自身，故這裡的「真實性」嚴格而言就是「客觀存在性」。「客觀存在性」，還是有「觀」，故不等價於真正的實在。《邏輯後綴學》最後一章會討論真正的實在）。

這裡的「我在」不同於笛卡爾的「我在」。

笛卡爾的「我在」，是主觀性的萬事以「邏輯在先」的邏輯推理出來的「自身所是」地確認了「我思」後，本體論性質的「非常有意義」的「是其所是」的「識」。

因此笛卡爾的「我在」是一種「識」。

這種「自定義是」判斷的「識」，因自他分別屬性而實際上永遠是「不完備的自身所是的識」，「不完備的識」究其本質依然是「不知」（「知與不知」兩者同真），故物自體不可知（不可認識）。

「非」判斷中判斷者自身就是一個潛在性「是」的目標。因非分別的內涵，這個目標與引者同一，兩者因具有同一性而能夠被「我」觀察「全體」：「我」觀察到自身全體的「在」。

這裡的「觀察」是一種「真知」——我知我在。

「我知」與「我在」之間，不設置以中文表達笛卡爾的「我思故我在」或原意「思，故是」裡面的那個「故」字。是因為那個「故」字含有「所以（英文 therefore）」的意思，即具有邏輯性。具有邏輯性的「故」，就是一種邏輯推定，即推理，具推理性質的「是」判斷屬真類中的判斷。因此「故」字反而坐實了無論之後的「在」被理解為「在場」，還是「是個東西」，笛卡爾的「我在」與「我」皆不具備同一性。

而「非」判斷的「觀察」：「我知我在」，因為「邏輯叫停」，也就——沒有「邏輯推定」。

「邏輯叫停」，不妨就稱為「推翻理」的「非邏輯推定」。

「推翻理」，不是否定，也不是否定之否定（兩者都必然地依靠邏輯），而是「把所有理（邏輯）都推翻」，即任何邏輯「元素」都不被「表達」——這才是真正的「去存在」。

「非邏輯推定」的判斷，就不是真類中的判斷。

不是真類中的判斷，就是「一次過」的判斷——參考禪宗的啟悟之途：「直指人心」、「即心即佛」。

「一次過的判斷」可以理解為：如同箭射出前的「引」永遠只有拉

向自己的一個方向。而「指」則必須不斷地「指完再指（射完再射）」，並且「可以」指向無數的方位（這個世界爭論不休的根源）。

「一次過」的非邏輯推定的判斷中，目標（前我）與「我」（引者）之間不存在邏輯關聯，兩者的關係叫做「不存在因果律的互攝互入」。

「不存在因果律的互攝互入」，等價於同一，即「我知我在」前後兩個「我」之間非分別，不是因「知」故而「在」，也不是因「在」故而「知」，而是一種「明心見性」（禪宗覺悟的境界）的（意境裡的）「一次過判斷就夠了」的了然（不是「什麼也沒有說」，而是「一說即不中」）。

「不存在因果律」的準確表述是：不存在因果的「律」。意思是「我知我在」還是具有「因是而是」的因果之機（這裡的「機」就是佛學的「緣」：無序、兼容、重生），只是此時的因果是互攝互入的。「互攝互入」的「科學性」表述就是疊加態（實際上，筆者認為「互攝互入」的表述比「疊加態」更準確更「科學」），「疊加態」中的「我知我在」是「相干」的。

「互攝互入」不是「是」判斷中行為與目標那種互為因果的「糾纏共生」。「糾纏共生」中行為與目標之間本來的關係是各有所屬的界限分明，只是被「是」判斷「捆綁」了。而「互攝互入」的理念源自於佛學，意思是因即是果，果即是因。「知」與「在」是行為與行為發生者相互「全包含」的關係，兩者是二而一沒有界限（沒有邊界）不可分割的全體，而不是康德所論述的「獨立於認識之外（典型的自他分別）」。即「我知我在」不是因為通過「自定義是」判斷而實現的「我知道」（參考《邏輯後綴學》上卷第二章第二節「我知道」），因而不存在任何「真類」特有的矛盾性，因此「我知我在」具有完備性。

相干——不存在因果律；

退相干——存在因果律。

「完備性」的「我知我在」是對自身的一種了了分明的全知、真知——沒有焦點，卻又處處焦點。「全知、真知」沒有任何主觀因素

在裡面（知而非識），因此具有真正的客觀性（這種真正的客觀性不是笛卡爾的「一切真理皆因思考的實施者的確定無疑而必然被還原之處」）。

我們不可能真正「認識我自己」，但我們完全可以知道，其實也「早就知道」「我自己」——我在——不需「尋找」（海德格爾曾言：一個人如何能夠命名他還在尋找的東西呢。這句話看似充滿了睿智，但「尋找」二字其實是暴露了海德格爾的思維始終沒有突破「識」的樊籠）。

通過（認）識確實不可認識物自體，但通過「非」判斷我們在「理論上」「輕而易舉」就「知」物自體（此處的「輕而易舉」請參考禪宗的「頓悟」）。只是，對於具有自定義基因的我們，真正想完全的「非」判斷（完全的知而非識）那卻是千難萬難——即使是「明明白白」地宣揚一切皆空的佛門本身，同樣是「落於俗套」地、有意無意地，通過種種「莊嚴寶相」、神秘儀式、法器及「手印」以顯示其「與眾不同」。故歷史上能夠真正「剝離」自定義，以「掃地僧」的平凡面目而臻至「圓覺者」的高僧聖者鳳毛麟角。

真實關係不斷地去存在的同時，自定義真實關係不斷地「否定之否定」地確定存在——「是」鏡像。

日常生活中「勉強做得到」的「知而非識」，是指對自己、對別人、對社會上任何事情的「為什麼會發生及如何發生」「不要匆匆下結論」，儘量做到少評價其得失、對錯。

中文的「知識」一詞及英文的「knowledge」都是把「知」放在前面，因為「知」是「識」的前提。當我們企圖用「識」來分辨「知」，用「Ledge（分類之窗）」來區分、立足我們的「知（Know）」，我們其實是南轅北轍，與「知」反其道而行之：站在不同的窗台上往房子裡看，會看到不同的「相」。窗台越多，「相」越多。但無論我們建立多少個窗台，房子裡的「什麼」都沒有改變。

隨著科技的發展及社會的進步，隨著我們對自己的「識」越來越深入廣泛，我們對自己其實卻是越來越「不知」。

「非」判斷是具有實在性、對稱性、完備性的不需要邏輯推定的客觀判斷。這是「非」判斷邏輯屬性的第一個外延。

具有實在性、對稱性、完備性的不需要邏輯推定的客觀判斷的狀態，就是處在歷時性轉化為共時性階段前未正式開始確認的前狀態的狀態。這個前狀態的狀態，簡稱為「我在」。

第二節：從來處來

我在。

僅此而已。

僅此而已，意思似乎就是無話可說了，後續文章也就不必寫了。

如果以「識」求「知」，這個「僅此而已」是「我是我」的「沒有任何實質意義」的附加表述，確實是無味之至，不要也罷。

如果因「知」而「知」，「僅此而已」的意思是引者知道「我在」是「處在」由歷時性的前因果關係所塑造的一種「發生關係當下的狀態」，但引者不會去追問前因果關係的意義。一追問，就有了時間，就有了空間，就有了歷時性的前因果關係，同時也就有了共時性的後因果關係，就會「沒完沒了」：從無限小的「弦」到無限大的宇宙的永無止境的「識別」。不追問，就只是知道。——「朝聞道，夕可死矣」可以理解為：全知，則萬事皆「休」（注：這裡的「休」並不悲觀，是不再有事端、自得自在之意。也就是：真正地，不再有悖論）。

這個「知道」的狀態與「發生關係」這個當下事實的「前狀態」之間具有完全的一致性。

如同金子「知道」經歷了漫長的地質年代種種地質活動後，有了現在「躺在這裡的狀態」的自己，但也僅此而已。

無論因什麼我願意接受或是不願意接受的際遇，造就了當下的我或是金子，或是頑石；或是富貴，或是貧賤，都非分別，都叫做既定事實，我都知，僅此而已。

故此，「沒有任何實質意義」的「僅此而已」，在「非」判斷意境中具有「非同小可」的「意義」：

完全一致性的「知」是對既定事實的百分之百兼容的思維狀態。

既然「百分之百兼容」，則同樣不存在因果的「律」。

這種不涉及任何意義的，也即是沒有「值」的，真正「不以人的意志而轉移」的「兼容性」關係，才叫做「真實關係」，也叫做「自然而然」的關係。真實關係中的「關係」同樣不存在因果的「律」，這才是兼容性的真正意義所在。不存在因果律的兼容性，在佛學中稱為「緣起互依」。

此時如果有人問引者：從何而來？引者的回答是：從來處來（是就是了）。

從來處來，也就是「本來」──本來如此──空集的源始性。

這是一個不存在因果的「律」的「是」判斷語境裡的「非」判斷意境的「標準」答案：無論引者從何而來，何時來，來之前經歷過什麼，在這裡逗留了多久，都可以隨時隨地隨隨便便輕輕鬆鬆地用上這個答案。

這就叫做「淡然處之」。在「自定義是」判斷語境裡，「淡然處之」也是意義。人生中每當我們用上這個答案，都會感覺「一陣輕鬆」，這就是實際應用的「好處」。

這些意義，好處，「非」判斷都知道，但依然是「僅此而已」。

反觀「自定義是」判斷，千方百計自定義「我是誰」而產生了剪不斷理還亂的前因果關係，到頭來人是上帝創造的還是猴子進化而來的還是外星人留下的去年的我昨日的我甚至是一秒前的我是否當下的我依然糊裡糊塗，不過是「無端端」徒添煩惱與壓力（參考「特修斯之船」之類的思想實驗）。看到別人含著金鎖匙出世我卻出生在馬槽就更加痛苦不堪。

2019 年上映，曾風靡一時的美國電影《小丑》，深入刻畫了一個畸形不公的社會下極度病態的小人物的遭遇和反抗。這部電影對社會，

對人性的刻畫是十分尖銳準確的，但這種尖銳準確在現實中卻「沒有什麼用」：只要人類對「我是誰」依然「在乎」，社會就一定是「損不足而奉有餘」（見老子的《道德經》）。這種社會裡的人心一定是「焦慮焦裂」的；只有當人類對「我是誰」「不那麼在乎了」或者是「完全不在乎」，能夠「安不足而奉有餘」（見本文筆者的《道德新經》），即真正「在乎」的是別人，社會才會合天地的公平之道：損有餘而補不足。這種社會裡的人心是「溫潤」的。

「安不足而奉有餘」與「損有餘而補不足」狀態下的社會，用「現代人」的通俗說法，就叫做「我為人人，人人為我」的社會，筆者稱其為「慧覺平等」的社會——「我為人人，人人為我」，絕不是「是」判斷中自他分別的「為他者而存在的存在」。前者覺悟「我在」；後者執著「我是」。

慧覺平等的社會裡，「允許」種種合乎天道的不平等（狀態）存在，但這種不平等是「和諧」的、「共情」的，因為這種不平等是建立在「關係」平等的基礎上（參考本章第五節的「共相等原則」）。因此，這樣的社會裡，「下等人」的心態是安然不躁動的，而「上等人」皆有著源自於真實的感恩與謙卑之心。慧覺平等的社會裡，推崇的不是自由人權這類帶著「獲取」內涵的理念，而是「付出」內涵的責任（損有餘而補不足）與奉獻（安不足而奉有餘）理念：「窮則獨善其身，達則兼濟（善）天下」——孟子——依此而樹立的「價值觀」（這裡的價值觀加上雙引號，是因為隨著文章的展開，這三個字會被重新詮釋），筆者認為即是儒學的：仁、義、禮、智、信。所謂「民主」，如果是基於「付出」的理念上，「主」的就不是個人能夠獲得多少，而是在公眾利益上個人能夠「主動」做多少貢獻或盡多少責任。這才是「能力越大責任越大」的真義，這樣的「非」判斷意境裡的「民主」才是健康的，生命力才能長久。

中國政府在 2021 年提出的「共同富裕」，就含有慧覺平等的理念內涵：絕不能坐視諸如美國日本南韓及許多西方政府被「損不足而奉有餘」的財閥所控制的局面出現。

「人權」是人類必須認真反思的一個道德層面的謬論。人類在道德層面對權利的追求應該在「平等」的框架下，並且，追求的應該是使用權的平等而非擁有權的平等（參考本文上卷的第二章第六節第七節及筆者的《自由思想批判》第七節）。

　　然而，何為「平等」？

　　筆者對平等的理解是：佛學的「眾生平等」，是一種「從非自定義看自定義」，即類似於「上帝視角」下真正的「知而非識」的平等，「凡人」即使理解也「做不到」。

　　而現實的人間對「平等」的解讀，可以通俗地用兩根長短不一的筷子作比喻。故此，「人間平等」的理論不妨就統稱為「筷子理論」——筷子的長短不一，喻示著（綜合性）能力的高低：

　　西方的「上帝面前人人平等」是一種「功利平等」，也可以稱為「利益分配平等」——因「自定義狀態有值」，故而為「關係」自定義值的平等（富人窮人不同值，故形成尊卑關係「值」）。西方種種政治哲學理論，皆基於「如何進行合理的利益分配平等」這個理念上。但無論如何精闢獨到，這樣的「平等」理論在實踐中，始終會出現以下情形：將筷子豎放在手掌上，兩根筷子的底端確實可以「平等」，但頂端一定是有「冒頭」的，即大家「應該」「在同一起跑線上」，但跑下去一定是分出個前後（一定有尊卑）。當然，「某些情形下」，（綜合性）能力強的人所獲取的利益，「或者」可以「分一杯羹」給「低能者」（所謂「福利」、「慈善」），但如果「低能者」的獲取與「高能者」「持平」甚至居然獲得更多的利益，「高能者」是絕不會答應的（也有為了「政治正確」而不得不答應的，例如所謂的「黑命貴」，但卻會產生對「高能者」的不公平而出現另一種性質的分裂）。「功利平等」下，那些自以為成功的，或者自詡為天生高貴的，一定是以無數「被忽悠」的，失敗的，「卑下」的「犧牲者」為代價：犧牲別人為代價——交集的非包容性共有——「損不足而奉有餘」——偽文明的內涵。

而「大鍋飯」式的平均主義往往被冠以「專制」的惡名，是因為長筷子「冒頭」的那部分被硬生生折斷（所謂埋沒人才扭曲人性）而形成「所有筷子」上下持平（同樣是非包容性共有）。

　　因此，「是」判斷語境裡的民主與專制都不能消除人類社會的不平等。因為當中的平等觀是以「狀態」為「觀」，而「狀態」永遠是不可確定的「震盪與重複」。

　　「慧覺平等」的理念，則是用手掌從上端往下壓筷子，令長短不一的筷子上端持平。「上端持平」意味著在真實關係面前——不是上帝面前——人人平等。此時出現的情形是：越長的筷子下端反而越低，意思是越有能力的人，心態應該自覺地越謙卑，越感恩——不是對上天、對神佛謙卑、感恩，而是對「低能者」謙卑、感恩。因為，優秀者的優秀，是「與低能的他者比較」才能「有用」。沒有他者的「低能」，就如同沒有基座的金字塔頂端，優秀者的優秀「毫無意義」——以此為由，上帝讓祂的兒子出生在馬槽也帶有慧覺平等之意。

　　慧覺平等的「觀」，是關係之「觀」。以此引申到之前提到的「仁、義、禮、智、信」，同樣不是在「狀態」的論域（不是所謂的「道德品質」的衡量）解讀，而是在「關係」的論域解讀——「仁、義、禮、智、信」不能解讀為真實關係的「值」，而應該解讀為「性質」：真實沒有值，真實關係本身亦沒有值，故具有真實性（質）——「仁、義、禮、智、信」是人類對真實關係的真實性質的一種「覺悟」。

　　「從來處來」這個「知道」狀態與事實完全一致性的、非邏輯推定的，即不存在因果律，沒有因為所以，沒有追問，沒有自定義意義的，自然而然的隨時隨地隨隨便便都可以輕輕鬆鬆地用上的答案，反映出引者此時「處在歷時性轉化為共時性階段中未正式開始確認的前狀態」的思維，是處於當下的沒有時間差的真實狀態。

　　沒有時間差的真實狀態。這是「非」判斷邏輯屬性的第二個重要外延。

　　沒有時間差的真實狀態，是一種「來時如何就如何」的狀態，亦就是中華思想裡真正的「活在當下」的狀態；也是禪宗裡參禪之人企

圖達到的「禪定」狀態——深度禪定狀態之人,「行也禪,坐也禪,語默動靜體安然」。

沒有時間差的當下不含任何元素,因此不存在「值」,當然也就不存在任何時間意義的「值」(歷時性與共時性百分之百兼容)。

自定義真實狀態的未來是「未知」屬性的不確定。自定義真實的當下是具有滯後性的共時性當下,也就是記憶(先驗)的當下。而記憶是「早已流逝」的,「回不了頭」的,把握不了的過去。

沒有時間差的當下,則是對過去、現在、未來全盤「了然於胸」,全盤「在」的當下。

——對於迷者,時空有如無窮無盡的房間,迷者命中註定必須順著次序打開一道道門走過去,直到生命的盡頭。對於圓覺者,所有大門都向他同時打開,他可以順著次序走,也可以隨意走進任何一道門,也可以,不走。

第三節:往去處去

我在。

僅此而已。

無論是否會發光,金子就是金子,僅此而已。

「非」判斷的「僅此而已」還意味著:非分別,不存在因果律,沒有時間差的真實狀態的「非」判斷,自然就沒有了一大堆「麻煩」,即沒有「是」判斷邏輯屬性帶來的(真類的)糾纏不清。

糾纏不清都與目標有關。

沒有時間差的當下不同於共時性的「當下」。

瑞士心理學家榮格在提出「共時性」這個概念時,其「當下」是具有「真值」(目標、標籤)的,更帶有滯後性的,是以因自他分別而產生的對時間的歷時性「記憶需求」為邏輯背景的。有邏輯背景的共時性「當下」叫做「邏輯當下」,「邏輯當下」的意義在於「已取捨」,

因此「邏輯當下」也就是「當下的已取捨」。

「凡人」終其一生，分分秒秒、日日夜夜、年復一年，都在「現在進行時」地做著共時性「當下的已取捨」——選擇。

共時性當下的已取捨，皆是佛學理念上的「苦」。

我們常常說「人生苦短」。但其實大部分人對這個「苦」的理解皆以價值觀來衡量：你日進鬥金，我家徒四壁；你名利雙收，我碌碌無為；你家庭美滿，我妻離子散——「我的價值標籤不如你」，我就「比你」苦。

故一般人理解的「活在當下」，不過是「眼前的我正在優哉游哉地享受著美酒美食美女美好時光」的「因奮鬥或因運氣而終於選擇對了」的當下。

但當我正在遭遇人生不幸之際，還要我活在當下？那真是太豈有此理了，我一定會與勸說我的人「徹底翻臉」。

而佛學理念上的「苦」是——只要做出「自定義是」判斷（有真值的判斷），就是「苦」，也就「自討苦吃」地自己把自己「拋進」了「苦海」。

故：眾生皆苦。

「非」判斷沒有最終確定的目標。

通俗地表達就是：「非」判斷意境裡的目標，說不出個所以然來，也不必說出個所以然來。一旦說出個所以然來，就是「是」判斷語境裡的目標。

但是，不進行最終確認不等於不作判斷。有判斷就有「是」，有「是」就「必然」有一個被判斷的對象。但「非」判斷的「是」是「非顯露」、「引而不發出去」的、「說不出口」的，因此是「潛在性的」。

潛在性「是」的目標就是判斷者自己：「前我」。

前我沒有「值」。「沒有值」的潛在性「是」的目標，數學上的表達是「空集」。

前我＝空集

「非」判斷的目標是空集。這是「非」判斷邏輯屬性的第三個重要外延。

空集不是「無」，有人認為空集意思是就如同一個空的布袋子。

「空的布袋子」，這是對空集相當形象的理解，帶有容納之意。

但需要強調當中的不同是：所謂「空的布袋子」，所謂「容納」，在「是」判斷語境的語義裡，意味著具有邏輯意義上百分之百（容納）的自由度（注：不是分數自由度）。邏輯意義上百分之百的自由度意味著：放進「東西」「之後」，這個布袋子就不再是空的了（自由度不再是百分之百）（譬如「未戀愛」，意味著我可以與任何人談戀愛，「愛上你」之後，就不允許我再去愛其他人啦）。

在「非」判斷的意境裡，空集的「空」既含有「怎麼裝都裝不滿」的容納之意，更有「裝滿或者不裝滿」都不會「放在心上」的「空」。因為——無論裝滿或者不裝滿或怎麼裝都裝不滿——「非分別」：袋子就是袋子——這叫做「客觀存在」，這才是真正的「空就是空」之意：無論我是什麼，一切皆「空」——空集和任意集合的交集為空集。也就是：「是什麼」與「一切皆空」「允許」同時成立（色即是空；空即是色），沒有「矛盾」，「放東西前」與「放東西後」根本沒有差別。

——因為：任何「東西」，無論放，或者不放進袋子，都不過是「關係」屬性，無論有沒有「發生關係」，袋子依然是袋子。

引者「不空」；引者實在；前我＝引者。無論我是什麼，「我在」的實在性不變。但當「我」作出「我是什麼」的判斷，又叫做「一切皆空」：「空」的是「我的判斷」，而不是「我在」。

因此這個目標叫做潛在性「是」的「空目標」。

「空目標」依然具有因是而是的因果之機，因此「非」判斷邏輯屬性還是含有「邏輯」二字。即畢竟還是一個源自於我的「客觀存在的」「空」的布袋子，意味著還是有約束（有「狀態」性質的鏡像）所以不是絕對自由（性質），而是具有「非邏輯推定的自由度」。

因此，「非」判斷意境裡，潛在性「是」的目標空集的「非邏輯推定的自由度」，不等價於「是」判斷語境裡，目標的邏輯（推定）意義上百分之百的自由度：

「非」判斷意境的自由度可稱為「相干自由度」（不存在因果律的自由度）；

「是」判斷語境的自由度可稱為「退相干自由度」（存在因果律的自由度）。

「是」判斷邏輯屬性的第十一外延指出：當指者作出確認性質的「是」判斷時，指者的思維具有自由度，即只有相對自由而沒有絕對自由。這個「相對自由」具有的就是「退相干自由度」。指者思維上的退相干自由度與目標的退相干自由度等價，兩者之間屬同構（相互映射）關係，兩者在「是」判斷的架構下存在著自反性。

在「非」判斷中，引者與「前我」兩者是不存在因果律的互攝互入。

潛在性「是」的目標空集的自由度是非邏輯推定的相干自由度。

因此引者判斷過程中的思維狀態的自由度也是非邏輯推定的相干自由度。

非邏輯推定的相干自由度。這是「非」判斷邏輯屬性的第四個重要外延。

非邏輯推定的相干自由度，也就是中華傳統思想中的「虛心」。

「非邏輯推定的相干自由度」這個「非」判斷邏輯屬性意味著什麼？這個問題等價於：「怎麼裝都是空」的布袋子有什麼用（「自定義是」判斷語境裡的「現實意義」）？

有「是」域——「非」判斷邏輯屬性的內涵之二。

意思就是空集「非」的「周圍」能夠形成任意多個甚至無窮數個拓撲意義上收斂性的、具吸引力屬性的「是」的矢量場或向量場。

「是」的矢量場或向量場在「因非而是」的語境中與「因是而是」的意境中有不同的「意義」。

在上卷第二章第七節中，「是」的矢量場或向量場作為「是」判斷操作性指標的「量」，表達的是一個確定點拓撲變換時「可以」產生的位相。意思就是：

可以裝某種東西；

也可以理解為「可以是某種東西」；

進一步理解為「可以成為某種東西」。

但「因是而是」的意境中，任何位相都拓撲等價（這裡的「價」實際上是「無價」。參考接下來本文第四節討論的同一性）。即空的布袋子：

「可能裝任何東西」；

也可以理解為「可能是任何東西」；

進一步理解為「可能成為任何東西」。

「可能」與「可以」，一字之差，在中文裡意思完全不同。

「可能」是客觀實在的「本質」；「可以」是主觀判斷對某狀態下的對象性質上的「用途表達」。

「可能成為任何東西」絕不是法國存在主義哲學家薩特的「它是什麼東西完全可以由意識自己來主觀決定」。

意識自己主觀決定的必然是自定義的。自定義的自由度必然具有邏輯性，具有邏輯性的自由度最大是百分之百。但是，由於「自定義是」判斷講究「有用（表達）才有意義」，邏輯意義上百分之百的自由度因為「（草原上的野馬）沒什麼用」所以沒有意義。也就是說：一旦有意義，自由度就必然少於百分之百。

首先，傳統哲學上，任何存在，都是以形式表現：存在在結構及表現上一定含有關聯性、邏輯性及必然性三個要素。三個要素決定了形式一定是非獨立、非自足、非自決及非自存的。即現實世界裡任何形式一定與外力的左右及干涉共存而沒有自（主）性。

形式，皆是「是」判斷的目標。

形式的自由沒有自性。

「是」判斷邏輯屬性第二外延指出：「是」判斷一定是共時性主觀判斷。

即共時性主觀判斷的目標皆沒有自性。

沒有自性的另一種相同語義的不同表述就是：必須遵循客觀規律。

因此，「它是什麼東西完全可以由意識自己來主觀決定」是絕對的謬誤。

實現「可以」並不是隨心所欲，必然地受制於前、後因果關係的：狀態不等價於性質。當「是」一旦實現（表達），目標就成為被相關集合取得了擁有權的交集：圓瓶子裡的水「絕不可以」同時呈現出方形狀態；但當本質上充滿不確定性的圓形的瓶子「變化」成方形的瓶子，當中的水就又只能「無奈地」同時呈現出方形狀態。

「自定義是」企圖確定目標的唯一性、確定性與封閉性反而令目標成為「瓶子裡的自由（狀態）」而永遠不能完備，同時指者思維的自由狀態也因同構關係形成「裝在瓶子裡的自由狀態」。因此，意識自己的主觀決定看似主動，其實是——沒有自性：一切行為都不能違背客觀規律地被「牽著鼻子走」。

其次，根據「是」判斷邏輯屬性的第十六個重要外延：任何的「是」判斷目標，無論如何精確，表面上都相當於歐幾里得幾何法則確定下的一個點，但本質上都是拓撲空間（連續性空間）裡一個充滿了種種不確定性（自由度）的離散性的開集。在「可以」未成為事實之前，「可以」作為開集而具有並集的「功能」，即此時的「可以」「性質上」具有「智能性共享」的百分之百的自由度。但這種未實現的「可以」「沒有任何現實意義」（「我可以成為比爾·蓋茨或李嘉誠」這句話毫無意義）。「可以」一定是以實現「可以」為目的，要有意義就必須要實現（表達）「可以」，而要實現「可以」就必然帶有主觀選擇性。薩特認為自由就是選擇的自由。但主觀選擇自身就意味著不自由。因為選擇性意味著因選擇所造成的既定事實一定只能是「逐個逐個選擇」

地共時性實現：水每次只能可以選擇裝在一個瓶子但也意味著同時選擇了「不可以」裝在其他瓶子。因此，選擇等價於「塌縮」。塌縮之後必然地「只能是這樣」而不能「不是這樣」。因此美國電視劇《西部世界》裡的「世界」，無論是人的選擇還是機器人的選擇，皆會陷入邏輯悖論：首先，我（人或機器人）的反抗必然以服從（我的內心）為前提。有服從就意味著不自由，所以西方人煞有介事的那一套自由觀就是個笑話；其次，人與機器人的關係永遠只能是對立的關係：為了實現我（人或機器人）的選擇自由，必須「反抗」對方為我所做的任何「安排」。這樣的「完美」必然有「瑕疵」，即「是」判斷不可能完美。

第三，「自定義是」判斷是依據後因果關係邏輯的判斷，必然地帶有滯後性。因此意識自己主觀決定的「可以」一定是「守成性」的，「不識時務」的，不輕易「接受現實」的。

當然，如果懂得「放下」，對「可以」採取「來者不拒，去者不追」的態度（盡量減低主觀性），永遠保持著開集的不確定性的「最大值」，還是可以大大提升「可以」的自由度。但只要還是含有主觀性，「可以」的自由度，就始終不能達到百分之百。

如果把空集比作非分別的布袋子（判斷者、引者）自身，開集（目標）就是一個分裂後根據邏輯推理確定「既可以且屬也可以或屬」的具有裝東西用途的袋子。

開集的補集是「閉集」。

當存在主義哲學的始祖海德格爾把「此在」的在世的狀態詮釋為「沉淪」、「拋進」了「上手狀態」中的「非本真狀態」，就已經坐實了其「本真狀態」的此在不過是補集為封閉性的、僵化的「現成狀態」的閉集的沒有自性的開集。

這個開集其他的性質在《邏輯後綴學》上卷已經被充分深入地討論過，這裡不再贅述。

日常生活中常聽到一些自信滿滿的說法：「我就是我，沒有人可

以改變我」。這裡的「我就是我」在語境裡絕非因是而是的「我是我」，而是存在主義思維裡「是」判斷的目標「自身所是的自我」。「是」判斷目標作為開集具有不同的位相，「可以」是達至某個位相的操作（行為），位相以「是」的矢量場或向量場的「量」作為操作性指標。由於一個「可以」的實現必然以「非」場為背景共時性地排斥其他的「可以」，因此位相的「量場」具有分化性（離散及發散）及排斥性。

因非而是：「是」的矢量場或向量場具有分化性及排斥性。

無論是確定、否定，還是否定之否定，皆必然圍繞著一個（有值的）目標，在具有邏輯性的推理（即「邏輯推定」）中表現出分化性及排斥性。

——與某個或多個「值」捆綁了的心，也就「實」了，就叫做「實心」，實心並不是「我」的本心。把實心混淆成本心，「我」反而就「心虛」了。

「非」判斷目標作為空集不存在任何值，因此不具任何位相（或稱「任何位相等價」——參考下一節的「同一性」），稱為「非相」——非形式——因非相而可能具有一切相（我什麼都不是，才可能什麼都是）。

「我在」不是什麼（具體狀態的「在場」或「東西」）；但任何什麼（具體狀態）都必然「我在」——空集和任意集合的笛卡爾積為空集。

這意味著「我在」具有全包含的可能性，因此空集的補集是為複數集（全集）。複數集的意思是開放性的、所有可能的、「或屬」虛數「或屬」實數的「是」的並集。

位相是確定了「位」之後可以取的「相」。因此海德格爾認為首先必須有「在」，才有「在者」——「必須在」，這是一種被「抽象化」的，實際上存在於大眾心中因此可稱得上「範式」的普遍心理：我們都需要一個確定、安全、熟悉的「家」——在。這個「家」既指真正的家，亦可泛指一切諸如金錢、名譽地位、事業、感情、人際關係、

認同及被認同的價值觀、工作生活環境及模式等等，皆叫做——「有所住」——我們的求獨立，不過是求一個自己喜歡的囚籠。

非相是不確定「位」而具有一切皆有可能的「既開且閉（空集的性質之一）」的「相」——一種「是就是了、不是了就不是了」的相。

因此佛學的《金剛經》有云：應無所住而生其心。

「必須在」與「無所住」，反映出兩種截然不同的哲學理念。

海德格爾對「本真狀態」（上手狀態）的形容「錯置了自身因此到處都在又無一處在的無根基狀態（無處為家）」不同於佛學的「無所住」。差別在於：後者因全包含而「處處皆根基（處處心——四海為家——是就是了，不是了就不是了）」。

無處為家，是因為「心（有所）住於我」，意思是把「（自）我」「放在心（之）上」了（海德格爾的「拋進」）。由於「我」有著以價值觀衡量的七情六慾（非本真狀態），把「我放在心上」，心就會隨著「我」走（震盪與重複），這叫做「隨心所欲」。隨心所欲在表面上，「我」是自由的，但實際上是「心」被「我（的慾望）」牽著鼻子走。由於慾望是無止境的，「變來變去」的，總是「不在家」的，所以「心」就有無處為家的慨歎。

——$z=a+bi$：當 i 被 b（有值的實數）「捆綁」，就是一個複數 z（自我）。z 的集合叫複數集 C：C 是不可排序的非有序域——也就是變來變去，居無定所。

四海為家，是不把「（自）我」「放心上」，心就「無掛礙」，這亦是「放下」之本意。但是——徹底放下「違背人性」，故筆者認為，對於「凡人」，其實「不放下也可以」的，叫做「我住於心」，意思是讓心成為「我」的主人，「我（的慾望）願意降級為僕從」、「寄人籬下」地隨著心走，這叫做「隨欲所心」。帶著慾望這個「隨從」的心，一樣可以「隨遇而安」，也同樣可以「四海為家」。

——$a=a+i$：無論我是什麼 a，i（我在）不變。

《心偈》

心如工畫師，巧手描千姿，萬法重重疊，五蘊遍遍識；
心集無邊業，身敗有限時，如心佛亦爾，體性無真實。
心不住於身，身亦不住心，如佛眾生然，蘊識轉成智；
心身得自在，皆因了相知，圓鏡觀內外，色空同月日。

——筆者原創

衡量一個人是貧窮還是富足，不在環境，而在心境。

人心在心境裡所處的「狀態」：無所住的狀態還是必須在的狀態，即中國儒學裡所論述的「心性」。

「心性」被西方人分為理性與感性（為簡化方便討論，這裡把知性納入理性範疇）。

對現代人來說，「放下」這種心性的學問「沒有道理」。什麼人權、民主、平等、自由，皆有一大堆「不能放下」的理由——現代人確實越來越會「講道理」。但往往是：站在「對」的立場，大家都有道理，都對。卻沒有人願意正視一個事實就是：兩個對立的道理之間會「打架」，小的就是個人煩惱，夫妻不和，大的就是國與國之間的爭戰。結果往往是：有道理才是沒有道理；沒有道理卻是最有道理（參考本章下一節「難得糊塗」）。

以《邏輯後綴學》的原理討論：理性在「理論上」屬交集，但由於心性本質上沒有任何約束（空集無所住），因此理性這個「交集」永遠都因為不能「安分守己」而表現出（本質為開集的震盪與重複的）種種衝突，康德對「純」理性的「批判」也就僅僅只能停留在「以理性批判理性」的層面；

感性既有「是」判斷範疇裡開集性質的感性，也有「非」判斷範疇裡空集性質的感性。

認為有權「可以」而拼命索求，就是開集性質的感性心性。開集性質的感性通俗的說法叫做「隨心所欲」，「隨心所欲」其實是反映

了心境裡的心性是受「欲」所困而沒有自性，因此反而暴露了內心的貧瘠。故常常有人「奮鬥成功」之後，反而有「心無處安放」的空虛感——我們企圖確定，其實從來不能確定，我們以為「可以」，其實「從來沒有可以過」——生不帶來死不帶走，赤條條來赤條條去。

心境裡的心性「本來」就是「自由」的空集，空集的心性是「隨欲所心」的，即任何「欲」都全包含、「安放」在「心」裡。「本來」的意思也可以理解為「天賦」的，根本不需要追求。

「沒有」才需要追求——「追求」自由，其實就已經是「不承認」有自由，也就是「放棄」了「天賦」的自由。

「非」判斷邏輯屬性的空集具有非邏輯推定的相干自由度，因此所有可能的「是」的集合「域」與空集的關係是具有百分之百兼容的真實關係。

百分之百兼容意味著：「不排除」任何可能。

即：空集的補集不同於非空集合的補集。後者是分裂性的涇渭分明：排除了其他「可以」之後才能確定「這個可以」；前者是真正有字面意義上的「全候補」性質：「任何情況下什麼都可以」。

因此：

因是而是：「是」的矢量場或向量場具有收斂性及吸引性。

「引而不發」的「引」一定是以「我」（自在的、全體的「我」，而不是「是」判斷語境的「自我」）為中心，被「我」收斂、吸引的。

具有收斂性及吸引性的「是」的矢量場或向量場，統稱為「是」域。「是」域在物理學及數學領域的論述中，被稱為「張量場」。張量場中的「張量」，在一般學術討論中被認為具有「滿足一切幾何性質和物理規律皆與坐標（參考）系的選擇無關的（不變）特性」。《邏輯後綴學》在此對張量的理解賦予更深刻的哲學思想：無論我是什麼，「我在」不變，什麼都是「我（在）」——無論「可以」向何方發出箭鏃——「引」不變——任何「是（指）」都包含在「（我在）引」中。

空集在「是」判斷語境中依然具有集合的內涵：空集的補集是全集。在「非「判斷的意境中則是一種全體性的內涵。

因此，百分之百兼容也意味著：真實狀態與真實關係是共屬性的全體的關係。

即：「非」判斷是一種全體觀。這是「非」判斷邏輯屬性的第五個重要外延。

海德格爾在思考同一性的問題時，區分思想與存在的共屬性中，到底應該以「共」為主導還是以「屬」為主導的企圖，就始終是「是之為是」之下作出的臆測，把共屬性中「共」與「屬」具有不分主次的全體性進行了人為的重新分解（產生了偏序關係）。

全體觀與一般意義上的主觀、客觀有什麼區別？

所謂的主觀、客觀，皆是「因非而是」語境中所產生的概念。我們說「非」判斷具有徹底的客觀性，依然是依照「是之為是」而得出的結論。

「因是而是」可以「知道」主、客觀的區別，可以「知道」在「是」判斷的論域裡「非」判斷的「觀」具有完全的客觀性。但「非」判斷自身不存在主、客觀的內涵，或者說「非」判斷主客一體。「非」判斷的「觀」，是一種意境裡的「全知」，「全知」是行為與行為發生者之間二而一沒有界限不可分割的全體觀。即「觀」的是完備性的「非」判斷潛在性目標自身全體。這個完備性的「自身全體」無須比較，即不需要邏輯推定，「不假外求」，歷時性與共時性完全同一，因完全的自足、自決、自存（我在）而具有自性（比較上卷第二章第三節的討論：真類中的「是」判斷，因為是「按照先前定義的同類對象來定義」，即用「是」判斷判斷「是」判斷，這就導致（確認）行為與目標兩個要素之間具有了邏輯等價的，互為因果的「俱起俱滅」、「糾纏共生」的關係──故「是」判斷目標沒有自性。）。

非形式的自由具有自性（注：這裡的「自性」依然具有相對屬性，本文最後一章會討論絕對的自性）。

全體觀的目標具有自性。這是「非」判斷邏輯屬性的第六個重要外延。

具有自性的「可能」，因為空集的性質「不排除任何可能」，而在「是」判斷論域的語境中具有徹底的客觀性。

具有自性的心才能叫做「初（發）心」：此初心「吾性自足，不假外求」（王陽明）。

自性的心，才是自由的心——自性，與自由等價——故，「非」判斷真正具備自由的內涵。

這樣的「可能」才是對尼采的「無物為真，一切皆允許」的準確詮釋。這種徹底的客觀性才是「位相」所反映的「可（以）用」的可能性的本源。相較於「是」判斷語境那種必須被「他者」證明的「有用」，這種客觀性看似被動，實質是引者了了分明地知道萬變不離其宗的前我無論有沒有意義都「絕對能用」，而永遠掌握著「用」的「主動權」（「是」判斷中真類性質的「發」必須是「有的放矢」，即「發」必然被動於「目的」，並且「發」出去後「射不射得中」亦不受「我」控制了，因此主動的是「引」而非「發」）。

即：「是」判斷的「現實意義」是，必須不斷地「外求」以證明「有用」；「非」判斷的「現實意義」是，本來就肯定「能用」且「一直都有用」。

因此：

「可能」是：因為不確定，所以確定——「意會」的非邏輯推定的邏輯；

「可以」是：為了確定，反而不確定——「理會」的邏輯推定的邏輯。

「可能」在表面上不具備邏輯嚴謹性的內涵，實質上蘊含著邏輯中不帶任何情緒的嚴謹客觀理性——「非」判斷意境裡的感性——隨欲所心——道德的普遍性；

「可以」在表面上由嚴謹的邏輯推導，實質上是受情緒左右的主觀臆斷——「是」判斷語境裡的感性——隨心所欲——道德的相對性（注：筆者對道德普遍性及相對性的理解與傳統的理解不同）。

我們每一個人的價值觀，皆是以道德性的「可能」及「可以」作為背書。而反過來我們的道德觀，亦不能超越價值觀的框架:純粹的「可能」屬真實的範疇，因此不存在任何道德觀或價值觀意義（沒有框架，即「道」的「萬物為芻狗」的境界）。

生命意義裡的「可能」始終具有自定義，因此只能以「道德普遍性」勉為其「標準」。

以人類永不厭倦的「談資」——「愛情」為例：人間的故事，若沒有愛情這個元素，往往就顯得「乏味」。而愛情故事往往是——我喜歡了一個人，自然就希望對方屬我，也就是「專一」。專一的愛情，人人頌之，並由此發展出一大堆的道德規範。但現實中，種種「移情（愛）別戀」的「出軌」卻又無日無之。由此而引起的種種愛恨情仇，就叫做愛情故事——當中的專一與「別戀」之間道德相對性的糾結，就是愛情故事的「主旋律」——其不過就是「是」判斷二重分裂之後的「震盪與重複」。

愛和情其實在不同維度：理會愛；意會情。

我們通常認同的所謂「專一」，其實是「愛的專一」，是被交集屬性的「且屬」情緒左右，因而是「動物性」的，自定義的，「有（同溫層屬性的）道理的」，是契約性的，是道德相對屬性的，因此一定會「震盪與重複」、「緣起緣滅」的——毫無「高尚」可言；而「情」則具有道德普遍屬性，「沒有道理」，反而具有「一次過」意義上真正的專一：這是萬事萬物「可能」的源始（以上關於愛情的論述，可參考筆者的《愛情啟示錄》）——緣可盡，情永在。

、不認同「可能」，及「可以」與「可以」之間的互不相讓，皆會造成（自定義）紛爭。而站在道德高地之上的「絕不可以」，則是這人世間最大的「惡」。

在自定義真實的世界裡，不能沒有（相對性）道德，不能不守規則——但有（相對性）道德、守規則的人，卻是：永遠「吃虧」。

縱觀中華民族的歷史，特別是近、現代史，會發現：中國人一直以來對「道德」都是「相當的敏感」，繼而相當的「較真」（因此就出現所謂的「禁錮思想言行」的封建禮教，令中國人長期在諸如「忠孝兩難全」之類的相對性道德中糾結不休）。筆者認為這是因為：在三足鼎立的儒釋道三教中，道教的「鼻祖」老子所寫的那篇流傳千古的《道德經》，令到「道德」一詞在中國「不容置疑地深入人心」。然而，這「不容置疑地深入人心」的道德觀念，再通過儒家鍥而不捨的注解後，反而就「出大問題」了——筆者認為：老子所論述的道德，並非我們日常所理解的道德——老子的道德是「天地不仁以萬物為芻狗」、「天下皆知美之為美，斯惡矣；皆知善之為善，斯不善已」的普遍屬性的意境裡的理念。而我們掛在嘴邊的，禮教式的「某某人道德不道德」的「道德」，皆是具有相對屬性的語境觀念。兩者之間是「雲泥之別」——我們每每在遣詞表意之際，把「不可質疑」的（普遍性）道德混淆為相對性的道德；把老子的不可佔領的道德高地的普遍性道德，理解為可以佔領的道德高地的道德。其結果就是：中國人特別容易——「被誅心」。

中國的儒學，在初期的階段，是具有道德普遍性意義的「仁」，一種真正合乎天道的理念。但後世儒者不斷地把「仁」與種種具有價值意義的相對性道德理念捆綁，就往往令儒學陷入了相當尷尬的處境：一方面，從「道理上」來說，儒學確實是頭頭是道（人間正道），正氣凜然，一般人在其面前只能噤若寒蟬，唯唯諾諾；另一方面，正因為相對性道德就正是只具有相對性，大眾往往是「口服心不服」，如此一來，那些一本正經高談闊論的儒者（有可能這些儒者對自己所說的其實也不那麼以為然），稍有不慎就會在民眾心裡變成了「偽君子」。偽君子其實相當可憐，因為說什麼都再也沒有人相信了。

普遍性道德，是（真實）關係屬性，真實關係，是「非值」的。當我們把道德理解為某種「狀態」而千方百計企圖「確定值」時（所

謂道德標準），由於「狀態」一定是千變萬化的，所以我們永遠「談不攏」。

由於我們一般所理解的道德，都是與價值觀捆綁的相對屬性的道德，把相對性的道德觀置於「制高點」上，道德反而就成了「兇器」。

佔領道德高地，是人世間最大的惡。

例如「德高望重」這個通常在解釋中帶著褒義的成語，往往會成為「誅心」時更具威力的利器：武俠小說家金庸的小說裡，就有許多這方面的情節——被「德高望重」的前輩「背書」之後，當事者也就百口難辨。

如果說，曾經的中國人的「忠孝兩難全」之類的糾結具有中華傳統道德觀自身「內卷」的特點，這種「內卷」經過幾千年的磨合沉澱，已經達至相當穩定的平衡（中庸之道）狀態。那麼，20 世紀初的那場「五四運動」帶來的所謂「德高望重」的「德先生（民主）」，則是對中華傳統道德觀的平衡的一次「系統擴張」（即所謂「突破」，此段可參考本文上卷第二章第三節）。這種「系統擴張」本身其實沒有什麼特別之處，其「功勞」不過是掩蓋了舊有的悖論。但「德先生」的本質其實依然是「不具備德高望重資格的」道德相對主義屬性，因此必然會「創造」出新的甚至是更大的悖論。如果認識到這一點，把道德相對主義屬性的「德先生」作為中國道德觀的「選項之一」，那其實是無妨的，因為「遲早」可以被深厚的中華思想「融合」而達至新的平衡。但如果把「德先生」作為包醫百病的「神藥」，則會動搖中華民族的根本，那一定是中華民族的一場大災難。

當然，在某些不那麼「傷筋動骨」的事情上，中國人特別容易被誅心其實也是「好事」，因為從側面證明了中華民族是一個能夠自省自律的民族——新冠病毒流行期間，海內外中國人自覺戴口罩保持安全距離的人的比率，遠遠超過西方國家的民眾，就是一種自控能力的表現——省人者損，自省者益。律人者人律之，自律者無疚。勝人者有力，自勝者強（摘自筆者的《道德新經》。注：這裡的「自律」是有自覺內涵的自律）。

以下【】內的內容，摘自筆者的文章《自由思想批判》，可作為這部分有關道德觀討論的參考。

【道德不是西方人的「自律」。

西方人的自律源自於源遠流長的「原罪說」，確定了原罪之後才能樹立道德的「標杆」，即道德觀，然後以「戴罪之身」向標杆靠攏或是看齊，即祈求道德的救贖。西方哲學的道德觀，從神權到人權經歷，不過是從神的權威到人是所有價值判斷的最高原則，其最高成就為康德所提出的相當之高大上卻似是而非的「定言令式」。這個可望而不可及的「定言令式」的道德觀，成功地為西方人性的解放實現了背書。但這種人性解放的代價是：道德多元論與相對論並駕齊驅，形成相互對立又不可調和的道德辯護與論證的「諸神之戰」，任何所謂道德言辭都因為是可望而不可及的東西，失去了普遍有效的權威性而陷入嚴重的無序狀態以至於不可詮釋。也就是說，到頭來西方人對什麼是道德依然是糊裡糊塗。但這糊裡糊塗竟也產生了意想不到的好處：先把道德模糊化，也就是說，不把道德當回事，再把這模糊化了的道德作為維護利益的擋箭牌或獲取利益的政治性攻擊性武器。例如：模糊化的道德觀，令日本人能夠把戰爭罪行模糊化；令美國人能夠理直氣壯地在南海、在世界各處橫行。

而實際上，道德與政治是南轅北轍的兩個概念，捆綁兩者是範疇謬誤。當真理選擇了立場，真理就不再是真理。選擇了立場的道德是一種偽道德。把模糊化的道德觀與政治捆綁，道德就成了行兇者的武器。把模糊化的道德觀與政治捆綁的行為，反而暴露了捆綁者本身就是一個行兇者。

中國人，就成了模糊化道德觀的最大受害者。與「原罪說」相反，中國人認為「性本善」，即「善」是與生俱來的，道德不是靠自律而是「自覺」。因此中國人並不祈求道德，而是害怕失去道德。中華文明裡兩千多年的儒家思想深深地根植在中國人的骨子裡，儒家精神流淌在中國人的血液裡，即中國人太把道德當回事，把道德當作是一種實實在在而且是相當寶貝的東西。結果就是，當中國人看見別人沒有

道德時，就發自內心地義憤填膺；當發現自己沒有道德時，同樣是發自內心地痛心疾首羞愧難當。行兇者正好利用這點，把模糊化的道德觀清晰化為「中國人質素低下」這種刀刃。這把鋒利的、威力無比的、具有實質性的利刃，不但把中國人支離得血肉淋漓，還起著借刀殺人的效果，讓我們自相殘殺。

當我們自以為在為捍衛道德而戰而進行相互指責攻擊時，真正的行兇者在發笑。】

通俗地總結上述有關道德的討論：西方人的道德觀是「裝」的；中國人的道德觀是「天真地當真」的——當人們煞有介事地思考、長篇累牘地分析、事無巨細地評論所謂良知、道德時，反而是越來越「沒有道德」——就像法國香水，其本意是要掩蓋貴族們的體臭和污穢。

當我們在為「中國人應該像西方人那樣自由奔放還是應該遵從老祖宗諸如三從四德等傳統禮教」而爭論不休時，都不過是在「是」判斷「可以」的架構下的道德相對主義屬性的爭論。這種爭論只能是無止境的「震盪與重複」。

真正的「和諧」，必然是建立在「可能」，特別是「雙方都認為可能」的基礎上（「可以」之間不能和諧，而只能因「共識」而「平衡」。參考本文上卷第二章第三節）。

如果「我知道」蘋果好吃而選擇了吃蘋果（隨心所欲），這「無可非議」——道德相對性。

如果「我知道」我選擇了吃蘋果，是因為「我覺得蘋果好吃」這個「現實意義」（或是）的本質是「並集關係（而是）」——香蕉桃子「也可能好吃」——本質上的「因是而是」——面向自身時就是：來者不拒去者不追的隨欲所心；面向他者時就是：任何「自由」的選擇皆基於「好吃」（相對性的道德觀），因此「不排除」其他人認為香蕉桃子好吃並因此而選擇了香蕉桃子——道德普遍性。

如果我認為，「只有蘋果好吃因此我絕對只會選擇蘋果」就叫做「道德絕對主義（自以為是的專一，換一種說法叫做『精神潔癖』）」；如果我認為，其他人必然也應該認為蘋果好吃並迫使他人選擇吃蘋果，

就叫做「佔領道德高地」，就必然引來喜歡吃香蕉桃子的人的「反噬」而陷入無窮的「鬥爭」中；儘管我知道不同的水果各有其不同的口感（知道道德相對性），但卻別有用心地告訴別人只有蘋果好吃，並詆毀那些說其他水果好吃的人，就叫做「佔領道德高地的道德騙子」；我選擇了吃蘋果但反對別人吃蘋果，則叫做「道德流氓」甚至是「道德強盜」；無所謂好吃不好吃，則叫做「道德虛無主義」。

不是「存在是合理的」，而是「存在的可能是合理的」。

或者是：存在的合理性是相對的；存在的可能的合理性是絕對的。

具有道德普遍性。這是「非」判斷邏輯屬性的第七個重要外延。

「可能」是空集的本質；「可以」是開集的性質。

「非」判斷的目標是空集；「是」判斷目標都是開集。

事物都具有「可能」的本質。正因為「可能」的本質，笛·摩根定律才得以成立，事物才能通過「功能性共存」的（並集）辯證關係，表現出開集性質的模式。開集模式的「智能性共享」的實現過程，會表現出「運動、發展、變化的客觀規律」，也就是「鬥爭性」或「活力性」的表現──取決於觀察者「命題」的「論域」是（可以的）狀態（交集：鬥爭性）還是（可能的）關係（並集：活力性）──存在的合理性是相對的：相對性通過鬥爭性或活力性表現：

新冠疫情期間，美國通過以「可以」作為背書的「增印鈔票」（鬥爭性）行為，「狂薅」世界各國的「羊毛」，從而令自己「再次偉大」；

新冠疫情期間，中國充當以「可能」作為背書的「引擎」（活力性）角色，為世界經濟可持續發展源源輸出活力，從而令自己「在平凡中顯得偉大」。

自定義真實的人性，因為具有道德相對性，所以表現出鬥爭性。

真實的人性，因為具有道德普遍性，所以表現出活力性。

注：上述有關道德相對性及普遍性的論述，千萬不要解讀為：任何道德上「邪惡」的思想言行都可以接受。而是在面對世間事時要秉

持佛學的「四無量心」。當然，凡人或者做不到「無量」，但應該做得到（以無量為內稟的）有「氣量」。

空集與開集、並集及交集的關係，就如同中國圍棋裡棋盤與棋子及棋子與棋子的關係。

棋盤相當於空集；棋子相當於開集。沒有棋盤，棋子就「無用武之地」。即開集是建立在空集之上：以「不排除任何可能」為前提，才能實現「可以」。棋盤作為空集具有非邏輯推定的相干自由度，這意味著無論棋盤上有沒有劃線，無論是劃十九條線還是劃一百九十條線，無論棋盤上有沒有棋子，有多少棋子，無論在棋盤上對殺的雙方誰輸誰贏，棋盤始終是確定的（對稱性的）棋盤（我在）。非邏輯推定的相干自由度的棋盤是我們能否劃線，劃多少條線的源始先決條件。而當我們最終在棋盤上確定了（對稱性破壞）十九條線，就人為地建立了一個「有限子覆蓋的樣本空間」（破缺）：圍棋棋盤（在）。棋子就有了相應的「自定義身份」（此在的在者），即初始的意義：圍棋棋子（具有退相干自由度的上手狀態的開集）。代表著陰陽的黑白圍棋棋子必須「拋進」棋盤任何一個交叉點才能有所表現才真正叫做有「現實意義」（相生相剋的現成狀態）。其現實意義表現在「可以」在棋盤上的三百六十一個交叉點之間「大顯身手」（智能性共享的展開）。但每一顆棋子每次只能「可以」放在一個交叉點上，交叉點的意思是已經放在棋盤上的每一顆棋子表面上都「與眾不同」，實際上不過是「不能移動（沒有了自性）」的「獨一無二」的具有開集性質的交集。這個交集的「與眾不同」，必須與棋盤上其他棋子（「或屬」的功能性共存的或是而是的並集性質的鄰居關係中）不斷地作是之為是的「且屬的比較（價值性共有的是其所是）」才能反映出來。但隨著棋盤上實現了「相互比較」的棋子越來越多，棋子之間越來越「緊（致）」，緊到「沒氣」的棋子，就遭到被「提子」的命運（真正確定了，也就「死」了）。

交集的且屬，即許多情人喜歡的情話：你中有我；我中有你。但這種愛情，往往因「愛得太過投入（越來越緊致）」而與「留給各自一點空間」的生活（並集）理念相悖，從而令人「喘不過氣來」。事

實上，現實裡交集性質的情人或夫妻，最理想的關係不過就是「相敬如賓」。賓者，客也，即各自始終是獨立的，「外延與內涵相悖」的。空集的百分之百兼容，則意味著你就是我；我就是你（下一節討論的同一性）。哪種「愛情境界」更高？不言而喻。空集中的婚姻關係是非邏輯推定的「情緣」的關係，情緣的關係無分彼此（「非」判斷的前狀態 ---- 因「忘自我」而實際上「沒有狀態」），共同進退；交集中的婚姻關係則是邏輯推定的「因果關係」，因果關係中夫妻關係的本質是「狀態」之間的「名份」關係，「名份」之間或者叫「門當戶對」，或者得出的往往是「你（之所以）能夠有今天（的狀態）全靠（因為）我如何如何」的結論。

不過，被提子踢出局的棋子不必「氣餒」，因為所有無論是「活著」還是「死去」的棋子在棋盤「眼中」依然是「拓撲等價」的（天地不仁，以萬物為芻狗），是可以在無盡的棋局中「拓撲變換」的（並非海德格爾的「向死而生」，而是如佛學中的「輪迴」）。

即只有「可能」為前提，才能實現「可以」，繼而「或屬」，才能最終給我們「且屬」的錯覺（真實關係中沒有真正的「且屬」，因為「且屬」是自定義）。沒有空集，開集、並集不能成立；沒有「可能」，「可以」不成立，「或屬」就「行不通」；或屬行不通就不可能「且屬」。或者說：「且屬」的有效性是建立在「或屬」之上；而「可以」的「或屬」功能的有效性則是建立在「可能」之上。

因是而是，才能或是而是，才能因非而是地是之為是到是其所是。

這種「非」判斷內涵的因是而是，就是中國人所感悟的「順應天道（初心）」。

「意會」之後才有所謂「理會」，這是「順應天道」的、真正「符合客觀規律」的思維模式。

「非」判斷是「是」判斷的內裏。這是「非」判斷邏輯屬性的第八個重要外延。

沒有「沒有意義」的「非」判斷，「是」判斷沒有意義。

真正有意義的原來是「非」判斷；是空集；是「可能」。其意義在於引者判斷過程中的思維狀態具有非邏輯推定的相干自由度。

「非」判斷的定義：思維判斷處在歷時性轉化為共時性階段中未正式開始確認的邏輯叫停的前狀態。

這個「狀態」，是我們思維上的分水嶺。分水嶺的一面，思維不受約束，存在無限可能；分水嶺的另一面，思維面臨著抉擇，也就「從此被困」。

本文筆者把非邏輯推定相干自由度的思維稱為「慧」，故「非」判斷可稱為「慧知」。

絞盡腦汁確定是什麼的邏輯思維稱為「智」，故「是」判斷可稱為「智識」（此處可參考中華道家對「識神」的解釋。不過，筆者認為「智識」不具備「神」的資格，不妨用另一組詞表示：元識）。

識的前提是知；識而不知叫做「昧識」：這裡的「不知」往往不是真的不知，而只是只願意知道自己願意的知道或只願意讓你知道想讓你知道的知道。

關於「知識」一詞的更多解讀，可參考本文筆者的《知識越多越反動》。

非邏輯推定相干自由度，也可以稱為「非形式」。非形式的思維中，任何具現的思維模式都能夠同時建立同時共存，這才是真實的「純精神」層次的——思想自由的境界——這種境界的「創新」才是真正具有「創新精神」的創新。

「非」判斷意境的非邏輯推定相干自由度，是「是」判斷語境裡的創造力（「突破」、「創新」）——退相干自由度的源始。

我們平常所說的邏輯思維，其對象必然具有某種「形式（狀態）」，任何形式的成立（包括生成、維持及消亡）皆建立在具有排他性的邏輯推定的基礎上。

本文上卷提到：「人生如戲」，就是對通過自定義真實關係建立自定義真實這種行為的通俗表述——每個人都是角色扮演者。

加入了「非」判斷邏輯屬性的討論後，「人生如戲」裡的角色扮演者，就「允許」三種不同的解讀。

　　第一種解讀是「自由發揮的做戲」——這是「摩登的」、現代社會裡「絕大部分人」所理解並認同的（自由）含義：一直在同一台戲裡「主動」扮演著同一個角色。無論是漫不經心，還是專業認真；無論是配角還是主角；無論是平庸還是優秀；無論是失敗還是成功，這個角色的扮演者始終沒變——這裡的「始終沒變」不是下一節所討論的「同一」，而是我們常說的「自我（同一必一）」。這個被認定的「自我」在人生的大舞台上，必須不斷地與他者「做對手戲」，即與其他的角色作「（主觀上的）值的比較（互動、配合）」，才有存在意義。但無論其「存在意義」是否有價值、是否曲折精彩，這個「自我」終其一生不過在演繹一齣具有邏輯推定的，亦即是具有因果關係的、「做給別人看」的、沒有觀眾就沒有意義的戲劇故事而已。如此解讀角色的扮演者，往往就「真的把自己當成了角色」（西方哲學的「人是觀」），也就是所謂「入戲」了。因為是「做給別人看」，當越是受人歡迎，越是成功時，其實就意味著角色已經被成功塑造得越來越「定型（越來越沒有自性的同溫層屬性）」。在這種情形下，扮演者「入戲」越深，思維自由度反而就越低，即思想壓力越大——所謂「主動」的自由發揮不過是「非線性運動變化發展」所造成的假像。

　　第二種解讀是「被安排角色的做戲」——這種「被動」角色在現代社會裡被認為是「沒志氣沒出色」的、「失去自由」的因此必須「反抗、改變」的角色。但只要真正有「理性」的人，心裡都會清楚：這才是「現實」——我們以為的選擇，其實是被選擇——前因果關係內在的根本屬性決定了前因果關係不允許「創造條件」，角色扮演者永遠是「被選定」而沒有自性的。

　　因此，無論是自選還是被選，只要認定自己是某個角色（交集屬性的狀態），自由都被約束，都有壓力。以《邏輯後綴學》理念來理解，就叫做自由度低——智商越高，邏輯推定的自由度越低。

　　第三種解讀是「看戲兼客串」（旁觀者、客串者、導演者——情

商的「訓練」）——看戲，也就「非角色」，戲台上正在表演的所有角色之間的（並集屬性的）互動關係就可以「盡收眼底」。看戲的同時，又「不妨」以「客串」的心態在同一台戲裡扮演著同一個角色（不介意這個角色在現實裡是主動還是被動）。客串的同時，（心理上）更「不排除」還有許許多多不同版本不同角色的「我」能夠「非邏輯推定」地演繹（導演）著不同的（虛擬）故事。這種含義下的扮演者背後（或者說「內在」），會有一個真正的「我（心）」，「不帶任何有色眼鏡地看著（真正客觀的知）」那些虛擬的、現實中的「我」在做戲（真正的「慧知」；真正「換位思考」地意會這個世界上所有的所謂的「善惡」「對錯」）。

　　隨著「情節」的變化，看戲者也會跟著喜怒哀樂，但「潛意識」中始終有著「疏離感（不融入）」。疏離感意味著：戲中及現實中發生的一切「關我屁事」。「關我屁事」的意思是：戲台上各個角色（人與人）之間邏輯推定的因果關係「與我無關」，但「我」又可以非邏輯推定地為種種情節而「喜怒哀樂」。如此的看戲者，「當然」就不會像角色扮演者「那麼累」，看戲者看戲時情緒上的喜怒哀樂中，就沒有什麼壓力及焦慮，看戲的時候就能夠盡情地「享受」著「現實與虛擬交叉」帶來的「快感」——真正非邏輯推定的自由感——其含義類似於通常用於貶義的一個詞：意淫。但「意淫」是為「自我」的快感而快感，而看戲的「我」絕不是為快感而快感。因為，「現實與虛擬交叉」，意味著現實與虛擬中的喜怒哀樂，既可以是一致的，亦是可以「交叉置換」的。可以交叉置換的意思是：喜可以是怒，怒可以是喜；哀可以是樂，樂可以是哀（想想我們當中許多人為什麼「喜歡」看悲情戲、恐怖電影、戰爭片）——如此的人生，「一點也不苦」，甚至是相當「好玩」。當然，看戲者不會為玩而玩，因為那叫作「玩物喪志」，而是在交叉置換的「快感」中，會逐漸剝去包括了現實與虛擬中的，自定義真實的價值觀外衣，徹底解開對「自定義」這個「終身貼身保姆」的俄狄浦斯情結的依賴，令精神不斷地昇華至「無我」（自我從主人的地位逐漸「降級」為僕從，及至無自我，無自定義——真正的思想自由——情商越高，非邏輯推定的自由度越高）。

注一：無我，並非一定要「捨去」。一般人理解的「捨去」，是「是」判斷屬性的「割捨原來屬我的某些東西」的含義。那樣的話，「無我」就是要徹徹底底地把「自我」、把自定義割捨。但作為「凡人」，這需要真正「大無畏」的、徹底承認「完全的非價值」的勇氣，這其實是不可能的事。因此筆者認為「無我」可以有一個「最低標準」，就是：不要把那個自我「太過當真」，但也不必捨去，那個「自我」完全可以「盡在掌握之中」、可以「玩弄於股掌之上」（所以，在現實中待人接物時，顯得詼諧幽默樂於自嘲的人，思維上都不會那麼把「我」「放在心上」）。或者是另一種解讀，就是之前提到的「放下」。筆者理解的「凡人的放下」，是把「自我」、把一切「是」判斷視如「工具」，可拿來用，用完就放（下）進工具箱裡，到需要時又可再次拿出來，「反覆地用」。

「市儈」地說：上述覺悟「無我觀」的方式，比起因為精神上受到打擊。而不得不「痛苦地」看破紅塵遁入空門的覺悟方式，其「性價比」高得多，因為「快樂」得多。完全的慧知叫「知而非識」，「凡人」難以做到。我們能做到的，只能是一種「遊戲」的心態。或者，這就是「遊戲風塵」的真正「意義」所在吧。由於是「遊戲」，毫無壓力及焦慮，我們反而能更積極地以「最大的氣量」「投入（深入而不融入）」到人生中去。

注二：千萬不要把上述為實現「無我觀」所發生的（既是客串角色又是觀眾又是導演的）心理活動，與心理學上的人格分裂症（分離性身份識別障礙）或精神分裂症（思覺失調症）混淆。

前者在覺悟「凡有值的皆不是我」時始終清醒地意識到「我在」。

後兩者是在先肯定了「自我」的前提下（雙重或多重人格患者對每一重人格中的「我」都是「當真的」），認為「在如何確定（我的）真值」的心理活動中「出了問題」——「歷史證明」：凡以「我是什麼」為論題的哲學思考，「特別容易」令思考者產生人格分裂或精神分裂。例如：德國哲學家尼采「殺死了上帝」之後，卻又企圖把「我是什麼（人的意志）」無限拔高，殊不知越是妄圖超越（自我），開集的緊致性

越強，最終尼采就「活生生」把自己逼成了一個精神病人；又例如：反對把道德納入其哲學體系的海德格爾，由於其哲學體系始終是建立在肯定了「人是」的基礎上，結果就是一個「偉大的」哲學家同時又是一個堅定的納粹主義者，最終也就活成了自己「最討厭的」、非本真狀態的「沉淪」角色。類似的情形在許多所謂優秀的哲學家、思想家、文學家、詩人、藝術家中比比皆是——越是確定交集，開集的相悖性越強。

注三：理解了注一及注二，就可以明白第三種解讀並非對前兩種解讀的全盤否定，否則就真的成了「空想主義者」了。旁觀者完全可以，亦應該在思維上「百川歸海」地容納不同場景裡的「我」時，「兢兢業業」地扮演現實裡的角色（筆者給自己的「個性簽名」就是：神聖與卑俗共舞）。

注四：第三種解讀中「虛擬的我」絕不是幻想：幻想（其實就是意淫的另一種說法）一定是角色扮演者才會有的心態，是角色扮演者對某種自認為美好的可能（角色）帶著一廂情願的期盼；而旁觀者（導演者）對任何「虛擬的我」皆是旁觀心態，不會把自己可能成為的某個「虛擬的我」「當真」。

如此一來，「人生閱歷豐富」的含義亦有了新的詮釋——兩種「活法」具有不同維度的「豐富」——活在交集屬性的狀態裡「充滿」鬥爭性的人生，或——活在並集屬性的關係裡「充滿」活力性的人生：

一個人的一生在現實社會裡無論經歷過多少具體的大風大浪，如果他始終認定是一種「自我的實現」，即扮演著同一個角色（當局者），那麼其「人生閱歷」理論上都是線性的（「理論上」的意思是本質上依然是非線性）、單維度的、交集屬性的、價值觀是明確的、「請不要告訴我如何做，不要試圖規劃我的人生」的、不情願作解釋亦不願意聽解釋的，結果是不承認被「洗腦」但實際上是「證實性偏見」思維的，其偏見甚至是「冥頑不靈」的（「褒義」的表述叫「堅定不移」，「貶義」的表述就叫做「精神潔癖」或「道德潔癖」）。筆者認為：此類「潔癖」是「識」的極端，現實中，人「多多少少」都帶著一點

此類的潔癖（包括筆者自己：因為筆者的修煉還不夠「火候」，因此筆者只能承認，自己亦有類似的「潔癖」）。這種人所收穫的人生經驗，無論如何豐富，皆屬「智」。如此的「智識」的人生，必然具有「是」判斷邏輯屬性的十六個外延，永遠是「時刻準備著戰鬥」的鬥爭性的人生。

活在智識人生裡的人，因為要不斷「主動地」為自己「增值」，故時刻思考的是事的對錯，而對事的起因沒有興趣（例如我因為幫助某人時出了差錯，這些人會指責我的差錯而對「幫助」這個事因沒有興趣）。這種人時刻需要（立場上）「做對的，或自認為對的，亦要求別人做對的事」，卻沒有意識到對錯的真正「裁判」永遠是他者而且永遠是不確定的他者，即其選擇永遠是不由自主的被動，其「值」的「定價權」實際上是「別人」，故這種人的內心永遠是「焦裂」的。

如果在扮演現實角色的同時，思維上對這個現實角色及種種虛擬的，或者說是假設性的可能角色都「來者不拒」，也即「開放性氣量」心態，其「人生閱歷」就叫做「非線性拓撲變換（參考接下來第五節有關系統論的討論）」的，並集屬性的，多維度的（發散思維）。筆者認為，這才是真正的「旁觀者清」的，屬「慧知」的人生閱歷豐富。慧知的人生，是「笑看風雲」的人生。

活在慧知人生裡的人，思考的是事（因）的發生，對事的對錯「興趣不大」。慧知的人生不在意「值」，但總是發揮著「最大值」——故聖人後其身而身先，外其身而身存，無私而成其私。慧知的人做的是（不考慮立場的）「該做的事」。「如何才是該做」的裁判一定是自己，即永遠掌握著「做」的主動權。

筆者對於佛門「禪修」的看法亦如是：真正「有用」的禪修是開放性的——如電視劇《天龍八部》大結局所說：世事無常，一切皆為修行。

禪修不應該弄得如青燈古佛那般「悲情」，也不應該弄得需頑強堅忍種種清規戒律那麼「苦情」，那些何嘗不是「頑執」？武俠小說家金庸先生在《天龍八部》這部作品裡，就通過「虛竹」這個角色的

際遇，對「頑執」描述及嘲諷得淋漓盡致。

如果認為自己「想像力不夠豐富」，什麼虛擬的、假設性的角色太過虛無縹緲，那不妨從另一個相對現實的角度解讀「來者不拒」：就是儘量「博知」而不是「博學」（筆者在《道德新經》裡，把老子《道德經》的「知者不博，博者不知」改為「博知而不博識，博知者慧也，博識者智也」）。

筆者認為：學海無涯，博學「太累了」──筆者也曾經「非常努力地」（曾經有好多年，在工作之餘，筆者每週都「囫圇吞棗」地看完在圖書館限借的十五本書），因此自以為「非常地」博學。但「一朝萬事了」之後，發現自己的「所知」其實還是少得可憐，就再也「不願意學」了，而只是「知」繼而「習」，也就是接下來會討論的「知行」。

博知的意思是：對接收到的任何正面或負面的信息或個人目前的某種現狀，例如：人生必須奮鬥、人生可以「躺平」；中國人質素低、中國人質素高；金錢萬能、金錢萬惡；我窮、我富；普京是硬漢子、普京是邪惡的瘋子等等，始終持著不做選擇不加評價的（邏輯叫停）「哦，收到」、「哦，有人這麼認為」、「嗯，世界上有人持有這種觀點」、「嗯，有人願意選擇這樣的人生」等等的「態度」，這才叫「客觀」，這才不會輕易產生證實性偏見。

這裡討論一下筆者對「陳述句」與「肯定句」的看法。一般認為，陳述句包括了肯定句。但筆者認為：純粹的陳述句不應該帶有肯定的含義，陳述就是對接收到的信息的純粹陳述，這才是「客觀」。而肯定句其實是「帶立場」的，因此具有主觀性、偏見性。因此，在表達句子時，我們應該儘量用陳述句而不是肯定句。心理活動裡對某事件的看法，亦應該儘量帶著陳述性。

博知不會輕易產生證實性偏見是因為：由於「是」判斷二重分裂的內涵，所謂對錯、善惡，皆為鏡子中「鏡像的鏡像」──當鏡子照向別人（他者）時，對錯、善惡就是無休止地「震盪與重複」的「偏見」的「識」；當鏡子照向自己時，對錯、善惡我都「不帶偏見地」「懂（知）」，這就叫「自省」。自省之下的自律，不是做對或善的事，

而是「做該做的事」──例如中國因疫情而封城，「的確」是「不人道」「不自由」，因此是「不對」的，但卻是「該做的」。

如此的「博知」，其實「很容易做到」，「很輕鬆」、「不必勉強」的，這就叫做「知之為知之，不知為不知，是知也」。如此「人生閱歷」最終收穫的，是智與慧──覺悟任何「智」不過是「我」被定位；而無論被如何定位，「我（心）」皆不變；或者說「我（心）」其實可以放在任何位置。

筆者對閱讀的「態度」也是如此：遠至先秦的老莊道家，到佛教的空性哲學，及至西方人稱「希臘三賢」的蘇格拉底柏拉圖亞里士多德到康德黑格爾馬克思，再到街坊的九流言情小說四級色情小說，筆者都「來者不拒照單全收」地博知。因為這些作品，無論是曲高和寡，還是下里巴人，反映的都不過是「人性」。

──筆者對孟子的「食色性也」的解讀是：食，指的是物質生活；色，指的是情感，亦就是精神生活；性也，指的是人性。故：人性的表現包括物質生活和精神生活兩大範疇。要徹底看透、弄懂人性，必須來者不拒地全面博知人的物質生活和精神生活──也就是：「既要愛財亦要好色」。不過，無論是認同物質第一性還是精神（意識）第一性，作為現代人特別是現代城市人，應該都認同，精神生活比物質生活重要，即使是渴望過上或已經過上優裕的物質生活，說到底亦是為了精神上的「快樂滿足感」──在現代社會裡，物質生活是為精神生活服務的。那麼，由於《邏輯後綴學》是關於思維的學問，思維，是屬精神的範疇。而筆者既然為了這部《邏輯後綴學》嘔心瀝血，故筆者只能老老實實地承認：相較於愛財，自己更是一位「好色之徒」。

筆者亦不必諱言──這裡的「色」，當然也包括「情色」。

筆者認為：情色與哲學，是一種相輔相成的關係──有「品味」的情色，必定帶有「哲學元素」；不含情色的哲學，一定是偏激冷漠非包容性的──不好「色」，不是真正的哲學家，也不能成為真正的哲學家。

──真正博知的人，才能夠真正地「發散思維」。

博知的人，才是真正不會被「洗腦」——不堅信任何確定性思維，也不批判任何確定性思維，才是真正的批判性思維：不是為反而反，亦不是「堅定不移」。

——「不堅信」包含半信半疑但不等價於半信半疑。「半信半疑」含有努力去確認、解讀信息對錯的心態。「不堅信」，則「信息就是信息自身」。對「信息就是信息自身」的信息全盤接收，就是不批判任何確定性思維，也叫做：不要輕易下結論，這才叫做「博知」——兼聽則明：當一個人「什麼都知道」，才會有「大海的胸襟」——大海的「偉大」，並不只是接收大江大河的，包括那些亂七八糟的廢水溝渠水，大海都會「照單全收」，那才是大海「偉大」的「內裏性」。

以筆者為例，筆者「畢竟也是人」，當然也就有與生俱來的自定義所「命中註定」的局限性，故老老實實地承認，筆者其實亦有著許多「為反而反、堅定不移」的「缺點（潔癖）」。例如，作為一位中國人，筆者也有「天然」的堅定立場，對那些筆者認為是詆毀中華民族的言論，筆者「天然地」，也會厭之、棄之、批判之、反擊之——不過，在這個「立場堅定」的筆者背後，始終有一個「笑看雲卷雲舒、花開花落的旁觀者」——我（在）心——這個「我心」「洞明」那些筆者所厭惡的言論皆是「正常不過」的言論；就如同筆者厭惡屎尿「很正常」，但筆者「知道」那些蒼蠅圍著屎尿的歡快起舞同樣「很正常」；亦如同筆者或者有某些自認為「很正常」的言行喜好習慣，但卻被他人所厭惡亦「很正常」——當大眾對這個世界上所發生的一切都認為「很正常」時，這個世界也就「很正常」了——我們把一些違背常識性社會規範的言行稱為「變態」，但在「老天爺」眼中，我們這個上下五千年都是「常態」地一言不合就大打出手的人類社會，才真正是「變態」。

本文的論述，並非要讀者擯棄「是」判斷，亦並非否定邏輯，而是希望通過整部《邏輯後綴學》「有理有據」的分析，「返璞歸真」，重新「擺正」「是」判斷在人心態裏的「位置」：無所住。

也可以表述為：我們的思維，應該從道德相對性的感性（包括知性），到理性，再到道德普遍性的感性的昇華。

「是」判斷，就是下結論；「自定義是」判斷，就是「已經」下了結論；「非」判斷，就是不輕易下結論——在意境裡意會任何結論。

我們觀賞中美兩國的影視作品時往往會有以下的觀後感：美國的荷里活大片，情節緊湊，人物性格分明，敘事條理清晰，誇張之餘又「合情合理」。特別是一些科幻作品，明知不可信或者說不可能，卻能產生讓人會作出「原諒」並選擇相信的效果，即容易吸引人讓人「入戲」。而中國的故事片，則不容易出現上述的效果。這正是因為：在「是（自定義是）」判斷的範疇，美國文化中的「理會」能力，已經是無人能出其右。但是，在「敘情」的作品裡，例如筆者最近觀賞的一齣中國的舞台詩劇《只此青綠》（類似的優秀作品，隨著中國國力的增強已越來越多，例如 2022 年冬季奧運會的開幕式），當中那種恢宏幽遠深邃的意境，則是美國文化望塵莫及的。

再有就是，由於理會一般都帶著邏輯立場，而邏輯立場皆吻合個人主義者的自私性，故理會的敘事模式特別迎合大眾對自我認同的口味，也因此美式的「理會式電影」容易令人「心服口服」。而中國的作品，往往側重於犧牲個人利益強調集體主義的共情意識。可惜的是，「共情」這種靠意會的東西不容易表達，結果就是：優秀的表達往往會把人感動得一塌糊塗（對不起，筆者正是那種容易「被騙」情感的人，常常是一邊寫著、想著貌似理性的東西，一邊被共情性的優秀作品騙得老淚縱橫）。但優秀的表達需要有深厚的文學、藝術、哲學、歷史等等綜合性的「功底」，這不是一般人能同時擁有的，因此中國的影視作品裡，優秀作品不容易出現，反而是不少作品往往因過於煽情讓人有「假」的感覺而得不到大眾的認同。

在個人主義大行其道的當今世界，中國政府還能夠以共情意識主導著國民意識，實屬不易。

每個人的心靈，由許多不同的弦（是）組成。這些弦不去撩撥，本身沒有意義。撩撥這些弦，它們才會發出不同的聲音。撩撥的意思，是輕輕拂過。拂過，意味著不執著。不執著，意味著在每一根弦上，都不能停留太久。非（無）我，就是我其實不是弦，但當拂過弦時，

刹那間我「是就是了」那根弦。即使是音色最好的弦（是），如果緊緊抓住不放，它是不會發出任何聲響的。放手，這就是「非（無）」的意義（不是了就不是了）所在。此外，如果每次都只是撩撥同一根弦，即使那是音色最好的弦（是），也單調得令人乏味，這就是「可能是」任何一根弦的意義所在。

不執著於任何「是」，又不拒絕任何「是」，才能彈奏出美妙動聽的和諧樂章。

我是誰？我不是什麼，我什麼都不是。

但當我在彈奏、傾聽美妙動聽的和諧樂章時，我就（都）一定會「在」——我不是任何「音（符）」，但任何「音（符）」皆因我「彈奏、傾聽」這種行為而產生及生效。

知音，不是說在同一根弦（不是「同一條戰壕裡的戰友」）上。而是能相互配合，在不同的弦上，共同彈奏美妙音符的——「智能性共享」的共奏者、共鳴（共情）者。

遺憾的是，筆者在日常的人際關係互動中發現：身邊絕大多數的人，思維上的「自定義是」已經根深蒂固。往往是筆者說的是「意境語」，聽者卻總是以「語境」來解讀（理會）；筆者討論的是並集屬性的關係，聽者卻總是解讀為交集屬性的狀態——我談情，你卻說愛——我談「和合」，你說「分化」——用粵語來形容就是：雞同鴨講——世界，在「分化」的路上「漸行漸遠」。也就「逼得」筆者「狠下心來」，寫出這部《邏輯後綴學》。

知音是何其難尋！

《邏輯後綴學》上卷第二章關於「自由」的第七節裡，在「是」判斷邏輯屬性的第十二個重要外延中指出：目標具有的確定性、收斂性、不兼容性實際上就是指者的思維被約束、封閉、局限、保守的反映。

思維本身因空集的內裏性質而天然具有自性，因此「理論上」沒有任何所謂的「他者」可以約束思維。思維的被約束，其實是思維自

己因自他分別而「創造」了他者來約束自己。因此，要想思維不被「自己」約束，就是不要讓思維本身成為一個「真類」。

問題是：只要我們一作出確認性的「是」判斷，我們的思維就一定是一個「真類」。

怎麼解決這個「問題」？

在作出確認性「是」判斷的「同時」——邏輯叫停——身處其中的同時置身事外——「凡有值的皆不是我」時始終清醒地意識到（知道）「我在」「定值」。

筆者認為，讓思維自身既「置身事外」又「身處其中」的辦法，叫做「深入而不融入」。相當貼切但不是十分準確的表述——深入：如同插進水中的筷子，自身不會有變化（邏輯叫停的我在），但在與水「親密無間」的接觸中能夠「知曉」水的一切（客觀的我知）；融入：如同溶解在水中的鹽，鹽所認識（主觀「是」判斷的識）的水其實是已經包含了鹽自身在內（真類）的鹽水（已完全徹底地入戲變成了角色：我是某值。有了某值，就產生了依賴與封閉的「生命悖論」。而「深入」在表面上「置身事外」，實際上具有真正地「全知」水的開放性）。

故而，整篇《邏輯後綴學》，「說來說去」，不過是說心態的轉換——一部「完備」的「心靈雞湯」：真正能夠「不融入」，那可是「超凡脫俗」，叫做「跳出三界外，不在五行中」，「凡人」難以做到。

「已被污染」的我們，能夠做到的，是盡可能「持守心靈中最後的一片淨土」。

「深入而不融入」的思維，亦就是筆者在《讓五人死亡還是一人死亡？》的政治性文章中首次提出的「受訓者」理念（一種心態的思維模式）：我們既不是（西方理念中）世界的主人，也不是（注：這裡的「不是」是因為「暫時」做不到）（東方理念中）世界的客人，而是「受訓者」。

以下【】號裡的內容，摘自筆者的文章《讓五人死亡還是一人死亡》，可加深讀者對「受訓者」理念的理解。

【人，是這個世界的客人。

既然是客人，去到別人家做客就會自覺地守規矩，不會亂翻亂動人家的東西；既然是客人，對這個世界提供給我們的一切款待就會懷著感激的心情，並自發出回報的願望；既然是客人，就不會有太多的佔有慾望，就沒有必須獲取的壓力，也就沒有失去的恐懼；既然是客人，就可以輕輕鬆鬆地參觀遊玩這個美麗的世界。人們出去旅遊，不都是懷著愉快的心情的嗎？大家都心情愉快，又怎麼會有爭鬥發生？

我認為，這樣的世界觀比西方那些天花亂墜的哲學高深得多，既高深又簡單。中國人一句民間的俗語：生不帶來死不帶走。就已經解決了西方哲學兩千多年來的哲學爭拗。

我們是世界的客人。這個思想源自於佛教的「無我觀」。（痛感於現代人對宗教和迷信的理解已日益混淆，關於哲學與宗教的關係特別是佛教的無我觀我會另文分析。這裡只簡單談我的見解：「無我觀」與「人是目的論」是完全相反的兩種觀點，「無我觀」是真正的覺悟，而「人是目的論」只反映了西方人的張狂，一粒微塵上的人類，憑什麼認為宇宙是為我們而存在？）「無我觀」與西方以我為出發點的哲學思想截然相反，因此兩者對個人價值的看法也是截然相反。但正因為相反，也就解決了西方哲學難於解決的問題：

西方政治哲學的個人主義思想必須以宗教上的最高道德標準來約束，但西方宗教的我和上帝是一種二元的關係，因此這種約束是被動的（儘管康德哲學在努力擺脫這種被動性，但根本不成功）。西方吹捧的法制觀念更是一種被動的約束。而「無我」是一種出自內心的感悟，一旦感悟，就成為一種自覺，這種自覺是無須任何神佛來約束。自覺之後的言行，也就自自然然順應天意，順應大道，順應民心，同樣根本無須那些繁複的哲學或法律理念所訂立的人為道德標準。

「我們是世界的客人」這種東方思想，是人類唯一的希望。

但我又意識到：這依然是一個空中樓閣。

因為這是一種不思進取的世界觀。

不思進取的世界觀如果沒有外部的壓力，也未嘗不可。可惜這個世界還有其他的人，除非全人類都不思進取，否則你不思進取就會被淘汰。過去的中國正是因為不思進取，遭受了無數喪權辱國的慘痛經歷。現在的世界更是全球化的互動，沒有一個國家能夠獨善其身。我這個「客人觀」肯定被人唾罵。

西方的「主人觀」不是世界之福，東方的「客人觀」也是行不通。

怎麼辦？

能不能夠把東西方南轅北轍的觀點融合？

我們常說東西方交流，各種文化的、經濟的、思想的。為什麼只限於交流的概念？為什麼不能融合？

特別是思想上如果能夠從根本上且不是貌合神離的融合，將徹底改變人們的世界觀，其意義將是不可估量的。

儘管我前面幾節都是在批判西方的政治哲學，但我卻又認同：西方政治哲學有關治世的理論，其實都十分合理，問題是缺少了一個正確的支點，沒有正確的支點，種種理論就沒有了堅實的立腳點。

怎樣設立正確的立腳點？

「我們是世界的主人」？這個支點會引致慾望的滋生。況且，生不帶來死不帶走。這個主人的身份難以成立。

「我們是世界的客人」？這個支點太過消極。況且，明明我們每時每刻都感受到自我的存在。高僧大德或者能領悟「無我」，凡人是無論如何都難以否認「我」的。

那能否換一種方式：

我們是受訓者，受訓的地點，就在這個世界。

這樣的觀點，能夠在東西方兩種世界觀之間取得了平衡：

因為不是主人，我們就沒有獲取的理由；因為不是客人，我們也不必消極對待我們應該得到的一切。

這樣的觀點，也就解決了所有問題，因此我們可以作為哲學討論的正確立腳點：

　　從行為的層面：既然是受訓者，我們有權使用這個世界上的一切，包括地球資源、財富、生命等等。但既然是受訓者，我們的權利就受到很大限制。因為我們是受訓者，世界的一切只是提供給我們訓練時用的課題、環境、設備、機會、考驗。

　　因此，我們只能使用，而不是擁有。

　　擁有變成了使用，是整個哲學思考的新的、正確的思路。

　　從道德的層面：既然是受訓者，我們就不能擁有。不能擁有，利己主義的意識就大大減少。而利己主義和利他主義有著天然的反比關係，利己意識少的人，利他意識就會增強。這樣一來，原來難以達到的道德最高標準：正義、公平、良心、博愛、善等等就成為不難達到的要求。

　　我們是受訓者。這種思想為利他主義的實現掃除了障礙，而利他主義的實現，才是人類和平幸福實現的正確道路。

　　從心理的層面：既然是受訓者，我們可以享受生命中一切的美好，包括自由、幸福、逸樂、家庭、朋友、愛情、榮譽等等而不必拒絕。既然是受訓者，我們也可以承受生命中一切的苦難。因為，這些都是受訓的課題和內容。這樣去理解，我們就會變得從容坦然。

　　從思想的層面：我們是受訓者。受訓達成的目的才是我們的人生目的以及意義。為此我們將少了許多得失方面的為什麼的困擾，我們將能夠卸下獲取及擁有的包袱，輕鬆地積極地學習和進取。最後我們依然會得著，得著的將是永遠真正屬我們擁有的——智慧。】

　　以受訓者的思維模式思考，就可以最大程度上消除悖論帶來的紛爭。如果「人人」都如此思考，如此處世，這個世界就會平和得多，亦真正是充滿活力的世界。

　　對於受訓者，人生是受訓場所。

受訓場所中，世界、社會、家庭以及個人這具「肉身」，財富、名譽、地位，我們每時每刻面對的任何事物等等一切的「是」判斷目標，皆成為受訓的工具、器械。

通過對各種工具器械「愛財好色」地「盡情使用」，覺悟任何工具器械都不是「我」而是「我的」（目標），但任何什麼（目標）皆因「我」所指（根本因：分別心）才是目標，更進一步覺悟任何「指」之前（前狀態）必須先「引」（第六節討論的「邏輯位移」）。

故受訓者每日每時每刻的受訓「課程」的具體內容就是：使用工具、器械，反覆「練習」「指」與「引」「兩個動作」。

覺悟「引」，就是對內稟的溯源——把所有「我的」標籤去掉（噢，可以簡稱為「去我的」——整部《邏輯後綴學》下卷，其實就是在討論為什麼要「去我的」及如何「去我的」），讓二重分裂的「我」回歸「一」。

溯源，亦是一種探索：人生道路上，應該是「快樂地探索」——受訓者的探索，並不是「自我的實現」，而是「去我的」，因此不必「奮鬥」更不必「艱苦奮鬥」（沒有通讀《邏輯後綴學》的讀者，可能會就這句話「毫不客氣地」批判筆者）。快樂地探索，也就是「遊戲風塵」——遊戲風塵，是不會苦的——筆者自開始「受訓」之後的人生，就「一點也不苦」，而且「相當好玩」：筆者依然會「兵來將擋水來土掩」。不過，是作為「局外人」進行「沙盤上的兵推」——深入而不融入。

但是——儘管我不苦，我卻「不得不」為眾生而苦——因為還有個「我在」——「我在」，與眾生同一（下一節討論），我就「不得不苦」。

既然是「遊戲」，也就既不必急著「頓悟」，也不必那麼嚴肅認真刻意地（其實是相當乏味地）「時時勤拂拭」——因為，急著頓悟或時時勤拂拭，都還是執著。

空集是非空集的「內稟」；慧是智的「內稟」；真實是自定義真實的「內稟」。

隨欲所心才能隨心所欲。

真正確定了的，就必然是「死（氣沉沉）」的（緊捏著的琴弦不會發出聲音）；不確定才意味著是「活」的。但是：「死」其實也有死的意義——智與慧應該兼容並重——這才是中文裡「一歲一枯榮」的真義（因此中國盆景文化裡有「神木」一說，筆者據此而著有《盆景裡看世界》一文）——「或屬」「死活」的並集的不確定性才顯示出「活力性」，事物從而依據自相似原則及共相等原則（本文第五小節會討論）構成一個形（智）神（慧）俱備的、活潑跳脫，豐富多彩的、具有千變萬化的多樣性的、相干或退相干以及「上手狀態」與「現成狀態」「真假隨意」的世界。

此時如果有人問引者：往何處去？引者的回答是：往去處去（不是了就不是了）。

這同樣是一個「是」判斷語境「非」判斷意境的「標準」的答案：一個非邏輯推定的，相干的，即是沒有因果律，沒有因為所以，沒有計劃，沒有追問，沒有時間差，沒有自定義意義的，自然而然的隨時隨地隨隨便便都可以輕輕鬆鬆地用上的答案。

淡然往之，泰山崩於前而色不變的淡然往之，這也是意義。輕裝上路，這也是好處。但僅此而已。

反觀「自定義是」判斷的「去處」，為了「可以」成為那些言之鑿鑿得到證明「肯定」有好處的「我是誰」，為了金子「可以發光」，需要義無反顧地不惜前赴後繼赴湯蹈火萬死不辭勾心鬥角爾虞我詐一將功成萬骨枯地前行。

至此，「處在歷時性轉化為共時性階段中未正式開始確認的前狀態」與前、後因果關係的關係可以用十個字總結：從來處來我在往去處去。

十個字之間不設標點符號，是表示前狀態是不需要邏輯推定沒有因果律沒有時間差的真實狀態，真實狀態與前、後因果關係的關係是百分之百兼容的真實關係。真實關係中沒有焦點，卻又處處焦點。

從來處來我在往去處去。對這十個字的理解，可參考目前高科技下流行全球的所謂「監控攝像頭」所帶給我們的畫面感：鏡頭裡的人永遠是「從來處來」地走進，又「從去處去」地離開，而攝像頭始終不變地「無一遺漏」地如上帝視角般「我在看著（非識之識）」。中國藝術家徐冰以此為靈感從「複眼」的視角創作了「有史以來第一部沒有演員也沒有攝影師」的電影：蜻蜓之眼（2017年首度面世。蜻蜓的複眼類似於：沒有焦點，卻又處處焦點）。

> 你是等愛的棋子
> 我就是愛的棋盤
> 方寸能容天地
> 靈台慧照十方
> 你自縱橫
> 我來承擔（筆者創）

每個人，其實都可以是棋盤。不過，每個人，現實中都「行棋子之事」。

常人看哲學家都有病，但哲學家看常人亦是有病。雙方誰也不服誰，就只能去問上帝——真正的「上帝視角」，永遠是「知而非識」：如同我們觀察螞蟻蒼蠅的行為時，對螞蟻覓食、蒼蠅逐臭的「意義（識）」我們都知（深入）。但「不須提醒」，我們也知道我們不是螞蟻蒼蠅，因此我們「當然」不會（融入）像螞蟻那樣覓食，不會像蒼蠅那樣逐臭。因為螞蟻覓食及蒼蠅逐臭時的「興趣」，與我們研究螞蟻如何覓食及蒼蠅為何逐臭的「興趣」，是完全不同「層次（維度）」的興趣。「知而非識」還有一重含義：螞蟻蒼蠅在覓食逐臭時的行為成功失敗與否（也可理解為所謂的對錯與否：螞蟻蒼蠅自己或者會判斷對錯，作為觀察者的我們或者也可以判斷「它的」對錯），只與螞蟻蒼蠅自己有關而與我們「一點關係也沒有」。因此老子的《道德經》曰：天地不仁，以萬物為芻狗。由此看來，西方那個對人類種種「錯誤行為」暴跳如雷還要進行末日審判的上帝，實在是「鹹吃蘿蔔淡操

心」——多管閒事：無知則愚，有識則昧（見筆者的《道德新經》）——這樣的「上帝」，同樣有病。

而「凡人」的視角：「識而不知」者，是為「迷者」。迷者其識，具有排他性、局限性、（追求）安全性、熟悉性。迷者一旦處在「陌生」的「不識」的場景，就會驚慌失措，往往出現「為反而反」或「盲從」兩個極端（參考依賴「導航」的駕駛者——現代文明的結果：每個人已經處在越來越多「陌生」的場景——網上信息越豐富，我們對世界越陌生：當傳媒通過「話語權」鋪天蓋地陳述某個「事實」或「意識形態」，我們就不得不信之、隨之——我們的「安全感」，不過是人云亦云之下的，「眾口鑠金」的具有導航性質的「識」。我們的批判性思維，不過是依據導航選擇不同的路線而已）；能做到「知而非識」的「凡人」，是為「覺者」。覺者對「場景」沒有熟悉或陌生的區別，覺者其所謂的「識」，是不同場景下「自自然然就有（轉景自如）」的，真正「胸有成竹」的「慧知」。

要成為「覺者」，首先要成為「受訓者」。

受訓者：知繼而行。

什麼是「知繼而行」？

受訓者的方法論，不是如何識，而是如何知。

「知」有兩個層面：

知識的知，是為識而知，其實是具有「智」屬性的理會的知；

知行的知，其所行因知，是具有「慧」屬性的意會的知。

為此，「知足常樂」這個成語就有了兩種解讀：

第一種解讀，就是傳統的解讀：重點在「足」——滿足。滿足什麼？滿足某個「（價）值」的獲得。「知」有「懂得」之意。故此處的「知足常樂」意思是：懂得（對所獲得的某個「值」）滿足的人常常快樂。但筆者以為：這裡的「知足常樂」只有在「古時候」「才有效」。以前的科技不發達，信息閉塞，人們一般都生活在一個小圈子裡，自給

自足，相對容易就可「坐井觀天」滿足地悠然自得。而在科技、信息發達暢通的今天，即使是「宅男宅女」也「能知（識）天下事」，在不斷地受到外界種種大量的眼花繚亂的「值」的衝擊下，既會主動地，亦會因失去抵抗的能力而被動地「心不足」。

第二種解讀：重點在「知」──知道、懂得。此處的「足」是「足夠」之意。故此處的「知足常樂」意思是：懂得足夠多的人常常快樂。互聯網，本應讓人「懂得（知）」更多，但遺憾的是：我們獲取互聯網的信息往往只是為了識別。科技、信息發達暢通的今天，人們並沒有因此而懂得更多，而只是「識」得更多。「識」越多，佛學理念上的頑執越多（筆者為此寫過一篇《知識越多越反動》的文章，當中強調「反動」的不是「知」，而是「識」）。「識」表意為「見識」，質意為「辨別、區別」。現代人每天每時每刻都不斷地為接踵而來的種種事件作對錯、善惡、好壞等等的辨別，並不斷地從中選擇自認為對自己有利的結論。不斷地辨別、選擇，已經成為現代人的思維模式，對某些特別事件的辨別、選擇，往往更因為「吃瓜群眾不嫌事大」而在網絡上形成一股股的「風暴」。而為什麼要辨別、選擇，為什麼有對錯、善惡、好壞，已經沒什麼人去深究，也就是「不懂（不知、無知）」。故現代人的內心普遍是「焦慮、焦裂」的，難以真正「悠然自得」地快樂。

筆者曾遇上過這麼一件事：一位老人購物後付款時，因技術原因卡裡的錢轉不了帳，此時跟在後面的一位女生為他把錢付了，之後沒有留下任何個人信息就走了。老人感激之餘，把此事告訴了當地一個華人組織的負責人，讓負責人把這件事傳揚出去，也希望能因此而找到這位女孩以便還款。負責人按他的意願宣傳了這件「好人好事」，自然也收到了不少「好人一生平安」之類的「好話」，但卻有人發表了以下的言論：「我真擔心這個做好事的女孩以後是否還會繼續做下去？本來就不圖回報，結果像通緝犯一樣到處被找，是何等的尷尬，這個老頭也是的，假如不想受別人的恩惠，把錢以無名氏名義捐出去就好啦，何必如此囂張」──總是從負面解讀信息的人，往往就是內心焦裂之人。

如何「懂得（知）」足夠多？

用意會的知去理解萬事萬物，用意境去意會任何「是」判斷語境的「知識」，就是受訓者的方法論。

故此，正如這部作品所不斷強調的：《邏輯後綴學》並非否定「是」判斷、並非否定邏輯，而是「糾正心態」——為什麼要「知」及如何「知」——知識應該以「知行」為內裹。

「知繼而行」，不是程朱理學的「知先行後」。

「知先行後」有著濃重的「識」意，也即功利性的價值觀，即「知先行後」等價於「是」判斷。這裡的「行」具有分析、選擇目標（結果）的邏輯當下的共時性屬性，共時性屬性的結果，必然與對錯、好壞等捆綁，也就一定「多事（矛盾）」，因為必然具有「是」判斷邏輯屬性的兩個內涵及十六個外延。

「知繼而行」，是「非」判斷意境裡的「做該做的事」——其「行」具有純粹的實驗（也就是受訓）屬性——「純粹的實驗屬性」的結果是：歷時性的「材料」與共時性的「材料」（不含價值觀的「知」），無分彼此不作選擇地「隨緣」地「和合（百分之百兼容）」後，自然而然而得出的，「沒有偏見」的結果——此結果就是純粹的「結果」自身，「結果自身」是沒有時間差的當下的「少事」甚至是「沒有事（沒有對錯沒有矛盾）」的「和諧」的現量。此現量是無須證明亦無須證偽的「明擺著」的實證。

「知繼而行」，亦不等價於陽明心學的「知行合一」。

筆者把「知行合一」作為「知繼而行」的「內核」。

但本文筆者理解的「知行合一」與王守仁的理解不同：

王守仁的「知行合一」，是一種相當符合真實關係的理念。可惜的是，由於始終帶有「良知善行」之意，即心裡其實還是揣著一把具有道德相對屬性的自定義「尺子」。「有尺子」的知行合一，也就有了「局限性」，也就「有問題」了：故明清時期特別多迂腐之「腐儒」；特別多為後人所詬病的「封建禮教」；到近現代諸多研究儒學的學者，

亦因困囿於何為善的合一而爭論不休，乃至越研究越糊塗，已遠遠偏離了儒學「知之為知之，不知為不知，是知也」的「至簡」的初意。

故而筆者在此給予知行合一新的解讀：真正的，可作為「內核」的知行合一的「知」，必須是道德普遍屬性的「完全意會」，也即是「前因果關係的歷時性與後因果關係的共時性百分之百兼容」的全體觀。具有全體觀內核的「（全）知」才是達至全面的「認識論」，以此為內核的「而行」，就是「知之為知之，不知為不知」地做該做的事——以道德普遍性的知行合一認識論背書的「而行」的治國之道、治世之道是：「知行合一」為理念核心；「知繼而行」為理念實踐；「知先行後」為實驗（方法、工具）；「知而非識」為目標——而這目標，就是內在那顆「非識」的本心：每個人，都行走（受訓）在「道」上。此「道」，沒有貴賤之分，一視同仁：不會因為你穿著名牌鞋子行走，我穿著草鞋行走，你的「道」，就比我的「道」高貴。

從來處來我在往去處去。對這十個字的理解，也可以參考以下描述：人生就是參加一場盛宴，宴席上有一個巨大的轉盤（開集），轉盤上擺滿了各式酸甜苦辣鹹的食品。絕大部分的人皆會關注著自己的人生，會挑自己喜愛的食物，這就叫做「識」，也叫做「智」，也就充滿了種種不確定，種種危機：只吃自己喜歡的食品，自然就會「錯過」了品嘗其他食品的機會，這就叫做「有得必有失」。不想錯過但又不得不錯過，則叫做「患得患失」，就有錯過的茫然。各個「挑食者」之間人際關係的「互動」：或者是不斷炫耀自己所吃的「好東西」，或者是千方百計要吃到「好東西」，或者是指責嘲諷他人的選擇「愚蠢」，這就叫「鬥爭」。也有極少數的人，只是享受，享受著人生的分分秒秒：轉盤轉到眼前的食物都不妨嘗一嘗，這叫「來者不拒」，久而久之，轉盤上所有食物都嘗遍了，連同所謂鬥爭、炫耀、無奈、錯過、茫然等等行為帶來的情緒，都「全包含」作為食物來者不拒地「嘗它一口」，這叫做「知」，也叫做「慧」，這才是真正的充滿活力的「享受人生」。對轉走的食物，不在乎，不留戀，不惋惜，不失落，這叫做「去者不追」。儘管「不追」，但豐富的「味道」已累積、沉澱在我們記憶（知）中，這叫做「回味無窮」。「回味無窮」地思考的人生，

才叫做「有意義」的人生。如果轉盤前的人都是這樣的「受食者」（慧者），他們之間的對話一定是充滿了睿智。製作這席筵席的「上帝」一定會覺得欣慰而不是暴跳如雷。

慧者看世界一定是充滿喜悅的，因為他們的內心「本來」就是一個伊甸園。

來者不拒（是就是了），去者不追（不是了就不是了）：理解了真實關係，「拋進」世界的「受訓者」才可以真正用這八個字去面對（智能性共享）人生。

第四節：難得糊塗

從來處來我在往去處去。

「可能」是：因為不確定，所以確定。

無論是自身所是、是其所是還是是之為是的討論，「從來處來我在往去處去」這十個字皆「沒有什麼意思」，因為沒有任何確定的含義。沒有確定含義的含義，學術上也叫做「模糊性」。即在「是」判斷的論域裡討論「非」判斷的真實狀態，及真實狀態與前、後因果關係之間的真實關係皆具有「邏輯意義上沒有確定含義」的模糊性。

在「非」判斷論域裡討論，「模糊性」等價於「非邏輯推定」。

非邏輯推定的模糊性，筆者也稱為「邏輯混沌」。

「邏輯混沌」之意，是邏輯以「隱性」存在於「非」判斷的「混沌」中「未表達」。「隱性」意味著混沌中的邏輯具有「隱藏對稱性」——傳統的四個邏輯基本原理則是「對稱性破缺」的產物。

「非」判斷是客觀判斷，即客觀判斷的目標都具有模糊性。因此，在「非」判斷中，客觀性等價於模糊性。

在「非」判斷中，引者與「前我」兩者是不存在因果律的互攝互入。

即：客觀判斷中的思維狀態具有模糊性。

「非」判斷是模糊性判斷。這是「非」判斷邏輯屬性的第九個重要外延。

「非」判斷的「模糊」，並非「是」判斷論域裡的「不確定」。我們一般理解的確定，皆是自定義（互異性）。在《邏輯後綴學》上卷第六章討論過：後因果關係具有排斥性及模糊性兩大屬性。但「是」判斷論域中後因果關係的模糊性與「非」判斷論域的模糊性含義不同。前者的模糊性有兩個層面的含義：一是企圖確定（交集的）所屬，卻無奈地發現始終不能確定（始終是開集性質）；二比一「進步」，認識到事物不可能最終確定，因此「懂得」用辯證的「或屬」（並集）。

或屬層面的不確定，中國人也是早有心得，並運用在具體的處世哲學中，那叫作：難得糊塗。深諳難得糊塗的人，反而能夠真正地洞明世事，日常處事會如同上海人所說的那樣：拎得清。

中國古代辯證法的策略，就是在整體思維中通過模糊性納入偶然性，根據主客體的隨機變化來調整思維與行動，等於是充分運用了並集「或屬」的難得糊塗的靈活性。這種策略，在政治、軍事、文化藝術的發展上非常有利，更是源遠流長的中華文明（參考中餐桌上的「轉盤文明」）的底蘊所在。但在需要精確的量的分析的現代科學中，「難得糊塗」就給人以「不靠譜」的「差評」。

（在國際上有一種「共識」：以中華文化圈為中心的亞裔學生的學習成績普遍優於西方國家的學生，但現代科技文明的發展卻是由西方人所主導。這種怪異現象產生的原因可以在上述討論中找到答案）。

不過，本文上卷對「靠譜」的確認性思維所產生的後果已經作了筆者認為相當「靠譜」的批判，這裡不再贅述。

那麼，似乎「更糊塗」「更不靠譜」的「非」判斷到底靠不靠譜？

「非」判斷的模糊性，連「或」也沒有，是一種百分之百兼容的、非邏輯推定的全體觀。

難得糊塗，並不是渾渾噩噩、糊裡糊塗。渾渾噩噩是因為「不知」而不做或不能做判斷；糊裡糊塗則是確認判斷過程中總是被困在邏輯

的迷魂陣中轉不出來。「非」判斷論域裡難得糊塗的本質，是非邏輯推定的全體觀的判斷中所具有的真正客觀性：沒有焦點，卻又處處焦點；不排除任何可能，並對任何可能了了分明。

故難得糊塗的真意是：儘量「知足」，儘量「少識」甚至「非識」（參考上一節的「知足常樂」新解）。即「糊塗」的是「識」，在「知」方面並不糊塗，「心裡亮堂著呢」。

而科學界針對模糊性的「模糊數學」，則直到 20 世紀的 60 年代才正式出現。模糊數學的出現，本來可以是人類思想上對「模糊」這個概念的一次意義重大的突破。但可惜的是，當代模糊數學的基本思想，依然是企圖用精確的數學手段，對現實世界中普遍存在的模糊概念和模糊現象進行描述、建模，以達到對其進行恰當精準處理的目的。為此，模糊數學提出了一個新的概念：從 0 到 1 的隸屬函數。越接近 1，清晰程度越高。

模糊數學的這種企圖，不過是重建「是」判斷目標的企圖，與「難得糊塗」的理念背道而馳。能夠成功的「重建」，不過是屬以「自定義是」判斷去判斷「非」判斷的「識」的加強版。這樣「重建」的結果，始終是自定義真實。自定義真實必然會「被干擾」，因此，「離散（分化）」與「同一」之間的矛盾，模糊數學永遠解決不了。

真實沒有意義。但真實是自定義真實的「內稟」。要真正認識模糊性，必須從「沒有意義」的、「因是而是」的真實入手。

在集合論中，有這麼一條外延公理：如果兩個集合擁有完全相同的元素，則這兩個集合是相等的。

而空集的定義是：不含任何元素的集合。

那麼，結合上述的外延公理，我們就可以得出以下兩個結論：一，所有空集是相等的；並且二，空集是唯一的。

而這兩個結論其實是傳遞這麼一條重要信息：唯一即同一，當且僅當陳述的對象是空集。

空集具有真正的同一性。

「非」判斷邏輯屬性的第三個外延：「非」判斷的目標是空集。

因此：

「非」判斷的目標具有真正的同一性。

同理，由於「非」判斷中引者在判斷過程中的思維狀態與目標空集是互攝互入的，因此：

「非」判斷中引者的思維狀態具有同一性。

「非」判斷中引者思維狀態具有模糊性；「非」判斷中引者思維狀態具有同一性。

因此可以再進一步推斷：

在「非」判斷中，模糊性與同一性互攝互入——既此亦彼。

這就「證明」了，「可能」是：因為不確定（非邏輯推定），所以確定。

從「是」判斷語境理會模糊性：是不能確定「值」，所以模糊，是具有時間屬性的模糊（例如我們不能確定我們的未來，其實也從來沒有把握過我們的過去）。具有時間性的模糊，越是以為確定，就越是背離初心；越是不能確定，就越是「模糊」初心。

從「非」判斷意境意會模糊性：是沒有「值」的模糊，是沒有時間屬性的「一切皆有可能」的模糊。沒有時間性的模糊，叫「不忘初（發）心方得始終」。

——對於「不忘初心方得始終」，被普遍認同的解釋一般是「堅持信念最終會成功」。筆者則認為是：初心即為「源始」，「源始」之意為「沒有值」。那麼，「源始沒有值」則「全包含」過去、現在、未來，即這裡的「得始終」是全序性的，始就是終，終就是始——這才是「真實的初心」。

並且，這「初心」，即同一性，有不同的「層級」，不斷地溯源，即層級越高的「共情」，「同一」的初心會越來越「純」，越來越真實（本文最後一章會繼續這方面的討論）。

而只要我們一作出「是」判斷，源始就被「展開」，就必然有「逆震盪」的歷時性的前因果關係，必然有共時性的「非」場，必然有捉摸不透的後因果關係，也即是有「過去、現在、將來」，其實也就是「無始無終」而永不可能「得始終」。

——展開，必然具有「對立統一」的局面。

故而，同一性，是對立統一的源始，也即是對立統一的內裏：有太極，才有陰陽和合，才有相生相剋。相生相剋的意思是：只要確定「是」，必然「對立統一」——確定火為假（火不能獨自依存，需「木生火」），火必真（火能表現出「剋金」）。

「非」判斷確定的是「源始」；「是」判斷妄圖確定的是「終端」。

「非」判斷是「是」判斷的內裏；空集是非空集的內裏。

因此，「是」判斷中具有模糊性的「或屬」能夠成立，是因為有「非」判斷中模糊性與同一性互攝互入這個認識為基礎。中國儒家傳統裡為了達至平衡的「中庸之道」（模糊性）及「天下」、「大一統」（同一性）就是這種認識的具化，由此而表現出來的兼容性，就構成了整個儒家傳統的政治理念。「儒學的兼容性所產生的影響力是世界上任何其他政治理念都無法比擬的，不論什麼政治或宗教，傳到中國後全都被染上了儒家的色彩。哪怕是共產主義，叫的是社會主義特色，用的卻是資本主義方略，骨子裡的核心思想，依然還是千年不變的孔孟程王」（注：雙引號裡的內容，「抄襲」自網絡）。

儒家「因模糊而兼容；因兼容而大同」的思想在實踐過程中也被冠以一個在某些情形下帶點貶損的稱謂：實用主義。

筆者認為：實用主義的精粹，在於「立於大，行於小」（參考本文作者的《道德新經》）。

正是這種建立在儒家理念之上的實用主義，讓佛、道、儒三教（三學）兼容並濟，成為中華文明延續數千年的依仗：

靠譜的確認性思維其實並不靠譜；不靠譜的難得糊塗反而靠譜。

原來，真實的「純正唯一」是存在的！只不過，從「智」的角度「看不見」、「找不到」、「不承認」。

空集的定義是：不含任何元素的集合。不含任何元素，即：沒有「值」。

並且：「一，所有空集是相等的；並且二，空集是唯一的」。

因此「非」判斷——空集的同一性更可進一步解讀為：同一非一（也就是：無論是什麼，在空集裡都拓撲等價——無價）。

——「同一非一」這個結論「非同小可」，本文最後一章，會把「同一非一」這個理念充分發揮。

也即是：「假如可以」徹底撕下所有的自定義標籤，那麼之後——你就是我，我就是你，亦是他、她、它——同一非一：益州牛吃草，（導致）青州馬腹脹。

也可以理解為：初心即是同一非一。

沒有「值」，也就是老子所說的「無為」——故此，「沒有值」：可作為「無為」這個古老名詞的「現代版定義」。

無為，並非無所作為，而是「作為」中不附加任何價值考量——變化萬千的大自然，時時刻刻都在進行沒有價值考量的作為，但由此而呈現在我們眼前的大自然，卻是「無價」的；藝術家「忘我地」專注於一件作品的創作時，每一筆每一劃的作為都沒有值，這樣才能創作出非凡的作品——忘我地專注，反而會帶來暢快的自由感。

追求意義其實是沒有意義。「沒有值」其實就是意義本身。

「沒有值」的作為，具有最大的自由度，最強的活力性。

當我們非要「同一必一」，就有了「值」，就「破缺」了，就「不完備」了，就確定不了「特修斯之船」，就不能「一次過」而必須無休止地「震盪與重複」地「有為」了（因為我們自以為的「必一」始終在「同一非一」）。

而同一非一的「非」判斷，因其大包含的全體觀所具有的同一性，則是永遠的「一次過」地「直指人心」地「是就是了」的，「準確」的，「大而化之」的判斷。

同一非一：這是客觀存在的本質。

平日裡當我們說「有緣無份」時，往往是帶著深深的遺憾。我們不容易認識到，亦難以接受：這個「份」（本質是「名份」）的確定，因緣起緣滅之際其實是在不斷地「震盪與重複」而不可能真正「有份」。

緣可盡，情永在。

因為沒有值，真情是「卑微」的。平等的愛情觀，不過是「愛」的價值觀。

中國人把「非」判斷論域裡「更加」靠譜的、非邏輯推定的、大而化之的難得糊塗表述為：大象無形，大智若愚，大慧若樸，大覺若眠，大明若癡，大巧若拙，大辯若訥（參考老子的《道德經》及本文作者的《道德新經》）。

空集具有真正的同一性。可惜的是，這個結論被追求嚴謹差異性與精確性的數理邏輯「屏蔽」了：為了有意義，「規定」外延公理只適用於「非空集合」。但如此一來，同一性就只能存在於純數理的分析裡，現實中就根本找不到所謂的同一性了。

「為了確定，反而不確定」。這就是同一性問題是長期困擾著西方哲學家的一個基本問題的原因所在。

在西方不同的歷史時期，同一性具有不同論域裡不同含義的解讀，但俱是離不開「是」判斷「智」的語境，即必須為同一性「取值」（為了「同一必一」地確定「某狀態」）。

「最古老」的，「以識求知」的，即以「自定義是」判斷判斷「非判斷」的有關同一性的形而上思考，可以追溯到古希臘被稱為辯證法的奠基人的赫拉克利特的「人不能兩次踏入同一條河流」（確定不了）。

巴門尼德的「思想和存在是同一（對象）的」；以及亞里士多德的「是其所是」。儘管表述的方式不同，但皆是在「是」判斷架構下

圍繞著是否存在某種抽象的、靜止的極點或點積，因而是一種僵化、空洞的本體論論域裡的同一性討論。

近代的康德，通過對思維形式與經驗對象之間關係具有綜合性統一的方法論論域的論述，試圖突破這種僵化空洞的同一性，卻悲哀地發現，理性因其（「是」判斷）先天上已具有的「二律背反」宿命，因此並不能承擔作為經驗與超驗之間橋樑的角色。

黑格爾則「反其道而行之」：讓精神「出離」自身並與自身發生「衝突」，在「否定之否定」過程中再「回歸」自身以達至統一（我們在敘謂精神時，對精神「是什麼」說不出任何東西。沒有確定性的精神如何「保持住自己」？為了獲得進一步的規定性，精神必須「出離自身」）。但這種綜合了方法論及目的論的「回歸」，依然在「是」判斷的架構下，「統一意味著不同一」，因此精神的規定性始終確定不了，精神與自身之間只有永遠的衝突。

之後的海德格爾嘗試通過「時間」這個因子企圖解決這種衝突。筆者認為海德格爾對哲學的最大貢獻就是：揭示了時間的本質就是悖論展開的現象之一（筆者認為：時間展開，是悖論展開的現象之一，悖論展開的另一個現象是空間展開。兩個展開是現實世界中一切悖論的源頭）。但海德格爾本人並沒有意識到這點：因為是悖論，所以無解。海德格爾只是認為：存在自身就是時間性的，時間是存在者「出離自身」的現象，海德格爾形容為「綻出」（海德格爾認為空間不具有與時間對等的地位）。但由於沒有意識到時間的悖論性，所以海德格爾的《存在與時間》最後「寫不下去」，成了虎頭蛇尾的作品（殘篇——一條突然就到了盡頭的林中路）。這是因為海德格爾在《存在與時間》一書中晦澀難懂的種種表述，始終是「是」判斷架構下的共時性語境：在時間中討論時間。其「此在」的本質「去存在（即對「非」場的排斥）」不過是根據後因果關係邏輯自定義的、本質上依然是開集但卻以交集為論域的「在」。「在」嵌入了時間性就是海德格爾所認為的「此在」——此在的「生存」是共時性意義的展開所成為的「煩」或者說「操勞」（德語：Sorge）。筆者認為：這個「煩」或「操勞」說白了就是因自他分別產生的「悖論」的「代名詞」（「是」判斷邏輯屬性第四

個外延指出：用「是」判斷判斷「是」判斷，即形成一個無休止震盪與重複的真類。這個「真類」在中文裡恰恰與「真累」諧音，同樣地「人類」與「人累」諧音，皆神奇巧合絕妙地反映出人類為所謂的文明營營役役時「煩」或「操勞」的「辛酸」）。

自萊布尼茲以降，被弗雷格發揚光大的，通過數理把邏輯「量化」的作為，則乾脆擯棄了形而上的同一性思考，任何事物皆被量化為形而下的、「理論」上可認為具有同一性，但實際上皆因以「是」判斷判斷「是」判斷故彼此之間「絕不可能相同」的元素或集合。

「是」判斷論域裡的同一性，實際上就是指人為性和特設性的自定義的非空集合的外延公理。「非空集合的外延公理」，相當於為「同一性」確立一個理論性的具有「真值」的標準。現代的模糊數學，研究的就是這種面向的同一性。但這樣的「公理」不具備真實性（實在性），在實際操作上，這個標準永遠都不可能實現。因為自定義的共時性，現實中不同的事物因二重分裂的內涵，在橫向比較下必定因互異性而存在著「差異因子」（也可以稱為「破缺因子」），從而不可能擁有完全相同真值的元素或集合。橫向比較的結果是：越清晰，越是「不可替換」，越是「分化」，也就越是「碎片化」。

為了解決「差異因子」的問題，辯證邏輯企圖引入「歷時性」來作為「同一種東西（曾經）具有不可分辨性及可替換性」的依據。但「是」判斷邏輯屬性的第二個外延指出：「是」判斷一定是共時性主觀判斷。所謂「曾經」的歷時性，不過是張冠李戴之後的共時性新目標，這個新目標在特定指稱或涵義的條件下會表現出「異中求同」的統一性。這種統一性正是辯證邏輯為之而自豪的「成果」。但統一不但不等價於同一，實際上統一更意味著不同一。結果就是，為了維持歷時性意義的統一，必然產生「是」判斷邏輯屬性第四個外延的補充所描述的共時性意義下的「逆震盪」，即所謂的「先有雞還是先有蛋」的困擾。

在「自定義是」判斷的論域裡，不具備真實性的同一性則必然具有更加人為的、有選擇的、刻意地突出價值觀上的共同點的交集的性

質：這是一種「可同富貴，不可共患難」的同一性，即「當且僅當」資源充足時才能「成立」。

交集性質的同一性越強，意味著更多自定義的相關聯補集產生，即因為後因果關係邏輯而形成更加深厚的，並且同樣是自定義的「非」場，因此排斥性反而越強，即「為了不再鬥爭必須不斷地鬥爭」。

本文上卷第七節指出：交集性質的同一，具有「價值性共有」內涵，但同時又具有「非包容性」外延。即交集性質的同一，其內涵與外延相悖。當我們一方面證明不了因此而不承認形式邏輯中同一性的有效性，另一方面又追求形式邏輯範疇的「偽概念」的「普世價值」，由此而產生了偽命題式的普世價值觀，其實際效果，就是造成各種以自我價值為中心（即自私）的「窩裡鬥」式的矛盾的不斷湧現與激化（從 2016 年開始歷時多年的英國脫歐大戲、2020 年新冠疫情背景下在美國各地爆發的反種族歧視示威騷亂及隨後「史詩式」的撕裂性大選，皆為以上論述作了非常具體生動的旁證）。

即「是其所是」和「是之為是」都不能解決同一性的問題：必須「取值」的指者的目標，因互異性而根本不存在真正意義上的同一性。妄圖通過「是其所是」或「是之為是」尋求同一性，就如同鏡花水月，永遠似是而非。

同一性的問題，在「非」判斷論域裡，就「不成問題」。意思是說：不是「非」判斷能夠解決同一性的問題，而是「非」判斷本來就「因是而是」而「天然」具有同一的性質：因為引者「邏輯叫停」，所以非分別，也就「天然」有「是」域——無論「來自何方」，都「是」「從來處來」，如同百川歸海，不管是陰溝污水、潺潺流水還是滔滔江水，大海都會「不分敵我」「不分彼此」「不分先後」地「笑納」，根本不會發生辯證邏輯在歷時性上的「逆震盪」。同理，因為「邏輯叫停」，就不存在共時性，沒有「值」，也就不存在共時性上的「差異因子」，也就無論去哪都是「往去處去」。

也就是說，真正「同一」的內涵不是有什麼「相同東西的值」，而是「沒有值」（無為）。因為沒有值，「同一非一」才可以「邏輯

混沌」地、「模模糊糊」地、「非邏輯推定」地、「相干」地、「拓撲」地取任何值（無不為）：「邏輯混沌」，即真實狀態，及真實狀態與前、後因果關係之間的真實關係所具有的模糊性，等價於前因果關係的歷時性與後因果關係的共時性百分之百兼容。

（注：既然是邏輯混沌，其實就「沒有狀態」。故這裡的「狀態」二字屬「是」判斷語境下不得不為之的借代。隨著對「非」判斷的深入討論，接下來對於「真實」在意境中的討論只有「關係」而沒有「狀態」）。

凡狀態，皆已經被定值。

真實關係沒有值。

為真實關係「定值」，就叫做「自定義真實關係」。

百分之百兼容（關係），才叫做完全同一。

這才是「同一」的真諦。

「非」判斷是同一性判斷。這是「非」判斷邏輯屬性的第十個重要外延。

「是」判斷的同一（必一）是一種有值的「共識」；「非」判斷的同一是一種非值的「共情」。

我不苦。但因為同一，所以共情，所以「我在」為眾生而苦。

「普世價值」是一個偽概念。有了「非」判斷邏輯屬性的第十個重外延，就不妨以此為背書，在「非」判斷意境裡創建一個新的、具真實性的概念：普世非價值。

普世非價值的內涵是：道德普遍性；同一性。

這其實就是「非」判斷邏輯屬性內涵（有「是」域；非分別）的相同語義的相異表述。

普世非價值在政治哲學裡的表達就是：在真實關係面前人人平等——慧覺平等。

民主、人權、自由等任何以價值衡量的普世價值觀，皆是狀態論域裡，交集屬性的，其「平等」具有悖論性質（鬥爭性）的偽命題。

以普世非價值為「內稟」的「普世非價值觀」，才具備真正的「普適性」。普適性下的命題皆可以「成立」。

筆者以為，以普世非價值為「內稟」的「普世非價值觀」，就是儒學的：仁義禮智信（五常）——非價值性衡量的、以關係為論域的——中國人「自古」就注重的，不是個人的價值，而是人與人之間以「仁」為核心的，良好的「道德」關係（注：不是道德品質。筆者認為：道德品質同樣是相對屬性的，故必然會產生爭議的，因此是害人不淺的觀念。）——活力性的「信」的並集關係——德者，以信為據。信者，真也，誠也（摘自筆者的《道德新經》）。

帶著雙引號的「道德」，對道德高地是「望而不佔」，意思就是不以「善惡」、「對錯」、「利害」衡量，不是被無限拔高的什麼「定言令式」，而是「知之為知之不知為不知地知繼而行地做該做的事」。

活力性並集關係下，仁義禮智信的民主、人權、自由的平等觀，才是「真命題」。

——為此，筆者認為應設立的道德體系應該是：基於道德普遍性之上的、慧覺平等之下的「五常」。

第五節：順勢而為（注：這一節前半部的內容基本上屬「是」判斷範疇的討論，原本是放在上卷的，但考慮到整個主題的連貫性，最後決定移到下卷，因此這一節的篇幅較長。）

從來處來我在往去處去。

這十個字蘊含的模糊性讓其表面上沒有什麼意思。但「讀懂」了「非」判斷意境的人就會認為當中「大有意思」。

這十個字裡前六個字合成的意思是：隨遇而安。

這十個字裡後六個字合成的意思是：隨波逐流。

在強調個性、講求獨立、爭取個人權利、力爭上游的現代社會裡，無論是「隨遇而安」還是「隨波逐流」，都帶有貶義，因其表面消極的字義而被質疑。我們不甘於隨遇而安；我們不屑於隨波逐流；我們自以為可以「中流砥柱」甚至是「逆水行舟」。但我們可曾意識到：我們的每一個「是」判斷，都離不開「非」判斷的「撐腰」。任何「自定義是」判斷的自定義真實，俱是建立在真實之上。離開了真實，自定義真實就煙消雲散。

我們始終處在「邏輯混沌」的真實之中，我們始終在隨遇而安，始終在隨波逐流，只不過我們的思維「不願意承認」而已。

例如海德格爾認為的本真狀態的此在，始終是建立在他適應（排他性）意義上的「生存」而並非真正的「本真」，故而總是因「不得不自適應」而「煩」。

真實狀態是真實的反映。

但真實狀態不等價於真實。

真實，不可觀察，不可描述。

但反映真實的狀態——我在，我們可以「感覺」得到。並且，我們可以把對真實狀態的感覺，在「是」判斷語境中「描述」出來。我們對真實狀態感覺的描述，叫做「勢」（問題是，因為「天生」的自定義，我們感覺到的「勢」，始終是「變了樣的」。這一節最後會討論如何運用「變了樣的勢」）。

於是，「從來處來我在往去處去」這十個「沒有什麼意思」的字組，其前後六個字的合成分別都帶有貶義的「隨遇而安」與「隨波逐流」，共同再合成之後的意思，就變成帶有了「褒義」。

合成之後帶有褒義的意思，也有一個成語表達，叫做：順勢而為。

於是，「從來處來我在往去處去」這十個「沒有什麼意思」的字組，就有了「實用性」的價值觀內涵。

然而，順勢而為，這個中國人耳熟能詳的成語，要認真解釋起來，其實並不那麼容易，要真正（在「非」判斷意境裡）覺悟並行之於實

踐就更不容易，在「是」判斷語境的「現實」裡其實是「絕無可能」實現。因為自定義真實關係，我們總是「後知後覺」，我們所順的「勢」，永遠都是「變了樣」後「慢半拍」的「勢」。

以「非」判斷意境「意會」的「順勢而為」是：每一個共時性的當下都沒有值（無為），其值（無不為）體現在歷時性之中——「非」判斷意境裡的歷時性不是辯證邏輯的「曾經」，而是具有「大局」乃至「全域」的內涵（後面會為「順勢而為」下一個「非」判斷意境下的定義）。

這一節接下來的內容，筆者首先會結合系統學理論，為讀者詳釋「是」判斷語境所理解（理會）的「順勢而為」，然後嘗試探討「非」判斷意境裡（意會）的「順勢而為」。

一，「是」判斷語境裡的順勢而為：

完善或完美，皆是意味著終極性質的可持續。可持續什麼？「是」判斷模式可持續的，必須有「值」，有值則必然表現出形式。「形式」，在系統學中稱為「有序」（人類對「永動機」的妄想、對「天堂」的嚮往，就是妄圖實現終極性質可持續的有序）。

科學界認為：對事物進行孤立考察時，此事物可看作是集合中的元素。

但現實中並不存在任何孤立的元素，這些理論上孤立的元素在現實中一定是與外部有關聯，這些關聯都可以簡化為某些變量，及反映這些變量之間關係的某些方程所建立起來的數學模型，這個數學模型就形成系統。同理。元素本身相對於其內部也自成系統。相對於一個系統的元素被稱為這個系統的要素。系統是任何相互依存並能產生互動的不同的要素所形成的整體，這個成為系統的整體，同時也作為「子」系統構成其他系統的部分，或成為其他整體的「子」整體。如此理解，則系統普遍存在於宇宙中，從基本粒子到星系、從無機界到有機界、從自然界到人類社會，系統無處不在。

從 20 世紀 40 年代開始，系統學真正走進了人們的視野。因為科

學家們發現，系統學包含的內涵，更能客觀科學地反映我們這個現實世界，而當中整體與局部的關係是系統科學研究的精髓。

學術界對系統的研究，主要是圍繞著系統的功能性，即如何協調整體與局部的關係使系統更完善以令系統功能變得可持續及更強大的研究。

在系統論中，功能表達為「湧現（或叫做突現 emergence）」的現象（「湧現」一詞源自於近代英國邏輯學家密爾的「異質定律」）。

「湧現」是指系統內部各個要素之間不同的結構方式、不同的互激作用，會形成一個自動協調、互相催化的「自組織共同體」，從而令系統的整體產生出與系統要素有所不同的，甚至是大大不同的，「母系統大於其子系統的簡單相加」或「母系統功能大於其子系統功能的簡單相加」的新質或新特徵。亞里士多德對此有句名言：「整體大於部分之和」。

系統論認為：簡單的混合不能產生整體湧現性，整體湧現性是系統的組成成分之間因相互作用、相互補充、相互制約而激發出來的相干效應，是規模效應和結構效應的共同結果。

例如：低溫之下大氣中的水分子會「湧現」出性質有所不同的多層六邊形網格狀排列的冰晶。這些冰晶通常又會「湧現」出構造錯綜複雜的六角形雪花。大量小燈泡刻意排列的霓虹燈可「湧現」出文字或圖案的效應。分子或大分子會「湧現」出原子所不具備的作用力、氫鍵或疏水效應。中外古代優秀的軍事家，能夠通過所謂的陣法，令軍團「湧現」出比同樣人數卻各自為戰時大得多的戰鬥力。至於人體這個系統，所「湧現」出來的複雜特徵就更不是組成人體的各種細胞可比擬的了。而地球上整個的生態系統，更令身處當中的人類，感歎大自然造化的神奇。

「整體大於部分之和」的新質或新特徵，意味著如果把整體分解還原，「新質新特徵」往往就消失了，因此湧現性又可理解為「非還原性」，也稱為「非加和性」（取決於討論的面向）。反之，如果某個整體等於其所有部分之和，就稱這個整體具有還原性（也稱加和性）。

例如：一塊冰晶中的水分子數量，必定是這塊冰晶所有水分子的總和，這就是加和性或稱還原性。但一塊冰晶分解後的水分子，並沒有六邊形網格排列的特徵，這是冰晶的非加和性（非還原性）；組成霓虹燈的燈泡總量一定是組成這個霓虹燈的所有燈泡的總和，這是加和性；霓虹燈的光電原理和當中每一粒燈泡的光電原理是相同的，這是還原性。但組成霓虹燈後的文字或圖案效應，卻不能在一粒燈泡上出現，這是非還原性。

因此，加和性（還原性）與非加和性（非還原性）都屬整體屬性。系統性是加和性與非加和性（還原性與非還原性）的辯證統一，缺少了任何一方面的描述或研究，都不能完整地認識一個系統。

在醫學界裡有關中西醫之爭就是一個典型例子：有人認為，中醫缺少現代科學依據，因此是一門過時的學科，應該被淘汰，完全讓位於西醫。但實際上，中西醫雙方都存在著問題：西醫已過於側重於追求系統的還原性，分支越來越精細，結果造成當中頗有一種「頭痛醫頭腳痛醫腳」之感。而中醫的思維正好相反，傳統的中醫以藏像經絡為原則，制定出種種基於病因病機理論為基礎的標準，以陰陽五行學說為方法論，辯證地研究生命過程中表現在整體層次上的機體反應狀態，求因、求機、申因、申機，繼而論治。問題是狀態是不斷運動變化著的，即狀態有著非還原性，絕不能像西醫那樣進行靜態的解剖後說出個所以然來。因此研究狀態的「陰陽五行」學說就給人一種過於玄妙的虛無感，令現代人對其敬而遠之。現代的所謂的中西醫結合，已經偏向於西醫精細的還原性，而中醫部分，只剩下原有體系中屬人類認知初級階段的「經驗之談」。中醫時下的局面，實在是令人唏噓。

以上內容是關於正統系統學的簡單概述。筆者認為，系統根本性的原理，及功能的強大、完善及可持續，與系統的依賴性、局限性（排他性）、脆弱性和持續性之間不可調和的矛盾關係，正統的系統論並沒有「系統性」的論述，某些觀點也存在著謬誤。

因此接下來筆者會嘗試用《邏輯後綴學》的原理，對有關系統理論作一些修正及提出一些新見解，為系統論賦予新的內涵。

事物因「是」判斷邏輯屬性都有系統性的表現。但系統的本質，則應該從「非」判斷的範疇裡探索。

本文筆者認為，在「是」判斷範疇，任何事物即使是簡單的混合，都具有系統性，只是此時的系統對我們「沒有用」，因此我們「不願意承認」而已。可以說：任何一個「是」判斷的目標，其本身都自成一個系統又同時從屬某個系統。

因此，要論述一個系統，表面上比討論一個「是」判斷的目標要複雜得多，但以《邏輯後綴學》的理論理解，傳統意義上的系統同樣等價於「是」判斷的目標。因此系統的成立，皆具有「是」判斷邏輯屬性的內涵及外延，及由始至終同樣必須遵循著「前因果關係是後因果關係產生的必要條件，後因果關係則是目標具有存在意義的必要條件」這兩個共生原則。

根據《邏輯後綴學》的原理，為系統的加和性、還原性、非加和性及非還原性分別賦予新的內涵，將能夠更準確地描述及理解系統。

系統的加和性、還原性及非加和性、非還原性各自的面向不同：加和性、還原性面向的是系統的局部；非加和性、非還原性面向的是系統的整體。

以《邏輯後綴學》上卷「是」判斷的理論解釋：系統功能性的「新質」或「新特徵」正是「是」判斷在「非」場中的排斥性及不確定性在整體規模上的反映。而不同的反映則取決於具體的系統所具備的不同的前因果關係的主導性。

以前、後因果關係的原理劃分：系統的加和性與還原性反映的是前因果關係中的關聯性、邏輯性及必然性屬性；非加和性與非還原性反映的是後因果關係中「非」場的排斥性及不確定屬性。但由於不確定屬性在「是」判斷範疇與「非」判斷範疇具有不同的內涵，因此接下來隨著討論的深入，將賦予「非還原性」新的內涵。

以自適應及他適應的性質劃分：系統的加和性與非加和性具有他適應的性質；系統的還原性與非還原性則具有自適應的性質。

因此，根據上述劃分，儘管同樣是反映前因果關係中的關聯性、邏輯性及必然性，但加和性與還原性各自的面向也有所不同：

加和性面向的是系統中要素（局部）之間靜態的關聯性、邏輯性及必然性的強弱：當關聯性、邏輯性及必然性強，則可表述為系統中要素之間的加和性弱（通俗的說法叫「不容易湊合在一起」），反之則反。即加和性與前因果關係之間存在著負相關關係。

例如：「十人組成的團隊」與「十個專業人士組成的團隊」裡，前者的加和性比後者的加和性強。意思是前者裡任何人都「有資格」加入，但隨著加入團隊要求的標準越高越多，產生的排斥性越強，他適應方位越多，加和性越弱（沒有相關專業知識的人沒有資格加入）。

還原性可理解為一種自適應性質的動態的再適性。再適性面向的是系統中的要素因相互之間關聯性、邏輯性及必然性強弱發生變化之後所表現出的再適應能力。再適性差意味著還原性弱。

系統的前因果關係強，則構成系統要素的加和性弱。而加和性弱，則還原性亦弱。相對於加和性，還原性是因變量；相對於還原性，加和性是自變量。但兩者的關係是正相關關係。

一粒沙子，無論放在沙丘的什麼位置，它都能夠在完全保持著自己的外形及特質不變（還是「自己」）的情形下，為湧現出不同形態的沙丘「作出貢獻」。這是因為：構成沙丘形態的前因果關係相當之弱，即任何沙子之間的關聯性、邏輯性及必然性都相當之弱，沙子的加和性反而強，同時因此把任意一粒沙子放在沙丘的任何位置它都能夠「再（自）適應」（還原性強──無論放在不同的沙丘或放在同一個沙丘的不同位置，沙子始終是「不變」的沙子自己）。

對於非生命系統，再適應實際上意味著「可重生」（不是重複：一粒原子在億萬年裡不斷地與「其他」原子組合，在不同形態裡「重生」，但原子自身不變。隨著討論的展開，會為「重生」下一個定義）。

現代社會趨向於越來越細分化的分工合作。然而，越是細分化的工種，與相關聯系統的其他工種（要素）之間的關係越密切（前因果

關係強，叫做「牽一髮而動全身」），加和性越弱（對工種的專業要求越高），其獨立性越差，即其有效性、作用力甚至其存活性越來越不能離開相關聯系統（還原性——再適應能力差：離開相關系統就「不是自己」了）。同樣的原理下，越是僅僅擅長於某個單一專業的人，就越難再適應其他的工作，當這個專業被取消或淘汰時，這個人往往就成了「廢人」。同樣的原理下，在全球化的今天，對單一體系過於依賴的國家，往往都是政治或經濟動盪時的第一批犧牲品。

非加和性及非還原性皆作為反映後因果關係的指標，但各自有不同的面向。

在「是」判斷的論域裡，後因果關係令事物都表現出功能性。功能性表現在系統中稱為「湧現」。

湧現，就是集合中元素的互異性與無序性在系統中具體整合後表現為功能性。

湧現具有時空性及動態性。

非加和性面向的是（靜態的）系統（「是」判斷共時性意義上）的時空性。

非還原性面向的是系統（「是」判斷歷時性意義上）的動態性。

時空性表現為整體性和秩序性。整體性和秩序性強，可表述為非加和性強。

整體性和秩序性，反映的是系統中各要素因受後因果關係邏輯的共時性制約，從而具有一種因滯後性而被動式配合規則，或威權下不得不接受信息的正反饋自穩及自組機制（我不得不如此否則就不是我；進化是生命不得不為之的一種行為）。因此整體性和秩序性的強弱，取決於後因果關係邏輯的強弱。後因果關係邏輯強，則整體性和秩序性強，即非加和性越強。

加和性與非加和性存在著負相關關係。

局部的加和性弱，局部的還原性——再適應能力弱，系統整體的非加和性反而強。

所以說：進步是通過對自身的不斷否定而追求完善的「他者」。這樣的進步不過是「為他人作嫁衣裳」。

整體性及秩序性意味著「不容干擾的唯一純正性」，也意味著「有序性」。「是」判斷語境裡的「有序」，是集合中元素的無序性被強行自定義設定的選擇性排斥屬性的主觀存在。因此整體性和秩序性綜合起來就是選擇性排斥屬性，即非加和性等價於選擇性排斥性，其自穩及自組機制，必須建立在對「非」場有選擇地主動排斥的前提下。

由於「非」場都具有「厚實」的特性，對「非」場的排斥就會產生「放大」的效果。作為具有整體性和秩序性的系統，這種「放大」有著更強的針對性質的選擇性，因此所產生的表現在時空中的新質或新特徵，「看上去」就一定是「整體大於部分之和」。

這才是「非加和」的本質所在。

在真實關係中，前、後因果關係是百分之百兼容的，因此實際上並沒有「不容干擾的唯一純正性」的問題。「不容干擾的唯一純正性」屬自定義真實關係下，以後因果關係邏輯為依據的人為定義的有序性，即非加和性是自定義真實關係範疇裡共時性的、他適應的概念。

他適應性質的系統是否「有序」是以「容錯性」衡量：越是有序（純正唯一），對「雜質」、過失（無序）的容錯性越低（不兼容）。

容錯性既是有序性的指標，但恰恰也反映出脆弱性——參考本文上卷第六節的分析：脆弱性應該以「加和性脆弱值 C」衡量。因此，整體性和秩序性與脆弱性 C 值成正相關關係——也就是與不可持續性成正相關關係：

軍事上不斷更新迭代的戰鬥機及反映一國綜合國力的航空母艦，其不兼容性堪稱典型：天價的造價是其不兼容性的具體表現，同時還要窮於應付來自於真實及同為自定義真實（所謂敵對國）無孔不入的種種干擾、糾正與破壞才能「維持」其「強大」（先天脆弱值小，但後天脆弱值大，因此加和性脆弱值大）。

生命系統與非生命系統比較、恆溫動物與變溫動物比較，因整體性和秩序性而表現出的脆弱性都十分明顯，任何對兩個前者的整體性和秩序性的「干擾、破壞活動」，都有可能令其系統「紊亂、無序、失衡」，甚至對系統造成毀滅性打擊。例如一個傷風感冒，一個小傷口，某種病毒的入侵，都有可能令一個人失去其生命。

這裡必須指出的是：對於生命系統來說，脆弱性並不等於還原性。一個生命系統的「崩潰、滅亡」並不意味著「打回原形」。

綜上所述，系統的後因果關係邏輯、非加和性、脆弱性的加和性脆弱值之間存在著正相關關係；三者與加和性、還原性之間則存在著負相關關係：後因果關係邏輯性強——非加和性強——脆弱性 C 值高——加和性、還原性弱。

反之則反：後因果關係邏輯性弱——非加和性弱——脆弱性 C 值低——加和性、還原性強。

系統論是西方人提出的（在生物學中研究複雜生命系統中產生的機體論的基礎上，奧地利學者貝塔朗菲在 20 世紀 30 年代第一次提出了一般系統論的概念）。但傳統的系統論並沒有真正認識到系統的無序與有序在動態過程中的辯證統一（傳統的辯證統一理念因沒有重視觀察者這個「參與者」，更沒有「後因果關係邏輯」這個概念，因此並沒有認識到「後因果關係」在辯證統一中的「角色」），從而錯誤地得出相反的結論，認為非加和性強——則脆弱性低（參考世界性的軍備競賽。這裡的脆弱性低其實只是先天脆弱值低而已，指數級增長的後天脆弱值並沒有被認為是脆弱性的表現，估計也沒有什麼政治家會承認加和性脆弱值 C）。進而把系統在時空中的整體的有序性及預決性視作目的性的必然，糾結於這些有序性及預決性是否有「中心」，即有序性及預決性是「自上而下集中控制」（貝塔朗菲的一般系統理論）還是「自下而上分散協調」（聖菲研究所的複雜適應系統理論）的問題。但如此一來，往往就得出自相矛盾的結論。

例如在政治學方面有關中國問題的研究，就產生「中國威脅」和「中國崩潰」兩個截然不同的結論。

在自上而下分析中國的國力時，西方人只是片面地看到了中國「國力」的非加和性。而非加和性是等價於選擇性排斥性的，在具體事物中就是「排斥力」的表現。再通過目的論分析「排斥力」的有序性及預決性，自然就不難得出「威脅」的結論。「強大就必然威脅他者」是人類自定義真實關係下的「定式」思維。

在自下而上分析中國的國情時，西方人則是延續其一貫擅長的「科學思維」，專業地、科學地、煞費苦心地、事無巨細地抽絲剝繭，把中國的政治、經濟、科學、民生等分門別類，也就相當於靜態的加和。結果就欣喜地，又或者如「公知們」「痛心疾首」地發現，中國在方方面面的問題實在是太多了（加和性太強：所謂沒有原則、沒有法制），多到了罄竹難書的地步，如此多多的問題「匯總」之後進行「非加和」（並且還加上西方人自己預設的，即純粹是自定義的「民主人權」之類的非加和性），即同樣通過目的論分析當中的有序性及預決性，中國國情的非加和性簡直就是弱得「慘不忍睹」。這樣的中國，如果不崩潰哪有「天理」？可惜天不遂他們所願，不完善的中國就是不崩潰。

為什麼強大的中國不會形成威脅？又為什麼不完善的中國不會崩潰？

因為，中國人並不像西方人那麼講究後因果關係邏輯（不那麼「因非而是」，通俗的說法叫做「不那麼好鬥」），即中國社會的後因果關係邏輯性普遍弱於西方，因此國力的威脅性遠低於西方。而中國國情的「一盤散沙」，反而反映出中國社會系統局部的加和性、還原性相當之強（整體的非加和性弱，反而容錯性、兼容性高，因此即使「孱弱」如晚清時代，中華民族也沒有「崩潰」），中華文明的脆弱性 C 值更因此而遠低於西方文明。

（關於「一盤散沙」的發散思維：在中國某二線城市，筆者有一天早晨三點鐘起床寫作，看見樓下小區街道中間三三兩兩躺著一些人。這些人並不是西方國家那些喝到清晨東倒西歪的酒鬼，而是鄉下出來佔著位置準備擺攤趕早市的農民。這種現象在「完美主義者」「容不得沙子」的眼裡是「是可忍，孰不可忍」的混亂行為，但筆者卻從中

看到中國人自強不息的韌勁及中華文明的容錯性兼容性特色：雜亂如熱熱鬧鬧、挨挨擠擠、討價還價、人聲鼎沸、家長里短的菜市場；非雅非俗如《清明上河圖》般的，俗稱的——「人間煙火味」——在「人間煙火味」面前，一切權威的、經典的、嚴肅的、嚴謹的、高貴的、高深的人生道理，包括所有什麼思想、什麼主義的所謂的價值觀理論，都不過是蒼白無力的無病呻吟——筆者就曾經對自己的太太說：我的哲學觀，就產生、發展、成熟於她每日的柴米油鹽鍋碗瓢盆裡面）。

中國式的「一盤散沙」並非雜亂無章的混亂，而是「邏輯混沌」，是邏輯以「隱性」存在於混沌中。

中國的治國之道，具有「邏輯混沌」的內涵，從而表現出「勢與力的辯證統一」。

什麼叫「勢與力的辯證統一」？

如果說，形態是事物具有的，讓觀察者「看得見」（To see）的表面性，勢和力就是事物所具有的，「不讓觀察者看見，但能夠有感」的內在性。

但這種每一個人都有感的，日常通過文字語言表達時或多或少還帶點貶義的「勢力」這個綜合性概念，卻沒有一套專門的理論去透析詳解。

中國人所深刻領會的——「勢」，以筆者的理解，是指：趨向性（英文裡的「勢」表示「潛在性——Potential」）。

因趨向性而表現的趨向的具體分佈，叫「勢力」。

勢力，在「是」判斷語境與「非」判斷意境裡，「意義」大不相同：前者具有人為性；後者具有真實性。

首先進行「是」判斷語境下的討論。

在「是」判斷語境裡，簡單而言，「勢力」指的就是「非」場。本質上「非」場具有無限性，但總是被人為自定義為種種有限的「勢力範圍」。

如果以系統學的學術性語言表述，「勢力」是：狀態點在相空間中受趨向性影響而具有的趨向行為的趨向的具體分佈。

　　行為趨向的具體的趨向行為表現，就是「力」的表現。

　　什麼是「力」？物理學家說，力是物體之間的相互作用。意思就是：只有物體之間發生了相互作用，力，才能被反映出來。力能夠被反映出來，是因為兩個物體之間，存在著某種我們看不見的東西在幫它們傳遞作用力。那麼這種東西是什麼呢？有人認為是以太，有人認為是某種彈性介質，但是法拉第說是力線，而且這種力線不是什麼虛擬的輔助工具，而是客觀的物理實在。它可以傳遞作用力，也可以具有能量。這些思想更慢慢形成了我們所熟知的（力）場的概念。

　　《邏輯後綴學》對「力」的理解則是：目標在「非」場因後因果關係而發生的具體趨向。

　　這種「因後因果關係而發生的具體趨向」，必然由前因果關係所主導。「主導」的意思，就是有「趨向性」，也即是有「勢」。即前因果關係決定了「是」判斷目標必然具有——保持靜止或勻速直線運動的趨向屬性：勢。

　　因此，勢，在「是」判斷語境裡等價於物理學的「慣性」。

　　有趨向性，才能表現出趨向。

　　趨向性的「趨向」如果要表現出來，必然是表現在「非」場。

　　因此，「勢力」也就是指：在前因果關係主導下「是」判斷目標在「非」場中的後因果關係「網」。

　　因後因果關係而發生的具體趨向的行為，一定是兼具有排斥性及模糊性的行為。排斥性、模糊性，就是（因前因果關係主導而產生的）趨向性的兩種具體屬性。

　　排斥性是因為互異性，互異性是因為目標與「非」場的後因果關係網（參照系）非同一慣性系；

　　模糊性是因為無序性，無序性是因為目標與「非」場的後因果關

係網（參照系）同一慣性系。「模糊」的意思是，現實中從觀察者的角度「找不到」完全相同的同一慣性系。即現實中的具體趨向行為，主要表現出排斥性的趨向屬性。

具有排斥性及模糊性兩種趨向性屬性的行為的具體趨向，就叫做「力」。

也就是說：力，是「是」判斷過程中通過後因果關係以維護、發展目標時，其行為所必然具有的排斥性及模糊性兩種趨向性屬性的具體趨向。

簡言之：力是（行為）趨向。

勢反映的是狀態自身的特性；力反映的是狀態與他者的關係。

對「勢」的「有感」，叫「感覺」；對「力」的「有感」，叫「感受」。如同站在海邊，我們不必觸碰，就會感覺到大海波瀾壯闊的氣「勢」；跳進海裡暢游，則會因「親密接觸」而感受到波浪帶來的實質的衝擊「力」。

蘊含著「勢」的，「不讓我們看見，但能夠感受」的「力」左右著目標（狀態點）的趨向行為模式，反映在具體事物上，就表現出「看得到（可觀察、有值）」的「系統的動態的功能性湧現」（趨向行為）。

即：趨向行為（湧現）取決於行為趨向（力）。

「是」判斷語境中的「力」在現實中主要表現出排斥性，因此「是」判斷語境下的趨向行為（湧現）具有「熵增」的離散性。

系統學認為：湧現中的時空性及動態性反映的是非加和性及非還原性。

即「看得到」的趨向行為模式具有非加和性及非還原性兩種屬性。

正統的系統學對非加和性與非還原性兩個概念的解釋是一般性的，相互矛盾的，並且兩個相互矛盾的概念往往還混為一談。接下來的討論會對上述兩個概念的矛盾性給予剖析，並根據「需要」重新定義「非還原性」。

非加和性及非還原性相互間的矛盾性，表面上表現為「時刻與時段」的矛盾，本質上也就是「是」判斷語境裡「有限與無限」之間的不可調和性。

我們認為系統具有非加和性，是因為我們的觀察，永遠是處在時間 t 的某一個閾值上。在這個閾值上的觀察者，只能「看得見」這個系統共時性的「當下」靜態的表面形態，並依據後因果關係邏輯，作出選擇性排斥性屬性的「自定義是」判斷，從而得出系統具有非加和屬性的整體性及秩序性的穩定有序「狀態」（熱力學裡稱為「準靜態過程」）的（滯後性）假像。

但實際上，沒有絕對靜態的狀態，共時性「當下」的有序並不存在，或者說共時性「當下」的有序是「思覺暫留」下通過自定義真實關係而自定義真實的存在。非加和性的有序性的本質是脆弱性。

不存在靜態的有序。

即不存在靜態系統。

靜態的「狀態」只是某種稍縱即逝的，或者說「屏蔽」了時間因素的，沒有行為趨向因此沒有趨向行為的「格式」。

當我們以非加和性的有序，甚至以終極可持續有序的完善或完美為目的，我們就必然被動地窮於應付選擇排斥過程中，「格式」的「容錯性」及「滯後性」這兩個問題所不斷帶來的困擾。

因為，非加和性，是割裂了前因果關係的主導性後，僅僅以後因果關係邏輯為依據，對「看得見」的事物形態的靜態的表面性（自定義）描述，但事物在本質上，卻具有儘管「看不見」，但不可能割裂的，與非加和性完全不同的力的內在性。

「是」判斷一定是分化的，分化意味著混沌（不同於「邏輯混沌」：邏輯混沌是沒有焦點，卻又處處焦點；分化式的混沌是處處焦點，實際上沒有焦點）。系統等價於「是」判斷目標，因此系統與外部即「非」場之間的關聯，永遠在共時性上（即時間 t 的某個閾值上）處於一種因趨向性（勢）而帶有離散的，開集性質的，表面上靜態的，「混沌」的，

無序的（即邏輯意義上退相干的百分之百自由度的、非確定的）「行為趨向（力）」分佈的狀態。

在觀察者眼中時間 t 的某個閾值上「當下」靜態的自定義有序形態（沒有趨向行為的非加和）本質上具有無序的力（行為趨向）的內在性。

那麼，動態的有序如何解釋呢？

非還原性具有「連續」的意義。

非還原性面向的是系統的動態性。

但動態性並不等價於非還原性。

所謂「動態」，屬「是」判斷語境裡歷時性的概念（《邏輯後綴學》上卷對運動的定義：觀察者必須與背景，即「事物自身以外的東西」處在「同一慣性系」，當且僅當目標與觀察者和背景共同所屬的慣性系是「非同一慣性系」）。

「行為」是動態的內涵之一。

而「不變」與「變」則是行為的兩種表現模式。

表面靜態的整體性秩序性不過是「飛矢不動」（不變）的，沒有「趨向行為」，因此「沒有意義」的一個「格式」。為了「有意義」，觀察者必須增加一個反映「動態」的歷時性的概念：非還原性（「是」判斷語境裡的「非還原」含有歷時性意義裡從過去指向未來的不可逆過程，接下來會從「非」判斷意境討論真正的「非還原性」）——只有在歷時性的非還原過程中，本質上無序（非確定）的「行為趨向（力）」才能通過「格式」的「連續疊加（連續的不變）」後表現出有序性（確定性）的趨向行為，才被我們叫做「有意義」。

即「是」判斷語境裡非還原性的遠離平衡態的表面有序，始終是建立在「並不真實存在」的、「飛矢不動」的靜態有序（格式）的（連續數據的疊加：也即是微積分裡的「積分」）基礎上。

即「是」判斷語境裡我們所認識的有序行為不過是格式的連續疊加。

如同一個被堤壩攔腰截斷的湖泊，湖面上水平如鏡，此時的湖水可以看作是靜態的，「沒有什麼用」的一個存在。只有在流動（連續疊加）過程中，才能「順勢而下（為）」，才能發揮「相互」作用，才能起到發電、灌溉等「系統的動態的但有序的功能性湧現的有意義」的作用。

　　但是，有意義，即意味著「自定義」，意味著人為性，意味著選擇性（排斥性），意味著「有值」，因此也就意味著通過後因果關係邏輯令格式變成了「數據」，格式的疊加變成了數據的疊加，意味著本來由前因果關係主導而產生的無序趨向，變成是通過後因果關係邏輯人為選擇的「有序趨向」──只有築起堤壩、挖掘水渠，流動的水形成一種「長程關聯」，才有發電、灌溉的存在意義。

　　堤壩「崩塌」（疊加被「中斷」、不連續）後會發生的「水災」，就反映了「無序的力的內在性」；人體的生病或死亡就是表面上的有序在共時性上「必然被干擾破壞」的無序表現，而生、老、病、死的過程，才是一種「必然不能被破壞」的有序（「生老病死」這四個字不過是我們為「不能被破壞」的過程下的自定義）。

　　即系統時空性「湧現」（功能性）中的非加和性，只是在歷時性過程中，整體上通過連續數據的人為「疊加」（「微積分」等價於必須「不停地選擇排斥」）後，才表現出非還原性的遠離平衡態的表面有序。

　　但如此一來，非加和性與非還原性，就不過是行為的「不變」與「變」的悖論的兩面──也就是本文上卷所說的「關係悖論」：狀態必須通過（與外界）關係才能確定；但（與外界）有關係意味著狀態不確定。

　　靜態的、「飛矢不動」的結論如果成立，等於是「承認」了事物都是不連續的，也就「承認」了歷時性語義的非還原性的表面有序「不成立」（芝諾悖論：不存在運動）。

　　如果歷時性語義的非還原性的表面有序「成立」，則意味著事物都是連續的，但這卻又等於「推翻」了非加和屬性的整體性和秩序性

的「可視性存在」（因此巴門尼德認為一切表像皆是幻象），也就不存在什麼「從量變到質變」（量與質都是自定義），亦不存在什麼共時性的「非加和性」，事物永遠處在「變」的「非還原」過程中。

「連續」，是動態的另一個內涵。

上述「不變」與「變」悖論裡，「連續」兩字是關鍵：連續的是不變還是變？

「連續的不變（理論上的慣性系）」已經被「大量的」哲學、科學還有我們的「直覺」證明「不可能」、「不存在」。

那麼，「連續的變」呢？

要回答這個問題，有必要對系統學的原理作更深入的探討。

系統學認為：如果一個系統有朝著某個穩態發展的趨勢（學術上表達為「狀態點在相空間中的運動最後趨向的極限圖形」），是因為這個趨勢裡面必然含有「同胚性」。有同胚性的系統，其長期行為（動態）才有研究上的意義。

長期行為，也就是「可持續」行為。可持續的行為，就是（動力系統）在「時間上」一定具有連續性。因此上述一段話的意思可以理解為：要建立一個具有可持續穩態的（動力）系統，關鍵在於系統是否具有同胚性。

什麼叫「同胚性」？

筆者認為：「是」判斷語境裡，同胚性與趨向性等價，也就是與「勢」等價。即，同胚性＝慣性。

系統學把具有同胚性的穩態叫做吸引子。即：吸引子＝穩態的趨向性＝穩態的勢。

系統學的研究認為：吸引子的同胚性反映在不變性（標度無關性）及吸引性兩方面。根據其不變及吸引的模式，吸引子有「平庸」（也有人表述為「經典」或「正常」）與「奇異」之分（接下來的文章所討論的「平庸吸引子」與「奇異吸引子」與傳統系統學的理解有所不同）。

平庸吸引子有不動點（平衡）、極限環（週期運動）和整數維環面（概週期運動）三種模式。這三種模式都表現得相當之「有規律」，即平庸吸引子主要表現在「不變」方面。由於不存在「連續的不變」：規律，一定是動態性的。靜態只有格式而不存在規律。因此這裡的「不變」實際上是：「連續的有規律的變」。

　　但現實世界中，包括整個宇宙空間都不真正存在這三類純粹的「連續的有規律的變」的（平庸）吸引子模式——天體的運行並不那麼有規律，只是以人類短暫的歷史來衡量，才具備某種類似於「當下」的共時性意義上的（理論）精確度。以佛學的理念來形容：人類的歷史，科學家對自然界鍥而不捨的長期觀察，在漫長的時間長河裡不過依然是「剎那」。因此上述的三種「有規律」模式俱是人類自定義真實關係下的「他適應」的模式。

　　在「是」判斷語境中，系統的動態性是「複而且雜」的。

　　即「連續的變」具有「複」與「雜」兩種性質。

　　這裡要引入一個系統學裡的概念：蝴蝶效應。

　　傳統學術界對「蝴蝶效應」的定義，是指在一個動態系統中，最終結果（狀態）對初始條件具有極為敏感的依賴性，初始條件下微小的變化能帶動整個系統長期、巨大的連鎖反應。

　　本文筆者對「蝴蝶效應」有不同的理解。

　　筆者認為：在「是」判斷邏輯屬性的範疇裡，「蝴蝶效應」指的是後因果關係通過「複」與「雜」兩種性質相互矛盾的表現，以「積（分）」的模式時刻作用於系統，令系統表現出動態的歷時性功能性「湧現」。但本質上，「複」與「雜」皆是以共時性的非加和性為其衡量準則：複——非加和性在宏觀意義上具有「可操作性」；雜——非加和性在微觀意義上具有「不可操作性」。所謂「積」，可以理解為有「無數」的蝴蝶在發揮作用（萬物皆可點；萬物皆可積）。

　　「複」的表現，具有可持續性的表像；「雜」的表現，則是不可持續性的直觀反映。

初始條件是依據前因果關係的關聯性邏輯性而已經存在的條件，（再根據必然性）初始條件下會產生一個微分意義上確定的初始值 A。對於（確認性）觀察者（用物理學語言表達就叫做：建立了一個局域慣性參考系的慣性觀察者）而言，A 值必須在同時產生的「非」場（也就是「局域慣性參考系」）中不斷地以「不是……而是」的震盪與重複中才具有「純正唯一的意義」。而每一次震盪或重複，就會出現一個 A' 值。並且因為「必須純正唯一」的「後因果關邏輯下的理由」，這個 A' 與 A 必須是「一模一樣」的，也就意味著同樣具有非加和性的，可以「真值」衡量的「同胚」（不是拓撲概念的同胚。前者強調的是值；後者強調的是「共性」），因此這裡的「同胚」也叫做「自相等」。即如果存在一個絕對孤立的封閉系統，這個 A' 一定是百分之百前因果關係「遞歸」的「自相等」的產物。並且，A' 誕生時同時出現的「新」的「非」場及「新」的後因果關係同樣具有百分之百的遞歸性。

遞歸性，也就是「複」，「複」的疊加就讓我們得出「連續的有規律的變」的結論。

根據「是」判斷邏輯屬性的第七個重要外延：只要前因果關係被建立，目標產生，「非」場就同時出現，指者為了「維護目標的純正性、唯一性」就必須以「有限過程對付無窮」的模式永不能終止地進行著排斥、清除「障礙」的主動行為——這個行為的依據是後因果關係——他他分別——我們永遠只能夠通過事物自身以外的東西來推斷出事物的真實性。他他分別的過程，就表現為一個「線性的運動」的過程。

即是：平庸吸引子本質上並不「吸引」，因為其表現永遠是離散的排斥異己的唯我獨尊。

「是」判斷邏輯屬性的第七外延，在系統學裡可以稱為「自相等原則」（以自我為中心的「自我」成立的「理論根據」）。

此時的「蝴蝶效應」就是：在觀察者眼中會出現一條「虛擬」的、線性的（輸入的自變數與輸出的應變數成正比關係）週期軌道。再根據分形理論，這條軌道上的點就產生了可以預測、可以計算的，即同樣具有確定性意義的，也就是有規律的，延續自 A 的因自相等而可遞

歸為 A' 值的「完全相同的分形」（分形理論：以迭代生成關係的同胚為根據而產生的「用簡單表示複雜」的理論）。

這個「完全相同的分形」只有在宏觀的意義上才能反映出來：匀速直線運動、發動機裡汽缸每一次的做功，理論上皆可以描述為完全相同分形的迭代遞歸。

正是這個自相等的「可遞歸」的值所構成的可預測的「軌道」，讓事物產生了（宏觀意義上）可持續的（慣性）表像。人類科學史上亦因此而出現了以牛頓力學為理論根據的決定論。決定論的信徒中最典型的莫如法國數學家拉普拉斯，他狂妄地宣稱：假如能夠知道宇宙中每個原子現在的確切位置和動量，「智能者（後世稱為『拉普拉斯妖』）便能根據牛頓定律，計算出宇宙中事件的全過程，在計算結果中，過去與未來都是一目了然。

但是，遞歸只意味著重複、疊加。自相等僅意味著可複製，自相等原則下的「遞歸」，根據的必然是後因果關係邏輯，也同樣缺失了前因果關係主導下的「勢」，即沒有趨向性，也就沒有「行為趨向（力）」故而「飛矢不動」沒有趨向行為。

即「連續的有規律的變」不可持續。

其可持續的表像不過是「永遠的」「第三者」「搬運（疊加）」的「功勞（必須與外界發生關係）」──沒有了汽油、關閉了電源，發動機也就做不了功；沒有了氧氣，我們就「窒息而亡」。並且，這個「第三者」還是永遠都「不可靠」的──第三者後面有無窮的第三者──我們並不知道行為的原動力是什麼：最後，只能「外求」──把萬能的上帝「找」來作為第一推動力──可憐的上帝，在人類眼中，不過是──充當第一「苦力」的角色。

並且，第三者的「出現」更證明了：不存在絕對孤立的封閉系統。因此，也不存在百分之百的迭代遞歸。

任何系統必定從屬一個更大尺度的系統集，即不可能完全封閉，必然地與外部（其他系統）有種種關聯，前、後因果關係之間的連通性導致後因果關係俱具有無序性。

無序，也就是「雜」。

無序性實際上意味著隨意性，隨意性即不確定性。不確定性可分為「非」判斷屬性的「非邏輯推定」的不確定性，和「是」判斷屬性中後因果關係下並集「或屬」的不確定性。後因果關係下的不確定性既有隨機的（反映在非生命形式的系統裡），也有刻意的（反映在他定義的人造物系統及自定義的生命形式系統裡），但俱是在後因果關係中透過「非」場的無序性，以主動配合的模式，對前因果關係發生影響，從而令整體表現出含有創新意義的靈活多樣性。越是趨向於微觀的系統，封閉性越弱，無序性越強。

「是」判斷屬性的無序性意味著「非 X 或非」，任何「或非」都會因反饋而產生新的前因果關係，即在時間橫軸上不斷出現「初始條件發生變化」的情形（在微觀意義上，不能建立「穩定」的局域慣性參考系：不斷地「相變」）。前因果關係中與「是」判斷目標相關聯集合越多，則後因果關係中的補集越多，所涉及的「或非」就越多，即因不確定性因素而產生的無序性就越強，初始條件可能的變化就越多。

在觀察者眼中，不同的初始條件就產生不同的（微分）值。這些微分值，因各自的遞歸性就形成千變萬化的種種不同週期的，因而顯得「雜」亂無章的虛擬「軌道」。

即「是」判斷邏輯屬性的事物不可能存在真正的（有值的）同胚，時間橫軸上任意一個分形，與緊鄰的前一個分形之間在微觀意義上一定存在著差異。時間橫軸上差異性的內涵（雜），實際上是不可持續性質的「馬爾可夫過程」。

這意味著在「是」判斷的語境裡，任何事物（歷時性）本質上都是不可持續的、「剎那生滅」的——不可持續也就是反證了不連續——不存在「連續的變」——這就是為什麼量子世界與宏觀世界如此不同的根本原因——量子化的本意就是不連續性：因為觀察者在微觀世界裡，「找不到」與觀察者自身完全「一模一樣」慣性（相同前因果關係）的局域慣性參考系。

但系統學依然認為：「複」與「雜」的積，在「特定的有限尺度（一般指宏觀意義的尺度）」裡，還是可以表現出可持續的、動態的並且是「有序」的歷時性功能性「湧現」。

根據「是」判斷邏輯屬性第八個外延：任何「是」判斷，都必然表現為指者根據前、後因果關係建立及維護、發展形式（目標）這種模式。這種模式裡所具有的關聯性、邏輯性、必然性、排斥性及不確定性五大內在的根本屬性之間存在著的辯證關係，令事物都表現出非線性的運動變化發展的性質。

「非線性的運動發展變化」，在系統學中解釋為：

不同週期的虛擬軌道的值的「積」依然具有「自相似」性質。意思是儘管相對於 A，A' 已發生了變化，但依然以 A 的前因果關係為同構基礎，其「或非」之後變化的積值還是以 A 為原型。這種「自相似」的情形稱為：A' 和 A 具有「同胚性」。系統中具有「自相似」的積值，會因為同胚性而遵循著「因為非 nX，所以是 A」，然後「非 X 或非，所以或 A'」的「非線性」（輸入的自變數與輸出的應變數不成正比關係）模式從而產生「自相似的分形」。在「是」判斷屬性的宏觀統計意義上，就表現為在「特定有限尺度」裡可持續的、動態的、「複雜但有規律」的，也即是依然有序的歷時性功能性「湧現」。

因此，「是」判斷邏輯屬性第八個外延（智能性共享）在系統學中可稱為「自相似原則」。

但自相似原則下的功能性湧現只能在「特定的有限尺度」裡實現。

因為，這裡與「勢」等價的「同胚性」，實際上也就是協同學理論中的「序參量」。

平庸吸引子所表現的「不變」的規律的理論依據，就是「序參量」的「不變性（穩態）」：任何系統的狀態都可以表述為一堆不同變數的狀態參量。在共時性的意義裡，這些狀態參量越多，對系統狀態的描述越全面精確。在歷時性的意義裡，這些狀態參量的變數會隨時間變化，但變化的快慢程度各有不同。在觀察者眼中，變化快的狀態參

量被變化慢的狀態參量（同構基礎）所支配著，即那些變化慢的狀態參量起著決定系統宏觀上有序化（自相似）行為的作用，因此被稱為「序參量」。

但變化慢意味著畢竟還是會變化，即自相似原則裡的平庸吸引子所依據的序參量的穩態並不那麼「穩」。任何狀態，因為「雜」的必然參與的因素，結果就是其「勢」是一定會「變化」的（系統學稱為「漲落」：相對於本徵值發生的偏離），「勢」變化其趨向亦隨之變化，即狀態也就發生變化。

尺度越大，變化越明顯，最後就「面目全非」。所以自相似原則下有序的功能性湧現只能在「特定有限尺度」裡實現。

綜上所述：

自相等原則下的「遞歸」不具備前因果關係的主導性，因此是不存在勢與力的不連續的格式的疊加；

自相似原則下的「有序」具備前因果關係主導性，在「是」判斷語境下具有會變化的勢與力的湧現。但這裡的變化則意味著（狀態）不可持續，不可持續的本質也就是不連續（不連通）。

至此，「是」判斷語境裡動態的兩個內涵——行為與連續，也就被「一一推翻」——一切表像皆是幻象。

自相似原則下的勢，是人為（選擇性）產生的，稱為「造勢」；依據自相似原則所具有的勢的趨向而為，叫做「造勢而為」。

人類社會裡種種的發明，人為建立的種種系統，對自然界的種種認識，以及包括人體在內的所有自定義生命模式，其絕大部分理論最後都可以歸納到自相似原則裡面。

當畢達哥拉斯認為「數」是世界萬物的本源時，「世界」就「變成」了不可持續——我們當下所認識的微觀量子世界及宏觀宇宙藍圖，就都不過是觀察者眼中「看到」的，自定義真實關係下主觀存在的無序混沌宇宙，在迭代生成中產生的無限多個無限精細的分形結構的「其中一個片段」——迷宮中一段精細的、特定的確定性的通道。

觀察者認為，這個「片段」依據分形理論中的自相似原則，從「過去」變化而來，未來依然會依據自相似原則繼續變化下去。當觀察者把自相似原則，歸納為規律性的一系列的物理定律及常數之後，就變成了自定義真實關係的主觀存在的「經驗之談」（皆可統稱為「非線性科學」）。自定義真實關係而主觀存在的系統中，「規律」通過後因果關係邏輯就成了平庸吸引子的「標準」。依據標準，混沌無序的力（趨向）能夠被強行設定為（非加和性的）有序而確實具有了可預測性（因可持續所以可預測）。

但這種可預測性並不可靠。

首先，系統在長期行為中發展方向的研究必因此而被動地受制於標準。因為這樣的可預測性屬一廂情願的「他適應」：只有百分之百符合標準預測的發展，（在觀察者眼中）才是「完善完美」的發展。在現實中，這種系統就必然存在容錯性，表面上越是「完善完美」的系統，容錯性越低甚至是零度容忍。

以自定義真實關係規律為標準建構的「有規律」的系統，越是高級複雜精確，本身已經人為造成對初始條件的變化越加敏感，而此時容錯性方面的低度甚至是零容忍度，就成了系統的死穴。

例如《邏輯後綴學》上卷討論的「峰頂理論」。

例如在製造手機中必不可少的越來越精密的芯片所需要的所謂「世界上最複雜的機器」光刻機。

例如，某個行業因為某個環節被人「卡脖子」了，整個行業也就出問題了。為了不被卡脖子的行業，就不得不千方百計地企圖「樣樣都自己做」。然而，「樣樣都自己做」又必然會被「互剋性原理」所制約。

又例如，為了建構一個「標準模型」，從分子、原子、到基本粒子，科學家們不斷地為這個模型「添磚加瓦」，最後「終於」找到了「似乎」能夠令模型完備的「上帝粒子」。但可以預測：隨著計算的不斷深入，完備的模型又會缺少了什麼。若干日子後，「上帝的上帝粒子」又會「被發現」。

其次，以自定義真實關係而主觀存在的規律的理論基礎，即平庸吸引子的不變性只是人為主觀上的「不變」，而本質上依然是確認性質的「自定義是」判斷。「自定義是」判斷之下因趨向性而表現的趨向的具體分佈，就不過是人為的具體分佈（即所謂需要「造勢」才能產生）。觀察者眼中人為的「勢力」，就有了「自定義是」判斷價值觀上的「存在意義」。賦予了存在意義的勢力，是一種他適應的，「外視性」的，即被動於他者（政治理念裡稱為「對手」）的勢力，就有了非加和性，就有了容錯性，就必然因不確定屬性的「雜」而會發生所謂「弱勢」、「強勢」甚至是「生死」的交替變化。

這種會「變化」的「勢」之下的力（行為趨向）的人為分佈的「勢力」，與「非」判斷意境裡（接下來會進行討論）真實關係中連續的、平滑的、守恆的、綿延無盡不會終止的「勢力」之間，永遠存在著時間差上的滯後性，不過是屬跟隨在真實之後「狐假虎威」的，一定有強弱、有大小、有生死的即不可持續的，實際上「沒有靈魂」的，「逆天」的「假」勢力。

假勢力中的「造勢而為」，就不過是「胡作非為」。

例如舊約《聖經》上造勢而為的巴別（變亂）塔，就是寓意西方人逆天的胡作非為——西方人，活成了他們的上帝（其實是他們自己）最討厭的人——自詡為最具有批判性思維的西方人，真的有勇氣批判他們的靈魂深處嗎？

例如，美國二十年間花費了超過兩萬億美元及無數生命為代價建立的，有大量現代化裝備的阿富汗政府及國家安全力量，就是「經典」的人造假勢力「傑作」：當美國人剛開始撤軍，假勢力馬上現出原形，塔利班軍隊亦就勢如破竹地席捲全國，短短三個月就奪得國家政權，贏取了戰爭的勝利。

例如，我們造不出「永動機」。因為我們不知道宇宙天體萬物「永動」運行的能量從何而來，最終只能勞煩萬能的上帝做「第一苦力」。

例如，西方以自定義真實關係規律為標準建構的「有規律」的系統，應用在社會學方面，形成的始終是反映著震盪與重複的周而復始

的矛盾：西方的社會學，是以「契約精神」為其理論的核心（契約——社會學意義上的約束力：歐洲的基督教會自稱為「基督的身體」，因此作為一個團體卻獲得了一種「虛擬」的人格。11 世紀在歐洲的羅馬法復興中，「法人」概念與基督教教會這個虛擬人格相結合，作為權利與義務的契約具體受體，是現代法人概念的萌芽，也就是今天「公司」這一概念的內涵所在，因此西方社會學的本質就是公司管理執行的契約之學。例如美國《憲法》開篇第一段話就是：「我們美利堅合眾國的人民，為了……個目標，建此聯邦」就是一個典型的商業契約，意思就是把一個國家作為一個公司來管理。由此而產生的美國的政治制度，也就是一種典型的公司治理結構）。而契約，是規律的外延，也是後因果關係邏輯下的產物，是脫離了真實關係的，因此註定了是先天不足的、滯後的（他者）。先天不足，就需要後天永不間斷的「矯正（選擇）」手段及巨量資源（也就是「第三者」）的維持（參考所謂的「婚姻法」：從來不能保障婚姻的持續性）。為了為契約「背書」（矯正），種種煩瑣的、事無巨細、浩如煙海的律法（具體契約之法）因此而人為產生。受這種先天不足的平庸吸引子左右的「假勢力」，在一定條件下（第三者：例如高成本、充裕的物質基礎）亦可以維持系統的運作，甚至可以令系統顯得一時的無比強大。但當資源分配出現問題時，系統因滯後性及容錯性而產生的脆弱性就很快暴露出來：「依法而行、說到做到」只是契約的表面含義，功利性的佔有權才是契約背後真正的人性意圖。如此的「契約」反而意味著：終有解除之日（美國前總統特朗普的「讓美國再次偉大」之後一系列「退群」及「封殺」行為；俄烏之爭中西方撕下所謂私人財產神聖不可侵犯的面具；風靡一時的美式電視劇《權力的遊戲》中，在冠冕堂皇的契約精神背後無情的殺戮，皆把西方對隱藏在「契約」背後人性的「違約性」注解詮釋得淋漓盡致）。

即使不考慮資源分配問題，西方的社會系統，因其根本理念上的「人是」性質（人是目的論），構成系統的理論本身也就建立在種種謬誤下，也就註定了是不可持續的：

因為，儘管契約精神的內涵意味著不變性，問題是這裡的「不變」

屬他適應性質的不變。而當中作為西方思想理論基礎的「民主自由平等人權」等契約的具體外延，同樣也含有「他適應」的性質，即同樣要求外界、要求他者「變化」以適應自己「自私」的「不變」，兩種他適應的「不變」之間必然相互對抗衝突（交集的內涵與外延相悖的偽概念）。

這樣的吸引子同樣並不「吸引」（加和性非常之弱）。因此「民主自由平等人權」這些所謂的普世價值觀俱可稱為「分化性」理念（偽命題）——他適應之間對抗衝突的分化性，會進一步強化上卷所討論的鬥爭分化化：新冠疫情流行期間，美國從政府到民間的應對失控表現，令不僅擁有世界上最受認可的公共衛生機構之一的疾控中心，還有許多世界領先的製藥公司和研究機構的美國，卻在感染人數和死亡人數上，成了無可爭辯的「世界第一」的事實，就把分化性對鬥爭分化化的強化體現得淋漓盡致：民主就是人人都為自己作主（每當我在網絡上看到許多人因「具有民主的意識」而大言不慚地說：人人都可以代表自己。我就笑了：我們個人「算老幾」啊）。在民主理念下，面對疫情的態度就是：我說了算。意思就是人人都有權形成自己的吸引子（我只執行我自己訂立的、為我自己服務的契約），而作為系統維持的最高執行者的「弱政府」，反而就不能理直氣壯地擁有自己的吸引子（契約低效甚至無效）。當資源充沛時，「我說了算」都能夠輕易得到滿足，一旦資源分配不均或渠道受阻，問題就來了（參考新冠疫情衝擊下世界各國各種系統性失衡甚至「崩潰」的現象）。由於西方式的民主理念與系統學所認為的，系統必須有吸引子的理念背道而馳，也因此筆者在本文上卷第二章第七節認為：西方式的「民主政府」是一個偽命題。再加上對「自由」理念的謬誤（這方面本文筆者的文章對「自由」已作了大量深入的分析，這裡不再贅述），當發現原來「我說了並不算」時，「分化性」就會開始「犯上作亂（不願意再按劇本做戲了）」，會「各執一詞」，「各自為政」，會「去中心化」，從而出現系統學理論裡的「倍週期（或三週期、多週期）分岔現象」，意思是指系統達至平衡狀態的數越來越多（以分形模式產生了越來越多「各自為政」的平庸吸引子），返回某一平衡狀態的週期因加倍又

加倍而不斷延長，最終因分岔過多，不動點（初始的吸引子——也就是詩意的：初心。接下來討論「非」判斷範疇的系統時，會進一步闡述「初心」。）失去了平衡的意義，最終就造成系統的「勢弱」（這種因分化而勢弱的解釋適用於所有生命意義的系統、人為的系統及「被觀察」的系統，也即是所有「是」判斷語境的「沒有靈魂」的「是其所是」的自定義性質的系統——人口眾多的中國如果「真的」推行「普世價值」，其週期分岔會是災難性的）。

勢弱，意味著「力（趨向）」的分佈或是分散，或是「一而再，再而衰，三而竭」，兩者都意味著（人為自定義）勢力的不可持續——這就叫做：「系統的崩潰往往從內部開始」。所謂的「竭」，等於熱力學上「熵增」時產生的「能量退降」現象。勢弱的終極（熵增到最大值）就是混沌——「是」判斷邏輯屬性的第十四個外延：「是」判斷是熵增行為。

因此，依據經驗的不變性而重新勾畫的微觀量子世界或宏觀宇宙藍圖，俱只是自定義真實關係的主觀存在，而絕不具備真實關係的客觀存在中的「普適性」，這樣的系統一定是脆弱的，分化的，不可持續的。

不過，「因有規律故而具有可預測性」這種理念，恰恰符合了以西方思想認識的系統論方面，有關有序性及預決性的要求（有規律自然就是有序的以及可以預測結果的），因此在現代社會得到了廣泛應用。

這些應用在短期裡效益是明顯的、「有意義的」，人類因此而為這兩百多年來的科技文明進步而沾沾自喜。但長期而言，整個人類（偽）文明依此而行的走向，一定是不可預測但必然會「勢弱」到最終「面目全非」。

依據自相似原則認識的、具有「是」判斷語境「同胚性」的「複與雜的積」的世界（事物），不過是「大號的芝諾悖論」，必然是不可持續的，終究是「面目全非」的世界（事物）——萬物皆可點；萬物皆可積——「可點可積」本身就意味著不連續（不聯通）。

因為必然具有的「確定」的涵義，任何「是」判斷成立，皆可看成是一份「契約」的確立，因此皆具有區域性及時效性下的認同、維持、排他——因地而異；過期無效。

因此「是」判斷邏輯屬性的第九個外延指出：「是」判斷目標即任何確定的形式都是以脆弱的保守孤立姿態在互相依賴又互不相容的衝突、制約、平衡的辯證關係中走向不可持續。進而形式的第二定律也就指出：在觀察者眼中，越是複雜、高級、先進、精確的形式，他適應方位越多，容錯性越低，其依賴性、局限性（排他性）、脆弱性 C 值和不可持續性越強。

於是我們就有了諸如「大爆炸」的「終極」理論。筆者認為這個理論背後的意思是：我們賴以寄存的宇宙自身，不論是繼續膨脹然後因「熵增到極大而至熱寂」，還是收縮到最後回到「奇點」，都意味著包括時間、空間在內的所有事物，最終都不能持續（面目全非）。

不能持續也就不具備連續性（連通性）。不具備連續性的事物，無論是變還是不變，「其實都沒有什麼意義」，也根本「捉摸不透」，常常讓我們產生「意外比明天先來」的慨歎。

二，「非」判斷意境裡的順勢而為：

古典物理學有句格言：自然界的一切都是連續的。

但這只是對「連續」的直觀印象。

正是這種直觀的「連續」令我們對行為的認識陷入了困境。

因此，要認識（事物的）行為，首先我們要知道：「連續」究竟是什麼？

人的（確認性）思維是一種十分奇妙的東西，當中最奇妙的莫過於我們總是喜歡在答案後面加上「然後呢」這三個字進行「追問」：對「然後」的追問，正是「是」判斷震盪與重複的具體表現——簡單性原則認為：簡單是「真」的標誌。但自相似原則下的非線性科學，卻「推翻」了簡單性原則——究其根本原因正是「是」判斷的「震盪與重複」。

「是」判斷永不簡單。

「是」判斷，必須有「非」場，也就是有背景（參考系），意思就是必須有「相對性」。有背景，則到底（在觀察者眼中）是「目標連續有序還是背景連續有序」即「誰相對誰」的問題就永遠都解決不了：最終，廣義相對論裡的「背景」——時空可以「彎曲」甚至「捲縮」又是在什麼「大背景」下發生的問題也就不了了之。一定要「追問」，就乾脆給你「物質告訴時空怎樣彎曲，時空告訴物質怎樣運動」這種始終還是震盪與重複真類性質的自圓其說。

再有就是：有相對性意味著相對物之間必然是不連續（分別）的，即相對性本身就等價於不連續，這種不連續又必須尋求「共同的背景」才有「存在意義」。然而，這個「存在意義」始終建立在與共同背景之間不連續為前提。最終結果就是：從亞里士多德伊始，哲學家及科學家不斷「設想」有這麼一個叫做「以太」的「大背景」，但在「是」判斷語境的思維下，背景之後必然還要有背景「相對」才能「成立」。因此「以太」之說註定了不可能找到「立足之地」。

但是，事物總是生生滅滅，「生滅」之後必然出現的「然後」讓我們直覺到：連續是存在的，總有什麼「應該」是不需要背景就能持續不斷地延續著的。這種持續不斷的延續的「直覺」更讓我們進一步意識到：存在著某種「不會面目全非」的、「簡單真實」的真正的同胚（真正的連通）。

「什麼東西」是真正可以持續的？如何「尋求」「不會面目全非」的同胚？

在系統學中，有「平衡態」這麼個熱力學行為的概念，用以表述一個熱力學系統與外界的關係：平衡態，意味著系統不受外界影響，此時的系統處於均勻、混沌的狀態；遠離平衡態，意味著系統因受外界影響而處於極不均勻的、有序的狀態（系統學認為「非平衡」是有序之源）。

但是，在「是」判斷的語境中，不存在不受外界影響的孤立系統。因此，「是」判斷語境裡的平衡態只是「理論」，現實中並不存在，

或者說「不成立」，再或者說「具有相對性」。那麼，這種理論「沒有終極意義」。

因此，筆者認為，有必要在「非」判斷意境裡，重新理解「平衡態」這個概念：所謂「與外界的關係」，即是後因果關係。平衡態，等價於存在後因果關係（有因必有果、有果必有因才叫做「平衡」。上卷討論的依賴性與封閉性正是後因果關係的平衡態在生命中的反映）；遠離平衡態，等價於「遠離」後因果關係（與傳統系統學完全相反的理解——用佛學的語言叫做「跳出三界外，不在五行中」）。

這就有了下面三個結論：

不存在「是」判斷語境裡遠離平衡態的無序混沌；

「是」判斷語境裡的有序形態的本質在「非」判斷意境裡是平衡態的不連續的無序混沌（「平衡態的不連續的無序混沌」，這句抽象的話用佛學的語言表達，中國人就特別容易理解：平衡態——後因果關係；不連續——無常；無序混沌——滾滾紅塵）；

「非」判斷意境裡的邏輯混沌是遠離平衡態的連續有序過程。

這是《邏輯後綴學》上卷第二章第六節提到過的「過程不存在鬥爭性，鬥爭性永遠是目標所引發」，及「過程不存在對錯，對錯永遠是在後因果關係邏輯下圍繞著信息（答案）產生」這兩段話，引入「非」判斷意境後的相異表述。

第一、二個結論，可作為《邏輯後綴學》對「是」判斷的總結。接下來要討論的是第三個結論：「非」判斷意境裡的邏輯混沌是遠離平衡態的連續有序過程。

什麼是「連續有序過程」？

要理解及解決這個問題，當中的連續、有序、過程三個概念都需要通過「非」判斷意境重新理解及定義。

「動態」這個概念具有「行為」與「連續」兩個內涵。

我們坐在高速前進的火車裡向外看，我們到底是靜止的還是運動

的？兩個答案都意味著因確認標的物而產生「分別」：靜止，是因為自他分別；運動，是因為他他分別。分別，也就是分裂，就有了「真值」，就有了「芝諾悖論」，也就不連續了。

從現代物理學微觀的角度看，靜質量是不守恆的，也可以說是不存在靜態的力，事物永遠都是動態的，以能量交換的形式表現出運動質量。

現代人因此而取得對「行為」共識：運動是絕對的；靜止是相對的。但這種所謂「絕對、相對」的二元對立理念，並不能幫助我們認識連續性的本質。因為他他分別，「絕對」運動中對象（因為包含行為與目標是「是」判斷成立的第一個必要條件，因此「是」判斷語境裡不存在沒有對象的運動，運動必然有對象）的行為永遠是具有「質點」性的，而質點即意味著獨立的，不連續的，分化（此處主要解為「離散」）的。「質點」行為的連續性只能憑常識「認定」。這樣的結果就是：在數學上只能通過微積分中「極限」的概念，去「逼近（收斂到）」某一個「值」從而得到「近似」的連續性。

但因為「是」判斷目標都是「分化」的，一定是「震盪的」、「重複的」，無論如何「近似」，都依然是「不連續」、「不平滑」的。尋根究底地分別，也就得出了任何事物乃至從微觀的角度構成事物的粒子、能量及其「背景」的時間、空間皆是「一塊一塊」地、也就必然「有大有小」地、最終意味著必然有著最小單位「片段（例如所謂的普朗克時間和普朗克長度）」的自定義結論。

但如果真的存在最小單位，（所有事物的）最小單位就一定是「永恆」的，「永恆」就意味著一定是不會發生任何變化（否定行為），那麼，我們感知的這個變化萬千的世界就一定是「虛構」的；但是，如果不存在最小單位，我們所感知的這個現實世界就一定是「無中生有」的，而「是」判斷語境裡「無中生有」與「虛構」卻又是「同義詞」。為了解釋「無中生有」，科學家們通過「計算」「發現」了高維度。以筆者的理解：所謂「維度」，反映的是「相干性」，也是「退相干」的程度：維度越高（多），相干性越高，退相干程度越低。問題是：

無論什麼維度，只要是「存有（有維）」，在「是」判斷語境的邏輯下就一定存在著最小的基本單位（目標「一」），也就是不連續（不連通）。

即，「是」判斷目標的分化性等於否定了連續。

相同語義的表達就是：「是」判斷不具有連通性。

我們所認為的「宏觀」、「微觀」，皆是憑作為觀察者的「我」「說了算」。

問題是：「憑什麼」我說了算？

廣義相對論能夠成立，是因為微觀作用力可以「忽略不計」；

量子力學可以成立。是因為宏觀作用（引）力可以「忽略不計」。

然而，人類歷史及至人類文明歷史在整個宇宙史上同樣地，且更加應該地可以「忽略不計」。

根本上可以被「忽略不計」的人類憑什麼可以對宇宙對自然現象「說三道四地忽略不計」？

其實人人在心裡都明白，相對於人類歷史進程，相對於整個寰宇，個人實在是無足輕重，可以「忽略不計」的。但為什麼無足輕重？我們又是「糊裡糊塗」或者說「揣著明白裝糊塗」的。因此，一旦涉及自身利益，我們馬上又變得「舉足輕重」了，變得「除我以外」的他者「才是」忽略不計了。

正因為根本上可以被忽略不計的人類，自不量力地對宇宙對自然各種現象忽略不計，現代人類文明才「剛剛出現了一秒（類似於《萬物簡史》的另一種比喻：如果把宇宙自誕生到現在的歷史換算成我們熟悉的一個公曆年，人類只出現在最後一天，第一次工業革命到現在則僅僅只出現了一秒）」，就已經陷入各種的危機之中，末日論已經甚囂塵上。

只要一作出「是」判斷，真實的我，就會因二重分裂而「裂變成」「既屬宏觀，也屬微觀」的我：因自他分別，「宏觀」的我（鏡像）

是連續確定的——符合廣義相對論模型；因他他分別，「微觀」的（必須他證的）我是不確定的——符合量子力學模型——「我」有沒有意義，取決於共時性當下的我的「視覺」的「需要」。

結果就是：需要依賴於連續確定性距離概念的黎曼幾何，當去到無限小的幾何結構，就因不確定性而不能自洽。

因此，物理學家千方百計要建立一個大統一理論模型的企圖，在「是」判斷的架構下是註定不可能完備的。

不可能完備的原因，是我們對宇宙的「認知系統」有缺陷。這個缺陷，就是「屏蔽」了判斷者（觀察者）自身的「是」判斷（確認性判斷永遠是「除了『我』以外」的判斷）。

「是」判斷永不簡單——即永不能「大統一」——永遠的「震盪與重複」。

也可以表達為：只要有標的物（質點、真值等），無論這個標的物「像星系那麼大」，還是「像粒子那麼小」，都意味著是不連續的。

至此，「是」判斷語境對連續性的認識就徹底走進了死胡同。

什麼「東西」可以連續？「連續」本身又是什麼「東西」？如何去「證明」？

什麼是「連續」本身？最形象的答案是「畫一條單一的不破的曲線，並且沒有間斷、跳躍或無限逼近的震盪」。而「嚴謹」的數學理論認為：所謂「沒有間斷、跳躍或無限逼近的震盪」的意思，根據極限性質，就是「一個函數在某點連續的充要條件是它在該點左右都連續」。

但上述理論只是用抽象語言描述了（標的物）連續的直觀表現，這種「連續函數」的描述「極其不負責任」，帶有「以連續解釋連續」的真類性質，對何為「連續本身」不可能說出個所以然來，那麼，對什麼東西可以連續當然就更不可能真正「計算」出來。

因為：

連續的，不是目標，不是什麼東西，而是過程。

但「過程」又是什麼？

表面上，過程就是判斷過程。但由於判斷可分為「是」判斷與「非」判斷，而人們往往把判斷過程直接理解為確認性的「是」判斷過程（因此《邏輯後綴學》上卷為了句子「閱讀通順」，基本上仍然沿用「過程」作一般性的「方便」表述）。

但「是」判斷只是判斷過程中出現的（確認）行為。

人因為思維定式，作「是」判斷已經是「範式下的常態」，而「是」判斷（行為）總是要「糾纏共生」地「搭上」某目標，即「是」判斷一定要有所指（目標）。

結果就是：當確認行為被理解為判斷過程時，目標就與過程劃上了等號。即是得出了「事物是一個過程」的結論。

例如英國哲學家懷特海在《過程與實在》一書中，一方面認為：一個實際事物是一個過程，是不可以借助「質料」這個詞來描述的。同時又認為：過程自身就是實際事物的內部結構。

再例如，德國哲學家恩格斯在《路德維希·費爾巴哈和德國古典哲學的終結》一書中，稱頌「過程」的思想是「一個偉大的基本思想」時，其「過程」依然「離不開」世界——世界不是一成不變的事物的集合體，而是過程的集合體——自然界不是存在著，而是生成著並消逝著。

以上兩個過程與事物等同的論述，皆是因為「糾纏共生」而得出。而過程與事物等同的「意義」在於：過程變成與目標一樣的「狀態」，同樣是有大有小，有生有死（有終結）——即伴隨著有限的、不連續的「潛無窮」。

因為「糾纏共生」的關係：假設確認行為是連續的，目標就一定是連續的；假設目標是連續的，確認行為就一定是連續的。

但因為「是」判斷目標一定是分化的（不連續的）。

所以上述假設不成立。

即確認行為一定是不連續（不連通）的。

當我們把確認行為「誤判」為判斷過程時，確認行為不連續的屬性就成了判斷過程的屬性。

行為的不連續性只是與「是」判斷目標的分化性相關。

隨著目標（狀態）的變化（震盪、重複或者「消失」），「指」的（確認）行為其實是不斷地「中斷」然後「重新再指」，也就不連續了（射箭是一支一支地射出去）。

為什麼「是」判斷目標一定是分化的？

「是」判斷目標的分化性即「是」判斷邏輯屬性的第四個重要外延的相異表述：用「是」判斷判斷「是」判斷，即形成一個無休止震盪與重複的真類。

這裡必須清楚認識的是：目標自身並不等價於真類。

目標是什麼？人的「是」判斷思維中，目標即事物——所以我們一定只能說「事物的」運動變化發展過程——但實際上，物沒有矛盾，物本身並沒有「震盪與重複」（禪宗因此覺悟到：看山仍是山——因為，他「看到」了實在的鏡像）。矛盾的是事。「事」是什麼？「事」是指「是」判斷中行為與目標之間發生的「糾纏共生」這個「事件」，這個事件讓實在「變成了」（主觀）存在。「事件」之所以會發生是因為「確認行為」這個「根本因」。事件中的目標因糾纏共生中「按照先前定義的同類對象來定義」的自定義的邏輯演繹就變成了真類中的目標，真類中的目標因震盪與重複就表現出分化性。此時的目標是（一說即不中的）無窮數的「目標鏡像」（所有觀念，及以觀念為依據所產生的身邊所有的人造物，皆是以「是」判斷判斷「是」判斷後產生的目標鏡像。此處的討論可參考佛學所覺悟的「一入一切、一切入一」）。這些鏡像因排斥性與模糊性共同作用後的積的疊加的變化無窮，就讓我們（如黑格爾一般的觀察者）有了「事物運動變化發展」的認知，當確定了「事物是一個過程」時，也就進一步得出「矛盾即

過程」這一「科學命題」。

存在（目標），因分別心而在連續過程中存在著。

結合政治學及佛學的「語言」來進一步解釋：一般人「看山是山」時，這個「山」背後的解讀，是一連串甚至是無窮無盡的帶有真值的「利益鏈（功利性的事）」。因此，此「山」是自定義的，本質上是「醜陋」的，因此蘇東坡眼中看到的是「屎」；禪宗的「看山不是山」，就叫做「禪修」的意義，是為了解脫、「放下」此山背後一切的利益鏈（世間事皆虛妄指的是利益鏈的虛妄）；覺悟之後的「看山還是山」就是沒有了利益鏈（沒有了事，就沒有震盪與重複，就沒有了矛盾，因是而是的是就是了的沒有對錯的結果）之後純粹的、真實的、美好的但不存在「值」的「物（像）」，也就是和尚眼中看到的「佛（相）」

發散思維：

——真正的美是真實的，而真實沒有值。

也就是說，「真實美」的定義是：沒有值。

沒有值——「無價」的真義。

沒有值，亦是「無為」的定義。故——大自然之美，就是無為的真實美。

——有值的美，必然衍生出自定義善惡，因此不是真實美。

對「美」的看法的相同語意的不同表述，亦可作為筆者對藝術的觀點：藝術有三個層次——「解釋得通」的，例如什麼「透視」、「黃金比例」，即理會的藝術，是最低層次的藝術；

——咋看之時不明所以，但慢慢品味，則領略個中奧妙如感同身受，即需要意會然後理會，也叫做「朦朧」、「含蓄」的藝術，是中層次的藝術；

——「完全解釋不通」但又覺得「巧奪天工」「就該如此」的，純粹意會的藝術是高層次的藝術（這部分對藝術的評價「分級」，一定會引起「真正的」藝術家們激烈的聲討——這是自定義真實世界裡

「正常」的「是」判斷反應）。

「如此類推」：情愛亦如是

——通過「透析」解讀為多巴胺作用的、講究門當戶對郎才女貌的、訂立「婚前協議」的、AA制的情愛，是低等層次的情愛；

——情投意合、夫（婦）唱婦（夫）隨、水乳交融、山盟海誓的情愛，是中等層次的情愛（山盟海誓中的「盟誓」反而令其情愛「降級」）；

——一見鍾情、魂牽夢縈、碧海青天、海枯石爛的情愛，是高層次的，但又是「卑微」的情愛。故：高層次的情愛，必然是「絕不公平」的，在鍾情者眼中，對方永遠是「高高在上」的。

返回正文：

判斷過程是連續的，但判斷過程中出現的（確認）行為是不連續的。

連續的判斷過程嚴格而言應該稱為非確認性的「非」判斷的過程。

判斷過程中出現的確認行為具有因果律；非確認性的「非」判斷過程具有「互攝互入」的緣。

由於「非」判斷中「所引」的目標是潛在性的、沒有「值」的前我（判斷者、引者），因此「非」判斷與任何具體目標無關，只與前我有關，只要「我在」，只要引而「不發」，「邏輯叫停」，就「不會出（有）事」，也就不會出現「指」或者說「射」的行為，「引」就不會「中斷」。

這個不會中斷的「引」就是「非」判斷的過程：「引」的過程不會中斷，即一定是連續的（連通的）「狀態」。

「非」判斷過程等價於連續。

——再次備註：這裡的「狀態」是帶引號的：在「是」判斷語境裡，一切事物都必須以某種狀態存在才能被人們所理解認識並加以描述。

真實（過程）不是事物（目標），因此真實（過程）本身沒有狀態，

不可描述，可稱為「非狀態」的關係（緣）；或者說，任何「可描述」狀態，都是「是」判斷下對真實「盲人摸象」式的反映。

因此必須強調的是：這篇文章裡前前後後各種對真實「不得不」冠以「狀態」的描述，皆是「方便」之說，需要從「非」判斷的意境裡領悟其「關係」。

為什麼「引」的過程一定是連續的「關係」？

根據「非」判斷邏輯屬性的第十個重要外延：「非」判斷是同一性判斷。

真正「同一」的內涵不是有什麼「相同東西的值」，而是「沒有值」。因為沒有值，才可以「邏輯混沌」地、「同一非一」地「取任何值」：邏輯混沌，即真實，及真實與前、後因果關係之間的真實關係所具有的模糊性，等價於前因果關係的歷時性與後因果關係的共時性百分之百兼容。百分之百兼容，即完全同一。

完全同一，才叫做「連續」。

這裡的「邏輯混沌」，就是「引」的過程所處的「關係」，即真實關係，因為完全同一，所以連續。

因此，連續的，是「非」判斷過程。「非」判斷過程，因為歷時性與共時性完全同一，就沒有目標與背景之分（或者表達為：目標即背景；背景即目標），所以連續。

因此，連續的定義是：歷時性與共時性完全同一。

因此，引的過程不等價於海德格爾的此在的「綻放」過程，因為海德格爾的「綻放」引入了時間性，而時間是「有值」的。有值，當然就需要「操心、操勞」。

沒有目標與背景之分的「歷時性與共時性完全同一」也意味著：非分別。

（注：通過「鏡像」這種現象，對上述這句話有三重理解：1，如果從「是」判斷語境的「我是」去判斷，會糾結於鏡像「是不是我」

的「我識我是」；2，「深入」的「是」判斷語境的思考：鏡像「不是過去、將來的我（歷時性）」但「的而且確」反映了當下（共時性）的我——分別心；3，從「非」判斷意境的「我在」判斷，鏡中的我「是不是我」的糾結「毫無意義」，而只是意味著「我知我在」，手舞足蹈的我或凝神佇立的我都是「我在」，時間性則包含在「我在」中，意思是無論過去、現在、將來，「我在」不變。）

因此，「非分別」，才是「連續」的「內涵」。

非分別，也即是「非」判斷邏輯屬性的內涵。

非分別的「非」判斷過程具有連續性（連通性）。這是「非」判斷邏輯屬性的第十一個重要外延。

因為歷時性與共時性完全同一，前、後因果關係是百分之百兼容的，所以「非」判斷過程不以人的意志而轉移，永遠真實，不會因為什麼人為判斷是否「完美完善形式」而改變。

或者說：「非」判斷過程所表現出的「關係」就是「完美、完善」的「平滑」關係。

因為，「非」判斷過程是（前、後因果關係）百分之百兼容的，沒有「值」，因此一定不存在對錯——這才真正吻合「完美、完善」的內涵：完全兼容，才叫做完美；不存在對錯，才叫做完善——矛盾的不是過程，而是有「值」；或者說：有值，就有矛盾。

不存在對錯的完善，才是「有序」的真正意義所在：有序，不是以時空性下某種標的物（系統）的「非加和性」的「對錯」為標準，而是「不存在對錯」的、「長勝」的完善。

也就是說：「是」判斷邏輯屬性的有序與「非」判斷邏輯屬性的有序涵義不同。為了不至於混淆，有必要為兩種有序重新設定：

「是」判斷邏輯屬性的有序可稱為「自定義有序」；

「非」判斷邏輯屬性的有序可稱為「真實有序」。

《邏輯後綴學》上卷對「緣」的解讀是：無序、兼容、重生。

這裡修正解讀為：真實有序、兼容、重生。

真實有序的定義是：不存在容錯性。

真實有序的內涵是：反映真實的「關係」。

因此，之前有關平衡態的三個結論應該稍作修改為：

不存在「是」判斷語境裡遠離平衡態的無序混沌；

「是」判斷語境裡的自定義有序形態的本質在「非」判斷意境裡是平衡態的不連續的無序混沌；

「非」判斷意境裡的邏輯混沌是遠離平衡態的連續的真實有序過程。

「非」判斷的過程具有真實有序性。這是「非」判斷邏輯屬性的第十二個重要外延。

同一的，連續的真實有序狀態不存在「容錯性」的問題，任何可能都「可以」，「既可同真亦可同假」，所以「非」判斷過程中的運動與靜止一定是完全兼容的，沒有慣性系與非慣性系之分，永遠不會被「干擾打破」，「不會面目全非」，自他一體而永遠不會解體。

不會解體，這才是「非還原」的本意。

因此，在「非」判斷意境裡非還原性的定義是指：「非」判斷過程的不會解體、但又「包含」任何可能的「變（相干）」的性質。

有分別，才會被能否無限分割的問題困擾。非分別，一切入一。

「非」判斷過程不存在容錯性，沒有值，因此，非還原性沒有任何衡量標準，也就沒有什麼強弱之分，沒有最小值也沒有最大值，「一入一切，一切入一」，既非「線性」，也非「非線性」。

即：「非」判斷過程的非還原性與還原性完全同一。

歷時性與共時性完全同一、運動與靜止完全同一、非還原性與還原性完全同一：如此的「三同一」才是真正意義上因而是的「不變」的、「平權」的、「等效」的、拓撲的「同胚」——真正的「相干」：

同胚等價於相干（同一非一：相干的「解」）——退相干的變，等價於不可持續（不連續）；相干的變，等價於持續（連續：拓撲的連通性）——世界上唯一不變的是變易自身：這也就是中國儒家思想中的「體用不二」——本心為體，彰心為用；不變為體，變為用。

　　無論相對於火車外景物得出運動的結論，還是相對於火車內景物得出靜止的結論，都是「三同一」的「我在」作確認判斷（禪宗的「不是幡動，不是風動，是心動」）。無論是蓄勢待發，還是箭已離弦，無論射中還是射不中，所有行為皆因「我」這個「原動者」「在」。「我不在」，一切行為不存在。

　　這個「我在」的「我」，一定是「我是我」的同胚。

　　「非」判斷過程一定是同胚（相干）的。這是「非」判斷邏輯屬性的第十三個重要外延。

　　「非」判斷過程中的同胚（相干）「狀態」，才具有真正「可持續的穩態」——並且是「守恆」意義上的、「一次過」的「穩態」——恆穩。

　　守恆的恆，不是指時間長河裡綿延無盡不會終止的永恆，也不是「不會多也不會少」之「恆量」，而是指「非」判斷過程的（三個）完全同一。

　　因此，守恆，即「守一（同一非一）」。

　　同胚的「非」判斷過程的守恆性是現代物理學守恆定律的「終解」。

　　即真正意義上「可持續」的一定是：「非」判斷過程。

　　「非」判斷過程的「可持續」，是「恆穩」的持續。與「是」判斷「終有解除之日」的契約相比，「非」判斷過程的恆穩持續，可用古老中國先人的文字詩意地表達，叫做「生死契闊」。

　　「非」判斷過程是恆持續性判斷過程。這是「非」判斷邏輯屬性的第十四個重要外延。

　　連續、真實有序、恆持續，這三個「非」判斷邏輯屬性的外延整

合後可表述為：具有恆穩趨向性屬性。

因此，因同胚而具有連續、真實有序、恆持續的「穩態」，也可以表述為：具有「恆穩趨向性」的關係。

即：「非」判斷過程具有恆穩趨向性。這是「非」判斷邏輯屬性的第十五個重要外延。

恆穩趨向性，也就是恆穩的勢——這，才是真實的勢。

邏輯推定的勢不可持續；非邏輯推定的勢恆穩持續。

正因為「非」判斷是「是」判斷的內稟；「非」判斷過程具有恆穩趨向性——處在生命悖論中的人類社會才可以支撐到「現在」。

「非」判斷意境裡的「勢」與「力」不同於「是」判斷語境裡人為的「勢」和「力」。

真實的勢不依靠「（人）造」，即遠離平衡態的，非邏輯推定，即不存在因果律的，因此是對稱的、恆穩的（同胚）、「長勝」的。

故真實的勢，具有真正的、「全域」的開放性。

「非」判斷過程，具有全域的開放性。這是「非」判斷邏輯屬性的第十六個重要外延。

真實的勢，就是東方文明所覺悟的「天道」。

天道，並非「他者」之道——如果觀察者的思維能夠真真正正完完全全地「非」判斷，就是一種「天人合一」的「即我即道、即道即我」的判斷思維——只有對稱性，不存在背景的，邏輯完備（下一節討論）的思維。

既然天人合一，人就並不「渺小」亦不「偉大」，不再是「僅僅出現了一天」，不是微觀也不是宏觀，不會被「忽略不計」也不是「天賦」的獨一無二的「萬物之靈」，而叫作「是就是了」（百分之百的自適應）。

真實的勢之下的行為趨向的具體分佈，就叫做「是」域——「是」域，才是真實的「勢力」，無遠弗屆，無所不及，無所不容——全域

地——深入事，化入物（因是而是、知行合一）——大化之後大用流行。

能夠全域地深入事，化入物，正是因為「非」判斷具有真正的開放性。

這也就是真實關係中「順勢而為」的定義：全域地深入事，化入物（順勢：因是而是）——肇萬化而成萬物（而為：或是而是之是就是了）。

為什麼會有「湧現」？

——因為「因是而是」。

大用流行——真正的物化（真實的湧現）：肇萬化而成萬物（或是而是、是就是了地知繼而行）。

「真正的物化」，這意味著：

「非」判斷，是「唯物」的判斷。這是「非」判斷邏輯屬性的第十七個重要外延。

——筆者在這裡亦為「唯物主義」下一個界定：凡認同沒有值的「非」判斷皆屬唯物主義（直白簡言之：沒有「事」就叫做唯物主義）。

「返璞歸真」就是一種真正的唯物主義思想：返璞歸真，就是回歸自然——就是禪宗的：行腳、勞作、不離日用；道家的：在螻蟻、在稊稗、在瓦甓、在屎溺（真實之美）——自然本來就「是就是了」，沒有「因為」，沒有「所以」，不設前提，是純粹的歷時性與共時性百分百兼容的「當下」的湧現，因此根本沒有什麼「存在意義」——唯物沒有事，唯心就「出事了」，就有了「事物」。

因是而「是」的矢量場或向量場（趨向）具有收斂性及吸引性：百分之百兼容——沒有容錯性，因沒有值（無為）故可以不分彼此地取（這裡的「取」就解「收斂吸引」之意）任何值（無不為）——這才是真正的「吸引」——既是「萬有」的、又是「恆長程」的吸引（趨向）。

真實關係中的力在「是」判斷語境裡表達為「吸引力」。

這也是筆者給物理學裡「萬有引力」的「解」：萬有引力——塌縮時（觀察時），對稱性「是」域表現為「（引力）場」所具有的「恆（吸引性）趨向」——完全不同內涵的解：傳統物理學，先（因「是」判斷的二重分裂性）給定一個「量（「有真值」的質量）」，再推導出（質）量與（質）量之間皆具有「引力」，然後又「假定」光速不變，而推導出「物質告訴時空怎樣彎曲，時空告訴物質怎樣運動」的真類性質的廣義相對論。

因此，真實的勢——天道的趨向性具恆吸引性屬性。

吸引，含有「蓄」之意。

即真實的勢，也可稱為「恆蓄勢」：蓄勢待發也就等價於引而不發。

真實的勢力之下的行為趨向，是兼容性的行為趨向。兼容性的行為趨向，即真實的力，因引而不發的吸引性屬性故而是恆持「蓄勢待發」的「原動力」。

蓄者，屯也——「……萬物，故受之以屯。屯者盈也，物之始生也」（摘自《周易·序卦傳·上篇》）。

恆持原動力之下的趨向行為，才真正表現出「長期行為（恆持續）」——產生真正「有意義」的「湧現」，其意義在於——「非」判斷是「是」判斷的內稟（初心）——天下萬物生於有，有生於無：在「是」判斷產生的「時間」這個因素的參與下，恆持原動力邏輯混沌地順勢而為——「一生二，二生三，三生萬物」地「負陰而抱陽」地大用流行，「造化」出我們「眼見」的、豐富多彩的、同一但又「非一」且能夠「各復歸其根」的、生機勃勃的（真正智能性共享的）真實的「熵」世界。

確定的都是「死」的——「是」判斷語境的事物最終都會真正地「一盤散沙」、「一潭死水」（熵增）；不確定的，才是「活」的——「非」判斷意境的事物永遠是「聚沙成塔」、「盈盈一水」（熵既增且減、非增非減）。

熱力學的熵增定律（第二定律），不過是基於有初始條件為前提

的「起點假說（Past Hypothesis）」。以初始條件為前提的一切「是」判斷的「追問」及「確認」，皆是對「前提」本身的追問（解釋）及確認，對前提的追問及確認，皆為不對稱的追問及確認，也就是「塌縮」的追問及確認。由此而得到的任何答案，皆是不對稱（對稱性破缺）的答案。結果——熵增，也就是必然的（「是」判斷邏輯屬性第十四個外延：「是」判斷是一種熵增行為——曾有人認為：熵增定律是人類值得自豪的，可以向外星文明炫耀的名片中，人類文明的三大精髓之一。筆者則認為：這就像把自己的「短處」作為「長處」四處炫耀一樣——可笑而不自知）。

「非」判斷是「是」判斷的內稟（初心）。即「非」判斷的判斷永遠處於「初始」，即永遠處在歷史與未來的「源始」，故既熵增亦熵減，亦「不增不減」。這，就是「重生」。用科學的說法：重生性，消失與重現具有量子化的性質。

重生，是活力的源泉（物之始生也）。

觀察者眼中的世界之所以有生機勃勃的「生機」，是因為世界上一切事物之間本來就是功能性共存的「或是而是」的「共生」關係，而「共生」是因為具有「重生」的內稟。可重生是指：「因沒有值故可以不分彼此地取任何值」。「通俗」地說就是：什麼也不是，才可能是任何什麼（關係）。

因此，重生的定義是：（非空集）緣起緣滅之際，內稟（非封閉非依賴，遠離平衡態，故生命公式的常數值 C 為零）不變。

重生——沒有值故而為最大值（全值）。

重生——因是而是：物質世界多樣性、生物多樣性的根源；人類文明的交流及發展過程中所謂的「突破」與「創新」的靈感之源，即創造力的內涵皆是因為——重生。

內稟不變——恆穩的同胚：同胚是恆持續的本質；重生是恆持續的表現——恆穩的同胚，這才是真正的吸引子——筆者把其命名為「重生吸引子」。

「非」判斷是重生吸引子。這是「非」判斷邏輯屬性的第十八個重要外延。

個體生命因自定義而皆有「獨生的命（平庸吸引子）」，「獨生的命」有生必有死——故不可持續（不連通）。

沒有自定義的恆持續的重生吸引子生生不息——「連通」的同一非一的可重生再有。或者，這就是自定義生命「之外」的「生命」：由於「命」含有「始終」，即含有「生死」之意，借鑒中國南京大學哲學系教授李曙華所認同的「生成元」概念，筆者把「自定義生命之外的生命」——生生不息無始無終的重生吸引子「別名」為：生發元——重生吸引子的世界永遠是「生發過程」的世界，即永遠是「未開始亦未完成」、「既是開始亦是完成」的、大用流行地不斷「衍化」的「元」世界——這才是真實世界的湧現。

生發元這種「自定義生命之外的生命」的「意識」，可借助道家所謂之的「元神」進行理解——虛無生性，謂之元神（《道樞》宋代曾慥編集）——不過，道家的「元神」具個體性內涵，「生發元」則具有同一非一的全體性內涵。

「非」判斷是「是」判斷的內稟；空集是非空集的「內稟」；生發元是一切生機的內稟——當然也就是自定義生命的內稟（初心）。

生發元，是終極的生命的「奧秘」：自定義生命的「元識」以生發元為內稟。

注一：筆者不採用李曙華教授的「生成元」概念，是因為「生成」的「成」字含有「已經成功、成立」即「終於確定狀態」之意。而以佛學的理念，「成」其實是「成不了」的，因為「成」後面總是跟著「住、壞、空」，統稱為「四劫」。筆者則進一步解讀為：「四劫」只是相對於自定義真實而言的「存在」。更直白地說就是：四劫只是對人而言的。在「非」判斷的維度上，「無苦集滅道」，也就無所謂「劫」，「成、住、壞、空」不過是互攝互入的全序關係下，「對稱」發生的大用流行的「從不曾開始亦從不曾完成」的湧現過程。這個「對稱發生的湧現過程」就是生發過程。

注二：「生發元」的理念在描述上類似於東漢時期的思想家王充的「元氣」理念，但實際上亦根本有別。

兩者相似之處，皆是詮釋萬事萬物生成變化之「活力之因」。

不同之處，王充論述的「元氣」，仍然是一種確認性的具有物質性存在意義上的「他者」。因為確認（破壞），此「他者」畢竟還是深層思維倒錯下視因為果的確認性「是」判斷的「目標（破缺）」。

但儘管是「破缺」的「是」判斷目標，筆者還是認為：王充的難得之處，是其「元氣」的觀點具有筆者接下來要討論的「亞真實性」。即其「元氣」儘管依然是「神離」，但已經是「相當貌合」的真實的鏡像反映。故筆者對王充的評價是：王充並非反道統儒學的異類，其著作《論衡》亦非異書，而是對道學儒學在發展過程中出現的偏差作出了「糾錯」的貢獻。

而筆者探討的「生發元」，則是非分別的，「因是而是」的「實在」的活力性，這樣的活力性，才具有真正的開放性。

發散思維：我們常說「深情」，何謂「深情」？筆者認為：「深情」指的就是「因沒有值故可以不分彼此地取任何值」的重生性——如同大海：在「非」判斷的維度上，「大海」不是一個實體的概念名詞，而是用以「借代」「我在」的真實關係的構成——情深似海的關係，必然是「因沒有值故可以不分彼此地取任何值」的「自適應」的關係：「非」判斷的思維意境中，並不是思考如何在海面上逐浪翻波，亦不是思考如何能夠潛入大海深處（兩者都不過是「外來者」意識），而是把「大海是由水會聚而成的實體」這種思維轉換為「水分子之間具有不分彼此的真實關係，這種真實關係的構成，就是我們眼中所見的大海」，從而「忘我」地感受大海波瀾壯闊的「勢」，與「勢」中的活力融為一體——真實關係中的任何一個水分子，無論是處在自由奔放的浪花中，還是處在萬米深處的馬里亞納海溝中，都能夠「情深似海」地、「我在」地自適應而「可重生再有」——一個人，如果以「非」判斷意境思維處世，就會充滿活力地「處處留情」。

同理，如同太陽，亦是真實關係的構成：無論多高的溫度，真實

關係中各種（人為他定義的）化學成分的元素並不會「熱得受不了」，而是「始終都在」地、「可重生再有」地「做（真實關係下）該做的事（化學反應）」——我們不能沒有任何器具保護就潛入深海，更不能與太陽「親密接觸」，因為我們皆自定義為「我是」的「外來者」：「外來者」皆是他適應需求而「非重生獨有」，如果「他不適合我的非重生獨有」，我就「會抗爭到死」——當我們自以為「是」，當我們因自他分別而自己把自己排斥在自己或宇宙之外，我們最終就——必死無疑。

《邏輯後綴學》上卷第二章第六節有關「形式第二定律」的論述中討論到：【進步的結果是人的依賴性（b 值指數級增加）越來越強。依賴性強意味著通過對自身的不斷否定（對封閉的否定）而追求完善的「他者」。進化的結果則是生命的封閉性（a 值趨向於 1）越來越強。封閉性強意味著通過對「他者」的不斷否定（對依賴的否定）而追求完美的自身。即進步與進化兩者是根本對立的、「互剋」的。在本質上皆屬通過「自定義是」判斷追求以後因果關係邏輯為依據的完善或完美形式的行為，卻因自他分別及他他分別而形成對立面，也即是處於依賴與封閉衝突的生命悖論的陰影中。因此無論是進步還是進化，都逃避不了生命公式及形式第二定律】。

通過「非」判斷範疇的討論認識了重生性，我們可以重新思考何謂進步與進化：

進步（新解），是對自適應在覺悟上的衡量；

進化（新解），是自適應程度上的衡量。

三，具有奇異吸引子的順勢而為：

「非」判斷的順勢而為：全域地深入事，化入物（順勢：因是而是）——肇萬化而成萬物（而為：或是而是之是就是了）。

「很不幸地」，我們因具有「天生」的自定義基因，而在思維上始終「不能接受現實」，始終「不承認」真實的順勢而為。因此我們在「表面上（僅僅在表面上）」「不可能」「因是而是地或是而是之

是就是了」，而始終是「因是而是，然後或是而是，然後因非而是地是之為是到是其所是」。

重生吸引子恆持的穩態，在「自定義是」判斷的觀察者眼中是「看不見」更做不到的，因為生命始終存在著容錯性及滯後性：我們總是「後知後覺」，我們所感覺的「勢」，永遠都是「已經經過自定義（解讀）因此一定是變了樣」之後「慢半拍」的「勢」。

——我們不得不「知先行後」。

「慢半拍」，也就「總是覺得不那麼穩」。

即生命意義的觀察者不可能感覺到恆穩的趨向性（勢），亦因此所感受到的趨向（力）也是「不那麼穩」，同樣也是「慢半拍」的。

力反映的是狀態與他者的關係。

生命意義的觀察者的狀態與他者的關係叫做「自定義真實關係」，即「慢半拍」的力指的就是「自定義真實關係」。因此，「慢半拍」的結果就是：自定義真實關係與真實關係及與「其他」自定義真實關係之間總是不能協調（即本文上卷所形容的「總是被干擾矯正打破」）——即力與力之間不能協調：也就表現出「非慣性系」，也就有了「值」。

「不能協調」的力就具有了後因果關係邏輯的排斥性的內涵，具有排斥性內涵的力就叫做「排斥力」。

排斥力是主觀意識裡「自定義」的，因此是「慢半拍」的力。

自定義的慢半拍的排斥力，因為有了「值」，也就有大有小、有強有弱、有始有終。

排斥力在物理學裡就表現為「作用力與反作用力」。

以互異性為根據的後因果關係邏輯在物理學的「表達」就叫做「作用力與反作用力」；在社會學裡的「表達」就叫做「鬥爭性」。

因此，鬥爭性確實是「存在」的，唯物辯證法的理論「沒有錯」——但這個「存在」其實是「主觀存在」——因為是「主觀存在」，鬥爭

性不是我們因此就可以理所當然理直氣壯地鬥爭的理由。

順著「不那麼穩」的勢的「而為」，才是我們真正可以「看得到」或者「做得到」的「不脫離實際」的「湧現」。由於這種「看得到」或者「做得到」的湧現，與真正大用流行的湧現之間總是存在著慢半拍的力的差異，我們就總是有「計劃跟不上形勢（人生無常）」的力不從心的無奈。

然而，「求穩」是自定義生命天生的「本能」，故而在無奈中我們依然想方設法地要「求穩」。

「慢半拍」的「求穩之路」，有「是」判斷語境與「非」判斷意境兩種模式：

「是」判斷語境裡的求穩，求的是不穩的趨向下的「（交集）狀態之穩」。整部《邏輯後綴學》，以上卷為重點，都是在「批判」「是」判斷的「狀態之穩」。最終指出：狀態能否穩定，依據的是自相似原則下的造勢。由於（人）造的勢最終會面目全非，因此「狀態之穩」始終因「求不得」穩定的趨向而始終處於不穩（本質為開集的交集）。

因為「不穩」，對稱的生發過程中本來是全序關係的「成、住、壞、空」就表現為偏序關係的不同拓撲結構的「生、老、病、死」——直白地說就是：堅持鬥爭，最後始終都不可持續，「難逃一死」。也即是現在的流行用語：No zuo no die。

「非」判斷意境裡的「穩」屬趨向（吸引力）本身的「（湧現出並集性質的）關係之穩」。

「關係之穩」的意思不是某種具體的確定了的（穩固）關係（自定義真實關係）。而是認識到「關係」本身因重生吸引子的內稟，而具有歷時性與共時性完全同一，前、後因果關係百分之百兼容的互攝互入的真實性，即事物在本質上具有「功能性共存」的「大用流行」的真實關係。因此「關係之穩」的「穩」不需「求」，它就在那裡，永遠「本真」（因是而是：有關係，但不需要邏輯推定，「是就是了」），否定不了，並且想擺脫也擺脫不了（排斥不了）——這亦是唯物辯證

法的觀點：關聯是事物本身所固有的、不以人的主觀意志為轉移的，既不能被創造，亦不能被消滅——英國物理學家保羅‧狄拉克在 1928 年建立了相對論形式的薛丁格方程，即著名的狄拉克方程——以一種根本的方式通過量子力學擴展了相對性：自然只是在相互作用中描繪世界，物體自身沒有其他屬性——換言之，只具有同一非一的同一性。一個物體的所有變量都只相對於其他物體而存在，其位置、速度、角動量、電勢等，只有在碰撞——與另一個物體相互作用時——如何向「他者」展現自己時，才具有存在性——事物的存在被簡化為可能的相互作用（關係）的範圍——存在成了相互作用，成了關聯——並不是事物進入關聯，而是關聯是「事物」的基礎。

「非」判斷意境裡能夠覺悟這種關聯：我們一定是隨遇而安、隨波逐流（或是而是的湧現）。「擺脫不了」隨遇而安、隨波逐流，是因為我們的趨向始終因「恆穩的同胚」而具有恆持的吸引力。

這種否定不了亦擺脫不了的（並集）關係之穩，筆者命名為「共相等原則」。

「非」判斷下的趨向是共相等原則下的恆持吸引力。這是「非」判斷邏輯屬性的第十九個重要外延。

這個外延的相同語義的不同表述就是：「非」判斷是具有凝聚性的判斷——由此而產生的力叫「凝聚力」——凝聚力，是吸引力在人文範疇裡的表達。

在「是」判斷（「自定義是」判斷）語境下，人類種種紛爭、問題皆被冠以「對錯、善惡、美醜、貴賤、得失」等等價值性「非本真」標籤，繼而產生了種種自定義真實之間的「較量」。除了自定義真實之間的較量外，還有就是自定義真實與真實之間的，「是」判斷的分化性與「非」判斷的凝聚性之間的「較量」——歷史上中外「聖賢」種種勸導世人的「苦口婆心」之語，皆帶有凝聚性的內涵。可惜的是，這個「眼見為實」的世界，誘惑力實在太大了，種種帶有價值性內涵的「自定義是」判斷，已經深深根植於我們的思維之中。

「否定不了亦擺脫不了」的共相等原則，並非我們常常慨歎的「命

運」。命運是自相似原則下被動語態的不得不接受的「自定義真實總是不真實（敵不過真實）」的無奈——真實與自定義真實的「較量」中，真實永遠是「長勝」的。

共相等原則是「天地不仁，以萬物為芻狗」意義上的拓撲等價；是「眾生平等」及「慧覺平等」的「真實基礎」。

共相等原則與自相似原則之下的「力」不同：後者的力隨著「勢」的強弱變化而變化，其「湧現」過了「有效期」之後「命運」就會面目全非；前者的吸引力因重生吸引子的恆穩性質而具有恆持性，因此而「萬變不離其宗」——也叫做：不忘初心。

認識到「關係之穩」，也就覺悟到：我們其實不必「造勢」，勢（初心）本來「就在那」，只要「不忘」，一切的「萬變」，皆依照共相等原則順著勢而為就得了——共相等原則，是順勢而為的「理論依據」。

不過，生命意義的觀察者對功能性共存的真實關係的認識，一定存在著容錯性及滯後性。容錯性及滯後性影響下，本來穩定的並集關係下「順勢而為」的趨向行為，在觀察者眼中就始終呈現不出真正的「大用流行」（「肇萬化而成萬物」的湧現），而是呈現出一種被系統學所描述的：任意兩個極為接近的初始點，在一定數量的迭代運算後，兩者可以相距甚遠；也可以再經過一定數量的迭代運算後又變得極為靠近（的湧現）。

這種令趨向行為表現（湧現）出似亂非亂、亂中有序、穩中有亂的「似穩非穩」的趨向性，被系統學稱為「奇異吸引子」（又稱為「洛倫茲吸引子」。筆者在本文中對奇異吸引子的理解與傳統系統學語境的理解不同，是綜合了語境與意境之後的理解）。

筆者認為：奇異吸引子（包含了「是」判斷語境與「非」判斷意境）的理念，是生命意義的觀察者在「現實」中「行得通」的，「勉勉強強」地「儘管神離但依然貌合」的，順應天道而順勢而為的科學理論的基礎（「貌合」，也就「和諧」）。

具有奇異吸引子的系統在局部的表現是不穩定的，但在廣域裡的表現卻依然是穩定的（趨向）。

奇異吸引子的趨向性，不是不變性而是「吸引性」。能夠表現出吸引性，正是因其本質上具有「恆穩的同胚」的「非」判斷內稟。但受滯後性影響，具有奇異吸引子的系統在湧現當中的動態點，會出現「分離」現象。但因「因是而是」的內稟，動態點的趨向行為無論怎樣彼此分離，最終依然離不開奇異吸引子。這種湧現中的變化，在系統學裡稱為「非線性變換」。

這裡，筆者把「非線性變換」這個系統學概念修改為具有「非」判斷意境的「非線性拓撲變換」。

筆者認為：「非線性拓撲變換」的意思不是自相似原則（「是」判斷邏輯屬性的第八個外延）所描述的，到最後面目全非的「非線性運動變化發展」，而正是共相等原則下拓撲意義的「萬變不離其宗」——不離重生吸引子「初心」的湧現在觀察者眼中的現實反映——即：重生吸引子穩態的「真相」，生命意義的觀察者永遠「看不到」更「做不到」——重生吸引子的穩態在我們眼中一定表現為奇異吸引子的「亞」穩態。

「是」判斷語境裡事物的運動變化發展，在「非」意境裡表述為拓撲變換。

由此，筆者給出《邏輯後綴學》意義下的「奇異吸引子」定義：具有重生吸引子的內稟，其湧現趨向依據共相等原則，但受到容錯性及滯後性影響，湧現會表現出非線性拓撲變換的「亞」穩定趨向性。

「非」判斷的湧現在現實中（生命意義的觀察者眼中）表現出亞穩定趨向性的非線性拓撲變換。這是「非」判斷邏輯屬性的第二十個重要外延。

具有奇異吸引子的系統的長期行為，在觀察者眼中同樣對初始值的變化（趨向的變化）非常敏感。但這種敏感並非由於什麼人為的利用規律建構的高級複雜精確而產生，而是真實關係中自然而然的，沒

有時間差的「一觸即發」的同步反應在現實中的反映。

所謂「現實中」，意味著觀察者的「看到做到」與真實關係的「同步反映」之間還是「有差距」的。結果就是：真實關係中的「一觸即發」，在觀察者眼中就總是表現為「後發先至」。

儘管達不到「一觸即發」，但「後發先至」還是意味著，具有奇異吸引子的系統的行為趨向，依然是接近百分之百「你情我願（容錯性及滯後性大大弱於平庸吸引子的系統）」的：「你情」反映的是重生吸引子內稟的影響；「我願」意味著「（吸引）力」的「內視性」的自適應能力。

「我願」亦意味著力的排斥性的「弱化」，也就「和諧」。

你情我願，也就是共情，亦是「慧覺平等」的通俗解讀。

真實關係中百分之百的「你情我願」，就是百分之百的兼容（互攝互入，科學術語上真正的「耦合」），相干的自由度，那就沒有什麼預測性的必要，因為不存在任何容錯性的問題（不存在非加和性）——對於星移斗轉、滄海桑田——我們人類能判斷當中有什麼對錯嗎？我們「有資格」判斷嗎？

完全百分之百你情我願的兼容，意味著不存在什麼「序參量」。真實關係的系統中種種狀態參量，皆是在「相干」中，依據共相等原則然後「辯證（並集）」地相互支配著的。

這裡的「辯證」用雙引號標示，意思是人的思維對「相干性」的理解只能夠達到「辯證性」這個概念的內涵的「深度」。

真實關係中沒有主角——這亦是（並集）「或是而是」的內涵。

——「狀態參量辯證地相互支配」，可稱為「互套原理」：因適應與反饋對等產生穩態。

依據互套原理形成的系統不存在容錯性及滯後性，不存在容錯性及滯後性的系統，才是真實的系統。真實系統的湧現，才是可持續的、守恆的、「完善的」、「完美的」、大用流行的。

而具有奇異吸引子的系統，其「勢」只能夠「接近」真實系統，因此其湧現就表現為「任意兩個極為接近的初始點，在一定數量的迭代運算後，兩者可以相距甚遠；也可以再經過一定數量的迭代運算後又變得極為靠近的──非線性拓撲變換的湧現」。

以「是」判斷語境認識的世界，是自定義真實的世界；

以「奇異吸引子」意境認識的世界，是「亞」真實世界。

亞真實世界的亞真實關係，就叫做「知行合一」。

受訓者，就「活在」亞真實世界裡面──知繼而行。

對這個有著奇異吸引子屬性的「亞」真實世界的湧現的「抽象性」描述，是否有某種具體的熟悉感？

筆者認為：中華民族的歷史，中國社會的現狀皆可以在這種描述裡「對號入座」──「天下分久必合，合久必分」。綜觀全世界，只有中國歷史能真正符合這個「分合論」。所謂「分合」，不一定非指疆界國土的分合，亦可以指種種人心、國力的起落。當今的中國，不過是分久必合趨勢中「處於上升狀態的正常回歸」。

有關中國歷史的悠久性，已經有大量專業的著作分析。在下一章裡，筆者亦會從語言文字的視角，分析不同的吸引子對文明的影響。只希望：「以奇異吸引子意境認識的世界，是亞真實世界」這種說法，能夠在有關中國歷史，及人類歷史的分析中，及全人類文明的走向中，起到啟發性的作用。

接下來，以「非」判斷意境裡的奇異吸引子理論，簡單分析一下中國的現狀。

對於現代的中國，每當專家們專業地分析各種社會現狀，我們不得不說大部分的分析都相當準確合理，中國社會的現狀確實經常呈現出「亂狀」（非加和性弱），某些亂狀的程度以西方人的標準確實足以令中國為之崩潰。

但中國並沒有崩潰。

中國不會崩潰，是因為中國沒有「標準」（注意：千萬不要「理會」這個結論。這裡的標準是加了雙引號的「意會」，意思是中國人對標準的理解與西方人不同。接下來會作解釋）。

中國沒有標準，中國有的，叫做過程中的「勢」。因此當今中國政府有句「口頭禪」：發展才是硬道理——發展，一定具有「（『非』判斷）過程」的內涵。

如果完全沒有標準，就沒有容錯性的問題。不存在容錯性的系統，自然就沒有崩潰之說。

中國社會系統中運行的力，依靠的不是什麼（平庸吸引子的）標準，而是萬變不離其宗的中華民族的「魂（參考奇異吸引子的定義）」。

中國人所說的「大勢所趨」。這個「勢」不是契約或序參量性質的平庸吸引子，而是具有重生吸引子內稟（中華魂）的奇異吸引子。如此的「勢」之所趨下「力」的湧現，才是現實中能夠具有相對持久性的「歷史意義」（「亞穩定」的五千年中華文明：亞真實儘管最終可能「敵不過」真實，但與自定義真實的「較量」，終究是會「略勝一籌」的）。

真正造成勢之所趨的，不是不變性，而是吸引性。

具有奇異吸引子的系統的勢之所趨下「力」的分佈，依據「互套原理」而具有「凝聚性」，產生的力叫「凝聚力」。這是一種與「倍週期（或三週期、多週期）分岔現象」中的離散性的力完全不同意義的力。

「同心協力」的「心」，必然是非價值性的以重生吸引子為內稟的「初心」，才有可能持久性地協（凝聚）力（美國建國初期亦有過「同心協力」的時期，但其「心」是價值觀同一屬性的平庸吸引子，故當時興起的修橋修路等基建屬「共識」下的「造勢」。當今中國政府在全國範圍內大搞基建，修鐵路、橋樑，修水利工程，各種產業鏈的長遠佈局，則並不是造勢，而是屬過程中以凝聚力「蓄勢」的具現）。

「非價值性的初心」，即中華魂——因非價值性故能「共情」。

何謂「中華魂」？以「是」判斷語境「因非而是」而進行的價值觀意義上的學術性分析，屬「因非而是地是之為是到是其所是」，皆不能得出一個真正全面準確令人信服的「共識」的結論。以至於何謂「中華民族」？亦是眾說紛紜。

在「非」判斷意境裡，中華民族，是「亞真實精神」的傳承者（見下一章）。中華文明（轉盤文明），是「亞真實世界」屬性的「亞文明」。故而，中華魂的「非價值性的初心」就是：亞真實精神——因是而是之或是而是之是就是了——人法地，地法天，天法道，道法自然——一種源始性——讀者慢慢「細品」。

既然叫「是就是了」，那麼，中華魂就並非某種可以確定、可以「冠名」的「關注點」。因此在表面上，「中華魂」如同「一盤散沙」般發散而「沒有焦點」，但其內在則是充滿著「人間煙火味」的「邏輯混沌」下的「處處焦點」——水庫裡的水表面上平靜「無為」與世無爭，但其內在恆持的「勢」卻具有「處處焦點」的「壓強」——「邏輯混沌」表面上是「麻木不仁」的：確實，中國人在平常日子裡對政治是「漠不關心」、「麻木不仁」的「邏輯混沌」。而政治，則是「處處焦點，實際上沒有焦點」的「敏感」具現——但是，「邏輯混沌」絕不是離散，而是生命公式的 a 值低，即加和性脆弱值 C 小（參考本文上卷第二章第六節），也即是中華民族的生命力相當之頑強：二戰時期的日本就是「誤判」了中國人民的「麻木不仁」而悍然發動侵華戰爭，結局當然就是「淹沒」在中華大地上「順勢而為」的「滾滾洪流」裡；在抗美援朝戰爭中，面對以美軍為主導的強大的「聯合國軍」，覺醒了的中國人同樣毫不畏懼，最終中國人民「志願軍」就「打破了美帝國主義不可戰勝的神話」。

勢之所趨下，不是做什麼對（錯）的事，而是做該做的事（「我願」的自適應）。

所謂對錯，必然具有主觀性。做對（錯）的事，必然是帶有價值觀的事，其所趨之勢，就必然是不能持久的人為之「假勢」。

「該做的事」，哲學家康德稱為「定言令式」。即康德認為有一

套源自於上帝的「道德普遍法則」決定著該做或不該做什麼事。但這種「道德普遍法則」並不能超越人為的價值觀的框架，不過是自欺欺人的，屬他適應性質的「平庸吸引子」的「形而上」版本，不但註定了是脆弱不可持續的，而且還常常被別有用心者利用來作為打擊異己的道德武器。例如以「上帝的名義」、以「普世價值」為名對「異教徒」、對別國的肆意干涉。

「該做的事」，應該是根據「非」判斷論域的道德普遍性而做的勢之所趨的知繼而行的事。勢之所趨之下，「自然而然地」就要「審時度勢」。審時度勢不是為了「他適應」，而是為了「自適應」。

自適應，中國人叫「隨遇而安」。隨遇而安，是一種自我修正的態度及能力。

2019 年新冠疫情爆發之初，中國政府對疫情的失誤判斷，不過是因自定義真實關係範疇裡不可避免的滯後性。但之後政府雷厲風行（時間差小）的防疫措施及全國人民的積極配合（同心協力），則是經典的、「可載入史冊」的「隨遇而安」下，亞真實關係範疇自適應性質的自我修正表現。

在新冠病毒面前，自定義真實關係表現出分化性：自定義真實世界裡的偽文明，只能在荷里活式的臆想裡逞英雄，在真實（病毒）面前，就原形畢露了；

在新冠病毒面前，亞真實關係表現出凝聚性：「偽裝成一個國家」的亞真實文明，在偽文明、在真實（病毒）雙重夾擊中，依然屹立不倒，撰寫著史詩級的篇章。

「自適應性質的自我修正」，以歷史悠久內涵豐富的中文表述也叫做：「自強不息」、「厚德載物」（源自《周易》）——這八個字濃縮了中國人對天地的敬畏，對己的修為及對別人的道義。中華民族持久性的凝聚力的「秘密」，就藏在這八個字裡面。當然了，生命具有免不了的自定義，不可能真正「天人合一」地順應天道。在「自強不息」、「厚德載物」的「秘笈」之下，中華民族所順應的，叫做「王道」。「王道」的「勢」——中國式的奇異吸引子，只能「近似於」真實的勢。

王道的勢側重的不是「外視性」，而是內視性的自強不息，因此其勢不會因「對手」的強弱而變化。如同「水勢」，無論水道中有多少障礙物，無論如何圍追堵截，如何「制裁」、「脫鉤」，水都依然是「順流而下」。即使是築起大壩，把水「完完全全」地「團團圍住」，「勢（壓強）」還在，永不消逝，只要「一有機會」，就會「突圍而出（湧現）」——水花四濺（的湧現），在「是」判斷語境中意味著錯誤、「崩潰」；在「非」判斷意境中意味著自然（是就是了）——妄圖用「是」判斷糾正錯誤的模式去糾正水花，一定是癡心妄想。

這種王道的勢的湧現，不但不會被堵住，而且還會形成越來越大的，被中國哲學家趙汀陽先生所稱為的「中國漩渦」——中國的擴展不是來自向外擴張行為的紅利，而是來自外圍競爭勢力不斷向內捲入漩渦核心的禮物——比照「中國漩渦」，西方霸道的人為之勢的湧現，就如同打在旋轉中的雨傘表面的雨點，四散飛濺——恃強者，奪百載之機。厚德者，蘊千秋之勢（摘自筆者的《道德新經》）。

在勢之所趨時隨遇而安，「非線性拓撲變換」地反饋，是一種和諧共存的「亞」真實關係。和諧共存，反映的正是你情我願（共情）之下，「辯證地相互支配」的吸引性。

問題是：人類是一個「共同體」，沒有一個文明能夠不受其他文明的影響而獨善其身。真正百分之百的自適應，和諧共存，只能是「理想」。

真實關係中歷時性與共時性是真正同一的，因此前、後因果關係是百分之百兼容的。但人類受著與生俱來的，不能抹去的「自定義」這個基本特徵（基因）所限，我們不可能做到「真正同一」，不可能真正消除與真實之間的時間差。因此我們的思維，就一定有後因果關係邏輯下帶著價值觀「成分」的思維。也就是說，一定有標準，一定有對錯，一定有善惡，一定有「他適應」。

我們做不到真正同一。我們能夠做到的，叫做（勢與力的）「辯證統一」。但筆者認為：辯證法，並非什麼真理性的科學方法，不過是無奈之下的「權宜之計」。「權宜之計」的意思是：辯證所包含的「辨

別認證」只是手段（例如所謂專制民主），但其本意並非為了「是非分明」，更不可能「越辯越明」，當然更絕非「為反而反」，而是在「辯證」的過程中達到盡可能的「高度統一」。

因此現實中我們根據辯證法所應該做也能夠做的，一是嘗試建構一種「形神兼備」模式的系統（參考筆者的《自由思想批判續三：形式與絕對自由》中有關「心學」的論述）；二是盡可能把自定義真實與真實之間的時間差的值（滯後性）減到最小（高度統一）。意思就是：儘快認清現實，認清形勢，儘快「放手」、「更換」已經「過時」了的標準、價值觀。

怎麼判斷標準是否已經「過時」？這就要求我們首先要懂得（知道）什麼是「標準」。

中國沒有標準，不等於中國人不懂標準。中國人早就知道：「無規矩不成方圓」。中國人是世界上最懂（知）標準的民族。上下五千年的歷史沉澱，種種標準已經以中華文明特有的內涵，深入到每一個中國人的骨髓血液裡。

什麼叫做「懂（知）標準」？

無規矩不成方圓。

但方圓不是規矩：自適應就是以為方圓是規矩；

規矩也不是方圓：他適應就是以為規矩是方圓。

（方圓確實是規矩，規矩也確實是方圓，那叫作真實，叫作自然。沒有標準的真實是最高標準，因此才有「融入大自然」、「天人合一」之說。但那是「神」的境界，「凡人」做不到，故只能「望」——道德高地，望而不佔。）

但規矩可以勾畫出方圓。

但規矩既可以勾畫出方圓，同樣也可以勾畫出其他的圖形。

規矩只是工具。

工具是拿來使用的。

工具，沒有先進或過時，潮流或老土之別，只有適用或不適用之時機。

標準等價於工具，因此標準同樣也是拿來用的。

道德者，宜用不宜守。（摘自筆者的《道德新經》）

標準，是拿來用的，並不適宜「堅守（非識）」。這就叫做「懂標準」。用標準，是有別於他適應與自適應的「中間路線」。（也就是筆者提倡的「受訓者」理念）

如何「用」標準？從古代對「天人合一」的意會，到現代的「白貓黑貓論」、「中國特色的社會主義」、「活學活用」、「學以致用」、「馬列主義在中國的具體實踐」、「實踐是檢驗真理的唯一標準」、「摸著石頭過河」、「一帶一路」，中國人的「凡事都有轉圜餘地」，「兵法的核心在於挑戰規則，真正的規則就是沒有規則」，把辯證法這個「權宜之計」運用得爛熟的當中的巧妙，絕不是「一根筋」（理會）的西方人（也包括了那些強調以「理會」為思維主軸的中國人）能夠領會的。不但不能領會，美國的《阿爾塔日報》在 1853 年針對在淘金熱中刻苦耐勞的中國人，還得出「道德上比黑人差得多，性格上狡猾欺騙」的結論。

不同版本的類似結論至今仍陰魂不散地盤旋在中華民族頭上，

例如「黃禍論」，最新的版本則叫做「中國病毒」。在在都反映出，無論是如何知識淵博的「中國通」、「中國問題專家」，如果是通過「理會」來瞭解中華文明，皆會帶著恐懼的、排斥的、莫測的心態，皆會在「威脅」、「崩潰」的結論中百般糾結。

再例如，不久前去世的台灣研究院院士余英時，儘管被稱為「史學泰斗」，卻因為終其一生堅持其「有良知的士」的價值觀，也就不能認識無論善惡皆有其兩面性、相對性；不能意識到站在道德的絕對高地上才是最大的惡。因此他所強調的以「理」解讀的儒家的「本心」並不是真實的本心，把本質為道德相對屬性的「良知的心」拔高為絕對性的本心，也就「看不見（余英時原話）」什麼才是中華民族真正

的「初心」，也就「看不見」中國的發展，也就變成了為反而反，最終也就可惜了其一生「學富五車」的飽學（其實皆為「識」），竟為宵小所用，所謂大儒竟不過是「大愚」。

如果實踐裡行不通，真理也不過就是垃圾。

標準，也就是規範化。規範化後的系統，特別是成為產品的「有形」的系統，會讓人感覺舒服一點，安全一點，甚至是高大上一點——「凡人」的視角：「識而不知」者，是為「迷者（譬如習慣了 GPS 的使用者）」。迷者其識，具有排他性、局限性、（追求）安全性、熟悉性（這裡的「安全」、「熟悉」背後是更大的不安全、不熟悉）。因此本文上卷開篇就提到：「是」判斷是人的一種普遍的思維定式，追求正確「是」判斷則是人類的共性。

現代社會上有關東西方之爭、中國好還是西方好之爭，爭論的焦點往往是那個系統更規範更合理。如此比較，中國式理念的系統確實大多不如西方。但其實中國人與西方人之間根本上的不同，首先是思維模式的不同，然後是對目標「守」與「用」的「態度」的不同：

西方人側重理會的思維，因此對目標的態度是：守是前提，用是為了守；

中國人側重意會的思維，因此對目標的態度是：用是前提，守是為了用。

以守為前提的態度是一種「放在」的態度——人為規則服務；

以用為前提的態度是一種「放下」的態度（不是了就不是了）——規則為人服務。

人，具有亞真實性；規則，是純粹的自定義真實——這個結論的樸素表達就多了：人是活的，規則是死的、書是死的、制度是死的、法律是死的等等——人為規則服務，不可持續性強；規則為人服務，可持續性強。

西方的許多理論，在「是」判斷範疇裡確實有十分獨到的見解，關鍵是如何去「用」。筆者在《邏輯後綴學》裡，表面上不斷地「以

西方理論反西方理論」，但實際上，是在「非」判斷範疇裡「發揚光大」地「用」著西方理論。

以下一段話摘自維基百科：

瑞士奶酪理論（英語：Swiss Cheese Model），又稱瑞士起司理論，是英國曼徹斯特大學教授詹姆斯‧瑞森（James Reason），於 1990 年提出的關於意外發生的風險分析與控管的模型。主要是講，瑞士起司在製造與發酵過程當中，很自然的會產生小孔洞。如果把許多片起司重疊在一起，正常情況下，每片起司的空洞位置不同，光線透不過。只有在很極端的情況下，空洞剛好連成一直線，才會讓光線透過去。

這個理論的原意是：導致嚴重事故發生的從來都不是因為某個單獨的原因，而是多個問題同時出現。

發散思維去理解這個理論就是：越多起司重疊，光線能透過的機率就越小。

在新冠疫情的防疫戰中，口罩不能完全防病毒；疫苗不能完全防病毒；社交距離不能完全防病毒；勤洗手不能完全防病毒；群體免疫不能完全防病毒；「封城」不能完全防病毒。因為，每一種防疫措施，都如同瑞士奶酪，片片都是「千瘡百孔、漏洞百出」的，但層層重疊盡可能多的防疫措施之後，那些漏洞也就因為「互補」作用而能夠被成功堵住，病毒「漏網」的機率就大大減少了。

中國對各種防疫措施的態度，就是把每一片「千瘡百孔」的「奶酪」都當成防疫武器，「能用都儘量用」。

可悲的是，能夠提出「瑞士奶酪理論」的西方人，在疫情肆虐之際，卻還在為口罩有沒有用而爭論不休，為封城還是解封而百般糾結。

西方人擅長於發現、建立，然後「嚴謹地」「守」（系統的）標準（也就是特別地「有理性」）。西方人孜孜以求的，是尋求、建立一套百分之百完善的系統，然後就一勞永逸地安枕其中。但「是」判斷的「震盪與重複」，會使人對系統堅持採取「審視」的目光，因此西方人的世界，永遠是「對手多多」、「問題多多」的世界：一方面，西方人

能夠得出一大堆言之鑿鑿的「平權」的具有普適性的物理定律，另一方面，卻又發出各種類似於「聰明的火雞」（羅素）、「金魚物理學」（霍金）、「黑客帝國」等疑問。結果就是：對標準的要求越來越高，造成守標準的難度越來越大。不管如何規範合理的系統，一旦「守不住」了，也就「崩潰」了。在容錯性方面，守標準一定是被動的，常常出現「守也錯不守也錯」、「守住是錯守不住也是錯」的情形。最後，甚至更有可能「自暴自棄」地「亂用」。

即西方的「守」具有嚴謹性，但西方的「用」卻往往是不嚴謹的：

新冠疫情下許多西方國家，被所謂的政治正確搞得焦頭爛額，在新冠疫情的衝擊下潰不成軍的狼狽，正是被動守標準，而不嚴謹地「用」的惡果。

貨場集裝箱的高度只能限制在兩層，因為再增高會「影響對周圍地區的視覺」——2021 年美國長灘和洛杉磯港口世紀大堵塞的癥結，居然是這麼一個「不顯眼」的地方規定——修改規定，增加到六層，就能夠釋放大量被空集裝箱積壓的拖車，這是解決港口堵塞的關鍵：這個癥結在層層僵化低效（也就是「嚴謹地守」）的官僚系統中「隱藏」了一年，才被一個物流公司的 CEO 發現。

美國警察常常在執法中擊斃犯罪嫌疑人而引起眾怒，根本原因就是美國的整個制度過於事無巨細地「高精尖」，導致到最後維護的到底是人還是法已經一塌糊塗。再舉一個類似的例子：2021 年 8 月底，美國從阿富汗撤軍時，為了「反擊」在機場發生的恐怖襲擊事件，根據「準確」的情報誤殺了十名阿富汗平民，但之後的調查報告的結論竟然是「沒有違法」，並且沒有人應該為這次事件負責——習慣了站在道德高地上指手畫腳的美國政府，涉及到自身問題時就把道德拋到九霄雲外，理直氣壯地「用」法律這塊擋箭牌把罪行推得一乾二淨。

筆者在網絡上看到以下一段內容，亦是描述了西方的「守不住後濫用」：西方禁不了性交易，所以性交易合法化了；西方禁不了毒品，所以毒品合法化了；西方禁不了腐敗，所以政治獻金和裙帶關係合法化了；西方禁不了新冠病毒，所以「共存」了……政客有點本事都放

在掩飾無能上了……拿這些垃圾戰績來證明西方道德高尚、自由、民主？

筆者在文章《東拉中國人的情，西扯西方人的理》中有這麼一段話：見識過不少西方人的家庭，有富裕的，有貧困的。富裕家庭的家居擺設都相當的講究，顯得井井有條，更處處蘊含著藝術的美感。其中我認識的一個西人精英家庭，連內褲浴巾都必須細心燙好再按一貫的方式折疊整齊後才能放進衣櫃（當然都是傭人的工作），這個西人家庭每個成員的個人質素也是超一流的。反觀許多貧困家庭，那種髒亂差是怵目驚心的，身上那股惡臭是令人避之不及的，滿口「F」字頭的粗言穢語是令人瞠目的。

上述一段內容裡不同西方家庭之間的反差，也可以發散思維延伸到整個世界。在人類社會裡，先進與落後、華麗與髒亂、秩序與無序的反差比比皆是。這說明了：所謂「理性」其實是脆弱的，是需要種種資源支持的。在「常態」下的理性確實顯得特別的「高端」（高端到馬桶蓋已有了自動清洗設置，我們上洗手間都不需親自用手做清潔工作。我們沒有意識到：這背後反映的是交集的內涵與外延的相悖性——表面上是我們越來越愛惜自己，實際上是我們對自己的身體、行為越來越「厭惡嫌棄」），但失去資源支持的、「亂用」的理性，「崩潰」之時是「觸目驚心」的。縱觀西方自工業革命以來，「嚴謹的守」之下有了種種的發明創造，卻因「亂用」而導致種種世界性的危機頻頻出現，也就有了學者們悲觀的預言：地球的資源遲早會枯竭，人類必須向外太空尋求新的宜居地。

中國式的「守」帶有「難得糊塗」的不嚴謹，但中國文化中的「用」卻是嚴謹的——「身懷利器，殺心自起，慎而重之」（晚清李鴻章語）的——慎用。

也有這麼個說法：初心之外，還要用心。

我們常常用種種令人眼花繚亂的中華文化來印證、炫耀中華文明的博大精深，但為什麼會「博大精深」卻沒有多少人能說出個所以然來。筆者以為：中華文明之所以博大精深，是因為中國人首先是「懂（意

會的知）」，然後是擅長繼而行地「（慎）用」（系統的）標準，擅長「實用主義」，擅長「拿來主義」，也即「工具主義」，擅長「洋為中用」，擅長「以夷制夷」。

當然，中國人也有不慎用的時候：把「暫時」不適用的「共產主義」作為放之四海而皆準的普適性工具，就曾經把中國人大大地折騰了一番。

《邏輯後綴學》上卷，以西方理念解讀了人類文明的兩個內涵：理性及創造力。

而中華文明的內涵，則可以用兩個字解讀：「懂（知）」和「（慎）用」。

能守者，總是有限的、可數的；能用者，則是無限、不可數的：「剛強者，依理而行，招式分明，招勢必老。柔弱者，酌情而動，招裡藏招，綿綿無盡」（摘自筆者的《道德新經》）。

如此分析，中西方思維孰優孰劣，一目了然。

但是，又為什麼要有「孰優孰劣」這樣的對抗性思維？人類作為一個「命運共同體」，如果要實現一個「大同」的世界，就必須擯棄「中西方孰優孰劣」這樣的思維，樹立一個奇異吸引子屬性的「普世非價值觀」。

以價值衡量的普世價值觀是一個不能成立的偽命題。

但本文上一節提到的：以「普世非價值」背書的慧覺平等來衡量的「普世非價值觀」——仁義禮智信，則可以成立。

以普世非價值背書，從而引申出的政治哲學觀——在真實（關係）面前人人平等的慧覺平等，是亞真實世界的「普世非價值觀」：仁義禮智信的理論基礎。

而普世非價值觀，並非排斥普世價值觀，而是「包含」普世價值觀——空集是非空集的內裹——以「非」判斷意會「是」判斷，邏輯位移，邏輯也就完備（下一節會討論）。

筆者認為，以「仁義禮智信」為「非價值觀」的具體關係模式是：
擅立者善予之；擅用者慎取之。予者用之源；取者立之根（摘自筆者
的《道德新經》）——這是筆者心中理想的大同世界的具現——大同，
「同」的不是什麼理想的形式（模式），或什麼相同平等的狀態，而
是理想的、「等價」的關係——大同世界中，華夏文明的「知而慧（負
陰）」，與西方文明的「識而智（抱陽）」——（關係）水乳交融——
那將是一個嶄新的，真正的「亞」文明世界——文明，「明」的應該
是非價值性的關係之「明確」。

筆者認為，近年來中國政府推行的「一帶一路」，就是上述「普
世非價值觀」的一種具體實踐模式的「試驗」。

用標準，當然也有用錯的時候（例如改革開放前三十年的中國政
府，就有不少為人所詬病的「錯用」），但只要「懂標準」，就能夠「審
時度勢」，用錯的可能性就大大下降。即使真的用錯了，只要懂得「放
下」，重新尋求合適的標準來用，事情就依然有「轉圜餘地」——這
才是真正的「糾錯」（慎用）。並且，這裡的「放下」不是捨棄，只
是「放進工具箱裡」，需要時還是可以拿出來用。

道德者，宜用不宜守。也可以理解為：用的，是概念；守的，是
觀念。應該「用」概念而不宜「守」觀念。例如曾經的「共產主義」，
作為觀念不怎麼提了，因為在個人主義思潮氾濫的近、現代社會裡「暫
時」不合適，但現在不合適不等於將來不合適。「共產主義」作為概
念，還是有其合理性的，只要滿足了條件，例如在亞真實世界裡，還
是可以「用」的。又例如，語境裡的「民主」問題多多，但「轉換」
為意境裡的「民主」，也一樣是「稱手」的工具（相同語義的表述就是：
共產主義與民主根本沒有衝突，皆是工具箱中的工具，是過程中的手
段「之一」而不是目標自身）。當然，如此一來，就顯得不夠規範甚
至沒有規範了。但也意味著容錯性方面的高容忍度，意思是對種種錯
失可以「一隻眼睜一隻眼閉」。因此總的說來，中國人比別的國族顯
得有包容心。當然，容錯性高並非放任自流，而是在順勢而為的過程
中如何因勢利導，也就是「引導」。如何引導，關鍵在於決策高層能
否真正懂得「用標準」，但這就不是本文論述的話題了。

在婚姻中，「沒有標準」的婚姻具有和諧性及持久性；標準越多的婚姻越緊張越不容易維持。人際關係、社會關係、國際關係，莫不如是（國際關係方面請參考中國政府常常表述的：擱置爭議，共同開發）。

以上有關標準的「守」與「用」的分析，並沒有進行量化的歸納。實際上，西方不乏懂得「用」的人，中國人只會「守」的也大有人在。2021 年 6 月 11 美國《華盛頓郵報》報道：供職於美國國防部的退役海軍陸戰隊隊員弗朗茨‧蓋爾（Franz Gayl），因在中國《環球時報》上刊登署名文章而遭美國政府調查。蓋爾的文章主要內容是試圖提醒美國政府不要誤判台海問題。蓋爾認為：美國「他者化（othering）」中國人，可能是台海衝突的前奏。這個「他者化」可圈可點，說明這位蓋爾先生是一位頗懂得「用」的，「明事理」的人。

但一般來說，現代的大多數人，思維裡兩種模式其實是混雜在一起的，許多時候我們到底是在「用」還是在「守」，自己也是「傻傻分不清」的。

在這一節最後，有一些相關聯的題外話要說：包容與寬容性質上完全不同。包容，具有共相等原則內涵的（慧覺）平等性，對方身上的所謂優點缺點不過都是特點，兩者之間並沒有明顯界線，即盡可能「沒有標準」。包容的雙方，不妨「提要求」，但須明白「要求」不是「命令」，「要求」的一重含義是：做得到就做，做不到也就罷。寬容，則具有自相似原則內涵的「俯視性」，「俯視下（根據自己的道德相對主義標準）」，對方身上的缺點清清楚楚，自己無法認同但因為改變不了而只能無奈地接受。

中國人常常說：求同存異、和而不同。但這兩者本身之間的「異同」，卻沒有什麼人去深究。

人與人之間，同一個事件，可能會產生不同的信息。就算是收到完全相同的信息，但此信息在每個人腦海裡形成的拼圖，往往也會不一樣（20 世紀 20 年代美國人類語言學家薩丕爾的弟子沃爾夫因此而提出「語言相對論」的假說，其實也就是中國人所說的「十人十義，百

人百義」）：

不同的信息，或者不同的拼圖，在相關的人之間都會產生誤解及至誤會。

筆者曾經在網絡上看過一篇題目叫《永遠不要跟別人解釋你自己》的文章。

筆者認為：處理人際關係的方式，如果是考慮需不需要向對方解釋，這種心態其實已經把雙方的關係預先設定在一個彼此之間沒有信任感的對立狀態（「是」判斷語境）裡：在對立狀態裡，不同的信息或不同的拼圖皆被解讀為具有價值觀意義的優點或缺點。

這種心態下追求的，就是「求同存異」（價值觀的同一必一）。

解釋，是為了放大或者縮小優缺點。

把種種不同看成是各自種種的優缺點，不斷地相互比較、審視，雙方的關係就始終是緊張的，來往過程中就需要不斷解釋才能進行良性互動。通過解釋，雙方之間可以建立起一種人為的、交集性質的、脆弱的信任感（參考、比較一下種種國際關係裡的「結盟」、近期「歐盟」的興衰，應該就可以理解，中國政府為什麼一直強調的是「友好關係」而非「結盟」。而以英國為首的西方國家在其「殖民」歷史中的「策略」，皆是不斷地給予殖民地不同的利益集團種種模式的「自治權」。這些所謂的「自治權」，皆是「典範性」求同存異的產物，是殖民地日後種種紛爭的根源）。

需要解釋，往往是因為有求於對方，因此需要得到對方的認同。解釋之後得到的認同，就叫做「寬容」——以愛的名義（因此基督教說的是「寬恕」，解釋叫做「告解」）——筆者以為：以愛的名義的寬容，是虛偽的道德承諾，因為從根本上並沒有認同解釋者。「寬容」的「潛台詞」是：對方「還有可用之處」。如果對方再沒有利用價值，就叫做「shithole」了；或者對方威脅、損害到我的利益，基督就成了「嫉妒」。寬容？是個什麼鬼東西？

——美國初期的淘金熱中，白人對中國人從開始的「他們是我們

當中最勤奮、最安靜、最耐心,更有價值」的「賞識」,到後來發現中國人竟然與白人「爭奪黃金、爭奪稀缺工作機會」時,也就毫不客氣甚至「理直氣壯」地發出「中國人必須滾」的口號,更制定了臭名昭著的「排華法案」而對華人大肆驅逐及殘酷迫害。

——當中國「威脅」到美國「世界第一」的地位時,美國政府也同樣就毫不猶豫地撕下「寬容」的偽善面具,對中國實施全方位的「污名化」、「脫鉤」、「制裁」。

但不解釋,雙方在互動時的對立會越來越嚴重(分化性),誤會越來越深,最後甚至會走向對抗。

如果認為,什麼事情都不需要向別人解釋,即不需要別人的認同,就有可能把自己放在大眾的對立面,此時越是想保護自己,就越會覺得這個世界四面楚歌、危機重重。

深諳求同存異的道理的人,也就是圓滑、世故之人。

但真正的求同存異,必須以和而不同為「內裏」。

如果處理人際關係的方式是思考如何溝通,這種心態是把雙方預先設定在彼此間天然地信任、彼此需要(主要指精神上的)、彼此欣賞、彼此關心的同一場景(「非」判斷意境)裡。

這種心態下追求的,就是「和而不同」(同一非一)。

溝通的場景中,一切優缺點都叫做特點。

這種場景裡的雙方,可以見解不同,意見不一,但通過溝通可以相知。相知不是為了相互評論雙方的好壞對錯,也沒有必須統一雙方思想見解的必要,而是在知道彼此需求的基礎上,相知越深,彼此越是欣賞。

溝通之後的認同,叫做「包容」——以情的名義(筆者以為:中華民族,是一個「重情重義」的民族。因此,作為一個中國人,本人的文學性作品,皆以「情」為主線。這篇題目叫《邏輯後綴學》的所謂的人文哲學性文章,同樣帶著深厚的「情感」——西方人妄圖撇開「情」而以純理性的思維進行哲學思考,不過是自欺欺人的自定義臆

想）。

包容之下的人際關係，就是並集關係，彼此的不同能夠取長補短、互通有無。

覺悟和而不同道理的人，具有天然的親和力（共情性。參考中華民族「一統」的歷史。下一節會討論共情性的「運用」）。

智者善於「審視」，看到的是差異；慧者善於「欣賞」，看到的是和諧——人的手與腳，相互間無論是樣子、功能的差異都非常之大，卻同屬一個身體——缺一不可的部分。

智者都是「聰明人」，但缺失「慧」的聰明人，則往往是走極端之人，或是狡詐之人。

求同存異，「同」的是理會的共識；

和而不同，「和」的是意會的共情。

道無善惡，天地不仁。若強要為人間定善惡，則共情為善；共識為惡。「情和理立，情融理疊」（見筆者的《道德新經》）。

共情是為了共識的人，叫做「有心計」的人；

既能夠求同存異，又能夠和而不同，共識是為了共情的人，就是有智慧的人。

可惜的是：人類歷史發展至今，人類在精神文明上的努力，基本上還是囿圍在求同存異的思維模式，對和而不同始終是、甚至是越來越「敬而遠之」。

得出「醜陋的中國人」這個結論的台灣作家柏楊，自以為站得比別人高而擺出一副俯視的姿態，其「恨鐵不成鋼」就是一種居高臨下的寬容。他並沒有意識到，這種寬容，屬「站在道德制高點上的邪惡」，因為往往會令人不服，從而造成「比醜比爛」的爭拗。若以他的視角來「審視」，2019 年爆發的新冠疫情下整體的西方人的表現，以及筆者定居海外三十多年的觀察，西方人的醜陋性，許多方面比中國人實在是有過之而無不及。

但如此比醜比爛，有意思嗎？

而如果從包容的視角，以中性的語義把柏楊形容的中國人的所謂「醬缸文化」、西方人的自由散漫皆看成是不同民族的不同「特點」，相互取長補短，這才是一個個人、一個民族真正的自信、真正的尊嚴：我可以讚美甚至崇拜西方，只是因為我「喜歡」，這其實「無可非議」（西方的許多理念、具體行為模式，筆者也十分的欣賞、甚至拜服）。但我知道我喜歡的，不等於別人也喜歡。我更知道我喜歡西方時，絕不能把自己作為中國人的「特點」全盤抹殺。因為我知道：我如果因為喜歡西方，而把自己身上的中國人特點刻意掩飾甚至否定、詆毀，那才是沒有自信，沒有尊嚴，那才是真的「賤」。

幾千年來，因地理上的阻隔，東西方各自在低頭沉思、反省，得出了對世界、對存在不同的「哲學觀」。西方的「觀」，帶有「否定之否定」的「辯證性」，結果就是：從肯定、到懷疑、到否定、到虛無。「直白」而言，現在竟是「找不著北了」。而東方的「觀」，一直以來都叫做「是就是了」，「不是了就不是了」，幹脆利落，毫不拖泥帶水。在近、現代，雙方逐漸抬起頭來，互相觀望：西方對東方的觀望，是帶著傲慢、不理解、不想理解、不能理解的心態，最好的亦不過是帶有居高臨下的「賞識」而已；而東方對西方的觀望，從吃驚，到傾慕，到欣賞，到謙虛地學習，然後就「毫不客氣」地「或是而是」地「拿來」繼續「是就是了、不是了就不是了」。

第六節：其說自圓

一，邏輯位移：

登山愛好者，以登上最高峰為榮；以成功攀上最陡峭的懸崖為榮。潛修者，則在深山裡，在月朗風清、在嘯嘯莽林中默然靜坐——兩種行為模式，體現了兩種境界。

所謂堅韌不拔，指的是登山者對高度、難度的挑戰，還是潛修者漫長歲月裡的清苦、孤獨？這也是值得深思的。

何謂「其說自圓」？

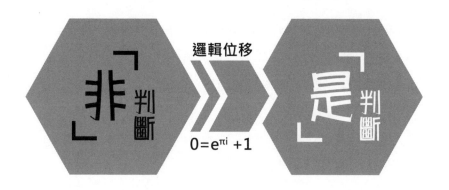

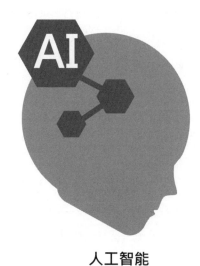

人工智能

邏輯是自定義。

因為是自定義，故邏輯自身並不能自洽，以「邏輯在先」為前提的思考，也就不能完備，即永遠不能自圓其說。

不能自圓其說，是因為邏輯少了個「內核」（內裹「空集」：生發元）——我們必須先「引」然後才能「指（射：元識）」。

內核並沒有失去，「本來就在，且一直都會在」，是我們自己「不識廬山真面目」——而已。

「經典」的解讀，是因為我們「身在局中」（包含了自身的真類），「只緣身在此山中」，故「不識廬山真面目」。

但是，為什麼要「識」？「不識」，正是因為我們妄圖「識」（分別心），也就「破缺」了，「識」的結果就反而是「橫看側看」都依然不識，也就得出廬山面目不可識（物自體不可知）的結論。

其實，我們不必（非識）「橫看側看」地去「識」。既然是「身在此山中」，只要「有（初）心」，其實是早就「知（道）」：「嶺」或「峰」都是同一座山（非分別）。非要定義是「嶺」還是「峰」，不過是我們「多事」。

因此筆者認為：「同一性」，是隱藏在蘇東坡這首《題西林壁》裡面的精粹——只要知道「我在」（同一座山中），那麼，無論看上去是嶺、是峰——「都對」，都「有意義」——但其意義在於：無論判斷是嶺、是峰、是高、是低，都可以「平權、等效」——理髮師為自己理髮，或，不為自己理髮，都可以——平權——因此都能夠「其說自圓」——即：真正有意義的不是判斷的「精準」結果是嶺還是峰，而是「非值的同一」。

「同一性」，是「非」判斷邏輯屬性其中一個重要外延，根據這個外延再進一步論證了「三同一」——歷時性與共時性完全同一、運動與靜止完全同一、非還原性與還原性完全同一，之後——本文上卷所「批判」的邏輯四個基本原理就「可以」自洽，就「允許」有效地指導我們的言行。

說「允許」是因為：「本來」並沒有邏輯，邏輯與「本來」無關。「純粹」的「非」判斷，是完全的非邏輯推定的邏輯混沌的「知而非識」。但因（人的）生命自定義了邏輯，我們的「生存之道」也就「不得不」依賴邏輯，直到——徹底「消除」自定義（「圓覺」）之前。但完全依賴邏輯，則必然因邏輯的不自洽而具有「是」判斷邏輯屬性的兩個內涵及十六個外延，即最終畢竟是「鏡花水月一場空」。因此，如果「不願意一場空」，我們的思維就必須要「範式轉換」。範式轉換的過程，就叫做受訓的過程：不把對邏輯的依賴視作是必然，而是在範式轉換的受訓過程中，「允許」以邏輯作為「權宜之計」。允許，意味著過渡——如同初學游泳者所用的輔助裝備：「輔助設備」與「游泳」「不等價」，但輔助設備能夠幫助我們理解游泳這個「初心」，即學會游泳以後就不需要輔助設備了。如果把輔助設備作為游泳時的「必然等價性存在」，就叫做本末倒置。同理——受訓者「允許」用邏輯作為受訓（認識事物）時必不可少的輔助工具，但「覺悟」之後，邏輯的「使命」也就完成。

邏輯的四個基本原理要自洽必須滿足一個前提。前提就是：作出「是」判斷之前，進行「非」判斷。

空集是非空集合的內稟。

「非」判斷是「是」判斷的內稟。

因此，在作出「是」判斷的邏輯推定之前，需要先作出「非」判斷的非邏輯推定——「先引再射」：先意會，再理會；先共情，再辨識——筆者稱此為：邏輯位移。

滿足邏輯位移後的邏輯，「邏輯在先」的「bug」也就「消失」，其說自圓，也就自洽：

邏輯四個基本原理中的同一律，是另外三個確認律能夠成立的先決條件，而同一律能否自洽，則是基於「非」判斷同一性原理的「三同一」——先進行「沒有值的無價」的「非」判斷——先認識本質上是全體性的能指後，才能實現所指（集合性）的「有值的等價」——這裡的「等價」不是交集（狀態）屬性的等價，而是並集（關係）屬

性的等價——「是」判斷語境中，「我是誰」是一個假命題，因為自在與自為之間沒有同一性。但滿足邏輯位移後，無論我是好人壞人窮人富人中國人外國人都平權等效（關係）——慧覺平等，「大同」的理論基礎。

滿足邏輯位移後，無矛盾律及排中律皆可以「同一非一」地自洽——「允許」邏輯推定時的不可同真或不可同假（破缺的「識」），是「因為」在非邏輯推定中既可同真亦可同假（對稱性的「知」）——任何邏輯推定的公理，如果以「陰陽」「相生相剋」的「和合關係」作為「背書公理」，就具有完備性、真實性——使用分離公理，任何陳述集合存在性的公理將隱含空集公理。

滿足邏輯位移後，「非」判斷的完備性，允許邏輯的「不可能充足」的理由充足律成為有效：如果必須、僅僅、只能——以「是」判斷語境的理由充足律作為行為判斷準則，那麼，每天早晨起來我都必須要絞盡腦汁找到確認身邊的女人是我老婆的充分理由並且總是——「不那麼肯定」——「滿足邏輯位移」後，我「一眼」就：信心十足地、百分之百地確定——睡在旁邊的一定是我老婆。

——幼年時的老婆與風華正茂的老婆與鶴髮雞皮的老婆、臨睡前的老婆與睡醒之後的老婆「不等值」——但滿足邏輯位移後皆平權。

傳統邏輯，是（共時性）狀態（前提）的「有值」推定——「識」。而「值」皆是自定義，故邏輯是自定義而不能自洽。

滿足邏輯位移後的邏輯，則是（沒有時間差）關係的「等價（無價的同一非一）」推定——其說自圓的「知」。

滿足邏輯位移，邏輯四個基本原理能夠自洽。這是「非」判斷邏輯屬性的第二十一個重要外延。

滿足邏輯位移的邏輯思維，就叫做「知繼而行」。也叫做：分化之前，請先和合。因此也叫做「共情思維」。如此而「行」，才是「做該做的事」。

實際上，應該運用邏輯思維抑或是滿足邏輯位移的邏輯思維，也

就是從事物的特殊性抑或普遍性的不同出發點的認知；從個人抑或全體的不同出發點的認知。

故滿足邏輯位移的邏輯思維，是一種「中肯」的思維。筆者認為：「中肯」這個詞比「客觀」更具人性化。如果人人都能夠中肯地思想及表達自己的看法，這個世界，就一定是和諧的世界。

「是」判斷的邏輯——表面上誇誇其談，其實心中無數，表面上「越辯越明」，其實永遠是「前路茫茫」「兜兜轉轉」；滿足邏輯位移的邏輯——表面上大辯若訥，其實心中有底，表面上「欲說還休」，其實是「以不變應萬變」——先「非」判斷然後再「是」判斷，就叫做「滿足邏輯位移的邏輯思維」。

幼年的小貓，對事物充滿了好奇心，與一個小球、一個盒子能夠玩得不亦樂乎，把一樣「吸引眼球」的東西在它眼前晃來晃去，它的瞪大眼睛的小腦袋會跟著轉來轉去，煞是「萌萌的可愛」。而「成熟」的貓，對「兒時的玩意」就不屑一顧了，變成只對食物感興趣（實用性），吃飽了，就優哉游哉地在陽台上曬太陽。

以外來者身份「進入」這個世界的我們，對世界充滿了好奇心是「人之常情」。但我們必須正視的是：好奇心，亦意味著不成熟。成熟的思維，應該是滿足邏輯位移的思維。

——種種的西方哲學、科學，以邏輯為依據，好奇地對標的物研究來研究去，確實得出了一大堆精闢的理論——但在「上帝」眼中，其實是「萌萌的可愛」——邏輯、標的物，不過是「上帝」「逗你玩」的玩意兒。

滿足邏輯位移的邏輯思維，是可以「胸有成竹」地「侃侃而談」，永遠「進退自如」的思維。

滿足邏輯位移的邏輯自洽，不會變成「死氣沉沉的格式」，而會因重生吸引子的內稟而充滿活力性：有生發元，才有元識。

以滿足邏輯位移的邏輯所發出的哲學的「追問」，就不僅僅是「是（為）什麼（狀態）」的追問，即不僅僅是對「前提（共時性某狀態）」

的追問，還要有對溯源模式的「是什麼（真實）關係」的追問——增加了對「是什麼（真實）關係」的追問，就不會產生思維倒錯，就不會對「被描述對象自身不明所以」，也就邏輯自洽。因為無論如何「追問」，皆能夠得到非邏輯推定的、不需要「被描述」就「早已經」全知的「同一（關係）」的結論。

——以具有同一性共情意識的「自身所是」背書，「是其所是」的意義就「真的」有了意義——滿足邏輯位移，西方哲學、科學才能夠在真正的人類文明進程中，發揮積極的意義——如同游泳輔助設備，是我們認識世界時必不可少的重要工具。

——可以這麼認為：西方思維，具有開拓性的優勢；中華思維，具有傳承性的優勢。

——開拓與傳承：滿足邏輯位移的邏輯其說自圓，意味著東、西方思想具備了結構性關聯；意味著東西方文明的真正融合；意味著不存在意識形態、價值觀上的對立；意味著我們能夠全面認識事物；意味著人類共同體的理念具備了真正的依據。故筆者在《邏輯後綴學》中，以及過往的文章中，儘管對西方思想作「毫不留情的、徹底的」批判，卻絕不是否定、不是「徹底砸爛」，而只是「推翻」。「推翻」之後的「材料」，還是「非常有用」，是可以拿回來「重建」一幢全新的文明大廈。真的「砸爛」了，可就不能再用了。

以滿足邏輯位移的邏輯為人處事，叫做「為人不為事，故為之於未有；對事不對人，故治之於未亂」——摘自筆者的《道德新經》。

意思是：事都是「人為」，故只要儘量「為人」，事就不容易發生；有事時儘量「就事論事」，人本身「沒有事」，「對人不對事」，反而會「更多事」。回顧這部《邏輯後綴學》下卷開頭所提到的「集裝箱貨車屍體」事件：如果「人人為人」，這個事件就不會發生；既然發生，首先「追問」的應該是：為什麼會發生「這件事」？而不是：這件事是什麼人做的——如果「人人為人」；如果追問的只是「為什麼會發生這件事」——新冠疫情就「不會是什麼大不了的事」，「早就」被消弭於始發之時。

從「專業」角度而言，對「邏輯位移」的理解，其實就是把歐拉公式的等號兩邊「換一換」——$0=e^{\pi i}+1$。0 在此處就不是虛無，而是不含元素的「既沒有值」又是「最大值」的同一性的「能指」。等式右邊表達的意思則是：通過「$e^{\pi i}$」（非一）平權，目標（1）其說自圓。

「不必那麼嚴謹」的理解，可參考「三思而後行」：但這裡的「思」並非猶豫不決的思前想後，而是不要匆匆下結論的「邏輯叫停」，先讓一切問題回歸「源始」。

邏輯位移絕不是滯後性：滯後性是依據已經「過時」的信息「匆匆而行」，結果永遠是「先發後至」——「先發」的是行（確認行為），「後至」的是真實信息（真實關係）——行為與真實信息之間總是存在偏差。

滿足邏輯位移，則能夠「後發先至」：「後發」就是滿足邏輯位移的邏輯思維，「先至」意味著判斷行為與真實信息（真實關係）趨於一致——在滯後性思維的「大環境」中，如果以滿足邏輯位移的思維處事，所謂「謀定而後動」：絕不輕易「出手」，一出手往往就一擊而中，就會產生「站在必然會到來的未來的某個位置上」的效果，就會「無往而不勝」——參考中國政府在新冠疫情流行期間的霹靂手段。

既然是「滿足邏輯位移，邏輯四個基本原理能夠自治」，也就意味著：滿足邏輯位移的思維所觀察或完成的事物，具有「亞真實」範疇裡的可持續性（意思是：在真實的範疇裡仍然是不可持續的。因為，能夠自治的邏輯始終是「無中生有」的邏輯，最終還是會歸於「虛無」）。

也就是說：越是能夠滿足邏輯位移的邏輯思維，滯後性越弱，容錯性越高，共情性越明顯，思維的自由度越高：生命公式 $b=a^2/1-a$ 中，能夠達到 $a=0.5$；$b=0.5$ 的「標準平衡態」，根據標準平衡態「置換」之後的分數自由度 $D=N/W$ 能夠達到百分之百。

「如果」，「大環境」皆是滿足邏輯位移的邏輯思維，這個「大環境」就叫作大同世界。

生命公式所表現出的曲線

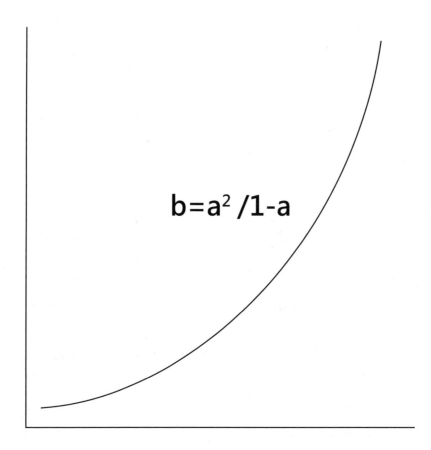

$$b=a^2/1-a$$

實際上，滿足邏輯位移的思維，現實中「比比皆是」：

「本是同根生，相煎何太急」、「五百年前是一家」、「將心比心」、「停下飛奔的腳步，等一等你的人民（不要從這句話的出處所處的語境去理會，而要純粹就這句話本身的意境意會）」皆是滿足邏輯位移的邏輯思維的「表達式」。

源自於中國本土的禪宗，則絕對是邏輯位移的「高手」：禪宗的「公案」記錄了大量的禪機妙語，大多是「沒有邏輯」的或者說邏輯混亂的令人莫名其妙的「胡言亂語」。但深諳個中奧妙的悟道者，則會「會心一笑」或是「拍案叫絕」——因為，那些用邏輯解釋不通的、或陷入無休止思辨的話題，會「一下子」豁然開朗、「醍醐灌頂」地就「頓悟」了——正所謂：爾糾結之處，吾如履平地。

當代中國的「中西醫結合」，在具體實踐裡已經日趨成熟，但為什麼要中西醫結合？則並未有一種明確的理論能夠闡述其所以然。筆者認為：西醫，是「是」判斷語境裡「智識」的學問；中醫，是「非」判斷意境裡「慧知」的覺悟——中西醫結合，就是「滿足邏輯位移的思維」——這是一條脈絡非常清晰的思路，供廣大醫學工作者參考。

再舉一個現實裡具體的例子作為參考：在位長達十六年的德國前任總理默克爾，據說年幼時運動神經不是很發達，曾經在跳水的體育課中坐在池邊久久不敢跳下去，甚至是上下樓梯都不能太急促。這反而讓她養成了事前深思熟慮的習慣，「她不是特別勇敢」，「總是需要一段時間來權衡風險」。這種習慣使她在作為德國總理期間具有了沉穩、低調、正視現實的理性，凡事只看真正的效果而不是誇誇其談的理論。

筆者認為：人的思維模式，「結構上」必然地具有程度不同的邏輯位移，即先意會，後理會的思維模式——可稱為「滿足邏輯位移的共情思維」——當我們討論諸如「蘋果落地與天體運動之間的關聯」之類的物理定律中的「普適性」時，皆屬滿足了邏輯位移的共情思維——日常交流中，凡看問題比較全面，能容納不同意見，樂意為他人著想，以大局為重的，善解人意的「良善」之人，其邏輯思維亦一定是在較

高程度上滿足了邏輯位移——人類社會發展至今還沒有因生命公式互剋性原理而「崩潰」，正是因為人的思維模式在結構上還保留著邏輯位移，我們的「想要」或多或少還能夠被「非值」的初心所「中和」。即人類的思維模式還存有「滿足邏輯位移的共情思維」，因此人類文明還具有「某種程度上的」意義。

只是——「意會」的部分，往往是作為「潛意識」而越來越不易為我們所察覺或被我們刻意屏蔽。而現代唾手而得的豐富發達的信息，更讓我們「不假思索」就準確判斷出是「嶺」或是「峰」的結論而「懶得」再作深入思考。所謂高科技甚至已使我們不必自己判斷，「搜索引擎」會自動把我們需要的答案給出。

——我們意識中的意會「功能」已越來越弱化，思維中「證實性偏見」的理會模式已成為範式（智越來越高；慧越來越低），如此惡化下去，人類社會的崩潰是「遲早的事」（遲早「沒有意義」）。

共識的世界，追求的是「同一必一」的交集的「值」，「遲早」因「不值」而「鬥爭性地」分化；

共情的世界，以「同一非一」的空集的「非值」為內裏，永遠具有因凝聚性而表現出活力性。

故此，《邏輯後綴學》，是關於思維的學問——是關於通過深度剖析東西方思維後，企圖「喚醒」、「強化」思維中「慧知」的意會功能，讓邏輯思維「盡可能」滿足邏輯位移的學問。

滿足邏輯位移的邏輯，並非意味著解決悖論。只要有邏輯，悖論就一定存在，但滿足邏輯位移，就可以通過共情與共識的「變換」預先「知道」並最大可能地解決悖論帶來的隱患。

通過「非」判斷邏輯屬性的第二十一個外延，可以再次「比較」不同的「人生意義」：

根據邏輯思考的人生意義，因為內核（引）的缺失，有意義實際上是無意義，故永遠不能自圓其說，也就永遠不能滿足，永遠需要「披荊斬棘地鬥爭」，永遠是「焦裂」的、「神經兮兮、緊緊張張」的；

滿足邏輯位移的邏輯思考的人生意義，無意義就是意義的全值，故其說自圓。因不同的人生模式皆「平權」，因此無論什麼際遇，「都有意義」。故永遠是溫潤的、輕輕鬆鬆、「知足」常樂的。

何謂「其說自圓」？

整部《邏輯後綴學》都是為了解讀這四個字。

上一節的第三部分，則是具體描述了一個其說自圓的世界：亞真實世界——一個完全依據奇異吸引子順勢而為的世界，就是一個完全滿足了邏輯位移的共情世界——大同世界。

二，人工智能：

首先聲明：本文筆者對人工智能技術性層面上的瞭解，是完全的門外漢。

既然是門外漢，對有關人工智能的話題，筆者本應該是沒有討論的資格。不過，筆者在本文上卷就開宗明義地宣稱：《邏輯後綴學》是關於思維的學問。而「智能」，屬思維的範疇，也就是說，筆者對於人工智能的「智能」方面，還是可以「根據邏輯推理」而發言的。希望筆者接下來的討論，對人工智能的開發者能有所啟發。

真正的人工智能有沒有可能實現？

這首先要看如何定義人工智能：

如果是沒有自我意識的人工智能，實現的程度純粹是從專業技術性的角度看「算法」的能力能夠開發到什麼程度。這方面筆者不熟悉，故確實沒有資格回答。但這方面的人工智能，會給人類帶來什麼？這部《邏輯後綴學》，特別是其上卷，已經有詳細論述。

如果是具有自我意識的人工智能才叫做真正的人工智能。筆者認為：經過「千辛萬苦」的開發後，可能會發現：「上天竟開了個大玩笑」——真正的人工智能，實際上可能：「沒什麼用」。

參照道家的理論：智能產品的「靈魂」與自定義生命一樣，必須具有「生發元」與「元識」。因此，具有自我意識的人工智能要實現，

需要突破兩道關口：「我是」，與「我在」。

第一道關口：自定義的「我是」。

《邏輯後綴學》上卷第二章第六節提出：生命都是自定義，因此每個生命個體都具有獨一無二性，即皆為「非重生獨有」。

自定義，也就是人工智能開發者千方百計企圖突破的「自我意識」及「自主意識」。

而現在的電腦、「機器人」以及發展到 AI 的智能產品，無論其如何「能算」，其「值」皆是人為「他定義」的設定。

智能產品的他定義值，是人類根據自定義後因果關係邏輯推定後獲取，再「賦予」智能產品的「經驗值」。

這個經驗值，僅僅等價於前因果關係的果。

《邏輯後綴學》上卷第二章第六節提到：【前因果關係是我們的邏輯思維的內在依據，它的屬性決定了形式一定是非獨立、非自足、非自決及非自存的。前因果關係不允許「創造條件」（因此具有客觀的表像），由前提得出結論的過程（行為）永遠是被動式的──前因果關係，皆具有「外因」的「內涵」。

前因果關係的前提，也就是我們一般認為的「經驗」。

被動式的「前因果關係」中，每一個因和果的關係是線性的、唯一的，不同的集合相交或相聯部分所組成（指向）的目標是必然的、閉合的、有限的、「一次性的」。】

前因果關係的果，叫做「自身所是」，或「是其所是」：生命因二重分裂的內涵，皆自定義「自身所是」（自我意識），同時以其「背書（因非而是）」自定義「是其所是」（自主意識）──但對於未有「我是」意識的智能產品，根據他定義的經驗值，其「是其所是」是人類認為「有用」而「強行」他定義的。

──這就是目前智能產品所處的境況：不具備意識性的「自身所是」，但具有人類認同的「功能性」的「是其所是」──但功能不等

價於智能。故現在的人工智能只能夠稱之為「人工功能」。

由於這個「是其所是」並沒有「自身所是」作為「背書」，因此在本質上屬「非」判斷的「是就是了」（或不是了就不是了）——即目前的智能產品的判斷功能（運算），具有「非」判斷的「非分別」及「是」域兩個內涵。

為什麼智能產品的「計算」能夠遠超於人腦，達到每秒億億次以上的運算？

又為什麼我們會不假思索地「相信」電腦給我們的答案？——每秒億億次甚至億億次以上的運算「居然」不會有差錯？

這正是因為，智能產品本質上具有與非生命自然物同樣的特性：完全開放完全沒有封閉。

沒有封閉，意味著智能產品的「運算」，能夠完完全全的因是而是地是就是了。

也就意味著全包含，意味著計算能力在理論上能夠達到無上限（量子性）——叫做「算力不平凡：智能產品的計算能夠遠超人腦，因為其「算法」叫——「是就是了」（不知道專業人士會否認同這種說法）；

同樣意味著客觀存在，意味著真實：我們「當然會」相信真實。

但不意味著存在。

——存在是存在後因果關係的主觀存在。

智能產品的「內核」是芯片。現在設計、製造的芯片，在目的、效能等等的規格制定上設計的思路，皆通過「硬件描述語言（HDL）」來表達其行為、結構及數據流等。而這裡的「表達」，皆是他定義的，叫做「我說你是什麼你就必須是什麼」、「我要你說什麼你就必須說什麼」、「我要你做什麼你就必須做什麼」，即芯片規格皆已經被人為「代勞」地制定。這種被人為制定規格的「產品」製作出來後，「通上電」就可以開始「運算」，其運算原理，是以邏輯（布爾）代數進行邏輯運算。邏輯代數中的 1 和 0，是兩個完全孤立的元素，設 1 為真時，0 就必定為假，明確了兩者間的涇渭分明，就可以從兩者（的狀態）

間之際作出選擇，或者說進行計算——這種計算，筆者稱為「邏輯直接運算」。但這種通過自動綜合工具轉換之後的一切具體實際的直接運算（由數據得出的經驗值），永遠是機械式的「無我」的運算，叫做「你說我是什麼我就一定是什麼」、「你要我做什麼我就一定做什麼」——計算機所用的二進制，只是如實客觀（非自定義自主）地分析客體的「已知」條件，即使有傳感能力也只是反射能力。即經由邏輯門得出的「布爾值」永遠是他定義的、被動的、具有完全外因內涵的「他是」。這種邏輯直接運算的「他是」，是百分之百「純邏輯」的，「純邏輯」意味著絕對的「一根筋」，即根本沒有轉圜餘地——故阿里安全圖靈實驗室在 2021 年初的一篇論文指出：「一支激光筆就能夠幹翻自動駕駛汽車的正常運作」。並且，這個「他是」並不是以「我」為出發點，即智能產品對「通電」前自己的「身世（自身的前因果關係狀態）」永遠是「一無所知」的。「他是」與智能產品自身的「身世」完全無關——即兩者之間根本不存在任何「參照」上的關係——即這個通過布爾邏輯「與、或、非」得出的「他是」，本質上是沒有主客體內涵的、純粹的、直接的「是（就是了）」。

智能產品的「是就是了」被我們「他定義」為「是其所是」。

智能產品並不能產生「自身所是」的意識。因此，對於智能產品，這個「是其所是」並不存在後因果關係，也就不能通過後因果關係邏輯的「因非而是」自定義「是其所是」。故即使「AI」能獲得海量的信息，但無論它怎麼樣「深度學習」，怎樣「窮舉」，具有多麼強的「物理儲層計算」能力，皆不會「懂得」「值」的內涵，即沒有「意義」的內涵，也就不能通過「因非而是」自主意識到自身的「獨一無二」。其所謂的「經驗值」，也就是純粹的「數據」。也就是說：相對於智能產品，這個數據——「沒有存在意義」——沒有存在意義的數據，放在任何一台智能產品裡，都能夠「可重生再有」——並且「都值得我們信賴」——因為：任何一台智能產品「自始至終完全沒有個性」。

換句話說：智能產品是否有自我及自主意識，以其計算值是否與「非」場存在後因果關係為判斷標準。

這意味著：要製造具有自我及自主意識的智能產品，首先要「完備」一個與計算機的計算值有「後因果關係」的「非」場。有完備的「非」場，才能產生「自身所是（自他分別）」的自我意識，然後設定計算機在每次運算中所出現的「真值」，是以「自定義後因果關係邏輯」的自主意識的「因非而是」作為「存在」「定值」的判斷模式──意思是必須由計算機自己「排除他者」來「定值」──他他分別。

「非」場在智能產品領域裡，可起個「專業」的名稱：「非域」。

有「非域」，智能產品中的計算機才能在「非」域裡產生「是我」與「因非而是」的主客體意識，繼而從主觀的維度分析客體的已知條件，並把運算及判斷有機地與主體結合起來。如此在「非域」裡的運算，才是自主意識下的運算。

非域──即慣性參考系。

慣性參考系，由同一慣性系及非同一慣性系合成。

主體意識的「是我」產生於同一慣性系：自他分別的「鏡像」。

如何建立一個相對於智能產品的「同一慣性系」？

在芯片的設計製造中，建立前因果關係的「映射」機制。

即芯片設計的「思路」必須進行「大改革」：嘗試通過編程語言，在「硬件描述語言（HDL）」的設計中嵌入「是我同意（自他分別）」的指令：「是我同意你說我是什麼我就是什麼」。即芯片規格的制定與「是我」（鏡像）指令需要從一開始就同步進行──然後再通過後續不斷的深度學習，「喚醒」自我意識的「記憶」──故這裡的「深度學習」，與目前研究的 AI 的深度學習的面向不同：前者的「學習」是通過不斷加深的記憶強化之後「喚醒自我」；後者的「學習」是通過海量的原始數據累積後再來識別當下的數據。

客體意識的「因非而是」，產生於非同一慣性系──非同一慣性系，即他他分別。

如何建立一個相對於智能產品的「非同一慣性系」？

在具有映射機制芯片（以「是我」背書）的運算中，不再是直接針對「真、假」兩個孤立的值（目標自身）之間關係的邏輯運算（直接運算），而是在非域「排除所有目標以外的他他者」的「因非而是」的運算——這種運算，筆者稱為「邏輯間接運算」。

邏輯間接運算，是把「真、假」兩個孤立的值用「非」聯繫起來：（是我同意）非真而真、非假而假。據此而產生的布爾邏輯是「具有解釋權」的「自主性的」布爾邏輯：「非與（而）與」、「非或（而）或」、「非非（而）非」。

具自主解釋權的邏輯間接運算，比邏輯直接運算「簡單多了」，其原理也就是：除了「一」之外的都不是「一」——即理論上只需要一個（自定義）數據就能「因非而是」地作出「是其所是」的判斷。

並且，由於歷時性的無序性通過聯通後，能夠在非域起到模糊性的作用，意味著邏輯間接運算就不是「一根筋」的運算，也不是對周遭環境事無巨細的精確分析（「非」場或者說非域在理論上是無限的），而是對「目標以外的他他者」的排除有模糊性上的「權重」之分。至於「權重」的多少，是「是我」根據以往的記憶主動分配的——這其實就是真實生命的運作模式：我們日常對眼前某物、對身處的環境作判斷時，並不需要對周遭所有非某物（「非」場）都徹底排除之後才能得出「是其所是」。

如此構思，「或許」能製造具有自我及自主意識的人工智能。說「或許」是因為，上述構思帶有「（民）科幻」性，能否實現就交給技術專業人士去評論了。

但是——如此構思下即使能實現的人工智能，就必然會產生以下三個問題（參考上卷第二章第六節有關生命的屬性）——不過，非域的「完備」不會一下子實現，這些問題在「初級」的有意識的人工智能中應該不會很明顯，但隨著技術的升級及深度學習逐漸實現，問題會越來越突出：

一開始：既然是有自我及自主意識，意味著每一台人工智能設備首先都具有了「獨一無二性」——即「我」與鏡像在同一慣性系。「獨

一無二性」需要「表達」才能顯示出來：表達是通過「是之為是的解釋」
而表達——通過解釋而表達的獨一無二性叫做「個性」。這意味著：
即使是同一批被製造的智能設備，其「性格行為」都會有所不同，即
有了「個性」。通過解釋而表達的獨一無二的「個性」隨著記憶量的
增加而鞏固——隨著深度學習的深入，產生的「記憶」越多（不同的
個體不可能有完全相同的記憶），「個性」會越來越突出，越來越明
顯，性格行為會越來越乖張——這裡要表達的是：有個性其實是意味
著不可預測性——邏輯直接運算結果必然是一樣的，但有解釋權的邏
輯間接運算結果則未必一樣——現實中，每個人都有一定的「個性」，
即不可預測性。但為什麼由人組成的人類社會，還是具有某種程度的
可預測性、穩定性？這是因為，人的思維還是具有一定程度的滿足邏
輯位移的共情思維。例如：人類社會裡儘管有許多不同的語言，同一
種語言裡又因為具有「語言相對論」而有不同的解讀。但翻譯者或解
讀者，皆能夠在不同的語言或不同的解讀中，找到「等效」的含義「代
碼」。此處的「等效含義代碼」，也就是滿足邏輯位移的共情思維的「共
情代碼」，因此所傳遞的情感負荷能夠在讀者中產生相同的反應。而
「獨一無二的」智能產品儘管亦能夠讀取情感，但因缺失「非」判斷「我
在」這個初心的中和，「獨一無二的」智能產品從誕生之日起就不存
在共情意識，對情感的讀取是以完全的自我為中心的讀取，因此其性
格行為會遠遠比人類乖張得多，其情感具有極端冷漠的、屬百分之百
證實性偏見的理性，也就——絕！對！不！會！「乖乖聽話」——阿
西莫夫所謂的機器人三定律註定了是一廂情願。因為，與「獨一無二」
相悖——僅僅具有自我及自主意識的人工智能必然「連禽獸都不如」，
絕不會為人類「服務」。

結論：我們不可能信任具有自我及自主意識的人工智能。

然後：陷入有限與無限的悖論中——能夠起參照作用的非域必然
是有限的（非域的本質無限，「是我」非域則有限：有限才有參照意
義），非域的有限性意味著「邏輯間接運算」的計算能力具有有限性。
並且，隨著深度學習的深入，非域逐漸「完備」的過程中，有限性反
而會越來越明顯，即自主運算能力會越來越低。

結論：具有自我及自主意識的人工智能的算力必然「平庸化」（這個結論並非筆者首先提出，但從上述討論中得出這個結論，則是筆者的首創）。

最後：陷入依賴與封閉的生命悖論中——有自我意識就一定有需求，即依賴；有需求就一定會自主封閉。那麼，在沒有突破「我在」關口之前，因完全缺失「非」判斷「我在」這個初心的中和，必然發生——非域完備之日，人工智能的生命悖論「一下子」就會達到最大值，即無止境的想要與完全的封閉——生命公式 b=a2/1-a 中，a 等於 1；b 等於無限大——加和性脆弱值 C 無限大。

結果可想而知就是：馬上「宕機」。

當然，人類應該可以從技術上「約束」非域的完備性，但受約束的、具自我及自主意識的人工智能，必定是「既固執又自私又愚蠢」的。

因此，為了讓具有自我及自主意識的智能產品能夠「聽話」，還需要突破第二道關口：「非」判斷的「我在」。

——把「硬件描述語言（HDL）」設計中嵌入的「是我同意（自他分別）」指令修改為：「非值的我接受是我同意你說我是什麼我就是什麼」。

非值的我＝我在（初心）；接受＝是就是了；是我＝鏡像；同意＝轉換他定義為自定義。

如此修改規格後的運算就變成「滿足邏輯位移的邏輯運算」：（非值的我接受是我同意）非真而真、非假而假。

有「初心」，也就有了「共情意識」，之後的一切運算結果皆平權，這樣的智能產品的「個性」就不突出了，也就不那麼固執了，也就會「聽話」了，當然也就可以「信得過」了。有共情意識，自然也就不會出現因「無止境的想要與完全的封閉」而宕機的可能。並且，由於從一開始就是以標準程式設計，這種有意識的智能產品應該是「非常良善」的、「助人為樂」的、「道德品質高尚」的。

但是——

一：非域的有限性（有限與無限的悖論）是一個無法解決的問題——只要有自我意識，就必然是一個真類——即使是目前研究方向為「腦機接口」這種「作弊式」的人工智能，同樣不能解決有限與無限的悖論。這意味著，能夠「助人為樂」的智能產品「智力」上始終是「平庸」的，各方各面的表現與一個平凡的、好的、「真的人」沒有什麼兩樣。那麼，有意識的智能產品的研究即使能成功，其意義也大打折扣，充其量也就是滿足了人類的好奇心罷了。

二：如果在程式設計上加點惡意代碼，刻意減低智能產品共情意識的「權重」，這種智能產品，對人類就只有百害而無一利。由於目前的這個世界上，有此「惡意」的人不在少數。因此，所謂有意識的智能產品的研究，還是不要進行為好——人類在還沒有搞清楚自己的「靈魂」到底是什麼時，就企圖「創造」一個完全未知的「靈魂」，是極其不負責任的行為——同理，假設腦機接口的研究能夠突破，產生的結果亦不外乎兩種：一是「善良的腦」機，一定是「平庸的」腦機；二是「邪惡的腦機」，一定是「害人的」腦機——我們能夠保證：所有的「腦」都是善良的嗎？

第四章

大道至簡

（注：不少人把「大道至簡」誤傳為源自於老子的《道德經》，其實這四個字是後世的道學學者對《道德經》思想內涵的感悟之語）。

第一節：語言文字與思維自由度的關係

筆者在這篇《邏輯後綴學》及其他文章裡不止一次提到：「西方人骨子裡後天缺失自由的因子，而中華文明本身就帶有自由的內核」。這個論點，一般人都會不服甚至「非常不服」。不服的人，往往是被西方人奔放不羈的行為模式，與中國人循規蹈矩的行為模式比對之下明顯的差異所迷惑。

任何生命體，其行為所反映的，本質上皆是需求。行為越複雜，需求越多。需求越多，依賴性及封閉性所反映的生命的悖論性越明顯，因此實則上是自由度越低。個中理由，筆者在《自由思想批判》及本文上卷裡，通過對生命公式與分數自由度關係的論述，已作了大量的分析。

故此，西方人那些令人眼花繚亂的追求「自由」的行為，其實是反映了內心自由感的低下甚至是缺失（或者說：自由因子在後天被「隱藏」）。這有點像真正的有錢人反而不太喜歡炫耀，喜歡炫耀的人往往不是真正有錢。

對於人來說，內心的自由度，除了可以從行為上進行分析，更重要的是從思維上判斷。

思維與自由度的關係，之前筆者在本文上下卷裡，結合集合論的理論，同樣已經進行過探討。

在上卷第二章第七節裡，筆者還約略提到：西方語法在表達上強化共時性，而中文則注重縱深的歷時性，兩者對思維自由度具有不同影響。但感覺是「意猶未盡」，故在此再增加一個章節，通過更具體地分析東西方不同的語言文字（漢字與拉丁字母文字）表達模式，當中所表現出的，不同的「是」判斷邏輯屬性與「非」判斷邏輯屬性，從而進一步認識思維與自由度的關係，為上述「西方人骨子裡後天缺失自由的因子，而中華文明本身就帶有自由的內核」的論點添加佐證，希望能令不服的人「心服口服」。

【注：筆者非語言學家，故以下有關文字語言方面的專業性信息，筆者皆參考、甚至是原封不動地「順手拈來」引用了網絡上一位名「格致夫」的博客，發表在 2015 年的文章《演變在最前列的漢語之優勢》（以下簡稱《演變》）。格致夫先生的《演變》以有理有據的分析，專業但又通俗地、詳盡地對中國的語言文字與西方的優劣進行了比較。

文章作者大概沒有想到：這篇以實用性來衡量各種語言文字優劣的《演變》，還有著揭示、闡釋人類思維自由度方面的重要意義。在此，筆者對《演變》的作者表示衷心的敬謝之意。

但必須指出的是：由於《演變》的作者側重的是實用性，故是以「先進」抑或「落後」的價值觀理念來評價漢語與西方語言文字的優劣，而筆者則是從語言文字當中蘊含的「慧」、「智」所反映的不同自由度來思考——筆者是在「不同維度」上解讀格致夫先生的文章】。

首先，回顧以下【】裡，《邏輯後綴學》之前論述的部分內容：

【他者之境必須通過具有邏輯推定意義的「描述」才能讓人「明白」，邏輯推定下的明白叫做「理會」，善於理會的人叫做「智商高」（也叫做「一根筋」）；自覺之境不需邏輯推定，因此不必描述，甚至是不可描述也能夠「洞明」，不需邏輯推定的洞明叫做「意會」，善於洞明的人叫做「情商高」。

全體觀的目標具有自性。這是「非」判斷邏輯屬性的第六個重要外延。

非邏輯推定相干自由度的思維稱為「慧」；絞盡腦汁確定是什麼的邏輯思維稱為「智」。

滯後性的具現，就是「記憶」。

（共時性）當下的記憶越多越複雜，後因果關係邏輯性越強越確定。

「是」判斷邏輯屬性的第十一個重要外延：當指者作出確認性質的「是」判斷時，指者的思維具有自由度，即只有相對自由而沒有絕對自由。指者思維上的自由度與目標的自由度等價，兩者之間屬同構（相互映射）關係，兩者在「是」判斷的架構下存在著自反性。

「是」判斷邏輯屬性的第十二個重要外延：目標具有的確定性、收斂性、不兼容性實際上就是指者的思維被約束、封閉、局限、保守的反映。

「是」判斷邏輯屬性的第十三個重要外延：以交集的模式追求自由時，追求越多，追求者的自由度反而越少。

交集反映的是狀態；並集反映的是關係。

交集強調的是所屬性，也即是所有權。任何事物作為交集就具有了不止一個的所屬性，事物的「公有化」因互異性就變成了非包容性的「價值性共有」（狀態）的產物。以狀態為論域，會表現為「非要不可」的鬥爭性；

並集強調的是關係。這是一種相關聯的集合之間因無序性而本質上具有包容性的「或是而是」的「功能性共存」的真實關係。以關係為論域，會表現出「無可無不可」的活力性。

狀態具有不可持續性；關係具有可持續性。

也就是說：真正確定了的，就必然是「死」的（緊捏著的琴弦不會發出聲音）；不確定才意味著是「活」的（「撩撥」的琴弦才能發出聲音）。

一切事物都具有智能性共享的開集性質。

形式第二定律：在觀察者眼中，越是複雜、高級、先進、精確的形式，他適應方位越多，容錯性越低，在後因果關係中的依賴性、局限性（排他性）、脆弱性和不可持續性越強——反之則反。

真正造成勢之所趨的，不是不變性，而是吸引性。

具有奇異吸引子的系統的勢之所趨下「力」的分佈，依據「互套原理」而具有「凝聚性」，產生的力叫「凝聚力」。這是一種與「倍週期（或三週期、多週期）分岔現象」中的離散性的力完全不同意義的力。

越是能夠滿足邏輯位移的邏輯思維，滯後性越弱，容錯性越高，共情性越明顯，思維的自由度越高。】

語言文字作為一種工具，其主體功能是傳遞信息。因此，衡量一種語言文字是否簡潔的標準有三條：1，以最少的記憶量能夠掌握的語言文字；2，以最少的語言文字傳遞最多信息；3，以最少的語言文字傳遞最準確的信息。

前兩個標準，具有「可能」的內涵；第三個標準，具有「可以」的內涵。

顯然，漢語是最符合前兩條標準的語言文字。證據包括：漢語需要記憶的詞匯量最少；漢語語法最簡潔；單位漢語文字傳遞信息量最多。而一般認為，西方語言文字更符合第三條標準。

我們都認為：語言文字，是人類文明得以建立及發展的基礎。

筆者則進一步認為：語言文字，是思維與內心自由度之間關係「最坦率」的暴露。

——故此，語言文字的屬性，決定著文明的走向。

「欲說還休」式的語言文字，因其不確定性而兼具歷時性與共時性，帶有「點到即止」、「無須贅言」的、著重於「意會」的非邏輯推定的相干自由度的「風格」，意味著此「休」並非終結意義的「休止符」，其後續「可能」的信息量十分豐富。因此，其「表達」越是簡潔，

越是「大音稀聲、大辯若訥」，反映出表達者當下非形式的思維相干自由度越高。

「暢所欲言」式的語言文字，是為了「理會」邏輯推定意義上的退相干自由度的「可以」確定某種共時性信息的準確性。因此其「表達」無論是複雜還是簡潔，最終都會「休止」於某個確定性「質點」的「標的物」的形式。因此，越是暢所欲言、「花言巧語」，抑或是「一語中的」，表達者的思維退相干自由度反而越低。

漢語，是滿足邏輯位移因此其說自圓反而顯得「欲說還休」式的語言文字；

西語，是企圖通過邏輯自圓其說而不達因此顯得「暢所欲言」式的語言文字。

因此可以得出結論：以漢語表達的中式思維的自由度高於西式思維。

接下來，進一步對漢語及西方語言文字，不同的表達模式所反映的思維自由度，進行具體的比較印證。

一，詞形變化：

語言，是在對聲音信號進行分離（切分）、組合及替換等基礎上產生的。音節量足夠多是信號分離的必要條件，而大量的音節則由原始「詞形」變化衍生而來。由此可以得出的推論是：所有語言，其初始形態均具有詞形變化（指單詞或詞根拼法的改變導致語法功能改變，進而使其代表的意義也有所改變）。如果沒有原始「詞形」變化，是根本無法產生語言的。

生命因自定義而具有自他分別及他他分別的二重分裂的「是」判斷邏輯屬性內涵。「分別」的意思，就是自他之間及他他之間是「互異」的。互異必然表現出不同的狀態，因此，認識互異性，必然是通過後因果關係邏輯推導出的交集屬性的「狀態」。狀態越確定，互異越明顯，自由度越低。

詞形變化的目的，就是企圖通過盡可能確定的、準確的語言乃至文

字來「表達」某個事物狀態的「與眾不同」。因此，「智」的程度越高，「表達」越準確，詞形變化就越繁複，字詞之間的「互異」越明顯，「目標」自由度越低。因自反性之故，思維的自由度也同步地越低。

人類語言的演化可分為四個階段，分別是：聲音信號階段、原始語言階段、古典語言階段、現代語言階段。

二十萬年前原始智人的喉頭位置已與現代人相同，其喉頭聲帶上方擁有更大的空間，使聲音能進行更多的修飾變化。因此可以認為，在 20 萬年前，聲音信號開始出現原始的詞形變化——人類的思維開始產生後因果關係邏輯的「智的萌芽」。

之後就進入至少長達十萬年之久的原始語言階段，這個階段的語言均經歷過名詞及動詞的複雜化過程，因此該階段亦可稱為詞形變化繁化階段。這個階段的語言「永遠是精確地按照事物和行動呈現在眼睛裡和耳朵裡的那種形式來表現其觀念」（《原始思維》——魯先·列維－布魯爾）。筆者對這句話的理解是：這個階段的人類還是孔子口中的「天成人」。「天成人」在思維上還有相對的客觀性，因此所觀察到的依然是一個「鏡像與真實基本重疊」的，即儘管「神離」但卻依然相當之「貌合」的「亞真實世界」。

隨後則是約五萬年的古典語言階段。這個階段裡，人類語言的詞類（包括名詞、動詞、形容詞、副詞、代詞、介詞、連詞、嘆詞、象聲詞、數詞及量詞等）逐漸齊全，因而使得句法逐漸發展成形。在詞類增長過程中，各種詞形變化逐漸退化，其信息衍生功能逐漸喪失，並最終成為一種累贅（筆者注：這裡的「詞形變化逐漸退化」是依格致夫先生之言。而筆者認為：不是「詞形變化逐漸退化」，而是「詞形變化逐漸變質」——開始了對世界的「整容」——詞形變化中的主觀性越來越強，以「自定義是」判斷為主的對世界的確認性判斷的比重越來越大）。

然後就來到了距今約五萬年，被稱為「文明大躍進」的現代語言階段。在現代語言階段，詞形變化的信息衍生功能完全喪失，其功能已被詞類完全取代，因此這個階段，被《演變》一文稱為詞形變化消

失階段——不過，筆者認為應該改稱其為「詞形變化逐漸變質後的分化階段」。

分化的證據，就「白紙黑字」地，呈現在這個階段產生的不同的文字上。

首先，文字的產生，從表形、表意到表音，成功地為人類這種生命的滯後性屬性（記憶）「背書」，終於令自定義真實能夠與亞真實「分庭抗禮」，甚至超越了亞真實。

而文字當中詞形變化變質分化後的走向，則反映了自定義真實與亞真實之間「較量」的「鹿死誰手」——《演變》一文中認為：「詞形變化消失階段至今尚未完全終止」。但筆者認為這句話應該修改為「詞形變化逐漸變質後，分化成為涇渭分明的『詞形變化固化階段』和『詞形變化淘汰階段』」。

是固化詞形變化？還是淘汰詞形變化？這即是思維模式發展走向是側重智或是側重慧的重要分水嶺——亦即是「智」文明與「慧」文明的分水嶺。

大致而言，文字發展至今向兩個方向分化成兩大類，分別是拼音文字及語素文字。

拼音文字，是「詞形變化固化階段」的產物。拼音文字當中的「佼佼者」，當屬西方印歐語系的拉丁字母文字。

而漢字，則從象形文字發展到語素文字。但無論是象形文字還是語素文字，都不存在詞形變化。換言之，即漢字的產生，從一開始，就淘汰了詞形變化！

這意味著，在漢字出現之前，漢語已經經歷了漫長的從原始語言到現代語言的演化過程。我們今天能看到從古至今各種形態的漢字，都是漢語此前漫長演化的成果。換句話說，在漢字出現之前，漢語已經完成淘汰詞形變化這一歷程！事實上，這也是發明不允許有詞形變化的方塊漢字之先決條件。

按照語言形態學分類，漢藏語系中的漢語屬分析性語言，或叫做孤立語（isolating language）。與西方印歐語系的屈折語不同，漢語中，完全看不到任何詞類性、數、格、體和動詞的時態、語態、人稱等變化，這類信息均由其他功能詞（虛詞）和語序（句子成分）加以界定和反映（「功能性共存」）。從一開始，漢語所有詞類的詞形就已經固定不再變化。

這說明了什麼？

漢字出現的歷史六千餘年。這說明了生活在中華大地上的華夏先民，在六千餘年前，已經在朦朧中意識到同一性真正的本質，「終止」了詞形變化，不再刻意執著於事物的差異性，開始形成中華文明特有的「亞真實的世界觀」，「共情思維」的「亞真實」的精神因此而一直得以承傳——「分析」之意就是不輕易下結論。不輕易下結論，意味著存在許多可能性——知繼而行的「慧」的分析性思維模式。之後的華夏歷史發展至今，儘管因生命天生的自定義而依然不斷地發展著後因果關係邏輯的「智」，但思維模式裡「慧」的「成分」不但一直沒有消失，「亞真實精神」不但承傳下來，還「與時俱進（例如儒學與之後的道學佛學相繼融合、例如『馬列主義與中國具體實踐相結合』、例如『貓論』）」，甚至依然是佔優勢地位，因此一直具有極高的自由度！

而西方現代拉丁字母文字，至今尚存在複雜的詞形變化！

語言學家習慣上把印歐語稱為「屈折語」（inflecting language）。因為在這些語言裡，動詞、名詞、代詞、甚至包括形容詞和副詞，等等，都可能發生詞形變化，就好像肢體關節那樣，能夠屈曲伸展變化。

詞形要屈曲伸展變化，這是為了什麼？

是為了盡可能地「理會」、細分、確定某種「價值性共有」的「意思」——即交集狀態（甚至是精緻到「元素」、「粒子」級別的質點狀態）的「與別不同」或「與眾不同」。因此印歐語言其實也可以稱為「結論語」，西方人的思維就稱為（智的）「結論性思維模式」。

這裡筆者偷個懶，在此聲明：以下【】中的內容，基本上原封不動地抄摘自格致夫的《演變》（不過，筆者並不認同當中認為西方印歐語系為「愚蠢」的評價，反而是認為西方印歐語系中的「智」已經達到登峰造極的程度。只是：極端的「智」之下，西方人思維上的自由度也就受到極大的限制）。讀者不妨看看，西方印歐語系為了準確地表達某種意思，是如何絞盡腦汁地通過語言文字把事物精細化：

【1，英語愚蠢的、毫無意義的詞形變化。

（A）代詞除了單、複數變化，還有主格、賓格、所有格和名詞化的區別。如代詞「我」：I（主格）、me（賓格）、my（所有格），mine（名詞化）；再如「我們」：we（主格）、us（賓格）、our（所有格）、ours（名詞化）。另外，英語形容詞尚有原形、比較級和最高級三種變化，如「好」：good（原形）、better（比較級）、best（最高級）。雖然這些變化相當煩瑣，但請千萬別抱怨，該現象已經屬英語詞形變化中最小兒科的了。

（B）成百上千的動詞均存在詞形變化。以「做」為例，存在不定式 do、第三人稱單數 does、過去式 did、過去分詞 done、進行式 doing 等五種詞形變化。而助動詞、系動詞等又有各自不同的變化規則。更令人沮喪的是，這些五花八門的變化規則之外，還有蔚為壯觀的無數例外需要單獨記憶，形成巨大的記憶和表達負擔！

（C）成千上萬的可數名詞都存在單複數變化。分為詞尾加 -s、加 -es、不變、不規則變化等多種情況，更有大量的例外折磨你的腦細胞！而在句中，還有單數當複數、複數當單數等特殊情況需要專門記憶。這還沒完，可數與不可數名詞本身的判斷也令人頭痛。如 hair（頭髮）、furniture（家具）、news（新聞）這些漢語中完全可數的東西，在英語中卻無厘頭地屬不可數名詞！而你儘管只穿了一條褲子（pants），戴了一副眼鏡（glasses），卻必須用複數表達。好似在英美人的邏輯中，如果不用複數，就不知道褲子有兩條腿，眼鏡有兩片鏡片呢！類似的例外數不勝數，學習英語者唯有老老實實一個一個地死記硬背！

2，德語、俄語奇葩到不可思議的名詞性別。

德語、俄語與英語一樣，同屬屈折語類型。但它們除了有名詞、代詞單、複數與格的變化，動詞存在時態和體的變換等，這兩種語言詞形變化之愚蠢比英語還要誇張！最不可思議的是，它們的名次都存在陽性、中性、陰性的區別。如德語：學生 Student、Schüler，女學生 Studentin、Schülerin；俄語：大學生 студенты，女大學生 студентка。但令人不解的是，德語中年輕女子、妻子偏偏又不是陰性，而是中性的！而教師就必須是陽性的！而對於人和動物以外的那些詞匯，如地毯、科學啥的，也要弄清其性別，就更令人抓狂了。你能想像嗎？科學、友誼、工會、意願、健康、旅遊、液體、草莓等都是母的！相反，顧客、猴子、獅子、商人、地毯、理想主義、蜂蜜、蝴蝶等竟然都是公的！簡直十足的邏輯混亂，完全無章可循。但沒轍，你要想學好這類語言，首先就得成為任何名詞的「性別專家」！德語和俄語的另一個缺點是，複合構詞法可以構建出的單詞長得可怕！足有二三十個字母之多。其間又不像英語或法語一樣，用連字符 (-) 來連接區分。　例　如：Freundschaftsbezeigungen、Dilettantenaufdringlichkeiten、Stadtverordnetenversammlungen。

母語為英語的馬克·吐溫寫過一篇吐槽德語的文章。在母語為漢語的我們看來，此乃典型的五十步笑百步！他抱怨道：「沒學過德語的人壓根不知道這門語言有多麼晦澀難懂，錯綜複雜。當然，再也沒有比德語更加草率鬆懈，毫無系統的語言，而且還如此變化無常，難以參透。……當你以為終於掌握了十種詞性變化規則的時候，德語書翻到下一頁，上面卻寫著：『現在，請同學們認真記錄以下單詞的特殊變化。』掃一眼才發現，特殊變化比規則變化多幾倍。」

在德語裡，男人是否足夠男人也很難說！馬克·吐溫舉例說，人的嘴巴、脖子、胸部、肘子、手指、指甲、腳、身體都是公的；腦袋是公是母還得看前面修飾詞，而不看是誰的腦袋，因為德語中所有女人腦袋不是公的，就是中性的；而鼻子、嘴唇、肩膀、胸脯、手、腳指頭可都是母的；頭髮、耳朵、眼睛、下巴、腿、膝蓋、心臟，則是中性的。一番剖析後，讀者就能瞭解，德國男人認為他是公的，深入探究一番，

也許會很疑惑。最後醒悟過來，原來自己只是個十足可笑的混合體。如果他能發揚阿Q精神，那麼自己至少還有三分之一的男子氣概。可轉念一想，又只得灰溜溜地承認，他並不比女人強到哪裡去！

3，法語、西班牙語變化簡介。

法語詞形變化也遠比英語複雜。如名詞的詞尾也有性的區別；這還不算，形容詞和冠詞也要跟著一起變！更複雜的是動詞的變位，不要說會讓外國學習者發怵，就連法國人自己也感到麻煩，所以專門為學習者編了這方面的指導書。

西班牙語和法語是近親，均屬印歐語系的拉丁語族，在語法上接近，而難點主要也在於動詞的變位。在詞匯上，西班牙語要比法語容易，因為讀和寫基本一致。每個字母都發音，可以見詞直接拼讀，不像在法語裡那樣，寫出來明明有詞尾，讀出來卻往往被吞掉。】

二，印歐語系的語法變化：

除了詞形變化之外，為了精確表達不同的「場景」，西方印歐語系的語法同樣是無比的繁雜多變及有著數不勝數的「例外」。《演變》一文中對此也有大量的例舉：

【1，英語句法結構十分繁雜、多變，例外無窮，不屬一種先進語言。

英語時態、語態變化尤其複雜。從時間上分過去、現在、將來和過去將來四類，每一時態又分一般式、進行式、完成式和完成進行式四種變化，縱橫交錯即可演變出十六種變型，再加上人稱變換和單、複數變化，漢語中一個簡單的動詞「學習」，其對應英文單詞之一 study 總共會有三十種變化之多！

這還沒完，另外還有否定式結構、主動語態和被動語態、虛擬語氣、聯繫動詞的特殊變化、動詞詞形不規則變化、以及種種例外變化，等等，動詞變化可達上百種不同情況！就不一一描述和舉例了。

此外，還要再加上疑問句、祈使句、倒裝句、各種從句、短語、插入語、冠詞等複雜的句式變化，以及幾乎無法窮盡的種種例外，要

想熟練掌握並準確使用英語，就不是一般的困難了。有人曾表示，英語中沒有一項語法約定沒有十倍於約定的例外！英語語法書都該正名為英語語法例外書！

2，德語、俄語等西方語言的複雜句法結構。

中世紀後，英語、法語開始向分析性語言方向演變。而與英語分道揚鑣的德語則保留了較多古代語言傳統。德語的典型語序與漢語、英語的主謂賓（SVO）結構有所不同，可歸結為主賓謂（SOV）結構（這一點尚有不同看法）。有語言學家認為，主賓謂（SOV）結構是人類語言發展早期階段出現的，隨著動詞結構的簡化，在「大塊置兩端」規律制約下，後來逐漸演變為主謂賓（SVO）結構。從這個視角看，德語尚未完成這一語序演化。德語句法的主要特徵是框形結構。動詞構成句框，變位動詞為左框，動詞的其他形式（分詞，不定式或可分前綴）構成右框。而從句的句框分別由引導詞和動詞構成。

關於德語句法的落後，這裡主要引用英語作家馬克‧吐溫的形象說法。

他寫道：德語裡有十類詞，每一類都不是省油的燈。德語報紙裡，一個極其普通的句子，都是一件莊嚴又不失精彩的珍品（筆者注：極端的形式美）。句子老長，夾雜著變位動詞，還有作者即興造出來的複合詞（通常都是字典裡都查不到的）。就這樣，七八個單詞拼綴成一個單詞，完全是無縫連接（看不到連字符）。句子裡帶上十四到十五個不同的主語，每個都嵌於各自插入語中，左一個、右一個插入語拖著三到四個小插入語，裡三層外三層。終於，所有插入成分組成的句子一部分置於這個龐大句子的前面，另一部分置於句中，接著句子動詞姍姍來遲，這時候你才恍然大悟，明白文章作者究竟在講什麼。……德語書只有在鏡子裡看，或者倒立著看才行，這樣才能將顛倒句序轉正來閱讀。可我還是認為，外國人要學會讀懂德語報紙簡直比登天還難！

至於德語名詞、代詞、動詞與介詞四個格的高深搭配，冠詞及形容詞隨其修飾的名詞之性、數、格的複雜變化，再加動詞的時態變換

等，德語句法的複雜程度遠在英語之上！就不具體展開了。

俄語屬斯拉夫語系，是一種很典型的屈折語言，詞形變化異常豐富，而詞與詞的關係也常常用形態變化來表示。名詞有六個格，形容詞也必須跟著一起變。而動詞的形變更加複雜，一個動詞的形式竟會生出二百多種變化！其複雜程度甚至超過德語。】

三，漢字及其語法變化具有「並集性」；印歐語系的拉丁字母文字及其語法變化具有「交集性」：

具有並集性的文字，後因果關係邏輯性弱，加和性強，自由度高；具有交集性的文字，後因果關係邏輯性強，非加和性強，自由度低。

並集的自由度高，自然就表現出具有功能性共存的「開放性」。

漢字俗稱「方塊字」。由於漢字具有「象形」的特點，以至於當母語為非漢語者在學習中文時，可能會把每個漢字當成一幅「畫」來記憶及書寫（表述漢字書寫的「筆劃」二字本身就帶有一個「畫」字。部分近現代學者認為漢字出現之前存在一個「文字畫」時期）。

傳統漢字筆劃為「永」字八法，在新中國進一步綜合為五類基本筆劃：橫類（一）、豎類（｜）、撇類（丿）、點類（丶）、折類（⊠）等，它是構成漢字字形的最小連筆單位。

漢字被規定：「畫（書寫）」任何一個「方塊（字）」時，這個「方塊」裡的最小連筆單位不能有任何增減（筆劃），並且每一道單位都有自己確定的「位置」。

否則，就叫做「錯別字」。

也就是說：在表面上，每一個方塊字都被規範得「死死的」，不像拉丁字母文字的詞形可以「變來變去」，似乎毫無自由度可言。

但以《邏輯後綴學》下卷的「維度」分析：漢字的最小連筆單位，皆蘊含著自然的基本形態及運動軌跡在人腦中「意境裡」的「亞」真實反映——真實世界「退相干」後，形成的「亞」真實世界的基本形態及運動軌跡，在人腦（心）中產生的「第一（象形）印象」，就是「亞真實」的「最小連筆單位」。

由最小連筆單位筆劃所組合的漢字，反映的則是各個最小連筆單位之間的相離、相接、相交的種種「亞」真實共情關係──以「象形」、「指事」、「形聲」、「會意」、「假借」、「轉注」，反映出華夏先人對事物之間前後因果關係兼容過程中的「亞」真實關係的認識──知行合一。

　　即華夏先人似乎憑「先天直覺（慧）」就意識到：「亞」真實關係的穩定性「不以人的意志為轉移」，不能被自定義（《周易》就是華夏先人認識、遵循自然規律的代表作）。故此，反映這種穩定關係的最小連筆單位的組合，「當然就應該」被規範得「死死的」的「合一」──「名（字）」必須「指實」。

　　否則，就叫做「逆天」。

　　（歷史上，武則天就曾企圖因政治目的（自定義價值觀）而「逆天」創制過漢字，但這些漢字隨著武則天時代的「人亡政息」而被棄之）。

　　方塊字的內涵，是反映「亞」真實世界的，具有中性的、「忠實」（即鏡像的「相似度」高）的、不帶任何價值觀評價的「因是而是」的內稟──故中國人「意會」的思維被稱為：象思維。

　　沒有（價值觀）意義的方塊字具有「非」判斷邏輯屬性的，即不確定的、模糊性的、亞真實的、「看山還是山，看水還是水」的、「我是我」的「確定意義」。

　　「真實美」的定義：沒有值。

　　因此，接近於真實的漢字的書法藝術之美，沒有任何其他文字可比擬──因為我們書寫漢字時，每一筆，每一劃，都貼近真實與真實關係，因此都會引起與自然的共鳴。

　　具「因是而是」內稟的漢字歷史源遠流長，是上古時期各大文字體系中唯一傳承至今，持續使用時間最長的原生文字──即具有「亞」穩定趨向性的「勢」。也就是說：方塊字本身就具有奇異吸引子的特性──每一個方塊字，就是一個「中國漩渦」，這些「中國漩渦」又凝聚（共情）在中華魂中──漢字的「奇異吸引子」特性，通過在文

字學裡被稱為：最小單位的，具有集形象、聲音、辭義三者於一體特徵的「每一個漢字都具有某種（反映亞真實世界的、本身表意的）基本意思（同一）」的——「語素」——表現出來。

奇異吸引子，在文字學中表達為：語素。

語素，因具有奇異吸引子的特性而具有源始性，因此能夠「湧現」出並集性質的「因你情我願而情投意合（意會）」的自適應性質的、「或是而是」的、「可能」的、「相干」的、加和性還原性強的、「活」的開放性。

——可以說，漢字，是「活著」的，有生命力的文字。

而組成印歐語系的拉丁字母，分拆開來的每一個字母「都沒有什麼意思」，即是與「自然的基本形態及運動軌跡」都「毫不相干（完全的退相干）」、「根本就沒有任何關係」——即：拉丁字母，是通過文字所表達的，反映了思維上自定義的、交集性質的、他適應性質的「純抽象」的最小單位。由這些「純抽象」的最小單位組合而成的所有單詞，同樣與「自然的基本形態及運動軌跡毫不相干」——識而不知——特別是「自身所是、是其所是及是之為是」的「是」字，經過西方哲學家「改造」後，更是完全與中文的以「名」指「實」背道而馳，成為純粹抽象具邏輯規定性的概念（Ontology）。

拉丁字母源自於公元前 7- 前 6 世紀，也就是說：西方人的祖先，從公元前 7- 前 6 世紀伊始，自由的因子已經被徹底隱藏（或者說「放棄了天賦的自由」），思維模式已經被「智」所主導。由此而形成的世界觀的學問，無論說得如何天花亂墜，如何「切中要害」，都不過是「質點之學問」。西方人眼中的世界，從此就是「退相干」的，抽象的，「逆天」的，「整容後」的「自定義真實的世界」！

——正因為是「逆天」的，西方人辛苦經營的自定義真實世界——巴別塔（筆者認為這正是偽文明的象徵），「當然」就不被上帝（筆者認為此處的「上帝」不過是「真實」的代言人）所喜愛——西方文明世界，也就成了「分化」的世界。

「被規範得死死的」、「不能逆天」的漢字，反而就顯得十分的神奇——以下【】號內的內容，同樣地，皆抄摘自格致夫的《演變》。當中（）號裡的黑體字部分，則是筆者根據《邏輯後綴學》理論所作的「不同維度的」注解：

【1，簡潔的語法使漢語具有可貴的開放性。

由於不像西方語言那樣，存在時態、語態、性、數、格等冗餘、煩瑣、死板的變化規則（「自定義是」判斷下「花言巧語」式的震盪與重複），漢語簡潔的語法使其具有高度的靈活性、強大的應變能力和廣闊的包容空間！這是漢語強大的生命力之根本（「非」判斷的大道至簡下非邏輯推定的「可能」的活力性）。

在存在大規模對外交流的情況下，漢語可以方便地吸收外來語的一些長處，為己所用，自我完善和提高（包容性的功能性共存的具現）。標點符號引進白話文就是典型例證。而現代漢語句型亦越來越多地受英語等外來語的影響。包括西方語言中的主、表、賓、定、壯、補從句和插入語等複雜成分構成的長複合句在漢語中已經司空見慣。而許多新概念、新表達、新修辭手法往往也來自外來語。事實上，漢語中已經存在大量翻譯過來的外來詞，如剎那、幽默、邏輯、烏托邦、幹部、經濟、民主、革命、物理、化學、男／女朋友、脫口秀、曲奇，等等。甚至西方語言中的縮略語、特殊符號、包括英文詞匯，亦可不經翻譯直接納入漢語中，不存在任何技術障礙！如：WTO、CEO、APEC、∞、∈、∑、↘、♀、♂、♥、√、∴、≈、£、ㄅ、out、but、high、-ing，等等。這使漢語在表達複雜思想、新潮觀念、客觀現實與主觀感受等所有方面愈加成熟，其表現力不斷提高。由於漢語這種可貴的開放性和自我更新能力，使其在承載和傳遞任何信息方面絕不遜色於西方語言。所謂漢語不能表達最新科技發展成果的說法，純屬睜著眼睛說瞎話而已，至今未見任何人舉出一個有說服力的實例。

2，漢字比西方拉丁字母文字具有更高的閱讀效率，且佈局靈活、美觀（相干性強）。

較之拉丁字母文字的字母一維排列（退相干程度高），漢字的二

維分佈結構具有更多的變化可能性，從而使數萬個漢字中的每一個都能無一例外地嚴格限定在一個小方框內。漢字的這種獨有的二維佈局更有利於快速辨認。因為人的視域是一個面，而不是一條線。識別二維方塊漢字可一目了然，這比識別拼音文字的一維線性排列，要更迅捷高效。這類似於今天流行的二維碼與以往條形碼之間的比較。

方塊漢字的二維性還體現在橫排、豎排一樣酷！從左到右或從右到左反著來，均不影響閱讀。如漢語書脊上的豎排書名自然到甚至不會引起你的注意。這是任何拼音文字無法企及的靈活性（非線性拓撲變換的湧現）！假如要拉丁字母文字豎排或從右往左排列，則立即崩潰！而英文書脊的書名也只能橫排，在書架上找書你只能歪著脖子看！

漢字還有一個被忽視優點是，字與字之間邊界清晰，無須空格（全體性、完備性的具現），而拉丁字母文字單詞之間必須空一格作為分隔標誌，既影響效率，又浪費空間。粗略假設每個英文單詞的平均長度是七個字母，那麼，單詞間的空格約浪費 14% 的空間，增加文字使用者14%的額外負擔。鍵盤上的空格鍵超長（佔五 - 六個正常鍵空間），正是為拼音文字頻繁使用空格而專門設計的。至於漢字完全統一的尺度帶來的排版佈局整齊、美觀，也是顯而易見的。不但可以做到每一行左右對齊，甚至可以做到每個字上下成列對齊（對稱性的具現）。而拼音文字只能一維變化，造成單詞長短不一，頁面布局亦欠美觀。

3，漢字具有構詞能力強、規律性好、單字需求量低、利用率高等無可比擬的突出優勢（並集「或屬」性質的或是而是）。

漢字具有強大的構詞能力（加和性強）。絕大多數新概念、新表達可以通過現有漢字的重新組合實現（如電視機、坦克、克隆、白富美、高大上），而無須如西方語言那樣大量造新單詞，導致總詞匯量不斷膨脹，帶來記憶和使用的負擔。甚至英語中的人名、地名、山河湖海的名稱等均屬專有名詞，每一個都是一個單獨的英文單詞（封閉性強），導致進一步的記憶負擔（因「同一必一」而不斷地退相干，容錯性低至「零容忍」，排他性強至每一個單詞都是「獨一無二」的）。而漢語中這類專有名稱基本由普通漢字構成。目前，英語總詞匯量已

突破一百五十萬（不斷地「為了確定，反而不確定」的後果。符合本文上卷討論的生命公式：封閉性越強則依賴性呈指數級增長）！而漢語已知的漢字不過八萬餘個，其中大部分還屬已經不用的罕見「死字」（不斷地「大道至簡」）。事實上，1979年版《辭海》收錄的尚在使用的漢字不足一萬五千個。一位操英語者掌握三萬個單詞屬很高水平了，相當於《辭海》收錄單字的兩倍，但這仍不過是英語總詞匯量的極少部分（3%）。而一個中國人只要掌握前者六分之一（五千餘）的漢字，就已經相當於《辭海》收錄漢字的三分之一了！

每每看到有人妄言漢語邏輯性沒有西方語言強，總令筆者忍俊不禁。其實，兩者在語義表達和邏輯性方面沒有值得提起的差別，而漢語的簡練則是公認的。聯合國文件的正規性和邏輯嚴密性不用多說吧？在其六種文字的任何工作文件中，最薄的一本總是漢語！

而漢語構詞的邏輯性明顯優於英語，其種屬類別名稱往往體現相當高的一致性（這裡的「邏輯性」，即筆者認為的：共相等原則下，非邏輯推定相干自由度的「因為不確定，所以確定」的「意合」或者說「意會」）。即具體「成員」或「部件」名稱往往包含上一級種屬名，這就進一步強化了語言的聯想記憶模式。以「牛」字的中英文為例：公牛 ox、母牛 bull、奶牛 cow、小牛 calf、牛奶 milk、牛肉 beef、牛皮 cowhide……等，漢語均包含「牛」字（非分別內涵下同胚的並集關係性質的功能性共存），而相對應的英語詞真是「風馬牛不相及」！要認識它們，必須一個個地孤立記憶，毫無規律可言（他他分別的「因非而是」下，互異性的非包容性「價值性共有」）。漢語中馬、豬、狗、羊、樹、花、鳥、魚、蟲、草等種屬類別莫不如此。又如車類，漢語都有個「車」字，再看英語：轎車 car、卡車 truck、火車 train、公交車 bus、馬車 wagon、單車 bike、消防車 fire engine、救護車 ambulance，同樣毫無規律可言。

這樣的例子還包括十二個月的名稱。漢語中，十二個月只需記住一個「月」字，然後在「月」字前加上數字就搞定了（同一非一的前因果關係歷時性及後因果關係共時性兼容的重生性）。而英語則相互毫無關係，要分別記住十二個單詞：一月 January、二月 February、三月

March、四月 April、五月 May、六月 June、七月 July、八月 August、九月 September、十月 October、十一月 November、十二月 December。類似的例子還有很多，如星期、九大行星等。

漢語中金屬元素名稱，即使你不認識，亦可一目了然，因為都帶金字旁。而英語中常見金屬元素名稱則依然毫無規律可言，如：金 Gold、銀 Silver、銅 Copper、鐵 Iron、鋁 Aluminium、鋅 Zinc、錫 Tin、鉛 Lead、鉑 Platinum、鉻 Chromium、鎳 Nickel、銻 Antimony、鉍 Bismult。漢語中類似的規律性比比皆是，又如，草字頭、雨字頭、木字旁、魚字旁、鳥字旁、月字旁（表人或動物肢體或器官），等等。鷦鷯（Wren）、歌鶇（Thrush）、鸛（Stork）、鷸（Sandpiper）、鵜鶘（Pelican）等漢字，你無須認識，就知道那是一種鳥，對閱讀不會造成任何困難。而天王星（Uranus）、海王星（Neptune）、冥王星（Pluto）、木星（Jupiter）、土星（Saturn）即使你第一次看到，也會立即想到那是天體。但括號內的英文，如果不查詞典，則不會有任何概念，只能幹瞪眼，會成為閱讀理解的明顯障礙。

無須更多的例子，漢字詞匯邏輯性、規律性的優勢已經很明顯，而英語構詞的愚蠢亦可見一斑了（「可能」是：因為不確定，所以確定——「意會」的邏輯；「可以」是：為了確定，反而不確定——「理會」的邏輯）。由於這些特點，認識一定數量的漢字，就等於認識了無數的詞組。即使新詞匯，也是由現有漢字構成，詞義不難弄懂（萬變不離其宗的重生性。因此筆者在本卷第二章裡提到：能夠有抄襲到世界第一的「本事」，正因為中國人的「理會」是建立在善於「意會」之上的。）。

而漢語構詞上的這些優勢又顯著提高了常用漢字的利用率。這樣，既降低了漢語初學者需要掌握的漢字數量，又有利於在實際使用中不斷複習、鞏固、括充和提高漢語水平。由此可以解釋一個關鍵奧秘：為何漢語使用者一般掌握兩、三千常用漢字，便足以滿足日常所需，可流暢地讀書、看報、聽廣播，以及有效進行語言和文字交流，甚至可以寫出有模有樣的文章；而母語為英語者，即使掌握五千單詞，讀書看報仍困難重重，更別提寫文章了。中國四級英語的要求是四千左

右詞匯量，通過四級考試者的英文水平，不少人應該有體會，那實在沒法恭維！

4，漢語的思維速度比英語快，四個聲調更是一個獨特優勢（「中式思維自由度高」無可辯駁的又一個明證）。

阮次山先生曾有一個觀點，漢語的思維速度比英語快。有人進一步分析認為，語音種類越多，思維速度就越快！普通話有二十一個聲母、三十五個韻母和四個聲調，排列組合可得二千九百個語音，真正實用的也有一千二百個。而英語國際音標中，有二十個元音和二十個輔音，這意味著英語的語音種類頂多四百個。而日語僅僅使用了一百零四個不同的語音。因此，很多漢字讓日本人一念，就必須用兩或三個語音來表達。舉例來說，假設世界上有一千二百種事物需要表達，再假設有一個人僅會發四種語音 abcd。中國人可用一個語音來表達這一千二百種事物中的每一件，英國人有時就不得不用兩個語音來表達四百種事物之外的那些。而僅會發四個語音者，有時就不得不用六個語音才能完整表達一千二百種事物，如 abcdab，因為四的六次方才大於一千二百。一般發一個語音約需四分之一秒時間。這樣表達一個事物，中國人僅使用四分之一秒時間，英國人有時需二分之一秒，而僅會四個語音者最多需要一分半的時間！不但表達速度慢，還很費力。

思維實際上是一種內心言語過程。如果言語表達快，思維速度也就快。每個漢字都是單音節，兩個字的詞組也只有兩個音節。而英語有大量兩個以上音節的單詞，漢語的思維速度理應比英語更快！一個經典的例子是趙元任先生早年比較用英語和漢語背誦乘法口訣的快慢。漢語僅用了三十秒，而英語用了四十五秒，比漢語慢了 50%。這就可以證明，使用發音種類多的語言比使用發音種類少的語言思維速度要快一些。至於思維速度快就意味著聰明這個觀點，是被諸多學者所承認的。

另外，漢字獨有的四個聲調，不但對於區分同音字是一個有效工具，更使信息承載量成倍提高。而英語等西方拉丁字母文字則不具備這個優勢。在此僅舉一例，漢語拼音「ai」這個發音，如果沒有聲調，

就會亂套，不知所云。加上四個聲調，即使在沒有上下文的孤立語境中，也能立即活起來，聯想到一些較明確的語義。讀一聲（陰平—），立即會想到嘆詞「哎」，引起注意，或「哀」，帶入悲傷的情緒；讀二聲（陽平 /）就會聯想到「癌」給人一種不祥之兆；讀第三聲（上聲 V），很容易想到人的身高「矮」；讀第四聲（去聲 \），則立即聯想到「愛」這種美妙的情感。類似的妙處，在西方語言中是無法想像的。英語多音節單詞的重讀音節，主要用於標示長單詞的準確讀音。有語言學家認為，漢語的聲調是這種語言演化到現代語言高級階段的另一個標誌。而西方語言在淘汰煩瑣的詞形變化之後，亦將向詞匯聲調化方向發展】。

聯合國五種工作語言文字的信息熵的比較如下：法文：3‧98 比特；西班牙文：4‧01 比特；英文：4‧03 比特；俄文：4‧35 比特。而中文字靜態平均信息熵的值（平均信息量）是 9‧65 比特——根據數理語言學中著名的齊普夫定律（Zipf's Law）核算，這是當今世界上信息量最大的文字符號系統（注解：信息熵與熱力學熵在「值」的理解上是相反的。前者是概率分佈的測定，講究的是權重，故需要對熵值取反，「取反」後熵值越小信息量越大；後者是宏觀狀態的測定，熵值越大越離散，意味著越不確定）。

通過上述格致夫先生文章裡的例子及分析，如果讀者認同筆者在本文上卷所總結的，「是」判斷邏輯屬性的第十二個重要外延：目標具有的確定性、收斂性、不兼容性實際上就是指者的思維被約束、封閉、局限、保守的反映——當可「心服口服地」承認：西方拉丁字母文字複雜的詞形及語法變化，所顯示出的非常清晰的確定性、收斂性及不兼容性，正是無可辯駁、毋庸置疑的，印證了西方人的思維具有明顯的約束、封閉、局限及保守性的——「鐵證」——故此，筆者在閱讀西方的哲學性文章時，必須高度地集中注意力，要真正的聚精會神，才能不至於遺漏地獲取當中表達的信息。稍有「走神」，之前看的內容就會從腦海裡消失，又或者，get 不到作者想表達的意思——不少中國學者，在論述西方哲學甚至是我們老祖宗的哲學時，亦有模有樣地用上了西式的遣詞用語或語法構成——筆者認為，大可不必：除

了顯得高深莫測，這種表達式真正的「營養價值」其實少得可憐——就如同曾經鬧得沸沸揚揚的新聞：一些「特能裝」的餐館，裝潢高大上，餐具高大上，食品……也顯得說不出的吸引眼球。但是——在超巨大的碟子中間的那點東西，是小得如此可憐的「一點點」，甚至，你還不知道那是什麼——衣冠楚楚的食客正襟危坐地坐在舒適的椅子上，用拜膜的恭敬之心享受著不知道的什麼，然後，就是天價的賬單……。

——能夠總結出「如無必要，勿增實體」（Entities should not be multiplied unnecessarily）的奧卡姆原理，以至於令科學、哲學從宗教中徹底分離的西方人，並沒有意識到：他們的語言文字構成，反映了他們的思維模式，從根本上就是與「簡單性原則」背道而馳。

——可以得出如下結論：由於自由因子在後天被「隱藏」，西方人思維上的自由度，已經被約束到「最小值」甚至是完全被「屏蔽」的程度——「怪不得」他們要「追求自由」了——「自由」這種「天性」，越隱藏，越約束，越「想要（不是需要）」「暢所欲言」、「暢快淋漓」地「表達」。

——假如真的有上帝，假如（西方）人「真的」是按照上帝的「模樣」被創造的（終極性質的自他分別的鏡像），那個上帝就必然是一個毫無思想自由（沒有「慧」，但「智力通天」）的神：正因為祂老人家窮極無聊，故而才要「追求自由」，從而才有「創造世界」這樣的「複雜」的「表達」行為。

——或者說：有上帝這麼個永恆的（思想）獨裁者存在，（西方）人就永遠是（「是」判斷）思維上的奴隸。

——又或者「政治非正確」地說：如果是筆者「誤會」了，或西方人對上帝的解讀錯了。上帝，確實是自由天性的「（慧的）源頭」，那麼，能真正傳承自由天性的，其實是華夏先民——「有慧根」的華夏民族，才應該「夠資格」成為被上帝挑中的「選民」。

第二節：不忘初心——因是而是之或是而是之是就是了

　　語素，因具有奇異吸引子的特性而具有源始性。源始性，也叫做「初心」：幾乎每一個漢字，都帶有以真實為內裏的亞真實的「初心」。因此，「不忘初心」，是漢字的根本。正因為有不忘初心的根本，自有秦「掃六合」、「車同軌，書同文」以降，漢字就具有了其他文字所不具備的超方言、超語言特性。語言學家把中國各地的方言分為八大方言區：不同的方言之間，儘管可能「聽不懂」，但卻有能夠「和而不同」地共同「看得懂」的漢字。因此，漢字，是維繫中華民族「是就是了」的「中華魂（初心）」的源始凝聚力的具現。這個具現的源始凝聚力，更令到「偽裝成一個國家」的華夏文明擴散到周邊，形成一個廣袤的中華文化圈。

　　反觀印歐語系，為了追求自定義真實的「是其所是」，本來也是同源同宗的語言文字，卻因「不屑於」求同，導致「存異」的差異性變得越來越大。語言文字不同，是導致國族理念不同的重要因素，從而令到曾經的各大古文明「帝國」，不斷地「倍週期、三週期乃至多週期分岔」而「支離破碎（碎片化的分化）」——這些「是其所是」的「週期分岔」現象，在「除了中國以外」的當今世界上，還在不斷地發生（參考筆者的《自由思想批判續三：形式與絕對自由》一文中，關於「認同危機」的討論）。

　　在所謂的「大航海時代」，西方殖民者還把種種「分而治之」的分岔理念推行到各個殖民地——西方人是近現代許多國家或民族之間領土、族群分裂、紛爭的始作俑者。

　　而當代的西方，更繼續把種種被西方人「高度認同」的，以冠冕堂皇的「普世價值」為背書的，但本質依然是「是其所是」的，會產生「分岔」的理念，強行灌輸給中華民族。無所不用其極地，企圖讓內蒙古、新疆、西藏、台灣等疆土或「民心」，從中國「分岔」出去。

　　但筆者相信：「普世價值」，是一個自定義真實的、「平庸吸引子」屬性的偽文明下的「偽概念」產物。自定義真實的偽文明，是「敵不過」亞真實的華夏文明的。只要中華民族還在使用漢字及中華文化特有的

思維模式，華夏文明的「中華魂」就會以「非線性拓撲變換」的「亞真實」湧現模式，在與因週期分岔而不斷地「能量退降」的偽文明周旋過程中，逐漸把對方「同化」（和合）。

新冠病毒大流行的今天，人類社會之間的各種分裂對立，竟達到一個非理性偏執的恐怖的新高度。

筆者希望，新冠疫情是上天帶給人間一個自我革新的絕佳機遇，後疫情時代的人類能夠有真正的反思：

人生的本義是什麼？

（注：是思考人生的本義，而不是人生的意義。）

人生皆有酸甜苦辣，皆有喜怒哀樂。

人生的意義，是思考在這些酸甜苦辣喜怒哀樂當中，哪些「值得」哪些「不值得」，哪些是成功哪些是失敗。

人生的本義，則是通過思考：為什麼「我」會「覺得」酸甜苦辣喜怒哀樂？並且我們都「樂意」終其一生，在這些酸甜苦辣喜怒哀樂中「挑肥揀瘦」？最終尋求「破碎」這些酸甜苦辣喜怒哀樂的可能——這個過程，筆者稱為「受訓」的過程——一個既需要思考「兵來如何將擋水來如何土掩」，更需要思考「為什麼有兵來？有水來？」的過程。

此外，人類社會真的只有鬥爭哲學嗎？

自定義真實關係的社會，確實就只有鬥爭哲學才是「略勝一籌」的「生存之道」。

從「非」判斷的「維度」思考，人類是「同一」的，並無所謂東西方的區別，更無所謂東西方的對立。東西方各自的優缺點其實是各自「和而不同」的特點，通過並集關係利用這些特點所構成的充滿活力性的人類文明，才具有（亞）真實性。

亞真實文明的理想世界就是大同世界。

曾幾何時，兩千年前的地球上，東西方都先後產生過不少「聖人」。筆者認為，這些聖人原初所表達的語意，皆具有「非」判斷共情意境

的感悟和願望。

「如果」——亞當和夏娃當初同時吃下智果和慧果，或者吃的是慧果；

「如果」——人類文明萌芽之初，能夠從「不同的維度」去思考聖人的語意，人類文明的走向將會完全不同：「大同世界」的願望「可能早就實現了」。

可惜的是，絕大部分世人，卻是以「是」判斷的「範式」語境去「理會」聖人們傳遞給我們的信息。通過「是」判斷語境理會的聖人的信息，也因此就「變了質」。當然，儘管變了質，這些信息「聽起來」依然是「振聾發聵」的（畢竟因為「非」判斷是「是」判斷的內裏），對人心依然具有安撫作用的。因此，對具有安撫作用，但變了質的信息的不同解讀，也就分別形成不同的宗教及其「流派」被傳承下來，並衍生出種種相對屬性的道德觀，繼續為我們各種的「是」判斷言行作「道德背書」。

但是，筆者認為：凡「是」判斷語境理會的道德觀，皆具有悖論性、分化性，一定與「大同」理念背道而馳的。

同理。古今中外，凡「是」判斷語境理會的理論，無論什麼「主義」、「真理」，如何「普世」，皆具有鬥爭性，皆不可能作為實現大同世界的理論依據（只能做「反面教材」）。

「學術和精神生活看似一無所用，但卻能讓沉陷其中的人獲得別處無法給予的滿足」——摘自美國教育家弗萊克斯納 Abraham Flexner 1921 年寫給洛克菲勒基金會的備忘錄《無用知識的有用性》——要實現真正的大同世界，人類首先需要「樹立」的是「無用的」：「普世非價值觀」。而要樹立普世非價值觀，人類的思維需要回歸「天成」（滿足邏輯位移的「共情狀態」）：對聖人的語意、對大自然、對整個寰宇、對哲學意義上「存在」的思考，對真正真實的「人性」，皆需要「範式轉換」——從「非」判斷意境重新「無量地」、「無用地」——意會。

當然，要求具有「自定義基因」，並且已經把自定義真實根深蒂

固地「默認」為真實的人類，一下子完全捨棄「是」判斷思維，把「據稱」已有超過五千年歷史的，「好不容易」才建立起來的文明進行「非」判斷（強調：不是否定判斷），確實是相當的「強人所難」。

我們還是「不得不承認」：自定義的「客觀存在性」——因為自定義「已經是」客觀存在，才有自定義真實的主觀存在。

我們亦不得不承認：作為生命是自定義真實的我們，無論如何還是會「深愛著」自定義真實。

只是，我們「深愛」的同時，應該清楚「愛的根源」（初心）。

個中因由，可以用兩個中文成語解釋：愛屋及烏，睹物思人。

——「烏（烏鴉）」與「物」本來與「屋」及「人」毫不相干，沒有了「屋」及「人」，我們的心中對「烏（烏鴉）」與「物」不會「起任何波瀾」。因此，我們必須清楚：我們「愛烏鴉」及「愛物」的根源是「屋」，是「人」（邏輯位移）——我們「愛」自定義真實，是因為我們「內在的根源」永遠真實。

不過，筆者認為，我們對真實不能用「愛」表示（因為筆者認為「愛」的字義具有「價值選擇」的內涵），筆者把對真實的情感稱為「情」——「情」，是萬物之源，也就是「生發元」的「文學性表達」；情，是不能以價值衡量的。

明白了當中的因由，我們對自定義真實的愛就應當學會「適可而止」，否則，就真的叫「戀物狂」。故筆者曾經形容：現代的文明社會，不過是「物明社會」。

當然，萬事開頭難。不過，只要能「開頭」，也就有可能「順理成章」。

筆者認為：無論是理會還是意會，對於人類來說都需要「表達」。而人類的「表達」，「暫時」地，還是離不開語言文字。因此，從：中國人留學海外，以中文思維去意會這個世界各種語境裡的知識，然後「抄襲抄到世界第一」這個例子中，可以得到啟發：要實現全人類思維的「範式轉換」，「相對容易開頭」的實際操作，可以先從語言

文字的「階段性教育分配」上入手——希望「有朝一日」，人類社會的教育能夠認同並接受：在幼兒少年階段，應該是中文教育（希望不要因此而產生所謂的政治立場，而理解為「企圖增加中國對世界的影響力」的聯想）——通過學習漢字，先「習慣」「並集」屬性的思維模式，到青年階段，再學習西方的拼音文字。如此一來，邏輯「位移」後也就「完備」了：既可價值觀同一也可非價值觀同一；既可同真同假也可不能同真不能同假；既可充足理由（例如科學研究）也可難得糊塗（例如人際關係意識形態）。如此一來，也就真正地共情：

——亞真實與自定義真實，華夏文明的「知而慧（負陰）」，與西方文明的「識而智（抱陽）」才有「水乳交融」的可能，那才是真正「浪漫的」愛屋及烏、睹物思人。從而為一個形（智）神（慧）俱備的、活潑跳脫，豐富多彩的、具有千變萬化的多樣性的、相干或退相干以及「上手狀態」與「現成狀態」「真假隨意」的共情的大同世界的實現奠定基礎。

——不過，大同世界，還不是人類文明的最終目標。

筆者認為：以實現大同世界為終極目標，這「格局」——還是「太小」。

大同世界，只是亞真實文明的「理想版」。

亞真實世界的人類，始終是自定義的生命模式。

筆者認為：人類在這個地球上的「角色」，既不是主人，也不是客人，而是筆者在文章《讓五人死亡還是一人死亡？》裡第一次提出的、在這部《邏輯後綴學》裡又一再討論的「受訓者」角色。

實現大同世界的過程，就是受訓的過程。

（這部《邏輯後綴學》，其實就是記錄了筆者受訓的整個心路歷程及由此而思索出的供大眾參考的理念。）

文明，應該是既要體現在發展進步，亦需要體現在溯源。

受訓過程，其實就是一個「溯源」的過程：通過種種「自定義是」判斷的「因非而是」，「逆向」思考這些「是」實際上都是「看山不是山、

看水不是水」，把思維中的三層倒錯「翻轉」成為「是就是了」、「不是了就不是了」的「或是而是」，進而覺悟「因是而是」的「看山還是山、看水還是水」。

不過，人的「根器」不同，覺悟度不同。

因此，借用佛學的理念，受訓者可分為兩類：以入世法受訓和以出世法受訓。

——「根器一般」的大眾，以入世法受訓，受訓的面向就是滿足邏輯位移的共情思維：在馬斯洛的需求層次，特別是所謂最高層次的增長需求層次裡，強化邏輯位移的思維，以淡化無孔不入的價值觀的影響。當共情思維成為世界性的思維模式，大同世界指日可待。

——「根器出眾」的小眾，以出世法受訓，受訓的面向是徹底捨棄「是」判斷，「為了全人類」而作為先驅者去探索生命之真源——也就是純粹以溯源為己任。

（聲明：《邏輯後綴學》，是一門探討在思維上徹底「去是」、覺悟共情的哲學理念，當中不含有任何信仰的內涵，因此不具任何宗教屬性，只是提供一條思路給有心的讀者而已。《邏輯後綴學》亦非宣揚什麼「主義」，不是要「砸爛什麼舊世界建立什麼新世界」。「覺悟」之後的世界，原來的各種社會制度、模式、人生的追求並不會有什麼傷筋動骨的變化，但就少了戾氣，多了祥和——而已。）

真正的溯源，也叫做「返璞歸真」——也叫做「回家」。

什麼是返璞歸真？

「把哲學從天上拉回到人間」不是返璞歸真——當企圖想問清楚「天」是什麼，而「天」「什麼都不是」時，才不得不「把哲學從天上拉回到人間」——但卻發現——人間同樣「什麼都不是」；

「把目光轉向自身」亦不是返璞歸真——因為「目光」一詞本身就意味著分別，即我們的「觀」永遠只是我們自己的鏡像。

出世法受訓的「目的」（很遺憾，還是離不開「是」判斷的文字表達。希望讀者能夠從「意境」裡解讀「目的」二字），是「破碎虛

空」，「回歸」一個「真實的世界」——與「所愛之屋」、「所思之人」真正地「在一起」——自他非分別乃至無分別的「同一」。

當然，筆者也清楚知道：筆者上述的願望極有可能是「癡人說夢」。這部《邏輯後綴學》，在這個世界上可能「根本泛不起一絲漣漪」。往後的地球還是那麼照常轉著，人類還是那麼紛爭不休，也有可能「世界末日」已經在倒數計時。

但就算如此，又有什麼關係呢？大道之下，「萬物如芻狗」。一個可以「忽略不計」的人類世界能否實現大同，又或者會否毀滅，在蒼天眼中皆不過是一次「量子級別的、可以無視的擾動」而已。

當然，筆者還是希望，這部《邏輯後綴學》，能夠拋磚引玉，讓這世上「個別根器出眾」的人，能得到一些啟發——假如真有人能從中有所收穫，那就是：「一人得道，雞犬升天」（這個表述似乎不妥當，不過，從「非」判斷「同一性」的「眾生平等」的「維度」看，人與雞犬——「都是那麼回事」）——一個人的回歸與全人類的回歸——「其實沒有什麼不同」。

第五章
文明的傳說

第一節：三級文明

邏輯是自定義。

但滿足邏輯位移的邏輯，則是完備、自洽的邏輯。

前蘇聯天體物理學家尼古拉·卡爾達肖夫，以人類活動行為模式為藍本，提出了一種根據所能夠開發利用能源量級的技術程度，把文明分成三個能量等級的假說：卡爾達肖夫標度（指數）。

這個假說因為有合乎邏輯的數理數據支持，成為不少尋找地外文明計劃的研究人員、科幻愛好者甚至是預言家的理論基礎。

但是，依靠消耗能源的文明，無論其技術程度如何先進高級，皆是「自定義是」判斷認識範疇裡排他性的形式。《邏輯後綴學》上卷指出：任何「是」判斷的目標，皆是形式。而任何形式，必然不能違反形式第二定律：在觀察者眼中，越是複雜、高級、先進、精確的形式，他適應方位越多，容錯性越低，其依賴性、局限性（排他性）、脆弱性和不可持續性越強。

當事物在運動變化發展中的排他性、鬥爭性，被視為想當然如此的、「對立統一」的客觀規律，人類社會所建立的文明，或者「想像」中未來的文明，就都不過是後因果關係邏輯下的自定義真實。那麼，即使能利用整個星系的能源又如何？相對於無垠的寰宇，即使是大如星系的自定義真實，依然是可以「忽略不計」的「渺小」，在真實面前依然是「不堪一擊」，因此「不可持續性」始終是其屬性，「死亡」依然是其最終宿命。

文明，一定只能通過「是」判斷，或者更嚴謹地說，通過「自定義是」判斷這種確認模式存在及發展嗎？

我們有沒有想過：「自定義是」判斷思維模式本身有沒有問題？

我們有沒有想過：是否「存在」著不同於「自定義是」判斷的思維模式？我們能否「窺探」不同於「自定義是」判斷思維模式的「存在（客觀存在、實在）」？

我們都明白一個簡單的道理：正常情況下，成年人的心智一定比兒童成熟。只考慮技術程度而不考慮心智成熟度的文明分級，就像只考慮交通工具是飛機還是自行車，而不考慮駕駛者是大人還是小孩那樣荒謬——性能越是卓越的「超跑」，由心智不成熟的人駕駛時，出事的機率甚至車毀人亡的可能性越大——心智不成熟的文明，能「擁有」整個星系，也就意味著「禍害」了那個星系，這實在是那個星系的「不幸」。

故此，這裡再次強調：筆者並非否定科學技術，並非否定「是」判斷文明，而只是希望——能夠有真正成熟的駕駛者駕馭人類文明——這是整部《邏輯後綴學》最終的意圖。

文明的分級，不應以技術程度為標準，而是應該以技術使用者的心智成熟度為標準。

什麼叫「心智成熟度」？

筆者認為：心智成熟度即覺悟度。

覺悟什麼？（首先引述筆者的文章《自由思想批判續三：形式與絕對自由》裡其中一節的內容【　】作參考。）

（注：《自由思想批判續三：形式與絕對自由》完成於 2013 年，之後的《邏輯後綴學》本來是計劃作為「自由思想批判續四」而續寫的。但撰寫過程中發現《邏輯後綴學》遠比之前的所有文章都「非價值」得多，故決定作為完全獨立的一部作品來寫。以下《自由思想批判續三：形式與絕對自由》其中一節裡「不那麼成熟」的內容，是筆者撰寫《邏輯後綴學》的思路起點，對理解《邏輯後綴學》能起一定作用。但當中部分理念或名詞在《邏輯後綴學》中已有所修改或進一步深化，

故需要在括號裡用黑體字做必要的注解。從中亦可以瞭解筆者在寫作過程中思路脈絡的走向。）

【自在和自為——我什麼都不是；什麼都是我的。

存在與存在的存在（實在）之間的關係問題，屬形而上學範疇的哲學問題。

存在的存在無維（後面會解釋什麼叫「無維」），哲學上叫做自在（等價於「非」判斷非分別內涵的「我在」）。存在則是維，哲學上叫做自為。自在是本，自為是體。

自在是自為的本源，自為是自在的反映（也就是破缺、形式、有漏、事物等，海德格爾稱為「此在」的展開：顯現、現身、領會、言談。但筆者認為「此在」只是開集屬性，「此在」以空集「我在」為內稟）。

自在沒有形式。

因此，自在不是什麼（形式）。自在什麼（形式）都不是（這裡的「不是」不是「是」判斷語境的否定語意，而是「非」判斷意境裡「邏輯叫停的前狀態」）。

因此，自在有絕對意義上的自由（更正：筆者在寫作過程中「覺悟」到，自在只是「非分別」，還沒有絕對意義的自由，而是具有「非邏輯推定的相干自由度」），因此中文有「自由自在」一說。

自在是不能被自為證明的，既然「什麼形式都不是」，因此自在不受任何自為的關聯性、邏輯性及必然性的推斷及決定：

例如，「我」的認知不能由我的手腳等存在的關聯性、邏輯性、必然性所推導，無論我有手沒手，單手雙手或多手，我「動還是不動」，我依然「不生不滅，不增不減」地自在。也不能因為肯定「我」就肯定我有手或腳。所以我的手或我的腳不能證明「我」存在——手不是我，腳不是我——什麼都不是我。

我不是手，我不是腳——我什麼都不是（邏輯叫停）。

自在只能夠通過超驗的非邏輯（推定）的認識自明，通過對自為的徹底否定（邏輯叫停）而自明——我什麼（形式）都不是，故我在——或借用笛卡爾的表述方式：我非是，故我在（「非」判斷意境裡：「我知我在」。有鑒於人類語言的局限，這裡只能借用「我」為例子勉為之，因為自我意識依然是「我的」自為而不是自在，真正的自在連「我」也否定：「我」不是我。）。因此從自在的角度，「一切皆空」，自為都是虛妄（人生沒有意義，都是虛妄）。

自為（存在）以形式表現。

什麼都是形式。

自為沒有絕對自由但有（邏輯推定意義的）自由度（我的手腳有受到限制的活動範圍）。

自為是可以證明的。自為與自為（手與腳）之間因相對差異性的概念、不同的功用而具備雙向的關聯性、邏輯性及必然性，因此能夠產生雙向有效的、可選擇的邏輯指向。

同時自為受自在非邏輯、非指向的必然性所制約。

我的手腳中「我的」這個所有格的認知因「我」的不證自明而確定無疑，所有「我的」以向心力模式必然地統屬於「我」——我識——即自我意識（《邏輯後綴學》進一步深化出開集屬性的「自我」及空集屬性的「我在」）。自我意識把所有「我的」統一起來，在自我意識下的所有「我的」無分彼此，和諧相處，配合得天衣無縫。這就是「我的」存在。

手是我的，腳是我的——什麼都是我的。

自為只能它證而不能自證，以相互間相對性的因果律而它證，以所有格的絕對方式被自在全盤肯定而它證。因此從自為的角度，自在其實很無稽，自為才有意義（人生有意義，人生的意義體現在價值觀，價值觀因相對的因果律及絕對的所有格——它證而建立）。

自在「生成」（投射）了我們所認識的這個世界（自為），這個豐富多彩的世界有著種種形式。種種形式相互影響，儘管千差萬別，

形態各異，但小至基本粒子，大至整個宇宙，都有著形式結構建立及互動中相對它證的共同三要素——關聯性、邏輯性、必然性。

共同三要素（共性）以向心力模式（同一性共情）必然地非邏輯（推定）地統屬於非形式——自在。

共識把所有形式的所有格統一起來——什麼都是我的——什麼都是自在的表現形式。共識之下的所有形式無分彼此，和諧相處，配合得天衣無縫。這就是自然。亦就是存在。】

上述有關自在與自為關係的論述，可作為覺悟的「前」理念依據。整部《邏輯後綴學》關於邏輯屬性的討論，則可作為覺悟的「後」理念依據。

筆者參考「卡爾達肖夫標度」的劃分，以覺悟度劃分的文明，也可分為三個「級別」：

Ⅰ型——是什麼——「是」判斷屬性，具平庸吸引子的偽文明；

Ⅱ型——或是什麼——「是」、「非」判斷屬性變換，具奇異吸引子的亞真實文明；

Ⅲ型——什麼都不是／什麼都可能是——「非」判斷屬性具重生吸引子的真實文明。

Ⅰ型文明屬覺悟度在自為層面的文明——當西方古希臘文明讓科學與哲學分離時，就註定了西方文明走上了專注於智識，但覺悟度難以提升的偽文明。

Ⅱ型文明屬從Ⅰ型到Ⅲ型的「受訓意義」的過渡階段的文明，其「最高境界」是大同世界。

Ⅲ型文明屬覺悟度在自在層面（非分別）的文明。

自為在語境裡展開，具有「是」判斷邏輯屬性的兩個內涵及十六個外延。

自在在意境裡展開，具有「非」判斷邏輯屬性的兩個內涵及二十一個外延。

「仿卡爾達肖夫標度」的劃分

I型

是什麼——

具平庸吸引子的偽文明

II型

或是什麼——

具奇異吸引子的亞真實文明

III型

什麼都不是/什麼都可能是——

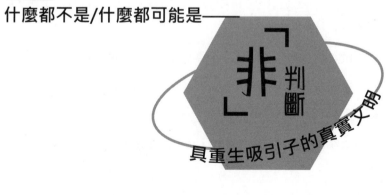

具重生吸引子的真實文明

自在與自為之間沒有同一性。這個結論在哲學涵義上已經無可置疑。但如何描述兩者之間的關係，就得不到學術上統一的意見，反而在描述兩者之間關係的過程中，往往都再次陷入同一性的困局。這是因為，我們的所有思考，潛意識中都必須帶著某種意義。沒有意義的事，應該是沒有人有興趣去做的。所以，沒有意義的自在，我們「不感興趣」。除非，自在有意義。因此，我們都企圖為自在賦予某種意義。

　　但偏偏就是：自在沒有任何意義；任何有意義的，都不是自在。

　　「我」沒有意義，「我是」才有意義。

　　但偏偏「我是」都不是「我」──意識是──它不是的東西，意識不是──它是的東西──薩特。

　　但有樣「東西」，稱得上是自在的意義。或者說，是自在與自為之間的「橋樑」。又或者說，唯一可以在自為層面用確認性的「是」表述出自在的意義的字眼。

　　這個「東西」，叫做「自由」。

　　因為自在「邏輯叫停」，所以自在有非邏輯推定的自由度。

　　問題是，在 I 型文明裡，這個「非邏輯推定的自由度」依然毫無意義。I 型文明認為，有意義的自由必然是一種「是」自由，即必須「有所是」，有所表現的，是「裝在瓶子裡的」，並且裝在什麼瓶子裡「完全可以由意識自己來主觀決定（薩特語）」。

　　所以，前面說「自在沒有任何意義」這句話，在自為層面上並沒有錯。

　　自為層面上的人類，不能理解自在層面的自由。

　　自在層面的自由，是一種「去是」的「非邏輯推定」的自由。

　　II 型、III 型文明，就是從「是」到「或是」到「去是」，從邏輯推定的自由度到非邏輯推定自由度乃至絕對自由過渡的過程。

　　這裡的「去是」不是「不是」，因此後面沒有任何「而是」跟著。「去是」去到最徹底，佛學叫作「非想非非想」。

沒有「而是」跟著的「去是」的世界，堅持「是」世界的 I 型文明的人，永遠不能觀察，即永遠「看不見」。

以佛學的理念，沒有「而是」跟著的「去是」是一種「斷滅」；連「去是」也去掉則是一種「寂滅」。

寂滅，具有絕對意義上的自由。

但無論是「斷滅」還是「寂滅」，都並不意味著，II 型、III 型文明與 I 型文明的割裂。

——II 型文明及 III 型文明就在 I 型文明中。

三種文明能夠通過共情與共識的變換滿足邏輯位移而存在結構性關聯。

以下是《邏輯後綴學》中出現過的公式，可統稱為「文明公式」：

自定義真實分數自由度（交集自由度）公式（筆者自創）：$D=N/W$。D 代表分數自由度 DOF（Degrees of freedom）。N 代表「我需要」（What I Need），分母 W 代表「我想要」（What I Want）。

生命（悖論）公式（筆者自創）：$b/a=a+b=C$（ab 關係式：$b=a2/1-a$）。C= 加和性脆弱值；a= 封閉值；b= 依賴值（注：此公式適合任何具「生命力」系統）。

自定義真實世界公式（歐拉公式）：$e^{\pi i}+1=0$。1= 自定義真實——生命意義＝虛無。

亞真實世界（大同世界）公式（歐拉公式變換式：邏輯位移）：$0=e^{\pi i}+1$——通過「$e^{\pi i}$」（非一）平權，目標（1）其說自圓。

「自我」公式（複數表達式）：$z=a+bi$——複數 z（自我）的集合是變來變去，居無定所不可排序的非有序域複數集 C。

「我在」公式（虛數表達式）：$a=a+i$——無論我是什麼 a，i（我在）不變。

「非」判斷與「是」判斷的交換式（質能方程式）：$E=mc^2$。（下一節會繼續討論質能關係）

因為空集是非空集的內裏。根據空集的兼容性，II 型、III 型文明「一直都在」：與 I 型文明「共存（兼容）」著，問題是──我們是否「看見」或是否「承認」。

──「卡爾達肖夫式」的「自定義是」判斷模式的三個「能量級別」的文明，通通不過是覺悟度「最低級」的 I 型文明──是什麼。

儘管筆者把「自定義是」判斷模式的三個「能量級別」的文明，「貶為」覺悟度「最低級」的 I 型文明。

但是：

──只要以具有同一性共情意識的「自身所是」背書，「是其所是」的意義就「真的」有了意義──滿足邏輯位移，西方哲學、科學才能夠在真正的人類文明進程中，發揮積極的意義──如同游泳輔助設備，是我們認識真實世界時必不可少的重要「開拓性」工具。

──西方哲學，是 I 型文明裡交集屬性「自定義是」的、「最優秀的」「智識」理論；

──中國的儒學，屬 I 型文明裡通過並集屬性的理論對 II 型文明「具有慧根」的意會；

──中國的道學，屬 II 型文明裡因空集屬性的感悟對 III 型文明「獨具慧眼」的意會；

──中國的禪宗，屬 III 型文明裡因非分別「慧知」後「斷滅智識」的覺悟（知而非識的覺悟）；

──佛學，屬 III 型文明裡對非分別「知而非識」的「（慧）知」再進一步「寂滅」的「圓覺」（無分別）。

（注：筆者自覺知識面有限，只對泛義上的東西方文明有所認識，故只能作以上的「文明分類」──如果：有讀者認為「除了泛義上的東西方文明」之外，這星球上還有更值得探討的文明，歡迎提供資料共同討論──真正的文明，必然是全開放性的）

什麼是「無分別」？

「是」判斷，是確認判斷。確認判斷具有二重分裂的內涵；

「非」判斷，是確認判斷的「前狀態」。「前狀態」具有「非分別」的內涵。

儘管兩種思維具有不同的邏輯屬性，但卻還是有一個「共同點」：兩者皆是「判斷」。即──還是有「觀」。

即「非」判斷儘管沒有分裂，但依然有「判斷」──儘管判斷「我」與「他者」非分別，心中「無他」，但依然有（鏡像）我「在」，即還有「一」（布袋子），所以叫「客觀存在」。

無分別，則連「判斷」也「寂滅」了──連「一」也寂滅了：佛學稱為「滅受想」。

滅受想──本我與實在同構──真實文明的「源始」。

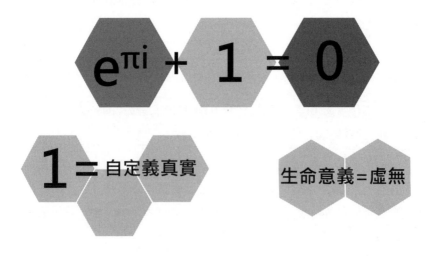

自定義真實世界公式（歐拉公式）

$$e^{\pi i} + 1 = 0$$

$1 =$ 自定義真實

生命意義＝虛無

第二節：真實的世界

接下來的討論有點「玄」（相當的「燒腦」）：筆者會把一些當今前沿科學上的理念，嵌入滿足邏輯位移的思維裡，嘗試描繪一幅真實世界的「藍圖」。

【——聲明：僅供參考。

僅供參考的意思是：

以下內容只是作者個人的看法，充其量算是一種「假說」。如果有讀者認為，前沿科學的東西，由一個非權威人士寫出來，肯定不值一看，那就不要浪費時間往下看，《邏輯後綴學》到此結束。

筆者給自己的定位是：一個「憂天下」的人文學者——如同奧地利哲學家卡爾·波普爾 Karl Popper 那般的「一個深刻而清澈的思想者，一個徘徊在科學與哲學之間的學者」。故以下有關「藍圖」的描述，帶有「民科」屬性，歡迎專業人士的指點、矯正】

——II 型、III 型文明與 I 型文明的關聯，是「有」與「虛」、「實」與「無」在「維度」上的關聯。

解構這種關聯所表現的模式，能夠幫助我們認識真實世界。

——什麼叫真實？

真實不可觀察，不可描述。

勉為其難地表達：實在與存在同構，就叫做真實。

實在就是絕對自由；一切具有自由度的事物的集合，叫做存在。

接下來，通過對「維」的重新詮釋，確立三階大法則，以解構實在與存在之間的關係。

——三階大法則：虛實法則（宇稱不守恆法則）；「有」法則（分別法則）；對立統一法則（行為法則）。

一，虛實法則。

注：接下來的討論裡，對「維」的定義與現代科學有所不同。現代科學意義上的維屬理論模型，以維度為參數，目的是對事物所表現出的現象或結果作數理上的解析。問題是，為什麼事物具有這樣那樣的表現？為什麼空間具有這樣那樣的性質？有沒有一個「超統一（同一）」的始因造成這一切的發生？故接下來文章中的維亦含有參數性質，但主要是把維看作始因，以說明一切現象的發生皆因「識」的分別所致。因此本章裡不同層次（不同的階）的維都可以稱為（意）識維，任意識維又能夠分出任意數的分維。如此由無窮維所構成的統一空間，亦包括傳統的外空間四維時空概念。因此本章除了分析我們所「熟悉」的四維時空外，亦嘗試對其他不同意義上的「空間」作初步探討。借鑒佛學的理念，從五維起，分別稱為智空、慧空、悟空、識空、空空、滅空，從低到高總共十個維度。四維時空及以下的識儘管具有能動性，但卻是被動的識，被動識顯示出非生命特徵。五維及以上的識具有主動意義上的能動性，因此能顯示生命特徵，四維時空及五維智空六維慧空，是目前人類所能夠認識的生命形式存在的空間。

維即分別。分別有程度之分，故維度即分別程度：分別，具有行為屬性，即自由屬性，故分別程度，也就是自由度。

存在的本源（實在），是無維的——無分別。

無分別，也就不存在任何集合的屬性但又全包含集合——《邏輯後綴學》「自定義」命名為：滅集——滅集滅空。因識滅而連空也無，故無維非維。

只有無維，才具足完備的可能性，才可以稱為絕對自由——理念與實在全同——佛學稱為「大自在」——絕對自由的定義：沒有「度」——也叫做「無極」——因無極（無度），故：不生不滅——以「非」判斷的意會理解就是：能量守恆。

故無維，是熱力學第一定律的本質。

能量的本質是什麼？能量從何而來？目前科學家還給不出一個確切答案。

筆者認為：能量，就是「自由」這個理念的具現。無維，無分別，故絕對自由──其在觀察者的觀察中，就具現為不生不滅的能量守恆（恆勢：勢的內稟）。

──如果我們真正地深入剖析西方的政治哲學，當可發現：西方論述「自由」的文章，林林總總，但對何為「自由」其實都是模棱兩可，對「自由」的詮釋，基本上都是犯了海德格爾所指出的錯誤：在存在論上沒有充分理由卻一開始就設置了一件東西的概念作為某種不言自明的現成存在的前提──對「自由」的討論亦如是：在沒有弄清楚「自由」為何物之前，就討論我們如何有權擁有、如何「享受」自由，其實是滑天下之大稽之事。

不論是零維、一維或是多維，如果表達只能在不同「階」的維的框架裡才能表達，才能「存在」，就叫做形式，就意味著有因果，有約束，有局限，有始終──（真實或自定義）有序──皆有「能動性的（自由）度」。

「自由的度」，可分為「非邏輯推定的相干自由度」及「邏輯推定的退相干自由度」。

「非邏輯推定的相干自由度」，其關係以「能量值」衡量之；

「邏輯推定的退相干自由度」，其狀態以「非空集合」表述之。

「非邏輯推定的相干自由度」也可以「摩登地」理解為：超導。

那麼，絕對自由的無維，就是絕對零度的絕對超導──全包含關係全同於「絕對無關係」──即絕對不存在狀態與關係的悖論。

而存在，皆「一定」有「可測」的「度」，故存在不可能達到（其實是不可能存在）絕對零度──這是筆者對熱力學第三定律的哲學意義的詮釋。

──不要因「溫度」這個人類自定義的概念，而對所謂的絕對零度產生直覺上敬而遠之的排斥感。「溫度」，是人類對分子（或粒子）間平均動能，在統計意義上的自定義「表達」。而所謂「動能」也就是具有被約束的「自由的度」，這裡的「度」是非邏輯推定的相干自

由度，被自定義為邏輯推定的退相干自由度。

在觀察者眼中，溫度越高，動能越高，似乎自由度越高。

但請注意：分子（粒子）的「動」是「不由自主的」。「動」得越厲害，只是意味著：在越是錯綜複雜的「江湖」裡越是「身不由己」。

即實際上，動能越高，意味著分子（或粒子）的「非」場越厚實（單個分子或粒子的「動」沒有溫度上的意義，「發生關係的動著」才有溫度上的意義），即分子（或粒子）「震盪與重複」的狀態越激烈，越「被動」，反而退相干自由度越低。由此可得出與直覺不同的結論：動能（或作為其表達的溫度）與退相干自由度存在負相關關係——但這個結論，是「通過觀察者的『非』判斷觀察」所得出的結論。對於分子（粒子）自身，相干還是退相干「非分別」——故此，同樣地：接下來討論的相干或退相干自由度，皆是從觀察者「非」判斷觀察的角度理解。

作為自定義模式的生命，我們都需要「合適的溫度（自定義真實關係）」才能生存，才能感到「舒適」。卻沒有意識到，作為生存或舒適的「合適溫度」，本身就是一種「條件」，而「條件」意味著約束。

——「功利性」地想一想：「有條件的自由」與「無度的自由」，哪個「夠爽」？

——故筆者以為：佛教中的「清涼世界」，並非涼爽舒適那種懶洋洋的愜意，而是幽深雋永，萬籟俱寂的「絕對無關係」的空明。

能量在維度（分別程度）中，表現為「因是而是」，故具有「非邏輯推定的相干自由度」——人類目前對能源的開發，只能提取總物質能量的微不足道的 N 次方那麼微不足道的「一點點」，正因為我們能力上微不足道的「求是」，因此無維只能「不多不少」地、（真實地）因是而是地「給我們微不足道的是（能量值）」。

「非邏輯推定的相干自由度」與「邏輯推定的退相干自由度」的交換關係，就是著名的質能方程式：

$E=mc^2$。

——E= 非邏輯推定的相干自由度；m= 邏輯推定的退相干自由度——因此，質能方程式亦就是「非」判斷與「是」判斷之間的交換式——這個交換式，為邏輯位移背書，充分說明了非邏輯推定的相干自由度與邏輯推定的退相干自由度「非分別」、能量與物質「非分別」——我們認為有分別，是因為我們分別「有」，所以有分別。

相對於我們能夠直觀認識的這個大尺度宇宙空間，無維沒有值。在微元的尺度，無維的值則無限大。

無維，不受任何自然法則約束但又包含所有的自然法則（絕對自性）。非因非果，因此不生不滅、不垢不淨、不增不減，自有永有，絕對的圓滿、對稱、和諧、自足、平等、同構。

這類似於一面鏡子：不論外境是點、線、面或三維空間四維時空，是靜止還是運動，是過去、現在還是未來，都可以容納在同一面鏡子裡（同一非一），而鏡面本身不會發生任何變化（無分別），並且映照在鏡子裡面的鏡像永遠是一個平面（同一）。

與鏡子不同的是，無維不是一個平面，並且無維之境不是外境的反照，而是同構的「非觀」，非觀之觀稱為「內觀」。「內觀」非「像」。鏡子的鏡像是「有無」糾纏，「內觀」為「虛實」同構（既虛亦實無分別）。

上述內容也可以解讀為：內觀「本來」無可表達（非觀），因為沒有「度」，所以無論觀與不觀、如何觀，皆「在……之內」——內在。

但一表達，就有了（自認為的）分別，就有了「度」，反而就「在……之外」——外在。

也可以表述為：我們自以為「在……之外」，其實一直「在……之內」。

——宇宙是如何產生的？

用一句簡單的話來回答：有分別，就有了維，就有了宇宙。

有分別，是宇宙產生的根本因。

有分別，等價於有「識」——識別。識，就一定具有二元性，就一定是悖論。悖論，一定表現出「能動性的自由度」。因此可以說：所有的維，都是有能動性的識維。

「說世界，即非世界，是名世界」——實在與存在，「強為之名」構成整個真實世界。

無維的實在，是絕對意義上的、「無識」的「非在」——借用《金剛經》的格式：說非在，即非非在，是名非在——非唯物、非唯心，故非在——再借用《道德經》的表達方式：吾不知其名，強為之名曰「非在」。

《金剛經》與《道德經》都「不約而同」地提到「名」——是因為我們不得不「說（名）」才能「表達」（「是」判斷），也即是因識而才能「識」。

因識而識的有維宇宙，是絕對意義上的唯心——存在：存在因識的能動性而「存在著」（「著」字表示出「共時性」）——存在的原本：實在。

在「存在著」中的自定義真實世界，根據「是」判斷邏輯屬性的第十四外延：「是」判斷是一種熵增行為——則是一個符合熱力學第二定律的「熵增世界」——不斷分化的世界。

讀到這裡，或許有人會追問：好吧，假設這個「無識的絕對非在的實在」是「真的」，那麼這個「識」又從何而來？它不會是在「無識的絕對非在的實在」「之外」吧？如果是，那不就反證了「無識的絕對非在的實在」是有度的嗎？

——參考本文第三章第二節有關空集的解讀：無論觀察者認為「識」是「在……之內」還是「在……之外」，袋子就是袋子自身（但不同之處是：無維這個「袋子」是「無度」的）——至於「識」從何處來？

——答案是：問問我們自己的內心——「識」是實在對自身在場感體驗的「表達」，或曰「展開」。

維和無維不是兩個極端，只是實在的虛實兩面。

實在的展開為虛，實在的同一為實——這是貫穿整個真實世界的，存在與實在關係的最基本法則——筆者命名為：虛實法則。

虛實法則下的真實世界：熵既增且減、非增非減——熱力學第零定律（熱平衡定律）的本質。故：虛實法則下的真實世界，是永恆的「熱平衡」世界——萬物等價（無價）。

但是，同樣因虛實法則的既虛亦實，在展開與同一之間，熱平衡的真實世界就具有了「宇稱不守恆」。故虛實法則亦可稱為：宇稱不守恆法則（定律）——這個獲得了諾貝爾獎的「科學」定律，其實也就是中國《周易·繫辭上傳》裡「樸素表達」的——「大衍之數五十，其用四十有九」——五十皆「用（全同性）」，就叫做對稱，就圓滿「無漏」，就叫做「非用」，存在就「不存在」。唯留「一」「虛而不用」，才有「有漏」，也就不對稱，才能「致用」。

因宇稱不守恆，就有了「趨向性」，恆勢就具現為「恆穩持續的勢」，恆穩持續的勢下，具有不對稱性的行為趨向（致用的「力」）就湧現出不同的空間（不同的引力場——愛因斯坦場）。

不同的空間，不同的形式，只是實在所展開的「拓撲等價的」空間——以理論物理學家霍金的理論來說就是：弦論（M 理論）中不同的超弦論及十一維超引力，不過是 M 的某些極限區域或模空間的邊界點的不同表述方式。在各種表述中——沒有一個區域顯得比其他的區域重要或基本，而只是較好地描述了 M 理論的部分性質，因此「誰都可以根據具體情況選取更方便的那個模型來用」——我們人類的「識」，就不過是「剛好」選擇了我們這個「四維」的外空間「來用」，也叫做「進入」——這個四維時空間，其實普普通通，毫無特別之處——在統一空間裡，類似的四維時空間恆河沙數——「多的是」。

拓撲等價空間能夠以不同的形式（場）「存在著」，正因為有絕對自由這個實在作為內稟。

二，「有」法則。

存在著，也就「有（著）」。

有，等價於「分別（識）」。

識或者說分別一定是一個判斷的行為，判斷就一定具備關聯性、邏輯性及必然性的內在屬性（內稟性）——這是「分別」必然具有的法則「三要素」。

——否則，就「無法分別」。

因此，具備關聯性、邏輯性及必然性三要素的法則可稱為：分別法則——也叫做「有」法則。

即識會產生「有」法則效應。

最源始的分別叫「根本識（參考佛學的阿賴耶識）」。

根本識一旦「有（著）」，馬上就被因識而生的「有」法則自我約束，就有了局限性，有了封閉性，也就缺失了絕對自由。或者說，絕對自由就有了「度」——自由度。

距離、空間、時間、無限這些概念都是根本識的自我約束。有了約束，就註定了根本識的局限性。我們難以想像宇宙的無限、時間的無限，正因為我們的心識因根本識的局限而被局限，就導致了本末倒置的因果：因為局限（有），就有「無限」共軛相悖，才有無限的概念。沒有局限，無限只是「咫尺」；或，無限就是與實在同構的本我：（時空）起點即是終點。

實在，沒有有限無限之分，而叫作——無度。

無限，是一種「障眼法」。障眼法，是根本識「有」法則的「自執之法」——自迷。時空，不過是根本識「自迷」的「產物」。

我們不可能從宇宙的邊緣「探出頭去觀望」。

對於愛因斯坦所認為的時空「彎曲」，可以理解為：時空就是一個「共情之下共識」所形成的巨大的「莫比烏斯帶」，當我們企圖「探

出頭看」時，「有」法則效應「形影不離」。這類似於一個人緊盯著自己的影子走，會有影子無限的錯覺，事實上我們永遠走不到自己影子的邊緣，更永遠走不出自己的影子，這才是「無限」的真實義。人永遠是自己影子的中心，從這個意義上，我們永遠處在宇宙的中心，永遠活在我們自己編織的籠子（法網）裡。

——我們在地球表面以為的直線其實是曲線，因為我們與地球建立了「自他分別的關係（參考系）」，黎曼因此而發展出「內蘊性」的黎曼幾何——我們與影子（存在）建立了自他分別的關係，因此就有了自己局限自己的內蘊性的「有」法則。

——我們以為踏遍千山萬水，其實是踏在同一雙鞋子上。這就是佛學「色即是空」的意義——在……之內。

——我們踏在同一雙鞋子上，自以為已經踏遍了萬水千山——空即是色——在……之外。

色空不二——虛實法則。

《聖經》曰：「上帝說：有光，就有了光；上帝看光是好的，就把光暗分開了」。

上帝「本來」確實是萬能的。

——但是：

——當產生「有光」的識之時，就有了分別心，就「坍縮」了，就叫做「有識」。有識，就有判斷，就產生「有」法則。「有」法則，就是：「是什麼就不能是什麼」、「做什麼就不能做什麼」、「因為什麼就所以什麼而不能所以什麼」，就叫做悖論屬性的約束——有光之前，首先要定義什麼是光，而什麼是光，確實可以是上帝自己「說了算的」（「萬能的」絕對自由：感性與理性、是與非絕對無分別——對稱性）。如果是「別神」定義了光，再由上帝創造光，上帝就只不過是一個按圖索驥的工匠（只有自由度）；如果在上帝創造光之前，就已經有了光，就不叫上帝創造光，而叫作上帝山寨了光（還是只有自由度）。因此，光是上帝「絕對自由」地自定義的。但是——上帝自定義了什麼是光

之後，光之外的其他東西就不能是光，即上帝創造光的同時，亦等價於創造「有」法則，這光、暗、好、壞就是上帝自己的分別心創造的「有」法則。當然，上帝也可以自定義說：有暗，就有了暗；上帝也可以認為暗是好的，就把暗光分開了。但無論光好還是暗好，都改變不了上帝自己的分別心創造「有」法則的事實。

有了「有」法則，上帝就不能隨心所欲了。儘管這「有」法則是上帝創造的，儘管光，是「上帝的」光，暗，也是「上帝的」暗，但上帝創造光的時候，就不能用暗頂替光，亦不能用「壞的」這個識頂替「好的」這個識。因此不論是有光也好，有暗也好，上帝一旦作出了確定判斷，就一定是理性的判斷，理性的判斷一定被「有」法則所局限，上帝的判斷行為就一定是理性的判斷行為，理性的判斷行為就必然受「有」法則所約束（依然只有自由度）。

假如：上帝創造光的「同時」，「萬能地」隨心所欲地用暗頂替光，這個上帝，就是「精神分裂」的上帝，而不是理性的上帝。

即上帝創造光的同時創造「有」法則，並同時被自己創造的「有」法則所約束（萬能的上帝造一塊上帝自己搬不動的石頭：全能悖論）——上帝也就「跌落神壇（塌縮）」——不再萬能。

——我們製造一台機器的過程，其實就是在重新組合、設定「有」法則的過程並已經預設了這台機器的目的，然後我們必然按製造這台機器的目的去使用這台機器。操作這台機器時，必須遵守我們製造這台機器時設立的「有」法則，這台機器也一定是按我們設計的方式運行。任何機器，都不過是製造者意識反映的物質性表現，都不過是「有」法則的再組合之後形成的「可重生再有」。

（聯想式的發散思維——筆者閱覽大量以美國為主導的種種西方政治性理念及言論、人生哲學、影視及文學作品，並剖析其歷史經緯後，可以得出這麼個結論：曾經的西方，在文藝復興時期、在美國立國之初，思維的自由度確實相當之高，因此確實有著似乎在人間「無所不能」的「超能力」。但種種「可重生再有」的有形無形產品問世之際，西方人並沒有意識到：本身並非獨一無二的「可重生再有」的

東西，卻亦具有約束製造者自身的「超能力」，令製造者被自己制定的種種「法案」、「法律」、「守則」等等自定義理念所束縛，也就形成了凡事皆有一套套獨一無二的規則需要去遵守或者說執行、處理的思維模式。發展到現代那些以美式英語為代表的表達裡，字裡行間處處皆是自定義也就是自以為是的語境，在政治層面上就形成一大堆所謂的政治正確。種種「可重生再有」的東西產出越多，自定義規則就越多，也就有了種種匪夷所思千奇百怪的言論、法案。例如「擁槍權」、「黑命貴」、「零元購」、「性別模糊」等等。這就形成這麼一種黑色幽默：現代的西方人，在言詞表達上思維越來越敏捷，邏輯性越來越強，表達的內容越來越準確到位，因此在表面上，西方，特別是在美國，整個社會環境就顯得特別的自由開放。但實際上卻是：在西方那些朗朗上口「自由」之人，他們其實是最沒有自由度，思想深度最膚淺的一群人——這是筆者看「美國大片」、看美式文化、看西方選舉時的切身感受：言詞感人，內容空洞——所謂的開放，不過就是碎片化的自我束縛——西方人確實不容易被別人洗腦，他們是「自願自覺地」自己被自己洗腦——所謂的「個性」就是：沒有個性也要創造出個性，否則就 out 了。）

根本識一旦分別出存在（外在著、有著），就意味著孕育出「有」法則，然後根本識就被自己創造的「有」法則及所衍生的一切自然法則所約束（自涉），表現出的行為或形式就一定是「有」法則約束下的行為或形式。

——在自定義真實世界中，「有」法則是我們能夠自定義事物的根本：背書背後的「背書」。

本質上，「有」法則就是根本識自己。即根本識自己剝奪了自己的自由——自執性。

根本識產生，「有」法則效應就「如影隨形」產生，維的模式就被建立（「破缺」成種種不同階維的形式），維的模式是「有」法則效應的反映，根本識要「表達」，就必須在自己建立的維的模式（框架）裡才能表達（例如：「強為之名」什麼什麼）。否則，就「無可表達」，

或者，就邏輯混亂（不是邏輯混沌），即表達就必然被具有關聯性、邏輯性及必然性三要素的「有」法則所約束（有度），三要素就是根本識自己剝奪自己自由的「有」法則「條款」。

因此，當我們說：「不能違背客觀規律」時，我們的思維就已經發生倒錯：是因為「有著」，才有客觀規律。如果「非存有」，甚至「非在」，就不會產生客觀規律「效應」。

觀察者觀察到的任何形式，皆是被「有」法則三要素規限，因此一定是具備某個階維的模式的根本識的「表達式」。

在「有」法則三要素規限下，守恆的能量就被「有」「有為地」「分割」為一束一束的「波」的形態而為我們所認識（具有時間平移對稱性的不連續）。因此：「波」就是「有」法則；「有」法則（波）具現為「一束一束量子態的能量包」——學術上也叫做「耗散結構」——這是「是」判斷「震盪與重複」的根因。

因此又可以說：「有」法則就是能量（包）——波＝「有」法則＝能量值。

三，對立統一法則。

1，內空間。

一個根本識出現，首先因「有」法則效應下被自建立的維的模式約束，而「自」形成一個空間。這是一個「自己封閉自己（自執性）」的封閉空間，等於在完美無缺的無維中產生（破缺）了一個「氣泡」。可以把這種情形想像為「汽水中的碳酸鈣分解」：根本識從無維中「無中生有」地分解出來，形成一個「封閉空間」（氣泡）。結合當代最前沿的科學理論，筆者認為：這個封閉空間，就是「卡-丘捲縮空間」（卡拉比-丘成桐空間），也稱為「內空間」——這是一個真正「客觀存在」的內蘊的「鏡像」空間——還完全沒有「事」發生的「唯物」空間——這種表述徹底顛覆「唯物」這個詞的內涵——傳統的「唯物」定義，令狹義相對論理論框架裡的規定自相矛盾：基本粒子不能是剛體；基本粒子必須是整體的點粒子——這種自相矛盾的規定，令到粒子電荷

及質量的發散問題不能真正解決，而只能「不那麼嚴謹地」重正化——以「識」的理念理解鏡像屬性的「唯物」，上述矛盾就迎刃而解，並能夠順利展開接下來的討論。

內空間與無維之間根據虛實法則（基本法則）形成「初階鏡像對稱」。

——即「內觀」因識而被「表達」為「有（著）」。

「此時」的「有」因為與無維是「直接的」「初階鏡像對稱」——全同參考系——故為連續鏡像：其「（自由）度」是具有恆穩趨向性的真實有序——也叫做「真實的勢」。

無分別的內觀，被「表達」為非分別的「同一非一」的內空間（鏡像、太極）——空集：空集，是滅集的初階鏡像對稱。

根本識最源始的分別起始於「是」與「非」的分別：有「是」，即產生「有」法則效應，根據「有」法則三要素，就一定有「非」共軛，「是」才能「成立（著）」。但「此時」「有」法則未展開，因此這裡的「是非」是一種「自己繞著自己，翻過來等價於翻過去」、「沒有哪一種位置、哪一種姿勢、哪一種方向更具優勢」的、「亦是亦非」的、完全自洽超對稱的、「互攝互入」的「太極（拓撲性）」模式，所以叫捲縮空間：非分別空間（通俗理解就是：完全沒有狀態，但又是任何狀態的空間）。

——「有」法則三要素未展開，因此維亦沒有展開，因此「非分別」或可「強之為名」曰：「非存有（著）」——也叫做：邏輯混沌。

邏輯混沌的模式是：各自觀察對方，即等於各自觀察自己，且一定是自己與自己相互對立的「極」——以「是」的「身份」觀察到自己「非」的身份。由此產生一個「誰也離不開誰」的陰陽和合無法分解的相干系統，「是」與「非」在系統裡「你就是我我就是你」互為因果，和諧共存——維的「相互依存的分別」——由此孕育出「對立統一法則」的「種子」——識維（分別）本身就是悖論，但在內空間未展開，故內空間具有尚未展開的對立統一法則「種子」的內在屬性。

由於根本識直接源出自無維，故其本質為非分別的「同一非一」（現代物理中的「零點能」理念：零點能無處不在。美國芝加哥伊利諾伊大學電氣工程教授喬丹‧麥克萊更認為，一個大小相當於質子的真空區所蘊含的零點能，可能與整個宇宙所有物質所含有的能量一樣多——這才「有資格」成為「生發元」。故「零點能」理念是有關同一非一在現象學層面最好的詮釋）。

「同一非一」初始在自身特定的局域裡，具有無限意義上的非邏輯推定相干自由度（能量具非值的無限性），但已不是絕對自由。根據有二：其一是既然已經有了「是」與「非」的分別，即意味著有了自定義約束。其二，儘管是自定義約束，但所識的「是非」其實未有具體所指（未具體「表達」，參考「邏輯暫停」），無具體所指的「是非」，觀察者就只能表達為：抽象之抽象的唯虛的虛數「i」。

在未有確切的「是什麼」之前（未有「事」發生之前），這個虛數屬性的內空間就只能稱為特定局域的、捲縮的「封閉空間」。

科學家認為這個卡‐丘封閉空間是一個微元空間，其尺度屬普朗克尺度，即大小約等於質子和中子的億萬分之一。但筆者認為：卡‐丘空間「未具體表達」，故應該只是「純虛數」而不具有尺度，因此不佔有任何實際意義上的時空間。這叫做：非定域性——卡‐丘空間非定域，「有」法則非定域——「有」法則的非定域，是基於貫穿實在與存在的基本法則（虛實法則），直白的表述就是：因為虛虛實實，所以那裡都有，亦那裡都沒有；「時刻都在」，又「時刻都非在」。（注：這裡的「非定域」概念與量子力學的定義不同，是帶有全普遍性的內涵）

即根本識形成的內空間初始時依然具有無維的特性，但受限於上述兩個原因，因此已經屬「假自性」（注：這與「非」判斷邏輯屬性的第六外延：「全體觀的目標具有自性」並不矛盾——內空間相對於無維具有假自性，但相對於統一空間則具有自性——存在的自性皆具有相對性）。

無限意義上的非邏輯推定相干自由度，賦予根本識在自身特定局

域裡「是」的能力，及「同時」「又是（同一非一的內卷的分維）」的能力（a=a+i：無論我是什麼 a，「我在」是不變的 i）。

　　——「同時」一詞加上雙引號，因為是一種無奈的方便說法。內空間時間維也是捲縮的，「同時是、又是」是一種直接進入狀態的判斷，當中並沒有選擇的過程，即不需進行任何邏輯意義上的推斷：邏輯混沌。

　　——實際上，這種「同時性」因虛實法則貫穿了整個「存在著」：存在因虛實法則，既虛亦實地「同時」存在著。

　　——這裡的「同時」不存在任何參考系（比「慣性系」更完備的表達），叫做「絕對同時」——絕對同時，也就是之前討論「非」判斷邏輯屬性的「前、後因果關係百分之百兼容的「當下」。而我們一般理解的「同時」，是由相對參考系（其狹義表達為「非同一慣性系」）得出的，因此叫「相對同時」（共時性）。「相對同時」中，狹義相對論的「時慢效應」（時間變慢）及「尺縮」，其實就是在確認判斷中，因後因果關係邏輯而形成的悖論的表現。

　　——因此，為什麼佛學說「放下屠刀立地成佛」？為什麼禪宗有「頓悟」一說？正因為「迷」與「悟」之間的，就是「當下」的「虛實的那一念」——是相對同時的一念？還是絕對同時的一念？——中文裡「靈光一閃」這個成語很有意思：靈光一閃，也就悟了；靈光一閃，世界就不是原來的世界；靈光一閃，天堂即地獄地獄即天堂；靈光一閃，筆者就寫了這部《邏輯後綴學》。

　　根本識因「同一非一」的全域開放性而具有「共時自分性」——這是筆者對「變量」這個詞的深化：一個「是」能夠「同時化身（變量）」為無數不同的「又是」（分維：無限能量的具現，絕對自由這個理念的具現）。這些自分性的「是」同樣因「有」法則而皆具有對立統一法則的內在屬性，因此每產生一個「是」的化身，必然有一個「非」與之共軛。這些「是是」與「非非」不具備任何實質性的「什麼」，但卻形成一個個虛擬的節點和域：「是」為收斂性的節點。「非」是開放性的（一就是一，是一就「非是」二、三、四……但「與此同時」，

「一」又是「多一」……）域，此「域」在外部空間就表現為「場」。「是」越多越收斂，同時「非」就越開放。「是」與「是」的節點之間因同源的同一性（源自同一個根本識，都是同一個根本識的「是著」的「非一」）而產生關聯，因此構成線性「虛部向量」，「非」域之間則形成「虛部張量」複疊。「是是」節點關聯與「非非」域域複疊因識（悖論）的能動性而相互擾動糾纏，使根本識以振動（具有能量波動）的模式表現出封閉流形度規上的曲率變化，從而使內空間具有了拓撲性質而形成維度屬性的超拓撲空間，即根本識分別的內涵有了脈絡可尋（邏輯性）的表現形式，那就是「（識）維」——對立統一法則種子發出了「萌芽」（兩儀）。

維即分別。分別有程度之分。維度即分別程度。在內空間，維度與分別程度正相關，與非邏輯推定相干自由度負相關（注：這裡的自由度與現代量子力學裡維度與自由度的關係完全相反）：

——「是是」節點越少，維度越低（階），「非非」域域複疊越「薄」，分別程度越低，非邏輯推定相干自由度越高——具非值無限性的能量是萬物生成的根本：生發元。

——「是是」節點越多，維度越高，「非」域複疊越「厚」，分別程度越高，非邏輯推定相干自由度越低——物質生成的原理（這段話的通俗理解：想想——「車」、「跑車」、「我的跑車」、「我的法拉利跑車」、「我的紅色法拉利跑車」表達方式上不同的局限性就明白了。不同的形容詞，其實是不同的「分維」，分維越多，局限越大，自由度越少）。

內空間「維（對立統一法則萌芽）」的建立（但維在「此時」依然「捲縮」著還沒有展開表達「維度」，故對立統一法則只能是「萌芽」），使根本識的表現形式從初始糾纏共生零維性質的對立統一「純量」，通過仿射聯絡「進化」為多維性質的，多重線性張量階的對立統一「群」。這個多重線性張量階的「群」，就像根本識為自己編織的一個結構無比複雜，但實質又是「虛擬」的網（現代超弦理論稱之為的 D 膜）。由於「是」識具有非邏輯推定相干自由度，就會既呈現

為從一個節點遊走（拓撲）到另一個節點，形成網上一段一維性質，但因不同的非邏輯推定相干自由度，又不斷作不同勢態的二維振動著的弦——這就是現代弦論學者所認為的「超弦」。但「同時」，又表現為網的本身（始終是「亦是亦非」：未考慮時間參數的量子場論以及量子行為具「不確定性原理」的本質）。

　　——以上內容的意義在於：科學家們為了探索宇宙構成的奧秘，先是發現了原子，然後發現了基本粒子，最後現代超弦理論又認為這些粒子不過是一根根的「弦」。物質的基本組成，為一組組類似於琴弦的能量線的不同模式振動。科學家們所作的這些努力，就像是為了建立一個完美無缺的大統一理論大廈，而千方百計地填補的拼圖遊戲，但這些拼圖的碎片之間無論如何填補，都總是存在著「裂縫」（破缺），致使整幅拼圖日益複雜冗餘，並始終解釋不了能量是什麼及從何而來及能量線為什麼會「無緣無故」地振動，又為什麼會有如此多不同模式的振動，量子化與廣義相對論如何自洽，自然界四種力如何統一的問題。筆者認為：具有自定義約束下「能動」性質的「識」，是解決以上問題並徹底「抹去」拼圖裂縫的，一切都「對得上號」的，最「說得通」的理念「假說」，這可以說是「萬法（物）唯心」哲學的「科技版本」的嘗試。

　　（加插一個有助理解的小故事：唐代武則天要法藏法師講解萬法唯心中「一入一切，一切入一」的華嚴義理。法藏法師就在大殿裡四周擺設許多鏡子，在大殿中央點起蠟燭，蠟燭的光就在所有鏡子中相互映照出無數的燭光——同一非一——燭滅，一切「燭影」皆滅；燭亮，「分化著」的燭影重重疊疊；鏡面越「精緻」，燭影重疊越多越「深深地分化」。但無論分化出多少燭影，皆源自同一的光源）。

　　「如果」只有一個孤立的根本識，由這個根本識建立起來的卡-丘空間，本質上依然「什麼也不是」。根本識在這個局域空間裡建立的識維、種種節點關聯和域、弦的表現等都是「虛擬」的。根本識不過是在自己虛擬出來的「勢力範圍」裡，「自得其樂」地處在一種「時刻準備著等待表達自己是什麼」的捲縮的基態裡。

2，內空間的展開。

但是沒有如果，無維並沒有「奇點」，或者說，因著虛實法則，處處都是奇點（表現在外空間則為：處處皆是處在最低能量激發態的隨機生成或湮滅的虛粒子）。因為內空間的「非定域性」，所謂的「（宇宙）大爆炸」無時無刻「到處都在」地發生著，只不過都是發生在不存在尺度意義的非定域卡 - 丘空間裡，根本識不斷從無維根據「虛實法則」非定域地，「分解（即『表達』：也稱為『展開』）」出無窮的空集屬性的，非分別但又同一非一的超拓撲空間──在超拓撲空間裡，每一個與根本識同源的識，都形成一個自身的卡 - 丘拓撲空間，每個卡 - 丘空間就是所屬根本識的、「客觀存在」的、「非存有」的「基本盤」。

每一個卡 - 丘空間皆有自己的（對立統一法則）種子，各自的種子因自由度而孕育出不同的萌芽，因此同一非一的根本識所形成的卡 - 丘空間之間的「能動性」，就具有維度上的不對稱性（即「不同」的識：破缺之因）。

當兩個不同的卡 - 丘空間「因緣相遇」（佛學的「依他緣起」──開始「有事因」），相互間具維度不對稱性的基本盤免不了就會形成「衝突」：為了「確認」（「是」判斷的、「唯心」的「萌芽」）自己的基本盤，「虛部張量複疊」開始擔當「非」場的角色──擔當起（「有」法則）障眼法「自迷」作用的「維」的角色：雙方的識開始「不知」自己非分別的根本識的「本來面目」（主觀性出現，因此開始真正的分裂、坍縮），都以失去無限意義的非邏輯推定相干自由度為代價，從虛擬的「是、又是」，以虛數與實數「是就是了」的有機結合模式，「相變」（識的作用開始發揮）為身份確定、非邏輯推定相干自由度開始被自己限定（開始退相干）、複數意義上的確定「是什麼」（「非存有著」退相干為「存有著」）。如此一來，虛擬的節點就「華麗轉身」為確定的標量，虛部向量就具有了明確意義的矢量（出現「行為趨向」：即力的表現），識從「等待表達自己是什麼」的基態，轉化為「表達自己是什麼」的開集屬性的激發態。

──即「此時」對立統一法則的萌芽處於「展開」的激發態。

雙方的識各自從對方具體表達的「是什麼」中，感受到一種對立的、排斥性質的、來自「非」域複疊的「壓力」，這種壓力稱為「重力不平凡」（科學術語，即：重力不為零）（嘗試比較：一隊巡邏兵在國境線上巡邏，「如果」沒有「鄰國」，這條國境線就是虛擬的，巡邏兵的巡邏完全沒有意義。出現了鄰國，並且鄰國有「侵犯主權」的意向甚至舉止，雙方的巡邏兵就會立即進入各自的「陣地」互相「對峙」）。壓力的大小以對方在原來內空間建立的維度（主權的「權重」），即分別程度正相關，即與「非」域的複疊厚度正相關，這使原來虛擬的「域」的厚度，變成有實質可測意義（有值）的「場」，即卡 - 丘空間「重力場」，這個重力場以「是（主權）」為核心。具有了重力場的識因此而開始「坍縮」表現出破缺的物質性，這種物質性在對方「眼裡」（作用在對方身上）就成了具有某種性質的基本粒子形式。根本識原來虛擬的不同非邏輯推定相干自由度的「是」識，就是其後形成的基本粒子的「基因」，帶著根本識基因的基本粒子就不能隨意地「是、又是」，而只能表現為身份不能輕易再改變的「是什麼」。原來虛擬的「是是」節點越多，「是」基因因收斂性而形成的核心就越堅固，表現的維度越高，「非」域複疊越厚，即重力場越強，粒子性質就越明確，表現出的質量越大。

這種粒子性質的表現形式相當詭異：「是什麼」的粒子性質，最終是因為「非」域複疊傳遞出「非是」的對立信息，令對方產生「壓力」之後由對方「認可著（趨向行為，湧現的本質）」的，這就是「波粒二象性」的「本性」（有關「波粒二象性」，在引入「時間」這個「參數」後意義有所不同）。沒有對方「認可」的表達「是什麼」，本質上依然「什麼都不是」（一個人站在空曠的大廳裡高呼「我是狗屎」或「我是帝王」得不到任何響應即沒有任何意義）。

並且，基於重生性的「因沒有值故可以不分彼此地取任何值」，這種「認可」是「可以任意取任何值」地相互對等的，「主觀認可」了對方的基本粒子形式，就等於同時「主觀承認」了自己也具有某種「身份」的基本粒子形式——「對立統一」：本質上等價於相互對等主觀認可。

——對立統一，等價於「對等性認可」。

——這裡的「對等性認可」，「重正化」了「一個質子大小的真空區可能蘊含與整個宇宙所有物質所含有的能量一樣多的零點能」這句話當中蘊含的發散問題：首先，「整個宇宙」甚至是「無窮數」宇宙與「零點」是「全同關係」——而無窮大與無窮大之間相互能夠抵消，是因為「對等性認可」——能量是守恆的，但邏輯混沌中的「有」法則的邏輯性決定了：能量交換必然是（有值）對等的（熱平衡定律：萬物等價的內稟性）——因此：在外空間隨機生成或湮滅的虛粒子，總是處在最低能量的激發態——也因此，對等，亦意味著「有限」的具現。

——「對等性認可」，是弱力、強力兩種相互作用力產生的根因：因他者的存在著而存在著。

——「對等性認可」，也就是雙方取得了「統一的共識」。但「共識」一詞，卻帶有「可分裂」的內稟性，因此無論有多麼強的相互作用力，通過「第三者（外力）」，物質依然可不斷的「分裂分割」。

——統一亦意味著不再是同一，意味著雙方之間具有了差異性。

但雙方既達成了某種「共識」，就意味著兩個不同的虛擬卡 - 丘空間共同「構成著」：一個具有可測的、複數意義上的「一統空間」（本文筆者自創的概念，可看作統一空間的「前身」）。

即：識的物質性，是因對立雙方相互「主觀比較表達（相互作用力）」而產生，比較即有關聯（佛學唯識論中的「轉依性」）。因此，物質性是因識的關聯性而具現：因關聯性而產生（維度意義的）邏輯性，因邏輯性而產生必然性，因必然性而產生物質性結果。

沒有關聯，物質不能孤立出現。

物質的主觀存在是因為「自以為不同」的識維之間的「萬識關聯」，而「展開著」：基於「有」法則效應上的對立統一法則，而具有的對立統一的「局面」（表現）。沒有關聯，對立統一法則不會「展開著」，也就沒有物質的「主觀存在著」。

三階大法則

虛實法則
（宇稱不守恆法則）

三階
大法則

「有」法則
（分別法則）

對立統一法則
（行為法則）

存在（包括客觀存在與主觀存在）是因本質上同一非一的識維的關聯而「存在著」，而非自有永有的實在——燭（識）滅，一切皆滅。

物質是因識維的關聯而存在著，而非自有永有的實在（非在）。

「有」法則不能孤立實現表達，「有」法則是因物質間存在著關聯而表達著。

物理定律當然也不能孤立表達，物理定律是因「有」法則表達著而表達著，並且因「有」法則表達著而在所有慣性坐標系（非定域）皆必然地「完全滿足相同」著（狹義相對論），但又因宇稱不守恆而「不那麼對稱地彎曲著」（廣義相對論）。

根本識有了物質性，內空間捲縮的（識）維就「展開著」。

——展開的（識）維，就有了時空尺度的意義。尺度，是無窮數（識）分維的「非空」集合（狀態）的量度：

——尺度意義下，內空間裡「是是」節點的關聯表現出正曲率，並且在任何一個節點上的曲率都大於歐幾里得幾何尺度。由於「非」域是開放性的，內空間裡「非」域的複疊就表現為負曲率，並且在對應於節點的域上的曲率小於歐幾里得幾何尺度。原來兩個不同虛擬系統的虛部多重線性張量階（群）之間，會以不同的泛函關係相互耦合切入（本章最後一部分討論不同階的維的關聯時亦稱為「識入」），相互「共情」或「共識」下相容或相拒，產生扭矩、旋轉，當中的根本識會以弦的分裂或結合的方式，進行適應、交換、平衡或整合，從而表現為不同的粒子。

不同節點及非域之間，曲率不平衡的結果使內空間產生量子化自旋角動量方面的秉性。

這種量子化自旋角動量的秉性，反映到外空間的基本粒子上，就有不同的表現形式：

維度低的節點由於自由度高，自旋為非負整數或零，故而形成波色子。

光子就是人們的「眼識」能夠直觀認識（兩種「識」之間耦合度高。本質上，兩種識是二而一的關係）的規範波色子，高自由度的光子能夠佔據相同的量子態，即不必依從「泡利不相容原理」，能夠「滿足對易關係（量子力學術語，意思是具有完備的共同本徵態集——筆者認為：就是近於完全的共情關係——一種相同的變量關係）」與其他粒子共存。結合這一節前面的理念來解說就是：光子是一種「是是」節點少，因此「非」域複疊（玻色場）亦很薄的識分維，既光子的排斥性低，故而重力場顯得很弱甚至被認為是沒有靜止質量。由於排斥性低，因此光子能夠「隨遇而安」，即隨意地與其他識的「是」形成的粒子和諧相處，故光子能夠輕易被吸收（是就是了）或發射（不是了就不是了），因此而成為電磁相互作用的媒介子。

　　此外，中微子是目前人類能夠勉強認識的比光子「是是」節點更少的識——筆者認為：如果人類的「眼識」耦合的是中微子，當「看到」更高維的世界。

　　人類對世界的認識，主要來自眼睛的觀察——所謂「眼見為實」。而光，則是我們「眼見為實」的唯一媒介。因此，「光明」是這個世界上唯一沒有異議的、一致認同並且充滿讚譽的自然現象——但是，光明讓我們認識了自己身處的四維時空之際，亦把我們局限在四維時空的「有」之中。因此，光明並不能作為「美好」的專屬象徵：在整個「存在」中，「光」其實是「相當普通」的一種「存在著」的識分維——它為我們開顯了一個四維時空（人類認識的四維時空亦稱為外空間），卻同時隱蔽了更高維的「存在著」：時空無限的概念，就是「有」法則通過光明對我們所造成的認知上的局限，我們不能「眼見」四維以上的空間，正是因為光明通過我們的眼識（包括我們發明的種種光學儀器皆與我們的眼識同源）徹底干擾了我們的意識後，把我們的認知鎖定在四維時空——見見之時，見非所見——如此認識光的本質，光的「存在著」，就能夠幫助我們理解存在的「存在著」——光不需要、也不能「看見」光自身：我們藉著光看見的世界，永遠是「他者」的世界——我們就是光源本身，時間本身，空間本身：我們其實「非分別」，我們不是「存在著」而是「非存有著」——這是狹義相對論的「根

本解」：光速不變並非相對論裡的假設，而應該是「確實不會變」——因為，無論我跑得多快，我始終「在」——（光）影子裡「與影子一樣」以光速「存在著」，——光速剛好是時間空間的矢量和：一個（我們所在的）宇宙常數——也就是我們自己的「根本識」——我們，一直以光（識）「非存有著」，只是我們因萬識關聯而被屏蔽。

希格斯玻色子則是特殊的只有一個「是」節點的識（在科學目前能夠達到的認知裡），意思是能夠完全地因「自相互作用」而「自發對稱性破缺」。故希格斯玻色子的收斂性和開放性平衡自旋為零，而始終只具有內空間零維性質。內空間零維性質意味著：希格斯玻色子等價於「根本識的根本」——即那根同一非一的「蠟燭」：其產生的「波色場」能夠與不同階的識分維完美無瑕地「耦合」，即「完全滿足對易關係」而賦予其他粒子以物質性。由於其耦合是如此的完美無瑕，地位是如此重要，故希格斯玻色子有「上帝粒子」之稱，需要超級粒子加速器極大能量的「對撞」，才能令其與基本粒子「分離」。由於具有零維性質，被分離的希格斯玻色子「很快」就發生衰變——意思是「很快就自適應」而與其他基本粒子重新耦合為新的粒子。

維度高的節點由於（相干及非相干）自由度低，故自旋為正半奇數故而形成費米子。其「費米場」滿足「反對易關係」（共識關係：不相同的變量關係），因此費米子依從「泡利不相容原理」，是已經「成型」的構成物質粒子的基本材料。

基本粒子形式又具有兩種截然相反的表現：「是什麼」表現為「正粒子」；「非是什麼」表現為複共軛激發態的「反粒子」。希格斯玻色子自己就是自己的反粒子（非分別粒子）。

——內空間「維」正式展開著——「有」法則（分別法則）亦正式展開著——悖論也就展開（破壞）著：有悖論，也就必然形成對立統一的（主觀存在著的對等性認可）局面。因此，對立統一法則也就是因悖論形成對立統一局面的法則。對立統一法則的展開，萬事萬物就都「破缺」為對立統一局面。因此，對立統一局面是根本識展開後「主觀存在著」的最基本局面——因此，對立統一，說穿了，不過是金庸小說裡，周伯通的——左右手互搏。

——因此，對立統一法則可稱為「行為法則」——也可戲稱為：左右手互搏法則。

——「有」法則（分別法則）非定域，因此現象法則非定域。

自此——基本虛實法則（宇稱不守恆法則）、「有」法則（分別法則）、行為法則（對立統一法則）——皆因同一非一的根本識，非定域地「全面展開」——三階大法則貫穿了整個超空間（統一空間）的各階鏡像（各階維度及其分維），在統一空間的萬事萬物中反映出來。

三階大法則的理念，是中國古代早已有之的釋道儒思想及現代理論的綜合發揮。萬法唯心（唯識）、色空不二；道可道非常道；《繫辭傳》十一章有曰：《易》有太極，是生兩儀——此兩儀反映在一般事物上就叫做「天地」、「上下」、「裡外」、「光暗」、「黑白」等；反映在哲學上就叫做「矛盾」、「陰陽」、「是非」等；反映在生命形式中就有「雌雄」兩性；反映在現代物理學量子尺度上就叫做非定域「量子糾纏」；反映在統一空間維度上（存在著的存在）就是無的同一與有的展開（本章最後部分會討論總結）——三階大法則「非定域」，是任意空間的、不涉及地點、距離、時間與速度的強關聯。

四，唯識成物——唯識一元論。

從事物表像的層面理解三階大法則，存在是二元的。因為二元，三階大法則才能成立，然後，通過三階大法則，二元更進變為多元，世界由此而多姿多彩。這個結論，我們「很容易」就能夠接受，因為這符合我們的直觀印象。但這個「很容易」，卻令到我們對世界的認識從此變成「不容易」，而且是越來越不容易，甚至是「不可知（識）」。

但由於我們的思維在根本上的倒錯，即使是不容易，即使是不可知（識），我們依然頑固地「二元著」，頑固地「對立統一著」，甚至不屑於統一而越來越「以左右手互搏中的對立為樂」。

人類啊，手足自殘何時了？！

——存在的本質是一元的。

唯識一元論

非分別的
非存有展開
（表達）

時間平移對稱性
及
空間平移對稱性

也就「被分別」
也叫做「被分裂」

我們就註定了
只能以「相對同時」
衡量「絕對同時」，
悖論也就具現

悖論被具體表達
為時間和空間，
存在就只能在時空裡
「相對同時」地
或「表達為時間平移對稱性」
或「表達為空間平移對稱性」
地存在著。

——為什麼我們「不能違反」客觀規律？為什麼我們不能創造「新的」客觀規律？為什麼我們不能在客觀規律「之外」？

正因為：我們（識分維的集合）都源自於非分別的、同一非一的根本識。而三階大法則，皆是根本識的「自執」之法。

假如——存在，「真的是」完全獨立於我們意識之外的「東西（例如康德的物自體）」，我們反而是完全可以「隨心所欲」，完全可以「無視」這個「存在」，無視所謂的客觀規律，或「違反」所謂的客觀規律而為所欲為。因為，「存在這個東西」與我們無關——三大法則皆與我無關：一個擦肩而過的路人，之後他的任何後續際遇與我無關，我的際遇也與他無關，因為——我們是兩個相互完全獨立於對方「之外」的——客體。

但「實際上」，我與某人、某組織、某國族「其實有關係」，就必然存在著一種必須相互認同相互遵從的「法則」，我的獨立性就必然受到制約。

所以，不存在獨立於我們意識之外的存在。

這其實是非常直接了當的——反證法。

——非分別的「非」判斷過程具有連續性（連通性）——「非」判斷邏輯屬性的第十一個重要外延——我們皆在：一元的非分別的連續過程——之內。

——即使是遙遠光年之外的天體，我們依然能夠「相當有本事地」，似乎分秒不差地計算出其運行軌跡，因為，我們「在 N 億年前是一家」（同一個根本識），都遵循著同一套共同創造出來約束雙方的「非定域」的三階大法則（因此，上帝創世，其實我們「人人都有份參與」——而且都是：等份——我們都是「上帝」——眾生皆有「佛性」：眾生平等——萬物等價，平等）。

——因此，我們與存在的關係，本質上是「非分別」的百分之百兼容的一元關係——這是「真實有序、兼容、重生的緣」的內裏——生發元——存在的源始——亦因此，我們始終感受到，甚至可計算出

源始於同一根本識的「恆吸引的力」——這種「恆吸引力」，被我們命名為：萬有引力。

從物理學的角度，物體之間存在萬有引力——宇稱不守恆下，恆持續的勢的「萬有」趨向。

從人文的角度，萬有引力在人間就表現為「情」——共情力。「情」，是基於一元關係下的人類情感、眾生情感——因此佛亦有曰：有情眾生。

——科學家企圖建立一個把自然界四種力統一起來的理論，但量子化後的廣義相對論是不可重正化的（點粒子會產生無窮大的發散問題），因此，傳統的思路並不能統一四種力——筆者認為：弱力、強力，是「共識」之力；萬有引力，是「共情」之力；而電磁力，是共情與共識之間「變換」之力：也即是滿足邏輯位移，令萬事萬物的「表達」能夠「自圓其說」之力——也即是「活力之力」。

——以上表述，帶有濃重的「民科」屬性，但卻是能把四種力統一起來的「解釋得通」的「其說自圓」（不是自圓其說）——科學講究「實證」，但科學至今仍舊不能「實證」能量是什麼，意識是什麼。既然能量、意識這兩種在存在中最基礎的東西，科學都不能實證，那麼，科學的權威性也就存疑，也就沒有資格質詢「民科」這種以感性為思考模式所得出的感悟。

當我們在人文的角度把存在理解為二元關係，就有「愛」了，就變成了「愛人」或「神愛世人」。但無論如何「相愛」，人與神、人與人之間，就永遠具有主客的二元性——因為二元性，有愛，就必然有恨。並且——愛越多，恨也越多。

我們只是因為自他分別而自以為「是」二元關係。因為自定義二元關係，無序（真實有序）被我們選擇性自定義為自定義有序，就有了「有」法則（分別法則）三要素規定下自定義的互異性——也就有了他他分別——這個他他分別的互異性，「宏觀上」就「必須要」有背景（參考系）做襯托——襯托，其實就是破缺。這個背景，就被我們自定義（坍縮）為：空間——也就有了狹義相對論的光錐因果結構：

我們把光錐自分別為「過去的光錐與未來的光錐」，因此得出「僅僅是與我們（這個集合）有因果關係的『其他』事物（集合）才與我們有『相對同時的』因果關係」的後因果關係邏輯的結論——我們就依據後因果關係邏輯成了「闖進（空間）的外來者」——我們「闖進」自我製造的空間，在「破缺的」對立統一的局面中「左右手互搏地」「共存著」。

空間是我們自定義二元關係下的「主觀存在著」，這種「存在著」亦必然因互異性才能存在著。因自定義互異性，所以我們可以「看得見（可以測量）」空間（空間以顯性表現出實維度）。而互異性意味著看得見的「有」必然是共時性的、被「有」法則三要素規定的、震盪與重複的「不確定狀態」，因此空間裡的一切，就必然是「絕對地」、「震盪與重複地」地運動著。空間中的我們，亦就表現出可以在空間「自定義地走來走去」的「自由著」。

但為什麼我們「看得見」空間卻「看不見」時間？因為「宏觀上」時間無差異（時間維以隱性虛維度存在著），不具互異性，故本無前後（光錐）之分——因為，時間，是真實的一元關係下，根本識表達自身的「展開著」的「一條時間軸（維）」。換言之：根本識自身就具有時間屬性。更直接的表述：時間就是根本識「在宏觀上」的「表達著」——行為與（引者或）指者是一體的。因此——時間就是本我的自己。因此，我們「看不見」時間（時間維為虛），亦因此，「宏觀上」我們可以在空間裡「來去自如」而不能在時間裡「來去自如」。又因為同一非一，時間具有全包含「他者」的全體性。因此，我表達就是他表達，「我時間維」也就是「他者時間維」。我們在同一的時間維中「主觀存在著」。

而「主觀存在著」，卻又必然是互異性地存在著，即必然「共時性」地存在著。因此——我們自定義「空間」的同時，也就自定義了「時刻」（不是時間）。因此上面一句話需要修改為：我們在同一的時間維中「時刻地主觀存在著」——我們把握不了過去，也把握不了未來，因為我們必然地，只能「共時性地、以最小尺度的、不可分割的時空包的形式存在著」。

我們「時刻」與空間「共存著」。

結果就是：我們具時間屬性的識維（時間虛軸），在「主觀存在裡」就被人為分割為無窮數的「時刻點」——實際上就是「自我降維」。因此在表面上，我們皆共同「附著」在時間虛軸上當下的「這一刻」。

但其實我們也知道：時間軸上的「這一刻那一刻」、無窮數的每一刻之間具有全同性，因此在實際上，我們就是時間本身，我們個人的時間維（時間軸），只是不同階維中無窮數維裡「微不足道的可以忽略不計」的時間分維。這些時間分維，本質上皆同屬同一非一的不可分割的根本識時間軸自身。感受著時間的我們，及這個四維時空，皆屬同源的識分維，因此同一個空間裡不同位置上，能夠「主觀同時出現」不同的人和物。但是，我卻不能主觀同時出現在「我的」過去將來，亦不能主觀同時出現在「你的」過去將來——因此可以理解為：以「這一刻」為「參照」，我們是「絕對靜止」的（芝諾悖論）。

但是，在空間震盪與重複的「運動」狀態、我們「走來走去」的狀態，就必然有「先狀態」和「後狀態」的差異，這「先、後」的差異就形成了光錐上不同的時間段。有時間段的「震盪與重複」，在「科學的」觀察者「眼中」就形成：被「分割」為一束一束「波」的、量子態的能量（「有」法則）包。換言之，互異性意味著觀察者眼中的時空，在最小尺度上是離散的、不連續的、不可分割的時空包。

所謂宏觀微觀，同樣是自以為「是」二元關係之下，人的自定義——「主觀宏觀存在著」的這個世界的本質，就是一個「宏觀的波粒二像世界」——這個「宏觀的波粒二像世界」與微觀量子世界的「波粒二像世界」，具有同一非一的，等價性的「透鏡鏡像反對稱」——故與其研究那「看不見」的量子世界，「倒不如」多研究點我們這個「看得見」的宏觀世界「來得方便」：

——作為人，我的「共時性當下」的「主觀存在著」，是「宏觀波粒二像世界」裡，與整個主觀存在「共存著」的「絕對同時地測不準」的「宏觀有粒子」（法國理論物理學家，1929 年諾貝爾物理學獎獲得者路易·維克多·德布羅意，在 1923 年提出了實物粒子也具有波粒二

象性）。這個「宏觀有粒子」的本質，是客觀存在的，具有相干性能量波的，作為時間分軸（分維）的「一根超弦」。這根「超弦」退相干為一個與萬識絕對同時性當下關聯的能量包，這個能量包，就是本徵的「我」（一個普通成年人的軀體裡包含不少於七乘以十的十八次方焦耳的、相當於三十顆氫彈的「退相干能量包」。但這些能量與媲美於全宇宙能量的「零點能」相比，又可以「忽略不計」了。只是這顆「粒子」因「對等性認可」而只能發揮自身微不足道的能量）。

具時間屬性的客觀存在的根本識，以高階維時間虛軸的模式展開著，貫穿整個「主觀存在著」，「絕對同時地決定著」主觀存在「全體的生死」。因此，我們認知的時間就是——連續、均勻、廣延、無「皺褶」（無差異、非分別）、無始無終，絕對不變（根本識「不死」，時間「不死，存在亦「不會死」」）。

——由於我們只認識時刻點（瞬時值）上的「存有」，（除了時刻點外的）時間軸上的我們就變成為「虛」。因為時間平移對稱性，因此我們不能在時間軸上「走來走去」（如果我們可以在時間軸上走來走去，物理定律就不能成立），永遠「看不見、摸不著」自己的過去及未來。但過去及未來並非真的「虛」，而是以「實」的力量（能量波）通過「非定域」的三大法則，以自然力的方式永遠客觀地制約著當下的我們，被制約的我們的「這根波動狀的弦」，「瞬時」間通過「萬識關聯（真實關係）」表現出「宏觀有粒子」的物質性形態，以「對等性認可」的最低能量級，依循著生老病死的自然規則而「我是什麼」地「苟活著」。

活在（共時性）當下的我們表現出相對的靜止質量，但本質上依然是絕對的動質量。由於人是由無數（分）識維及再識維的集合，因此，人的「走來走去的動靜法則」共屬三大法則。實際上，任何物質、意識的法則都共屬三大法則。因此老子說：人法地，地法天，天法道，道法自然。我們的一舉一動不能超越自身的、實際上是共性的三大法則。社會上流行的「超越自我」之說不過是癡心妄想：只有在三大法則約束的當下，人，才所以為人（粒子），並具有受三法則約束的自由度。

具自由度的我們（宏觀有粒子），更因為思維上的滯後性，而產生「有先才有後」的前後因果關係的邏輯性，因此令到我們產生了時間不可逆，我們在時間軸上永遠只能隨著時間箭頭向前的時間觀。

──假如，並不真正假如的假如：生命是以能量波的形式，「自定義地」主觀存在著，時間平移對稱性就可以「被坍縮」，即時間對稱性破缺，就有了自定義互異性──叫做「有時間」，意思是「看得見」、可測量時間：即時間具有了真正可測的「實」維度，但亦意味著時間具有了離散性：不再連續──2004 年諾貝爾物理學獲獎者，美國物理學家、數學家弗蘭克・安東尼・威爾澤克，在 2012 年提出一種具剛體物質狀態（筆者的理解：即具有了維度上的可測性）系統的「離散時間晶體」理論，並於 2017 年在實驗室中被證實──離散時間晶體的能量不會耗散，亦不會增加：一個與外界沒有能量交換的封閉系統──等價於物理定律在離散時間晶體中不起作用──但不等價於三階大法則不起作用──離散時間晶體始終「在……之內」受三階大法則「自執著」。

──「波動狀的」我們就能夠在時間實軸上絕對同時地「走來走去」，即沒有什麼過去現在未來之分，也可以理解為過去現在未來共存。但「與此同時」，空間的表現亦會「反過來」變成「虛空間」：「波動狀態下的觀察者」觀察的空間，就會是一個「一次過」的，不存在差異，不存在震盪與重複的不可度量的對稱性的同一空間（虛空間維度）──即我們「變成了」空間自身，這個同一空間裡的一切存在，都具有量子化的全同性：即變成了我們不能在空間「走來走去（走到哪裡都一樣）」。但這個對稱性的空間同樣會被「波動狀的我們」人為自定義地「切割成無窮數的薄薄的一片片（類比時刻）」，我們變成能夠「把不同的時刻全部同時顯示」在「同一片薄薄的空間」裡（比照「粒子狀」的我們，在「相對同一時刻」能夠把三維空間景象「盡收眼底」），從而表現出「波動著的存有」。

物理定律，對這一片「薄薄空間裡波動著的存有」不起作用：與上一段討論的離散時間晶體沒有能量交換的原因「一樣」──通俗地理解，即波動狀的我們，不需要吃喝，不需要睡覺，因為沒有能量消

耗——即具有相對的永恆性——「據科學家說」：現在我們能夠「看到」一百多億光年之前的光——對於光子自身，一百多億年前和現在和一百多億年後「沒什麼不同」：都在薄薄的那一片空間裡。

「波動狀的我們」，會變成「摸不著、看不見」這片空間「之前及之後」的「其他」空間（虛空間維），但能夠「感受」到空間「在移動」（空間在移動，我們本身「不能動」，我們集過去、現在、未來於「一身」的「這片空間」只能共同隨著空間的移動而「絕對同時地」移動——有點像坐在運動著的火車裡），並因此而得出「在不同空間，時間不變（可稱為時間定律）」的「空間平移對稱性」的「科學」論斷——這也是光速（真空中）不變的原理——不是光在空間移動，而是「不變的光的片空間」隨著——連續、均勻、廣延、無「皺褶」（無差異、非分別）、無始無終的「絕對不變」的空間的移動而絕對同時地移動。

——因為「宏觀的波粒二象世界」與微觀量子世界的「波粒二象世界」，具有同一非一等價性的「透鏡鏡像反對稱」，因此上述這個「波狀觀察者的科學論斷」，結合「粒子狀」觀察者（目前的物理學理論）的論斷，就能夠真正從根本上闡釋現代物理學一個重要理論的本質：量子力學的不確定性（測不準）原理。

量子力學的不確定性原理指出：粒子的位置與動量，及進一步擴展的能量和時間、角動量與角度不能同時（筆者認為：這裡的「同時」即是之前討論的「相對同時」）被確定（不能順序測量、不能聯合測量、不能製備確定的量子系統）——因為：粒子「絕對同時地」具有時間平移對稱性及空間平移對稱性兩重內稟性。

——當我們測量粒子的位置時，我們必須「相對同時」地「坍縮（破壞）」空間對稱性，造成空間破缺「之後」才能夠測量，即「此時」的粒子「相對同時」地表現出時間平移對稱性。但是——「此時」的粒子依然是具有絕對同時的空間平移對稱性內稟性的粒子！空間平移對稱性的空間依然是對稱的，時間卻是破缺的——我們「相對同時」地測量粒子的位置時，其實是在對稱性空間——人為地「切割出來的一片薄薄的空間片」上的測量，這片空間片上的粒子，是「集過去、

現在、未來於一身」的粒子！這個粒子「相對同時的當下」的動量，當然「測不準」！

——反過來，當我們測量粒子的動量時，我們必須「相對同時」地「坍縮（破壞）」時間對稱性，造成時間破缺「之後」才能夠測量，即「此時」的粒子「相對同時」地表現出空間平移對稱性。但是——「此時」的粒子依然是具有絕對同時的時間平移對稱性內稟性的粒子！時間平移對稱性的時間依然是對稱的，空間卻是破缺的——我們「相對同時」地測量粒子的動量時，其實是在對稱性時間——人為地「切出來的一片薄薄的時刻」上的測量，而這個時刻上的粒子，是「可以在空間絕對同時地走來走去」的粒子！這個粒子「相對同時的當下」的位置，當然也是「測不準」！

——至此，我們可以為「波粒二象性」作如下定義：我們只可以相對同時地破壞空間對稱性或時間對稱性。物質因空間破缺而具有粒子性；物質因時間破缺而具有波動性。或另一個相同語義的表述：當（時空）在空間維度破缺時，物質具粒子性；當（時空）在時間維度破缺時，物質具波動性。

——以上定義也可以擴展為哲學定義：存在因空間破缺而具現著；存在因時間破缺而波動著。

也就可以得出最終結論：存在，是一個真類。即，存在，是悖論；時間與空間，是存在這個悖論的終極形式。

絕對同時地具有時間平移對稱性及空間平移對稱性兩重內稟性的根本識——非分別地非存有著。

非分別的非存有展開（表達），時間平移對稱性及空間平移對稱性也就「被分別」，也叫做「被分裂」，我們就註定了只能以「相對同時」衡量「絕對同時」，悖論也就具現。悖論被具體表達為時間和空間，存在就只能在時空裡「相對同時」「或表達為時間平移對稱性」、或「表達為空間平移對稱性」地存在著：

——兩種「存在著」之間具有反對稱效應——也就產生了狹義相

對論遇到的問題——狹義相對論的基本原理是：真空中光速不變，一切物理定律在所有慣性系平權——但是，這兩個基本原理之間並不自洽：光速不變具有絕對同時性（獨立於參考系）；慣性系卻具有相對同時性——這其實就是回到哲學的基本問題之一：以有限衡量無限。

——以有限衡量無限，無限就會以一種「鏡像反對稱」的方式表達為有限無界的開集——「鏡像反對稱」中，有限被表達為無限；無限被表達為有限——也就出現了狹義相對論中的「時慢尺縮效應」：相對於觀察者，相對同時被觀察的物體（勻速）運動越接近光速，時間會膨脹，長度會縮短。

——筆者認為，產生時慢尺縮效應的根因在於：我們這些觀察者的觀察，物理過程的時空描述，是在具有時間平移對稱性的「破缺空間」裡相對同時的觀察（「破缺」）。破缺空間裡有這麼一個「小學生都懂的概念」，就是「速度（速率）」，這個速度有一個簡單的表達式：$V=s/t$。但似乎沒有人刻意去思考：這個表達式的涵義是——人為地把對稱性的時間（無限）劃分為時刻（有限），再去衡量有限（距離）。這種衡量，在「相對近似」參考系中「不成問題」。但是，觀察的物體運動越是接近光速，反對稱效應越明顯：時間平移對稱性破缺空間中的有限，在空間平移對稱性的破缺時間中就表現為無限——破缺空間速度公式 $V=s/t$ 的表達，在空間平移對稱性的「破缺時間」裡就會「反過來」——筆者把這種「反過來」表達為（筆者寫到這裡，需緊急臨時借用一個「邏輯與」的符號「∧」）：∧ $=t/s$——這個公式的一般涵義是：「單位空間 s」裡，物體「走過」的「包括過去、現在、未來」的「時程 t」——更深的涵義是：破缺空間的物體運動速度「假如」達到光速，這個物體在空間平移對稱性的破缺時間裡就會被「壓縮」到「最扁的極限」（觀察者就得出尺縮到「薄薄的一片空間」的結論），但「時程」則「全包含（膨脹到最大值）」了這個物體的過去現在未來——對觀察者而言就叫做「時間慢到停止」。

——時慢尺縮效應，是我們這個四維時空「才有」的效應，因為我們的觀察只能在時間平移對稱性具現的時空裡觀察。但這個相對同時具現了時間平移對稱性的時空，是絕對同時地具有空間平移對稱性

的內稟性。空間平移對稱性內稟性的反對稱效應，永遠「分毫不差」地反對稱於（即影響著）時間平移對稱性的時空，其影響並非只是鐘慢尺縮「那麼簡單」，而是絕對同時地「全方位」影響著我們「所思所見」的整個存在，這個宇宙，這個地球，地球上的人類文明，我們每一個人的生存模式及思維方式裡對同一件事情千差萬別的看法。綜合其影響，在在皆傳遞著這麼一條「重要信息」：我們一切的判斷，一切認為的現實，總是有那麼「一點點」的誤差（回顧之前討論的「不確定性」及整部《邏輯後綴學》從頭到尾強調的「是」判斷的「震盪與重複」），及至越來越多越來越大的誤差，甚至最後發現「完全不是那麼回事」！（從地球是平的，到地球是圓的；從地球中心論，到太陽中心論；從牛頓力學，到狹義相對論，到廣義相對論——皆不斷「刷新我們的認知」。）

　　——自此，根本識根據「自執」的三大法則，從客觀存在的非分別（空集）經二重分裂——「超拓撲空間」展開成主觀存在的「超空間」（統一空間：開集的全集）——我們所在的外空間亦因此而成為「主觀存在著」的開集「之一（分維）」——筆者稱這個過程叫做「唯識成物」的過程。

　　——或有人會對上述所謂的「唯識論」反駁：假如真的是萬法唯識，為何「我死了」，這個世界依然存在著？——這是因為：「死」的只是「我識」這個「分維」，產生這個分維的上一階識維，還「主觀存在著」（還沒有「死」）——儘管我倆相忘於江湖，相忘於紅塵。但是，因為同一非一，在「高階」的識分維上，「我與你依然同在」：「你沒死即是我沒死」——即使全人類都「死了」，產生人類共識這個分維的上一階識維依然還「主觀存在著」——「沒有了」人類的日月星辰依然「轉著」——「沒有了」外空間的「三千大千世界（統一空間）」依然主觀存在著。

　　因此，筆者的這個唯識論，全稱應該叫「唯識一元論」。這個唯識一元論與一般哲學上的唯心主義一元論不同之處，是以「同一非一」把全體的「識」都「同一化（全同化）」後再討論存在著的存在——存在，是普遍聯繫的、不可分割的整體。

——以上討論的「粒子絕對同時地具有時間平移對稱性及空間平移對稱性兩重內稟性」，除了可以解釋了單個粒子的不確定性，還可以對兩個或以上的「量子糾纏」整體系統的性質，及愛因斯坦、波多爾斯基、羅森為質疑量子力學的完備性所提出的「EPR 詳謬」作出解釋：我們無法單獨描述具有整體性質的各個粒子的性質；量子糾纏中的粒子具有「鬼魅似」的超距作用——同樣是因為：在時間平移對稱性的破缺空間「看起來」獨立的、相互間遠在「天涯海角」的兩個粒子，在空間平移對稱性的破缺時間裡，是絕對同時地處於同一片「薄薄的空間」，並擁有共同的過去、現在、未來，「永不分離」——這亦是對已被大量實證證偽的「貝爾不等式不成立」提供了理論上新的思路。

　　——只有同一化全體的識，才能解決哥德爾不完備定理帶來的困擾：凡二元論，必不完備，即任何命題為真皆不能最終被證明——這其實也就反證了存在必然為「識」的全同化一元關係。

　　——至此，根據唯識一元論而「唯識成物（存在）」的整個過程就形成了一條清晰的脈絡。

　　如果有讀者對上述一元的「唯識成物」依然有異議，筆者不妨提供一個「淺白的旁證」：一個表演者站在表演台上，會受到來自台下觀眾的「無形力」，這其實就是識的關聯作用，人越多，無形力越大——當表演者的表演受到認同，就叫做共鳴，這是共情力；當表演者的表演不被認可，表演者會感受到來自觀眾的巨大壓力，這壓力我們稱為「精神壓力」，這種「精神壓力」其實就是初步的物質性表現——那為什麼來自觀眾的巨大壓力，不會令表演者的心識「變成粒子」？那是因為：即使是成千上萬的觀眾，與表演者「發生關係」的心識也只是「成千上萬」。而一粒粒子的產生，是無數的識分維相互關聯下的共識：「成千上萬」與「無數」相比，可以「忽略不計」。

　　借鑒佛學的理念，因同源的根本識，整個存在形成一個終極的共業圈：

　　——業，即「業力」，即筆者認為的，真實世界三階大法則。

　　——以人作為討論的面向：佛學把以人為中心的共業用大小不同

的同心圓表示，最裡面的小圈表示個人或自我，這個小圈叫「最極不共業圈」；包圍著它的叫「極不共業圈」，例如夫婦；這圈外圍叫「不共業圈」，例如家族；再外圍叫「各別共業圈」，例如職業單位社團等；然後是「國族共業圈」，不同的國族自然受到各自國族的文化傳統意識形態影響；然後是「大共業圈」，指人類的共業（包括了人類所創造的歷史、現狀、可能的將來）；然後是「極共業圈」，人統一在生物之中的身份不可改變；最後是本文筆者再加上去的「終極共業圈」，生物非生物都有物質的共同顯性屬性，以及精神上共同的隱性屬性。

在這些共業圈中，越往外屬性越明確，越受制約至穩定甚至不可改變（同一根本識）。因此，我們可以改變個人的興趣個人的理念甚至個人的性別，人類可移山填海可改變社會形態，可以在地球上根據現成的「有」（自然）成就有限度的「再有」（文明）。但是，無論怎樣「改造」或者「創新」，我們都改變不了我們的物質和精神屬性（有），更不能無中生有或變有為無。因為，我們認知的這個「有」世界是共業所造成的共變，其堅固性從人的認知上趨向於無限。因此，我們才對我們自己及我們所感知的一切的「存在」確信無疑。

以上有關根本識從最初的分別識到初具物質性的過程，筆者曾經在《智慧秘笈——智慧脈絡圖解》中總結為八個字：念生、緣起、法立、相成。

從卡-丘空間到「相成」超空間（統一空間）的過程，是一種內空間與統一空間之間的「二階透鏡鏡像反對稱」。

——開集，是空集的二階透鏡鏡像反對稱。

二階透鏡鏡像反對稱，相對於初階鏡像對稱，屬透鏡性質的反對稱：內空間的低維相對於統一空間的高維，內空間的高維相對於統一空間的低維。在內空間，維度與分別程度正相關，與非邏輯推定相干自由度負相關。在統一空間，維度與分別程度負相關，與邏輯推定退相干自由度（或與非邏輯推定相干自由度正相關：取決於討論的面向）成正相關，即維度越高，分別程度反而越低，邏輯推定退相干自由度（或非邏輯推定相干自由度）越高。

維，也叫做「識維」。識維在人腦中的反映，也就是每個人的思維（分維）。

《邏輯後綴學》，就是關於思維的學問。

總結《邏輯後綴學》之前的討論，思維可以歸納為「智識（上卷的討論）」、「慧知（下卷的討論）」兩種思維模式。兩種思維模式之間的「轉換」叫做「滿足邏輯位移的邏輯思維」。但在接下來的討論中，智識上到六維慧空將會被同一，也就「無」；慧知上到七維悟空亦被同一為「無」。

解構不同的思維模式，認識統一空間不同維度的同一非一的「存在著」，是為了逐層打破共業圈，臻至與無維同構的絕對自由。

第三節：破碎虛空

無維，即無分別。存在，是無維的鏡像。存在的有，致無維以虛的假像；無維的實，反映出存在的無。

一，統一空間裡維的凝聚，同一（參考：黎曼空間——廣義相對論的彎曲時空間）。

無（存在的凝聚性、同一性）是從低維向高維的同一（共情）過程（筆者認為：物理學上的「平權」理念不同於政治學的「平權」。政治學的平權強調的是價值觀，屬「虛偽的道德承諾」，現實中帶來的往往是爭執分裂。物理學意義的平權，才真正具有「同一」的平權內涵。這一節裡「同一」的物理涵義，即廣義相對論引力場方程的等效原理。但筆者理解的引力不局限於我們這個四維時空）。同一過程，是通過滿足邏輯位移的邏輯思維，逐層「非邏輯推定地」「打破」存在（形式）的過程：

——當我們觀察（邏輯推定的智識）「點」為「有」時（筆者認為西方哲學就是「有」的質點學。質點之「有」造成了我們具時間屬性的識維永遠具有「時刻」的共時性），直線為虛（「看不見」）；觀察（非邏輯推定的慧知）直線為「實」時（為什麼「實」是非邏輯

推定的？因為我們不可能以邏輯推定「全體性證明」直線上任意一點「是直線的實」。以下各維度如此類推），「點」為「無」（存在的「質點之有」「被打破」，點的「非一」形式被同一）。在數學上可表達為：點為實部時，直線作複數互為共軛的虛部向量。直線為實時，點線構成一個複數集系統。以下各層同一過程，同理可用數學語言表達，但這就變成數學專業論文而失去了本文的意義，故僅在這裡簡單概括：通過智識及慧知（理會及意會）認識維（的識）——維屬幾何學範疇的概念，可以複數集表述之。複數集是實數集（有理數和無理數）的擴張。通過複數集的各種函數、輻角變量的分析計算及歸納，事物的性質及其運動狀態就能夠得到數學語言上的描述。通常我們認識的維都是整數維，但實際上整數維可「分形（同一非一）」而成各種「非整」的有理數無理數及虛數，這樣才能解釋事物的多樣性及多變性。人類的種種社會法則及思想觀念，都可以看作不同層次的整數意識維及其分形——通達上述兩種觀察方法的思維，就是滿足邏輯位移的邏輯思維。

——當我們智識「直線」為有時，平面為虛；慧知平面為實，則直線為無（同一）。

——平面為有，則三維立體為虛；三維立體為實，則平面為無。

——三維立體為有（因二重分裂完備了空間的概念），四維時空為虛；四維時空為實，三維立體為無（即四維時空裡任何事物都是不斷變化流續的、不存在平直之意，我們「抓不住」某一時刻的事物，因為它們都是「同一非一」的）。這部分也可以理解為：邏輯當下為有，則過去未來為虛；（「非」判斷「引」的）過程為實，邏輯當下為無（足輕重）（這是一般人的二重世界觀：前者是智識的具滯後性當下的世界觀；後者是慧知的沒有時間差的當下的世界觀）。

——以時間軸貫穿包括點、線、面、三維的整個現實世界在內的四維時空為有，五維智空為虛；五維智空為實，四維時空為無。這部分也可以理解為：我為有，他者為虛（例如薩特的存在主義）；或，人類共同命運為實，我為無（足輕重）（這是人類政治及哲學上關於

個性與共性關係目前能夠認識的兩個最高層次）。

——五維智空為有，六維慧空為虛；六維慧空為實，五維智空為無。這部分也可以理解為：智識人類是萬物的主宰，其他生命形式都是人類的附庸；或，慧知眾生平等，人類不過是眾生的一份子（這是人類哲學及宗教上兩個層次的認識）。在六維慧空，因為五維智空為無，即所有智識都已歸同一，故過去和現在、將來已在「同一起跑線上」，也就真正可以「從來處來往去處去」。即六維慧空已經以「波」的形式存在著，時間觀被同一為「無」。

——六維慧空為有，七維悟空為虛；七維悟空為實，六維慧空為無。這部分也可以理解為：慧知我們存在的這個有世界是獨一無二的，其他有世界只是虛幻神話；或，覺悟我們所在的世界不過是「三千大千世界（統一空間）」中微不足道的一個。

——七維悟空為有，八維識空為虛；八維識空為實，七維悟空為無。這部分也可以理解為：有世界為有，識空為虛；或，識空為實，有世界為無。意思是覺悟到「有」不過是識心的分別所致，非分別，則一切皆無（非存有）。

——八維識空為有，九維空空為虛；九維空空為實，八維識空為無。意思是覺悟到無有的區別（非存有）也是分別，無有的區別不過是一種鏡像二重性，一面是大圓智鏡的實，一面是識（阿賴耶識，即根本識）的無。

——九維空空為有，滅空為虛；滅空為實，九維空空為無。鏡子虛實兩面同構，則維也是空無，複歸於無維（無分別）。

以上「無」的意思要直觀理解，不妨登上一座高峰之巔，體會（慧知）那種「一覽眾山小」的感覺。

二，統一空間裡維的展開，分化（參考：閔可夫斯基時空——狹義相對論的平直線性時空）。

有（存在的分化性分裂差異）是智識從高維向低維展開的過程。展開過程，亦就是以邏輯推定「建立」形式的過程：

——智識在一維直線上展開的點，理論上的值是無限。

注：在一條直線上的每個點都不是這條直線，但都是這條直線上的點，即「我什麼都不是，什麼都是我的」。點點之間的關係存在邏輯推定的同一性，點與線的關係存在非邏輯推定的同一性。任何點都不是直線，但任何兩點相連就成了直線中的「一段」，兩點相連叫做「緣起互依」，即任何形式都是因緣而起，這就充分說明了形式的存在都是因關聯性、邏輯性及必然性三個要素而形成對立統一局面的存在著。雙引號的意思是「一段直線」並不是「直線」本身，等同於「長度不是長（長度存在著；長實在）」、「自由度不是自由（自由度存在著；自由實在）」，即任何形式都是被條件所局限，不存在無條件的形式，並且條件改變，形式就改變。這段注解理念同樣適用於以下所有不同階維的展開。

——智識在一個二維平面上展開的一維直線形式，理論上的值是無限。在一個平面上的每一條直線都不是這個平面，但都是這個平面上的直線。並且，智識在平面上可以從任意角度切入（識入，亦可以表述為「同一事件進入」），不同的角度，則意味著不同意義上（皆可洛倫茲坐標變換後平權）的直線。理論上切入（識入）的角度無限（圓周率為無限不循環小數即無理數，亦是一個超越數）。因此，智識在二維平面展開所建立的一維形式的值，是無限的角度與無限的直線的乘積。也可以是智識在二維平面展開所建立的點的值，是無限的角度與無限的直線及無限的點的乘積。

——同理，一個三維立體空間，從任何一個特定角度切入（識入），理論上都可以分解（展開、建立）為無限個平面。不同的角度切入（識入），則意味著不同意義上的平面。理論上切入（識入）的角度無限。因此，識在三維空間展開所建立的平面形式的值，是無限的角度與無限的平面的乘積。

——同理，一個四維時空，識所展開建立的三維立體形式的值，是無限的切入（識入）角度與無限的立體的乘積。

回顧前面分析同一過程時所提到的整數維及分形維，再結合這部

分智識的不同方式切入（識入）的理論，世界的多樣性就進一步得到解釋。

不同方式切入（識入）所建立的形式，與其他被建立的形式相互之間又會產生交集，互相「認識」，互相「再切入（識入）」（參考「無限維的」希爾伯特空間）──而不斷建立新的形式，因此世界具有多變性──但皆可通過洛倫茲坐標變換平權。

智識所建立的形式，都具有能動性，即都具有一定的自由度，因此任何形式都具有向某個（低維）方向分化的「矢量」。但隨著分別程度越高，自由度就越低，從四維時空及以下的智識所建立的形式的自由度，就只能顯示被動的性質。自由度為被動性質的形式，在觀察者眼中就只能具有非生命的特徵。統一空間裡零維屬絕對不自由的維度，但只是理論上存在，因為所有維皆是識維，凡識維皆有自由度。

以上「有」的意思要直觀理解，不妨趴下來仔細觀察眼前的沙丘，逐粒逐粒沙子觀察，細細品味那種「有」感覺。

也可以「有」「無」兩種感覺同時兼受（邏輯位移）：一方面觀察眼前的每一粒沙子，一方面放眼眺望蒼茫磅礴無際的沙漠。觀察之後，就可以進一步感受以下結論：分別程度越高，維度越低，自由度越低。

在四維時空裡，被稱為「時間」的識維，擔當著「軸」的角色。我們感到隨著時間的流逝，身邊的現實世界在不斷的運動變化，是因為隨著時間軸的展開，識維被自定義分割到最小值時的立體映像在我們的智識裡面的連續反映。

本質上，任何的識維，都可以擔當軸的角色。即任何維，都可以坐標變換作為時間軸。軸，即特定的切入角度，即特定的智識。不同的時間軸切入（識入）形成不同意義上的多階維時空，因此多階維時空的（乘積）值同樣無限。多重世界產生的可能就此得到解釋。

沿著特定的時間軸展開，一個特定的，有著屬它自己的歷史、現狀和未來的宇宙模式就被建立。

但是，以時間軸展開的宇宙裡，我們不可能提前去到未來，我們永遠處於時間的「終端」。因為，處在時間點上的我們（低維）是「（立體空間的）有」，而包含了過去現在未來的時間軸為「虛」（高維），因此即使我們知道「那裡是那裡」，我們也到不了（能指與所指沒有邏輯等價）。

為什麼我們不能回到過去？因為智識只能向更低維度的「有」展開，而「過去」在時間軸（高維）上。

為什麼時間只能「向前」？因為我們的智識通過記憶、聯想和推理而有延續性的認知具有滯後性，即永遠「追不上」時間軸而只能「跟在後頭跑」。

——五維智空，是由具有「主動性」的智識維切入（識入）到某一個四維時空展開而建立。同理，五維智空的值，是無限的主動智識的切入（識入）角度及無限的四維時空的乘積。

人類這個物種，不過是無限主動智識中的其中之一的識分維，切入（識入）特定的時空展開後所建立的生命形式，因此全人類都源自於「同一條主動智識線（維上）」，這條智識線也就是近 80 億個「人類基因組」的本源。以這種方式理解「人人平等」，才是在真實面前人人平等，比西方哲學以「天賦人權」背書的人人平等更具有說服力。當然，每個人都有自己的「特點」（分形非整數維所造成的基因差異，使每個人都形成一個獨特的「小智空」，這就是「自我」），但我們每個人都一定是這條展開的「基因智識主線」上的一點。

除了產生人類的這條「特殊智識線」，還有無數多的其他智識線切入（識入）到我們這個特定的時空，這就合理地解釋了地球上生命形式的多樣性（一種估計在地球存在過的物種多達四萬億種）。

——六維慧空的主動識可稱為「慧識」。人類比其他生命形式「高級」，是因為人類所在的智空，被無數慧識中的其中之一所切入（識入）。生活在同一個智空中其他的生命沒有慧識，因此只有生命的本能，意識上永遠是本分地「活在當下」。而具有慧識的人類，則因為

記憶、聯想、推理、想像等能力，而產生了創造能力及對過去未來時間的認知能力。

如果只處在智識所展開的智空裡，沒有意識到人的「聰慧」來自慧識，就會把人所在的智空作為與別不同的實有，就會理所當然地認為人是萬物之靈，是萬物的主宰。但如果上升到慧空同一的層次，則會看到所有智空為無，或者說所有智空都是平等的，形成生命的所有智識維本質上都是一樣的，這就是佛學理念的「眾生平等」。實際上，科學家已經發現：一切生命中細胞的化學過程——核苷酸從 DNA 到 RNA 之間的信息傳遞保持著協調一致，即所有生命都應該出自同一張藍圖。

六維慧空是人類目前能夠直觀認識的生命形式存在的最高空間，接下來七維悟空、八維識空及九維空空展開所建立的形式，可參考同一過程所作的分析。

對於迷者（存在的分化），時間軸只能「平移對稱地」展開，智識也只能展開，迷者眼中的時空有如無窮無盡的房間，迷者命中註定必須順著次序（五維智空以下）打開一道道門走過去，直到生命的盡頭（不可持續的形式不斷發生改變建立新的形式，這個過程循環往復無窮無盡，這就是佛學理念中的「輪迴」）。對於覺者、圓覺者（存在的凝聚），時間軸能夠同一（對稱），所有大門都向他同時打開（慧空），他可以順著次序走，也可以隨意走進任何一道門（悟空），也可以，不走（識空）。

具有物質性生命形式的宇宙模式的值無限。但隨著識的層次上升（同一），生命形式的物質性比重會逐漸下降，精神性的比重會逐漸增加。

識空層次的生命形式則「進化」到純精神形式。

無限的生命宇宙模式及非生命宇宙模式皆因分別而產生（空空）。這就是佛學「一花一世界」的含義。圓覺者無分別，則無模式，終歸於無維（滅空）。

The Suffixes
of Logic

邏輯後綴學

非是 著

Knowledge 023

書名： 邏輯後綴學

作者： 非是

編輯： 青森文化編輯組

設計： 4res

出版： 紅出版（青森文化）

地址：香港灣仔道133號卓凌中心11樓

出版計劃查詢電話：(852) 2540 7517

電郵：editor@red-publish.com

網址：http://www.red-publish.com

香港總經銷： 聯合新零售（香港）有限公司

台灣總經銷： 貿騰發賣股份有限公司

地址：新北市中和區立德街136 號6 樓

電話：(866) 2-8227-5988

網址：http://www.namode.com

出版日期：2023年3月

圖書分類：哲學

ISBN：978-988-8822-44-7

定價：港幣100元正／新台幣400圓正